北大纵横管理咨询集团系列丛书　　　　　孙连才　编著

# 战略视角下的人力资源

## ——人力资源管理理论与实践的融合

（第 3 版）

ZHANLUE SHIJIAOXIA DE RENLI ZIYUAN

清华大学出版社
北京

**图书在版编目(CIP)数据**

战略视角下的人力资源：人力资源管理理论与实践的融合 / 孙连才编著 . —3 版 . —北京 : 清华大学出版社，2022.6

（北大纵横管理咨询集团系列丛书）

ISBN 978-7-302-55112-6

Ⅰ . ①战⋯　Ⅱ . ①孙⋯　Ⅲ . ①人力资源管理－研究　Ⅳ . ① F243

中国版本图书馆 CIP 数据核字 (2020) 第 047906 号

责任编辑：王燊娉　高晓晴
封面设计：赵晋锋
版式设计：方加青
责任校对：成凤进
责任印制：丛怀宇

出版发行：清华大学出版社
　　　　　网　　　址：http://www.tup.com.cn，http://www.wqbook.com
　　　　　地　　　址：北京清华大学学研大厦 A 座　　　　　邮　　编：100084
　　　　　社 总 机：010-83470000　　　　　　　　　　　邮　　购：010-62786544
　　　　　投稿与读者服务：010-62776969，c-service@tup.tsinghua.edu.cn
　　　　　质 量 反 馈：010-62772015，zhiliang@tup.tsinghua.edu.cn
印 装 者：艺通印刷（天津）有限公司
经　　销：全国新华书店
开　　本：180mm×250mm　　印　　张：24　　　字　　数：484 千字
版　　次：2010 年 9 月第 1 版　2022 年 7 月第 3 版　印　　次：2022 年 7 月第 1 次印刷
定　　价：88.00 元

产品编号：084929-01

# 丛书序

中国黄金十年的大幕即将开启，中国企业的经济活力也即将迸发！这是一个让人值得期待的时代，这是一个给人无限遐想的时代！虽然未来面临诸多不确定性因素，但有一点毋庸置疑：中国将会成为一个富强、民主、文明、和谐的国家！历史学家告诉我们：如果给中国70年的稳定期，中国的经济发展将会引领世界！

新的经济环境赋予了中国企业新的历史使命，也催生了中国本土咨询业的快速发展，越来越多的知名企业与咨询服务机构的成功合作，预示着两者之间的关系将会更加紧密。作为中国本土管理咨询业的先行者和领导者，我们不仅熟悉深奥的管理理论和管理规律，而且把世界上先进、成熟、实用的管理理念和工具方法迅速介绍及运用于企业，使之变成对管理实践有指导意义的可操作、可执行的方案，这既是管理咨询顾问的价值体现，也是我们主张的教授、咨询顾问和企业家的管理"三层面"理论的实现方式。

北大纵横管理咨询集团已成功为近千家企业提供了咨询服务，我们所走过的二十余年发展历程，也是本土咨询业探索和发展的缩影。通过专一小组、专一服务的驻场式强互动工作方式和三级质量保证体系，我们已成功地解决了规模化服务和个性化服务之间的关系，解决了保证服务质量与保持企业发展速度之间的关系。客户感受到的不仅仅是方案的价值，更是在整个咨询过程中，咨询公司把丰富的管理知识和"拼命"工作的敬业精神不断传递给企业的知识转移与示范效应价值；同时借助我们品牌和声誉的积累，提供强大的影响力价值。

北大纵横管理咨询集团一直保持着出版优秀图书的传统，从中国管理咨询业第一套系统的图书出版至今已有十几个年头，很多咨询公司就是在纵横这套丛书的指导下走入咨询行业的，这也是我们最为骄傲和自豪的地方！我们和中国的咨询业一起成长！

在这期间,很多纵横人也陆续出版了自己的图书,把自己的经验、知识和前沿关注与读者一同分享,但是不成系统。这一次,在集团高级合伙人孙连才博士的策划与推动下,整合纵横诸多优秀咨询师的成果,推出《北大纵横管理咨询集团系列丛书》。该套丛书既是大家智慧结晶的一次集体奉献,也是作为中国最大的管理咨询公司勇于担当的社会责任之率先垂范!

我们牢记"推动企业变革与成长"的公司使命,不仅受到客户的尊重,而且受到同行和员工的尊重。我们始终坚持个性服务和终身服务的理念,努力与服务过的客户建立长期的战略合作伙伴关系。

我们愿意接受新的挑战,更愿意成为企业家挑战新的高度时手中握有的那根撑杆,帮助企业跳得更高、跃得更远,共同实现我们的理想。

向中国优秀的企业家致敬!

向北大纵横的优秀同事致敬!

北大纵横管理咨询集团创始人

2021年9月30日

# 序　言

北大纵横管理咨询集团一直有出版图书的优秀传统,而且我们也一直致力于向国内外同行和管理实践者分享知识成果,这一点也是创始人王璞先生一直秉承的理念。

自从2006年加盟这家中国最大的管理咨询集团,我们无时无刻不在汲取营养,这也使诸多纵横人感激自己的人生经历中曾经有这么好的一个平台,使我们能身体力行地为推动中国的企业变革与成长提供教练式、无缝对接的直接服务!

在项目上,我们见证了中国民营企业成长中遇见的各种问题,看到了他们期待的目光、托付的眼神!北大纵横的咨询师有谁没有被中国企业家悲壮而艰辛的经历所感染?有谁没有为一个优秀的企业因走入误区而悲愤不已?有谁没有多少年以后还在关注曾经服务的客户,并在背后默默地祝福与凝视他们?有谁没有为企业的一个问题背上行囊、奔赴现场?

然而我们是咨询师,理性的研判会大于感性的认识,参谋、智囊的作用让我们永远明白如何去发现问题、解决问题。研究一个职能和行业是一个优秀咨询师必备的技能,由此,方法论、行业研究和职能研究也就成为我们一直追求和探索的领域,这也是我们出版这套丛书最初的想法。

本套丛书目前分成:方法与工具、人力资源、职能管理和行业管理四大系列近20本图书,在分类上并没有严格的区分。在未来的其他套系中,我们还会陆续推出不同的行业、职能和方法论方面的图书。

感谢北大纵横诸多优秀的同事,在你们繁忙的工作之余能与读者分享你们的成果!

感谢北大纵横管理咨询集团创始人王璞先生,是您一直在不遗余力地推动中国管理咨询业的发展与变革!

感谢清华大学出版社编辑的辛勤付出！

最应该感谢的是读者，因为我们所有的付出都是缘于你们的关注和阅读！

知识改变命运，知识丰富思想，知识更能改变中国，让我们一起努力！

孙连才

国家行政学院博士后

北大纵横管理咨询集团高级合伙人

2022年1月于后吴村

# 前　言

本书自2010年第一版出版以来，深得读者厚爱，2013年进行了再版，经过近十年的市场检验和应用检验，本书还在为人力资源研究者、管理咨询顾问和人力资源管理者提供价值，作为编著者深感荣幸。人力资源理论研究和实务操作这几年也有新的变化，遂决定进行再版，更正第2版表述不准确、有歧义或错误的内容，同时将部分章节进行拆分，并将部分内容进行补充，使之前后衔接更加顺畅，更容易上手实操。

本书在撰写框架上，没有按照通常的人力资源书籍从招聘、培训、薪酬、绩效、人力资源规划等次序入手，而是从管理咨询的角度进行内容编排，如图0-1所示。

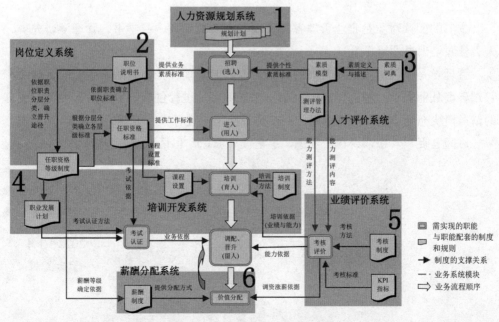

图0-1　从咨询的角度组织内容

本书共分12章，主要涵盖以下内容：第一章，战略性人力资源管理；第二章，人力资源审计；第三章，人力资源规划；第四章，组织结构设计；第五章，工作分析；第六章，岗位设计与评价资源管理；第七章，薪酬激励体系；第八章，绩效管理；第九章，招聘管理；第十章，培训体系；第十一章，职业生涯发展规划；第十二章，能力素质模型设计。

本书偏重于实务操作，理论部分只限于介绍，期望能使研究者获得一个宏观的逻辑框架，能站在战略的高度看待人力资源管理，了解人力资源管理如何与企业战略高度匹配，以及在实务操作中的具体实施流程、工具、模型和方法。同时，本书还从实际操作层面阐述了相应的"延伸阅读"内容，融会了大量丰富、实用的人力资源管理相关表单等供读者参考使用，下载地址：http://www.tup.com.cn或http://www.tupwk.com.cn/downpage。

为使本书中的理论与实践能有效地融合，在撰写时力求体现如下特点：

1. 每一章节开篇提出本章节可以为企业解决什么问题，能给企业带来什么样的价值，使读者带着问题去阅读、思考，寻求自己关心的问题。

2. 每一章撰写时都遵循提出问题、理论支撑、工具、方法和模型、操作流程和步骤、案例附录。

3. 书中的很多图表都是作者在实务操作过程中思考的结晶，以图说话，辅助相关理论。

4. 书中的很多工具与模型不仅进行相关介绍，而且将操作步骤呈现给读者。

5. 对比较松散的理论，力求用附录案例进行解决，使读者在实务操作有所参考。

本书的阅读对象是企业管理者、管理咨询人员、大中专学生、管理学研究员、人力资源培训讲师等。

管理学是一门应用性非常强的学科，很多的管理理论与方法是企业的管理者和管理咨询从业人员智慧的结晶，要想在此基础之上进行创新，就要对人力资源管理的诸多模块充分了解、熟练运用，并在实务操作中进行卓有成效的探索。

时间仓促，其中谬误在所难免，恳请读者原谅，也请您不吝赐教！

2022年1月

于后吴村

# 目 录

第一章　战略性人力资源管理 ……………………………………………………1

第一节　战略性人力资源管理理念 ……………………………………………… 2

一、战略性人力资源管理的内涵 ………………………………………………… 4

二、战略性人力资源管理的特征 ………………………………………………… 5

三、战略性人力资源管理的基本原理 …………………………………………… 6

四、战略性人力资源管理和公司战略的关系 …………………………………… 7

第二节　战略性人力资源管理与传统人力资源管理 ………………………… 8

一、人力资源在企业管理中的角色演变 ………………………………………… 8

二、战略性人力资源管理与传统人力资源管理的区别 ………………………… 9

三、战略性人力资源管理对传统人力资源管理理念的影响 ……………………12

四、人力资源战略在企业管理中的价值和作用 …………………………………13

第三节　人力资源战略的价值与设计 …………………………………………15

一、战略性人力资源管理定位 ……………………………………………………15

二、战略性人力资源管理绩效 ……………………………………………………16

三、战略性人力资源管理模式发展的思考 ………………………………………17

四、战略性人力资源管理评述 ……………………………………………………18

五、人力资源战略设计流程 ………………………………………………………20

第二章　人力资源审计 …………………………………………………………21

第一节　人力资源审计理论与价值 ……………………………………………22

一、人力资源审计发展历程 ………………………………………………………23

二、战略性人力资源审计的结构 …………………………………………………24

三、战略性人力资源审计的性质和功能 …………………………………………26

第二节　人力资源审计职能和应用模式 ············································· 27

　　一、人力资源审计的职能 ······················································ 27

　　二、人力资源审计的应用模式 ·················································· 27

　　三、人力资源审计的目标 ······················································ 30

　　四、人力资源审计的范围 ······················································ 30

　　五、人力资源审计的分类 ······················································ 31

第三节　人力资源审计的方法与工具 ·············································· 31

　　一、人力资源审计模型 ························································ 32

　　二、人力资本扫描工具 ························································ 32

　　三、比较分析法(对标法)与平衡计分卡(BSC) ···································· 33

　　四、其他方法 ································································ 33

第四节　人力资源审计项目实施 ·················································· 33

　　一、从操作角度审计人力资源管理 ·············································· 33

　　二、从战略角度审计人力资源管理 ·············································· 35

　　三、从流程角度审计人力资源管理 ·············································· 37

　　四、从激励角度审计人力资源管理 ·············································· 38

　　五、人力资源审计的一般程序 ·················································· 38

　　六、人力资源审计流程 ························································ 40

第三章　人力资源规划 ·························································· 41

第一节　人力资源规划的目的和内容 ·············································· 42

　　一、人力资源规划的目的 ······················································ 44

　　二、人力资源规划的内容 ······················································ 45

　　三、人力资源的供需平衡 ······················································ 46

第二节　人力资源规划的方法与工具 ·············································· 48

　　一、德尔菲法(专家判断法) ···················································· 49

　　二、短期预测法 ······························································ 50

　　三、统计预测法 ······························································ 51

第三节　人力资源规划的流程 ···················································· 51

　　一、制定人力资源规划的原则 ·················································· 51

　　二、敲定人力资源规划的程序 ·················································· 52

　　三、确定人力资源规划的流程 ·················································· 53

第四章　组织结构设计 ·························································· 55

第一节　组织结构核心内容与设计原则 ············································ 57

　　一、企业组织设计的内容 ······················································ 57

　二、影响企业组织设计的主要因素 ················································ 58

　三、组织结构设计的原则 ···························································· 61

第二节　组织结构设计的基本形式 ·················································· 63

　一、古典组织结构 ··································································· 63

　二、现代组织结构 ··································································· 65

　三、后现代组织结构 ································································ 67

第三节　组织结构设计步骤与方法 ·················································· 69

　一、组织结构设计的步骤 ···························································· 69

　二、战略导向法 ····································································· 69

　三、流程导向法 ····································································· 73

第四节　组织结构设计的流程 ······················································ 76

　一、组织诊断分析 ··································································· 77

　二、组织基本职能和关键职能设计 ··················································· 78

　三、组织管理层次设计 ······························································ 80

　四、部门结构设计 ··································································· 82

　五、责权结构设计 ··································································· 87

　六、管理流程设计 ··································································· 88

　七、组织结构设计流程 ······························································ 92

第五章　工作分析 ···································································· 93

第一节　工作分析对企业的价值 ···················································· 94

第二节　岗位分析和职能分析 ······················································ 96

　一、岗位分析在人力资源管理中的作用 ··············································· 97

　二、岗位分析 ······································································· 98

　三、职能分析 ······································································ 100

第三节　工作分析的方法与工具 ··················································· 101

　一、问卷法(PAQ) ·································································· 101

　二、面谈法 ········································································ 102

　三、资料分析法 ···································································· 103

　四、观察法(写实法) ································································ 104

　五、日志法 ········································································ 104

　六、关键事件法(CIT) ······························································ 105

　七、工作分析流程 ·································································· 106

第六章　岗位设计与评价资源管理 ················································· 107

第一节　职位职级体系 ···························································· 108

一、职位 …………………………………………………………… 109

二、职级 …………………………………………………………… 109

三、职系 …………………………………………………………… 113

第二节 岗位设计的方法与步骤 ………………………………… 116

一、岗位设计的主要内容 ………………………………………… 116

二、岗位设计的方法 ……………………………………………… 117

三、影响岗位设计的主要因素 …………………………………… 119

四、岗位设计的步骤 ……………………………………………… 120

第三节 岗位说明书撰写 ………………………………………… 121

一、编制岗位说明书的前提——部门职能说明书 ……………… 122

二、岗位说明书的编制——人力资源管理的基础 ……………… 123

三、岗位说明书的编写——人力资源精细化的肇始 …………… 123

四、岗位说明书的定期审查和保管 ……………………………… 125

五、岗位说明书编写说明 ………………………………………… 125

六、岗位说明书职责任务书写规范 ……………………………… 129

第四节 岗位评价的原理与方法 ………………………………… 133

一、岗位评价的原理与原则 ……………………………………… 133

二、岗位评价的方法 ……………………………………………… 137

**第七章　薪酬激励体系** ……………………………………… **157**

第一节 激励机制理论与设计 …………………………………… 158

一、激励的内涵、基本原则和作用 ……………………………… 158

二、激励理论基础 ………………………………………………… 160

三、激励机制 ……………………………………………………… 163

第二节 薪酬的内涵和构成 ……………………………………… 169

一、薪酬、工资和福利的区别 …………………………………… 170

二、薪酬结构 ……………………………………………………… 171

三、薪酬定位 ……………………………………………………… 173

第三节 薪酬激励设计和薪酬设计 ……………………………… 174

一、薪酬分配 ……………………………………………………… 174

二、薪酬设计原则和主要考虑因素 ……………………………… 175

三、薪酬设计的策略选择 ………………………………………… 178

四、薪酬模式 ……………………………………………………… 179

第四节 薪酬体系设计工具与方法 ……………………………… 180

一、布朗德薪酬体系 ……………………………………………… 181

二、全面薪酬体系设计 ……………………………………………… 184

三、宽带薪酬体系设计 ……………………………………………… 188

第五节　薪酬激励体系设计的步骤和流程 ……………………………… 195

一、薪酬设计步骤 …………………………………………………… 195

二、薪酬体系设计流程 ……………………………………………… 198

**第八章　绩效管理** ……………………………………………………… 201

第一节　绩效管理概述 …………………………………………………… 202

一、绩效管理的内涵和目的 ………………………………………… 204

二、绩效管理在人力资源管理中的定位 …………………………… 205

第二节　绩效管理体系 …………………………………………………… 207

一、绩效管理体系的理论依据 ……………………………………… 208

二、绩效目标管理与设定 …………………………………………… 209

三、绩效计划与实施 ………………………………………………… 212

四、绩效考核与绩效面谈 …………………………………………… 213

五、绩效考核结果利用 ……………………………………………… 213

第三节　工作目标设定和绩效计划 ……………………………………… 214

一、工作目标设定 …………………………………………………… 214

二、绩效计划 ………………………………………………………… 217

第四节　绩效辅导实施和绩效设计流程 ………………………………… 224

一、绩效辅导 ………………………………………………………… 224

二、绩效评估与绩效应用 …………………………………………… 227

三、绩效考核体系设计流程 ………………………………………… 231

第五节　平衡计分卡在绩效管理中的应用 ……………………………… 232

一、平衡计分卡的提出与发展 ……………………………………… 232

二、平衡计分卡的内容及其绩效指标 ……………………………… 233

三、平衡计分卡指标之间的关系 …………………………………… 238

四、平衡计分卡指标的特点 ………………………………………… 240

五、应用平衡计分卡进行绩效管理 ………………………………… 241

**第九章　招聘管理** ……………………………………………………… 245

第一节　招聘管理对企业的作用 ………………………………………… 246

一、人力资源招聘的内涵 …………………………………………… 246

二、企业的招聘策略 ………………………………………………… 247

第二节　招聘计划与渠道建设系统 ……………………………………… 250

一、人力资源规划 …………………………………………………… 250

二、招聘计划 ································································ 250

三、招聘渠道资源建设 ·············································· 251

第三节 人员面试测评与招聘评估系统 ···················· 254

一、投射测试法 ························································ 254

二、无领导小组讨论法 ·············································· 257

三、传统的测验法 ···················································· 262

四、文件筐测验法 ···················································· 263

五、招聘评估总结系统 ·············································· 268

第四节 入职辅导系统 ·············································· 269

一、入职培训内容的评估和决定 ································ 269

二、入职培训的角色功能 ·········································· 270

三、入职培训中常出现的问题 ···································· 271

四、设计和实施员工入职培训项目 ····························· 272

五、确保入职培训项目的有效性 ································ 273

第五节 新员工辅导与招聘流程 ································ 273

一、新员工同化计划 ················································ 274

二、职业导师制 ······················································· 275

三、招聘管理体系设计流程 ········································ 277

第十章 培训体系 ····················································· 279

第一节 构建有效的企业培训体系 ··························· 280

一、建立企业培训体系的意义 ···································· 281

二、有效培训体系的特点 ·········································· 281

三、人力资源培训方法 ·············································· 283

四、培训体系的基本原则 ·········································· 286

第二节 培训体系的设计 ·········································· 287

一、培训规划 ·························································· 287

二、培训执行 ·························································· 290

三、培训评估 ·························································· 291

第三节 培训课程开发 ·············································· 294

一、培训课程开发模型 ·············································· 294

二、培训课程开发原则 ·············································· 297

三、培训课程开发风格把握 ········································ 300

四、培训课程开发的步骤 ·········································· 301

第四节 培训体系设计工具与流程 ··························· 302

一、柯氏评估模型 ······························· 303

二、CIRO培训评估模型 ····················· 307

三、CSS培训需求规划模型 ················ 309

四、培训体系设计流程 ······················· 309

**第十一章 职业生涯发展规划** ···································· 311

第一节 职业生涯管理理论 ····················· 312

一、施恩的职业锚理论 ····················· 313

二、霍兰德的职业兴趣理论 ··············· 315

三、职业生涯发展阶段理论 ··············· 317

四、卡特尔16PF性格测验 ················· 320

第二节 职业生涯管理系统 ····················· 322

一、职业生涯管理系统的功能 ··········· 322

二、影响职业生涯管理系统功能实现的因素 ····· 323

三、职业生涯管理系统的子系统 ········ 324

四、职业生涯管理系统功能的实现 ····· 325

第三节 职业生涯规划设计的意义与原则 ········· 326

一、内职业生涯与外职业生涯 ··········· 327

二、职业生涯规划的意义 ·················· 327

三、职业生涯规划的基本原则 ··········· 327

四、职业生涯规划的分类 ·················· 328

五、职业生涯规划成功的标准 ··········· 329

第四节 职业生涯规划设计 ····················· 329

一、正确的心理认知 ························· 329

二、剖析自我的现状 ························· 330

三、人生发展的环境条件 ·················· 330

四、人生成就的三大资源 ·················· 331

五、组织内部发展生涯的途径 ··········· 331

六、设定执行方案 ····························· 335

七、描绘生涯 ···································· 335

八、生涯定位 ···································· 336

第五节 职业生涯发展规划的工具 ··········· 336

一、多元职业通道设计 ····················· 336

二、员工自我评估工具箱 ·················· 337

三、自我战略分析引领练习 ··············· 337

四、员工素质测评工具箱 ·································· 337

五、职业规划研讨小组 ································ 337

第六节 职业生涯发展规划设计的流程 ·················· 338

一、职业生涯规划流程 ······························· 338

二、职业生涯发展规划设计流程 ······················ 338

**第十二章 能力素质模型设计** ·····················**341**

第一节 能力素质模型的内涵 ·························· 343

一、能力素质模型的含义 ···························· 343

二、能力素质模型的基本内容 ························ 344

第二节 能力素质模型设计与应用 ···················· 345

一、能力素质模型的作用 ···························· 345

二、能力素质模型的运用条件 ························ 349

三、能力素质模型的运用障碍 ························ 352

第三节 能力素质模型设计方法与工具 ················ 353

一、能力素质模型 ·································· 353

二、能力素质模型工具 ····························· 358

第四节 能力素质模型设计的流程 ···················· 360

一、建立能力素质模型步骤 ·························· 361

二、能力素质模型设计流程 ·························· 363

**参考文献** ············································ **365**

# 第一章｜战略性人力资源管理

**本章导读:**

战略性人力资源管理是人力资源管理发展的一个新阶段,它从战略的高度去认识和实践人力资源管理的功能,提高了人力资源在战略决策和执行中的重要性,从而推动组织战略的有效实施。许多企业已经认识到人力资源是最具有竞争优势的资源。在外部环境不断变化的今天,企业要想取得可持续竞争优势,就不能仅仅依靠传统金融资本的运营,还必须靠人力资源优势来维持和培育竞争力。人力资源是组织中最有能动性的资源,如何吸引到优秀人才,如何使组织中的现有人力资源发挥更大的效用,支持组织战略目标的实现,是每一个领导者都必须认真考虑的问题,这也正是企业的最高领导越来越多地来源于人力资源领域的一个原因。

战略性人力资源管理思想的产生,不仅带来了新的管理方式、手段和运作模式的改进,还对企业战略决策者的人力资源管理理念产生了重大影响,逐渐促成了管理理念的转变。人力资源战略在现今的企业竞争中起着越来越重要的作用,适宜的人力资源战略将会为企业带来巨大的潜力和财富。而只有与企业的竞争战略相匹配的人力资源战略才能起到加强企业竞争力的作用。人力资源战略作为一种最重要的职能战略,受公司战略支配,并反作用于公司战略。在企业集团管理模式下,人力资源战略规划应当实现如下目标:

(1) 根据企业集团战略目标,确定人力资源战略。

(2) 深入分析企业人力资源面临的内外部环境,发现问题和潜在风险,提出应对措施。

(3) 合理预测企业中长期人力资源需求和供给,规划和控制各业务板块人力资源发展规模。

(4) 规划核心人才职业生涯发展,打造企业核心人才竞争优势。

(5) 规划核心、重点专业、技术领域员工队伍发展,提高员工综合素质。

(6) 提出人力资源管理政策和制度的改进建议,提升整体管理水平。

# 第一节 战略性人力资源管理理念

战略性人力资源管理的理念,首先由美国人提出。20世纪80年代以前,日本的企业实际上扮演着战略性人力资源管理先驱实践者的角色。日本人力资源管理实践的精髓在于其人本主义理念，在这一理念指导下，日本企业将其管理重心集中在对"人的管理"上，实行了一系列充分体现其人本主义思想的人力资源管理制度，例如终身雇佣制、年功序列制、教育培训制以及保障制等。这些制度的战略基础是：能力、品质、技能、教育程度、完成任务的适应性和岗位工作绩效等。20世纪80年代以后，日本人力资源管理的弊端也日益暴露出来。在约翰·沃洛诺夫《日本管理的危机》、帕茨·史密斯《日本：一种新的解释》、菲利普·安德森《黑纱的里面：除去日本人商业行为的迷雾》等著作中，深刻分析了日本模式的弊端。他们指出，在日本企业中，人力资源管理在更大程度上陷入一般事务性职能，对人力资源的战略性、战略性人力资源的工作绩效激励、核心雇员的配置等方面缺乏充分的界定、使用和激励，这使得日本企业"核心人力资源"(core human resources)的"战略性"受到极大削弱和限制。

战略性人力资源管理是人力资源管理发展的一个新阶段。它从战略的高度去认识和实践人力资源管理的功能，剖析人力资源各职能之间的关系，强化人力资源管理各个要素和环节之间的契合度，从而保持着人力资源与组织战略之间的匹配程度，提高了人力资源在战略决策和执行中的重要性，进而推动组织战略的有效实施。

一种系统的管理理念总是先于管理实践而产生，从泰勒提出科学管理理论以来，人事管理也随之发展。20世纪中期，管理学大师彼得·德鲁克正式提出了人力资源管理的理念，从此人力资源管理成为管理科学中的一个独立体系。经过近半个世纪的发展，人力资源管理的内容已经相当完备，人力资源规划、招聘培训、人员素质测评、工作分析、绩效考评、薪酬管理、职业生涯规划、人力资源管理与开发、社会保障制度、劳动人事法律等学科已经囊括了人力资源管理的各个环节，如图1-1所示。

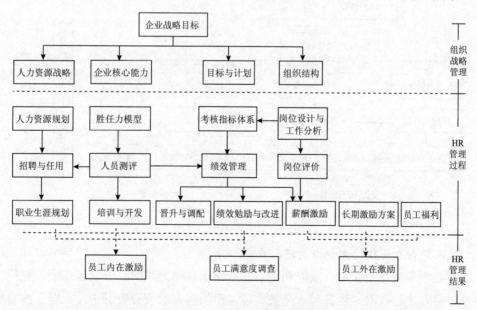

图1-1　人力资源管理逻辑框架

现代企业的内外部环境发生了深刻变迁，传统职能型的人力资源管理弊端越来越突出，它只是从操作的层面孤立地看待人力资源管理的各个职能，割裂了各个职能之间相互支持、相互制约的关系，忽视了人力资源与企业总体战略之间的互动关系，不利于企业健康、良性发展。而战略性人力资源管理是人力资源管理发展的一个新阶段，它从战略的高度去认识和实践人力资源管理的功能，提高了人力资源在战略决策和执行中的重要性，从而推动组织战略的有效实施。

## 一、战略性人力资源管理的内涵

战略性人力资源管理认为开发人力资源可以为企业创造价值，企业应该为员工提供一个有利于价值发挥的公平环境，给员工提供必要的资源，赋予员工责任的同时进行相应授权，确保员工顺利开展工作，并通过制定科学有效的激励机制来调动员工的积极性，在对员工能力、行为特征和绩效进行公平评价的基础上给予相应的物质激励和精神激励，激发员工在实现自我价值的基础上为企业创造价值。

战略性人力资源管理就是通过环境扫描和人力资源部门自身的建设，为达到组织的长期目标和解决战略决策问题而实施的与组织的战略相结合的人力资源管理，如图1-2所示。其主要内容如下。

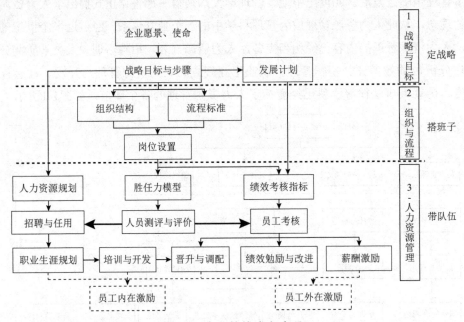

图1-2 企业的战略人才观

1. 围绕企业的核心竞争力构建人力资源

核心竞争力是企业用以获取利润的、有别于其他组织的经营管理能力，包括组织专有的人才、技术、装备和社会关系等。组织拥有的所有资源中，人居于核心地位，是核心竞争力中最活跃的因素。所以，只有基于人力资源的核心竞争力才能为企业带来持久的竞争优势。

**2. 围绕企业的战略目标构建人力资源**

不难发现，良好的人力资源系统的绩效是企业战略目标得以完成的唯一要素。要想使组织的人力资源收益最大化，就必须使组织的人力资源系统密切跟随组织的战略目标。

**3. 以提高组织的变革能力为目标构建人力资源**

20世纪90年代以来，技术进步的速度大大加快，企业要想生存就必须具备不断变革和创新的能力。因为只有迅速地适应环境的变化，才能把握产业发展的方向，主导产品市场的格局。战略性人力资源管理的目的之一，就是通过培养每个员工的变革意识和能力，整合人力资源，使企业以一个系统的角色适应变化的环境。

**4. 以顾客需求为导向构建人力资源管理流程**

人力资源管理是由人力资源开发、规划、薪酬管理、绩效管理等一系列因素构成的完整流程，但是并不意味着在管理实践中对每一个环节都要赋予同样的权重。战略性人力资源管理理论认为，应该以顾客需求为导向构建人力资源管理的流程，因为顾客的需求决定了组织人力资源的最终服务对象，需求的差异导致了人力资源管理流程中各环节的权重的差异和人力资源系统中各要素间结构的差异。因此，需要以顾客需求为导向不断地调整和优化人力资源管理流程。

**5. 以企业绩效为导向构建人力资源**

企业战略的成功依赖于组织内部各个层级中高绩效的管理者及员工的不断努力。因此，企业战略决策是否正确，既定战略计划及目标能否实现与组织内的每一个员工的工作绩效息息相关。

**6. 人力资源管理有效性分析**

人力资源管理有效性分析是通过分析人力资源实践中的人力资源成本和人力资源价值，来保证战略实现过程中人力资源实践的有效性和方向的正确性。通过前面的分析，我们知道人力资源对组织绩效起决定性作用，所以必须保证人力资源实践的向量与组织战略的一致性。企业根据人力资源成本的性质和功能分别设置"取得成本""开发成本""人力资产""人力资产摊销和损失"等账户。对于"取得成本"和"开发成本"账户，根据其组成项目设置明细账，归集企业取得和开发人力资源所发生的成本。期末时将其结转到"人力资源"账户，从而使人力资本转化为人力资产。通过"人力资产报告"为企业决策者提供有关人力资源价值状况及其动态的报表。

## 二、战略性人力资源管理的特征

战略性人力资源管理不同于传统的人力资源管理，它以战略为起点审视并服务于企业发展，以战略目标达成为目的，主要具备如下几个特征。

### 1.人力资源的战略性

企业拥有的人力资源是企业获得竞争优势的源泉。战略性人力资源(strategic human resources，SHR)是指在企业的人力资源系统中，具有某些或某种特别知识(能力和技能)，或者拥有某些核心知识或关键知识，处于企业经营管理系统的重要或关键岗位上的那些人力资源。相对于一般性人力资源而言，这些被称为战略性的人力资源具有某种程度的专用性和不可替代性。

### 2.人力资源管理的系统性

企业为了获得可持续竞争优势而部署的人力资源管理政策、实践以及方法、手段等构成一种战略系统。

### 3.人力资源管理的战略性

人力资源管理的战略性也称为人力资源管理的"契合性"，包括"纵向契合"(即人力资源管理必须与企业的发展战略契合)和"横向契合"(即整个人力资源管理系统各组成部分或要素之间的契合)。

### 4.人力资源管理的目标导向性

战略性人力资源管理通过组织建构，将人力资源管理置于组织经营系统，促进组织绩效最大化。

## 三、战略性人力资源管理的基本原理

管理是科学，科学由原理组成。人力资源管理作为管理学的一个分支，和其他管理领域一样，只有遵循相应的管理规律，才能做到科学化、功能化、效率化。战略性人力资源管理的基本原理，如表1-1所示。

表 1-1　战略性人力资源管理的基本原理

| 原理 | 主要内容 |
| --- | --- |
| 增值原理 | 指对人力资源的投资可以使人力资源增值，而人力资源增值是指人力资源品位的提高和人力资源存量的增大 |
| 激励原理 | 指的是通过对员工物质的或精神的需求欲望给予满足的允诺，来强化其为获得满足就必须努力工作的心理动机，从而达到充分发挥积极性、努力工作的结果 |
| 差异原理 | 具有不同能力层次的人，应安排在要求相应能级层次的职位上，并赋予该职位应有的权力和责任，使个人能力水平与岗位要求相适应 |
| 互补原理 | 一个群体内部各个成员之间应该是密切配合的互补关系。人各有所长也各有所短，以己之长补他人之短，从而使每个人的长处得到充分发挥，避免短处对工作的影响 |
| 动态原理 | 指的是人力资源的供给与需求要通过不断调整才能求得相互适应；随着事业的发展，适应又会变为不适应，又要不断调整达到重新适应，这种不适应—适应—再不适应—再适应的循环往复的过程，正是动态原理的体现 |

## 四、战略性人力资源管理和公司战略的关系

比尔·盖茨曾经说过："如果把我们最优秀的20名员工拿走，微软将变成一个无足轻重的公司。"

在现代社会，人力资源是组织中最有能动性的资源，如何吸引到优秀人才，如何使组织中的现有人力资源发挥更大的效用，支持组织战略目标的实现，是每一个领导者都必须认真考虑的问题，这也正是现代企业的最高领导者越来越多地来源于人力资源领域的一个原因。战略性人力资源管理认为，人力资源是组织战略不可或缺的部分，涵盖了公司通过人来达到组织目标的各个方面，如图1-3所示。

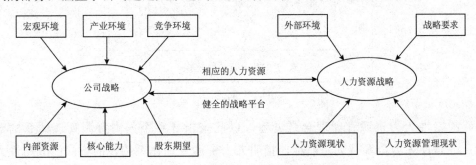

图1-3　公司战略和人力资源战略的关系

一方面，企业战略的关键在于确定并经营好自己的客户，实现客户满意和忠诚，从而实现企业的可持续发展。但是如何让客户满意？需要企业有高质量的产品与服务给客户创造价值，带来利益；而高质量的产品和服务，需要企业员工的努力。所以，人力资源是企业获取竞争优势的首要资源，而竞争优势正是企业战略得以实现的保证。

另一方面，企业要获取战略上成功的各种要素，如研发能力、营销能力、生产能力、财务管理能力等，最终都要落实到人力资源上。因此，在整个战略的实现过程中，人力资源的位置是最重要的。

战略性人力资源管理强调通过人力资源的规划、政策及管理实践达到获得竞争优势的人力资源配置的目的，强调人力资源与组织战略的匹配，强调通过人力资源管理活动实现组织战略的灵活性，强调人力资源管理活动的目的是实现组织目标。战略性人力资源管理把人力资源管理提升到战略的地位，系统地将人与组织联系起来，建立统一性和适应性相结合的人力资源管理体系：理念→规划→机制→平台。

战略性人力资源管理不是一个概念，而是一个有机的体系，由战略性人力资源管理理念、战略性人力资源规划、战略性人力资源管理核心职能(配置、开发、评价、激励)和战略性人力资源管理平台(人力资源管理专业化建设、队伍、基础建

设，以及人力资源组织环境)4部分组成，如图1-4所示。

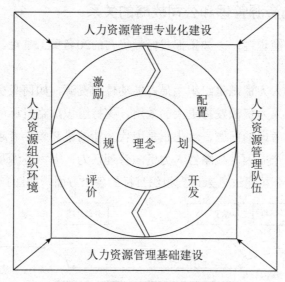

图1-4　战略性人力资源管理体系

　　战略性人力资源管理理念是灵魂，以此来指导整个人力资源管理体系的建设；战略性人力资源规划是航标，指明人力资源管理体系构建的方向；战略性人力资源核心职能是手段，依此确保理念和规划在人力资源管理工作中得以实现；战略性人力资源管理平台是基础，在此基础上才能构建和完善战略性人力资源管理职能。

# 第二节　战略性人力资源管理与传统人力资源管理

　　战略性人力资源管理理念视人力为资源，认为人力资源是一切资源中最宝贵的。企业的发展与员工职业能力的发展是相互依赖的，企业鼓励员工不断提高职业能力以增强企业的核心竞争力。而重视人的职业能力必须首先重视人本身，把人力提升到资源的高度，一方面通过投资人力资本形成企业的核心竞争力，另一方面把人力作为资本要素参与到企业价值的分配。

## 一、人力资源在企业管理中的角色演变

　　人力资源战略指导企业人力资源管理活动，促使企业人力资源管理活动之间能够有效配合，从而达到企业战略目标。纵观其发展历史，分为经验任务管理、科学人事管理和现代人力资源管理3个阶段。

　　第一阶段是经验任务管理阶段。工作的主要任务是确保员工按照企业规定的生

产流程进行工作，在这一阶段，"人"被视为"物质人"，在雇主的眼里工人只是会说话能劳动的工具，完全忽视了工人的心理需求。这一阶段人事管理的主要特点是：招聘劳动工人成为企业人事管理的主要任务，解决企业内部劳动分工与协作的问题。

第二阶段是科学人事管理阶段。欧洲工业革命的爆发使机器时代形成，生产效率的极大提高和劳动分工的进一步明确使得人员管理全面进入科学管理阶段。这一时期人事管理理论和实践有了很大的发展，管理人员与工人出现新的分工，劳动人事部门诞生，但没有形成完整的人力资源管理理论体系，不过这些理论和研究为日后人力资源管理理论体系的建立奠定了基础。

第三阶段是现代人力资源管理阶段。20世纪80年代以后，传统的人事管理开始转变为人力资源管理。人事管理在企业管理中的作用也发生了很大变化，这种变化不是简单的名称变化，而是管理理念和管理方式的巨大变化。人力资源管理将员工视为组织最重要的资源，重视对员工的长期开发和合理使用，不再仅仅承担单纯性的行政事务性工作，更关注影响组织目标实现的长期战略性工作。从企业的战略高度看，只有当人力资源战略与企业战略目标相适应时，才能发挥人力资源管理在企业战略管理中的作用。

## 二、战略性人力资源管理与传统人力资源管理的区别

战略性人力资源管理是组织为达到战略目标，系统地对人力资源各种部署和活动进行计划和管理的模式，是组织战略的有机组成部分。传统人力资源管理是指为完成组织任务，对组织中涉及人与事的关系进行专门化管理，使人与事达到良好的匹配。两者的区别，如表1-2所示。

表1-2　战略性人力资源管理与传统人力资源管理的区别

| 要项 | 战略性人力资源管理 | 传统人力资源管理 |
|---|---|---|
| 人与事的对比 | 以"人"为核心，视人为"资本"，强调一种动态的、心理的调节和开发，属"服务中心"，管理的出发点是"着眼于人"，达到人与事的系统优化，使企业获得最佳的经济和社会效益之目的 | 以"事"为中心，将人视为一种成本，把人当作一种"工具"。强调"事"的单一方面的静态的控制和管理，属"权力中心"，其管理的形式和目的是"控制人" |
| 部门重要性 | 作为企业的核心部门，是企业经营战略的重要组成部分，主要通过促进企业可持续发展来实现对经营战略的贡献；涵盖组织建设、文化建设与系统建设各个方面，通过企业文化整合战略，保证企业战略的执行和推动企业长期稳定地成长 | 属于企业的辅助部门，对企业经营业绩没有直接贡献，主要负责员工的考勤、档案及合同管理等事务性工作 |

| 要项 | | 战略性人力资源管理 | 传统人力资源管理 |
|---|---|---|---|
| 制度和政策 | | 灵活地按照国家及地方人事规定、制度，结合企业的实际情况制定符合企业需求的各种人力资源政策，从而建立起系统的人力资源管理体系，确保企业实现经营战略目标 | 主要负责制度的执行，即按照国家劳动人事政策和上级主管部门发布的劳动人事管理规定、制度对员工进行管理，基本上没有制度的制定和调整权；最多只能"头痛医头、脚痛医脚"，难以根据实际情况对管理政策和制度进行及时调整 |
| 部门定位 | | 以企业战略的高度，主动分析和诊断人力资源现状，为决策者准确、及时地提供各种有价值的人力资源相关数据，协助决策者制订具体的人力资源行动计划，支持企业战略目标的执行和实现 | 站在部门的角度，考虑人事事务等相关工作的规范性，传达决策者所制定的战略目标等信息 |
| 具体职能 | 人力资源规划 | 根据企业发展战略及经营计划，评估组织的人力资源现状。在掌握和分析大量人力资源相关信息和资料的基础上，科学合理地制定人力资源规划 | 按照老板的指令来进行相关的人事工作，根本谈不上考虑人力资源规划方面的工作 |
| | 招聘选拔 | 在面试评估时除关注应聘者与职位是否匹配外，更会特别关注应聘者的价值观念是否符合企业的核心价值观、应聘者的发展期望公司是否可以提供等因素，确保招聘的人选能长期为企业服务 | 只关心应聘者的条件是否与职位相匹配，或者只起到用人部门负责人与应聘者之间沟通的桥梁作用 |
| | 培训与开发 | 根据企业战略发展需要，结合员工的个人发展计划提供系统完善的人力资源培训开发体系，确保为企业源源不断输送所需的各种类型的人才的同时，实现企业迅猛发展与员工职业生涯发展双赢 | 只负责新员工接受进入企业后的组织纪律、劳动安全、质量管理等方面的培训，很少会组织员工其他方面的培训；限于部门局限性等原因，不可能建立起全面的人力资源培训与开发体系 |
| | 绩效管理 | 根据企业战略需要，结合员工能力打造全面的绩效管理体系，关注企业全面的绩效管理，包括绩效计划、绩效考核、绩效评估、绩效反馈与绩效激励等全过程。更加关注绩效反馈与激励，确保员工绩效不断提高的同时，实现企业绩效的螺旋式上升 | 只关注绩效考核与惩罚，大多扮演企业警察的角色，只负责挑毛病、找漏洞，不可能形成科学的绩效管理体系 |
| | 薪酬管理 | 根据国家政策、经济环境、人才市场状况、行业及其他企业薪酬状况等因素，结合本企业的实际情况制定切实可行的薪酬管理战略与体系，确保既能吸引优秀人才加盟，又能留住核心人才；更加注重人力资源投入成本与产出效益的核算与分析工作，从而不断完善企业的薪酬管理体系 | 只按照国家及地方政府的相关规定进行工资及社保管理，基本上没有什么制定和调整权；即使有也只能进行简单的工资计算，且绝大部分工作是由财务部门负责，不能根据企业发展战略制定科学的薪酬管理体系 |

| 要项 | 战略性人力资源管理 | 传统人力资源管理 |
| --- | --- | --- |
| 部门协作 | 体现企业全员参与人力资源管理的特色，因为人力资源工作要想切实有效，没有各职能部门的执行、配合是不可能实现的。对决策层：所有的管理最终都会落实到人，只有管理好"人"的资源，才能抓住管理的精髓。对HR工作者：只有企业全员参与人力资源工作，才能真正体现自己的价值，上升到战略伙伴关系。对直线经理：参与企业人力资源工作，不仅能确保部门任务的顺利完成，而且可以使部门员工及自己得到调动与晋升的机会和空间。对员工：更好地领会企业战略、部门目标，结合自己的发展计划，科学、合理地安排自己的工作与学习，实现自己的理想职业生涯规划 | 基本上是单兵作战，似乎与其他职能部门的关系不大；关系比较紧密的部门是财务部门，因为工资的计算与发放、社保的缴纳大多是由财务部门负责的 |
| 管理价值 | 通过提升员工能力和组织绩效来实现，而提升员工能力与组织绩效要结合企业战略与人力资源战略；因此需要重点思考如何提炼和塑造优秀的企业文化、制定个性化的员工职业生涯规划等，特别关注对企业人力资源的深入开发 | 主要体现在规范性及严格性上，即是否将各项事务打理得井井有条，是否看得住和控制住企业员工等。绝大部分工作仍停留在事务的表层 |
| 管理角色 | 强调其在企业整体经营中的重要地位，侧重变革管理和人本管理，属预警式管理模式，即采取前瞻态度，防患于未然 | 侧重于规范管理和事务管理，属事后管理。几乎所有工作都手工完成，即便采用现代化的管理工具，也只是采用仅供人事部门使用的简单人事管理系统，不可能搭建起系统的、全面的人力资源管理体系 |

  战略性人力资源管理并不是泛泛而谈，它有清晰的传导路径：企业的整体战略→人力资源管理部门→确立相应的人力资源战略→制定合适的人力资源政策→员工需求得到满足→员工满意度提高→生产率/服务提高→客户满意和忠诚→企业的可持续发展→企业的整体战略。人力资源部门作为人力资源管理职能的主要承担者，应该从传统的事务性管理向公司的战略伙伴转变(见图1-5)，经历一个从优化到创新的过程，人力资源管理的崭新角色奠定了构建战略性人力资源管理的基础，对人力资源管理部门也提出了更高的要求(见表1-3)。

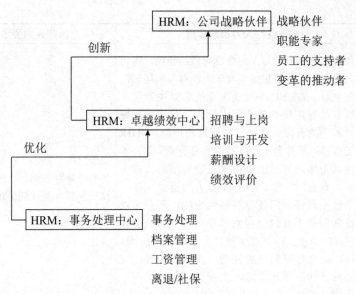

图1-5　由传统的事务性管理向公司的战略伙伴转变

表1-3　战略性人力资源管理对人力资源部门的要求

| 角色 | 行为 | 结果 |
| --- | --- | --- |
| 战略伙伴 | 企业战略决策的参与者，提供基于战略的人力资源规划及系统解决方案 | 将人力资源纳入企业的战略与经营管理活动当中，使人力资源与企业战略相结合 |
| 职能专家 | 运用专业知识和技能研究开发企业人力资源产品与服务，为企业人力资源问题的解决提供咨询 | 提高组织人力资源开发与管理的有效性 |
| 员工的支持者 | 与员工沟通，及时了解员工的需求，及时为员工提供支持 | 提高员工满意度，增强员工忠诚感 |
| 变革的推动者 | 参与变革与创新，组织变革(并购与重组、组织裁员、业务流程再造等)过程中的人力资源管理实践 | 提高员工对组织变革的适应能力，妥善处理组织变革过程中的各种人力资源问题，推动组织变革进程 |

## 三、战略性人力资源管理对传统人力资源管理理念的影响

战略性人力资源管理思想的产生，不仅带来了新的管理方式、手段和运作模式的改进，还对企业战略决策者的人力资源管理理念产生了重大影响，逐渐促成了管理理念的转变。

1. 战略分层

传统的人力资源部门的管理者只关注本职能部门内部的事务，而战略性人力资源管理将人力资源战略划分出不同的层次：公司层战略和职能层战略。

2. 人力资源管理者的转变

战略性人力资源管理中，人力资源部门的最高决策者必须承担新的角色，即公司的战略合作伙伴、职能专家，员工的支持者和变革推动者角色。人力资源部门的主要任务是集中力量进行战略性人力资源建设，将重点放在人力资源政策的制定和执行、中高层主管的甄选、员工的培训开发与职业生涯指导、招聘和吸引一流人才、制订有竞争力的薪酬激励计划、创建优秀的企业文化等具有战略性、前瞻性的人力资源管理方面。

### 3. 基于核心竞争力的管理

企业战略需要核心竞争力，核心竞争力需要核心人力资源，核心人力资源需要核心技能，核心技能需要企业建立分层分类的人力资源管理模式，如图1-6所示。

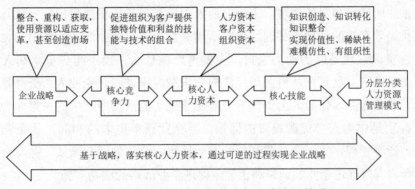

图1-6　基于企业核心竞争力的人力资源构建

战略性人力资源管理的最终目标，是要通过对企业人力资源的整合来驱动企业核心能力的形成与保持。这种驱动关系主要通过直接和间接两种方式表现出来。

直接方式是指实施某种人力资源管理活动的方法本身能够对竞争优势产生直接影响。例如，在旅游、教育、商业等服务业中，招聘、培训、报酬等涉及人力资源的成本占企业总成本的60%～70%，不同的竞争者在人力资源成本上的差异必然会带来财务上的巨大差异。

间接方式是指人力资源管理活动能够通过员工的结果导致组织的结果，进而影响竞争优势。这种方式基于以下假设：人力资源管理活动——员工的结果——组织的结果——竞争优势。据英国菲曼尔德大学的一项实证研究表明，员工的工作态度与公司的获利能力有直接的联系，不同公司在获利能力方面的差异有13%可以归因于员工对组织在态度和动机上的差异。

## 四、人力资源战略在企业管理中的价值和作用

战略性人力资源管理贯穿于组织管理的每一个环节，绩效研究的目的在于通过有效管理的实践，为保证组织的发展和培育核心竞争力的战略制定，提供机制和导向。人力资源战略的价值和作用主要表现在如下几个方面。

**1. 人力资源战略是企业战略的核心**

目前的企业竞争中，人才是企业的核心资源，人力资源战略处于企业战略的核心地位。企业的发展取决于企业战略决策的制定，企业的战略决策基于企业的发展目标和行动方案的制定，而最终起决定作用的还是企业对高素质人才的拥有量。有效地利用与企业发展战略相适应的管理和专业技术人才，最大限度地发掘他们的才能，可以推动企业战略的实施，促进企业的飞跃发展。

**2. 可提高企业的绩效**

员工的工作绩效是企业效益的基本保障，企业绩效的实现是通过向顾客有效地提供企业的产品和服务体现出来的。而人力资源战略的重要目标之一就是实施对提高企业绩效有益的活动，并通过这些活动来发挥其对企业成功所作出的贡献。过去，人力资源管理是以活动为宗旨，主要考虑做什么，而不考虑成本和人力的需求；现在，经济发展正在从资源型经济向知识型经济过渡，企业人力资源管理也就必须实现战略性的转化。人力资源管理者必须把他们活动所产生的结果作为企业的成果，特别是作为人力资源投资的回报，使企业获得更多的利润。从企业战略上讲，人力资源管理作为一个战略杠杆能有效地影响公司的经营绩效，并与企业经营战略结合，有效推进企业的调整和优化，促进企业战略的成功实施。

**3. 有利于企业扩展人力资本，形成持续的竞争优势**

随着企业间竞争的日益白热化和国际经济的全球一体化，没有哪个企业可以拥有长久不变的竞争优势。往往是企业创造出某种竞争优势后，经过不长的时间就被竞争对手所模仿，从而失去优势。而优秀的人力资源所形成的竞争优势很难被其他企业所模仿。所以，正确的人力资源战略对企业保持持续的竞争优势具有重要意义。人力资源战略的目标就是不断增强企业的人力资本总和。其中扩展人力资本，利用企业内部所有员工的才能吸引外部的优秀人才，也是企业战略的一部分。此外，还可以设计与企业的战略目标相一致的薪酬系统、福利计划，以及提供更多的培训、为员工设计职业生涯计划等来增强企业人力资本的竞争力，达到扩展人力资本、形成持续竞争优势的目的。

**4. 对企业管理工作具有指导作用**

人力资源战略可以帮助企业根据市场环境变化与人力资源管理自身的发展，建立适合企业特点的人力资源管理方法。如根据市场变化确定人力资源的长远供需计划；根据员工期望，建立与企业实际相适应的激励制度；用更科学、先进、合理的方法降低人力成本；根据科学技术的发展趋势，有针对性地对员工进行培训与开发，提高员工的综合能力，以适应未来科学技术发展的要求等。一个适合企业自身发展的人力资源战略可以提升企业人力资源管理水平、提高人力资源质量，还可以指导企业的人才建设和人力资源配置，从而达到人才效益最大化。

同时，人力资源战略的基本问题也应该纳入管理者的思考范围：

第一，基于企业战略的需要，企业需要多少人力；要重点获得并储备哪些人才资源；如何平衡各种人才资源的比例关系以确保经营有序正常地进行？

第二，基于企业战略的实现需要，员工应该具备什么样的核心专长与技能？

第三，企业将如何利用现有人力资源的能力？采取什么政策处理好员工关系？怎样激活企业现有人力资源的潜能，提高现有员工的士气？

## ▒▒ 第三节　人力资源战略的价值与设计

人力资源战略在现今的企业竞争中起着越来越重要的作用，适宜的人力资源战略将会为企业带来巨大的潜力和财富，而只有与企业的竞争战略相匹配的人力资源战略才能起到加强企业竞争力的作用。这就为企业制定人力资源战略提供了指导思想。人力资源战略与企业竞争战略能否有效整合将在很大程度上决定一个企业的成败，是每个企业不得不关注的重大问题。

### 一、战略性人力资源管理定位

人力资源管理的重要性日益增强。许多企业已经认识到人力资源是最具有竞争优势的资源。在外部环境不断变化的今天，企业要想取得可持续的竞争优势，就不能仅仅依靠传统金融资本的运营，还必须靠人力资源优势来维持和培育竞争力。这种变化促进了人力资源管理的战略性定位研究，主要集中在以下两个方面。

1. 对促进人力资源管理职能转型的主要因素的研究，揭示了传统人力资源管理所面临的挑战

马托森、杰克逊等人侧重于从人力资源管理对产业转型和组织重组的适应性方面加以论述。他们认为最主要的挑战来自于：经济和技术的变化与发展、劳动力的可用性和质量问题、人口多样性问题、组织重组问题。戴维·沃尔里奇等基于组织面临全球经济化如何维持自身优势的角度加以描述。他们认为，要想在激烈的全球经济竞争中保持优势，人力资源管理就必须克服来自8个方面的挑战：全球化、价值链重组、创造利润增长途径的变化、以能力为本、组织竞争力模式的变化、技术创新和进步、教育创新、组织再造和重组。

2. 对人力资源管理职能的"战略性定位"

基本观念是：当代人力资源管理是组织的"战略贡献者"(strategy contribution)。马托森从3个方面论述这种"战略贡献者"的作用：提高企业的资本运营绩效、扩展人力资本、保证有效的成本系统。斯托瑞则认为战略性人力资源管理的基本职能是：保证组织在"竞争力、利润能力、生存能力、技术优势和资源配置"等方面具

有效率。舒勒、胡博等人则从组织战略目标实现方面论述战略性人力资源管理职能，认为战略性人力资源管理是统一性和适应性相结合的人力资源管理，必须和"组织的战略"及"战略需求"相统一。他们将战略性人力资源管理分成几个不同的部分：人力资源管理哲学、政策、项目、实践和过程，认为每个部分都是一种"战略性的人力资源管理活动"，同时又是企业发展的战略目标。沃尔里奇则提出人力资源管理"战略性角色"的概念，认为当代人力资源管理已经从传统的"成本中心"变成企业的"利润中心"。在这种转变过程中，人力资源管理的角色也处于不断的转型中，正由传统的"职能事务性"向"职能战略性"转变。他描述了4种主要的角色：管理战略性人力资源、管理组织的结构、管理员工的贡献程度、管理企业或组织正在经历的各种转型与变化。沃尔里奇认为，人力资源管理若要有效担当这4种基本角色，必须掌握4类基本技能：

(1) 掌握业务(business mastery)：要求人力资源管理成为核心经营管理的有机组成部分，了解并参与企业基本的业务活动，具有强烈的战略业务导向。

(2) 掌握人力资源(HR mastery)：确保基本的管理和实践相互协调，并担当起一定意义的行政职能。

(3) 人力资源信誉(HR credibility)：人力资源管理部门及其管理人员必须具有良好的信誉体系，具备广泛的人际关系能力、问题解决能力和创新能力。

(4) 掌握变革(change mastery)：积极参与推动企业的变革，并提供有效的决策信息依据。

劳伦斯·S.克雷曼、乔森纳·斯迈兰斯基等人，侧重于从企业人力资源管理对企业价值链的重构、人力资源管理实践边界的扩展等角度，阐述人力资源管理职能的战略性定位。他们认为当代人力资源管理正日益凸显其在企业价值链中的重要作用，这种作用就在于它能够为企业内部的各个部门提供"附加价值"(added value)。因此，人力资源管理部门必须积极加强与企业各业务部门的密切联系，支持配合企业的长期发展战略。为此，人力资源管理部门必须从过去传统的"权力中心"(power center)的地位转变为"服务中心"(service center)的地位；由于企业组织结构的创新和变革，必然引起人力资源管理职能的变化和扩展，人力资源管理将越来越多地参与企业战略制定、业务经营、技术创新、员工精神培育等战略性活动。总之，人力资源管理正日益成为企业建立竞争力优势的重要途径。

## 二、战略性人力资源管理绩效

战略性人力资源管理贯穿于组织管理的每一个环节，绩效研究的目的在于通过有效管理的实践，为保证组织的发展和培育核心竞争力的战略制定，提供机制和导向。

战略性人力资源管理的绩效研究包括战略性人力资源管理本身的管理绩效或实践绩效，也包括战略性人力资源管理对于组织(企业运营)的贡献绩效。前者涉及的内容主要是对组织人力资源管理的政策和方法实施效果的评价和分析，通过具体的人力资源投资、开发和利用的计划与规划，不断提高人力资源生产率或工作业绩；后者则是通过对组织状况、环境与特点的分析，力求组织人力资源管理能够成为或实现组织"战略贡献者"的职能。两者相互联系、相互制约。

从企业整体目标考察，战略性人力资源管理的核心在于保证和增进组织绩效。米切尔·谢帕克等人提出了一个关于战略性人力资源管理与组织绩效关系的概念模型。他们认为，组织绩效的提高是企业的环境、经营战略、人力资源管理实践和人力资源管理的支持因素等4个基本变量相互联系、相互作用的复杂系统行为的结果。人力资源管理不能单独对企业的绩效产生作用，必须与其他3个变量相互配合并形成一定的关系模式。

为获得并保证人力资源管理的管理绩效，与之相关的一个问题是："绩效是关于什么的？"是企业财务收益，或是股东收益，或是顾客满意？许多学者认为现行的人力资源管理绩效评价方法(如360度绩效评估、平衡记分卡、满意度调查等)未能深刻揭示人力资源管理与企业绩效之间的关系。菲里斯提出了人力资源管理与组织绩效之间关系的"社会背景理论"(social context theory)，这一理论将人力资源管理放在一个更加广泛的背景中，通过引入多因素调查(政治、文化、技术和组织结构等)、中介联结和约束条件，建立了两者之间的动态关系模型。

必须指出的是，为了充分实现战略性人力资源管理的绩效，还需进行人力资源绩效的定量分析研究。这方面的工作目前已经取得了一定的进展，产生了一系列的定量分析和定量研究的模型和方法。如人力资源指数问卷、人力资源案例研究、人力资源竞争基准、人力资源关键指标法、人力资源效用指数、人力资源声誉研究、会计学资产模式、人力资源成本模式等。这些定量研究和分析对于提高人力资源管理绩效、发挥人力资源管理的战略性职能具有重要意义。

## 三、战略性人力资源管理模式发展的思考

根据人力资源管理实践的探索和人力资源管理理论的研究，战略性人力资源管理的发展趋势应当包含如下几个方面。

### 1. 虚拟化趋势

人力资源部的虚拟化是指以网络技术为基础、信息技术为媒介的人力资源关系结构，通过给予员工资助服务、外部协助和服务共享从企业外部获得战略价值低的人力资源，集中力量建设具有高层次战略价值的人力资源，进而扮演组织战略决策者的角色。先进的人力资源管理软件配上高速的网络硬件和处于服务中心的专业技

术人员共同构成了虚拟人力资源管理的基础，使得人力资源管理更加具有战略导向性并且获得了先进技术的支持。

**2. 创业团队的管理**

当一个企业所在的行业处于迅速的和不可预测的变化中时，组织的目标是应对连续的变化和机遇的出现，所以企业核心竞争力中的应变能力是最关键的因素，企业成功的标准应是构建持续的创新能力，以使组织在瞬息万变的竞争中取得持续的成功。当前人力资源管理中的一种新的尝试就是组建创业团队用于开拓新兴市场。他们有高度的自主权和自由度，在新的组织中将正式的规则和程序降至最低程度，其主要目的在于帮助企业开辟一个新的细分市场，更好地管理变革。

**3. 与学习型组织相结合**

学习型组织是美国管理大师彼得·圣吉在20世纪80年代提出的一种全新的管理理念。学习型组织和战略性人力资源管理的共同之处在于，两者都承认人是组织的核心，能够以灵活的反应能力作为组织可持续发展的依托，它们是相互促进、相互影响的关系。学习型组织为人力资源管理提供了良好的文化基础，适应于全球化的人力资源开发与管理，同时，还有利于对知识工作者的激励。

## 四、战略性人力资源管理评述

战略性人力资源作为企业关键职能得到企业的进一步确认与加强，工作性质与定位也更向服务转变，使得大量向员工授权与赋能成为可能，这就将提高组织人员的知识和潜能开发转化为中心任务，具体来讲主要体现在如下六个方面。

第一，人力资源的战略性是对人力资源管理作为组织的一项关键功能的基本认同。

由于人力资源功能的重要性日益提升，人力资源管理状况成为识别企业实力的重要指标，企业之间实力的抗衡不再依靠自然资源和廉价的劳动力，其关键资源逐渐成为人力资源以及附着在人力资源上的智力、知识。越来越多的组织把注意力集中于雇员，考虑并制订相关计划以充分发挥人力资源的效能。对于人力资源，不再理解为企业的投资(成本)，而是人力资源所有者对企业的投资或企业吸收的投资。在现代企业制度中，人力资源管理、生产管理、市场管理和财务管理已成为四大支柱，其中人力资源经理职位将成为通向总经理的重要途径。

第二，从职位管理向工作管理和雇员管理转变，并为员工进行良好的职业生涯设计。

人力资源更强调的是把人当成组织中最具活力、能动性和创造性的要素，把提高人的素质和激励水平作为人力资源管理的基本职责。其首要要素是开创一种积极的协调沟通关系；然后要求人力资源经理人对员工进行培训、职业辅导、技能开发，并努力培养员工的自尊、开发其潜能；最后还要建立各种奖励策略作为配套机制，以激励员工增加其责任感并取得成果。虽然在新的经济条件下，员工的职业生涯路径将变得更为复杂、动态多变，但职业生涯规划中的每一阶段、每一短期目标是实在可行的，这就要求企业为员工提供实现职业生涯规划中每一阶段目标的环境和条件，并在各方面给予配合、支持。让员工和企业发展都有增值的机会，都能实现各自的发展目标，形成双赢的局面。

第三，"授权与参与"是战略性人力资源管理的重要理念。

传统企业的金字塔形组织结构在新形势下很难运行，其被学习性组织的扁平组织结构所代替已成为趋势。战略性人力资源管理更强调员工参与管理，重新构建组织的边界。员工将作为知识资本的所有者，成为股东。刚性的指挥链被打破，那种既降低了企业对外部环境变化的快速反应力，又使企业陷于竞争的劣势的自上而下的官僚主义被摒弃。战略性人力资源管理倡导通过庞大的通信、信息系统将众多部门、雇员联系起来，共同构建相互合作的网络，共享资源、共同管理，提倡全面沟通，并直接与最高管理层沟通。大量向员工授权，让员工参与决策，承担更大的责任和更独立地开展工作，提高员工的积极性，增强员工的责任感。

第四，"人力资源的开发"是战略性人力资源管理的中心任务。

在新经济时代，知识、技能决定一切，组织人员的素质决定着组织运转的效率和组织的服务水平，如图1-7所示。

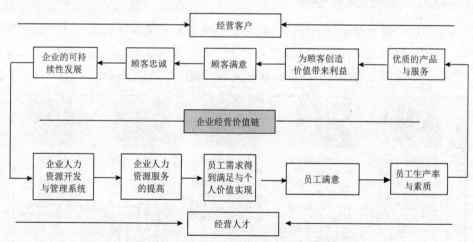

图1-7 以企业经营价值链为主线的经营客户与经营人才

因此，不断提高组织人员的知识和潜能就成为战略性人力资源管理的中心任务。信息的爆炸性增长，资本的流动速率加快，迫使组织变得比以前任何时候都更加机敏，并始终尽力保持与周围环境的适应与平衡。组织内部的持续变化和工作人员的组织间流动成为必然，员工的技能生命周期也越来越短，这要求每个人都必须不断学习。

第五，实行柔性的工作方式，加强绩效评估的科学性，将以工作绩效为基础的薪酬策略和自助餐式的福利政策相结合。

突破传统的工时制度，采取弹性工作时间，提供更自由的工作空间，营造轻松的工作氛围。在传统的人力资源管理模式下，企业对员工的绩效评估是按部门采用不同的标准评价的。薪资报酬与工作绩效挂钩，可激发员工的工作动机，成为激励员工学习的手段，促使员工不断学习、提高，以应对新时期知识经济、人员流动、职能变化等因素的挑战。而所谓自助餐式的福利政策，就是由公司给予员工一定的福利点数，员工可在点数范围内随意挑选自己需要的福利项目，包括个人福利、有偿假期等，满足员工福利需求的多元化，实现福利效用的最大化。

第六，促进人力资源管理的信息和评估系统化。收集信息，并将信息用于项目规划、控制和评估等目的，对于人事管理活动是至关重要的。但是，目前信息的收集和使用并不是很系统。换句话说，数据往往是根据一个特定的目的或者是在零零碎碎的基础上被收集和使用的，而不是通过一套管理信息系统，将支离破碎的信息和组织的目标联结起来。组织可以设计一套管理信息系统，以此来常规性地收集与组织绩效有关的各种各样的信息，并将这些信息以报告的形式呈递给管理者，使他们能够使用这些信息，对政策和程序作出必要的调整。

## 五、人力资源战略设计流程

人力资源战略设计流程是按照一定的分析框架和模型具体制定人力资源战略的步骤，通过流程设计能使人力资源战略设计切实有效地落地，形成一套严密的以文件、步骤、制度等为内容的人力资源战略实施方案，如图1-8所示。

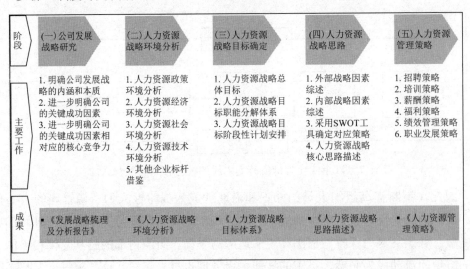

图1-8　人力资源战略设计流程

# 第二章│人力资源审计

**本章导读:**

人力资源审计(human resource audit,HRA)是按照特定的标准,采用综合性的研究分析方法,对组织的人力资源管理系统进行全面检查、分析与评估,改进人力资源管理功能与提供解决问题的方向和思路,从而为组织战略目标的实现提供科学支撑。

随着战略性人力资源管理和人力资本理论的发展,人力资源审计开始朝着促进企业战略的实施和人力资本投资等方面拓展。这一阶段,人力资源审计的一个重要特征,就是更加强调人力资源管理的目的性,而具体审计形式则趋向于多样化,诸如战略性人力资源审计、能力审计、生产技术准备审计、顾客满意度审计和人力资源管理合法性审计等。而大量的问卷调查表、平衡计分卡工具、定量和定性绩效指标、数据包分析技术等也得到开发和应用。

战略性人力资源功能审计的核心使命是确定人力资源治理功能能否在战略上支撑组织战略,或与行业的"最佳实践"相比,组织的人力资源功能的差距在哪里。通过人力资源审计,企业能解决以下问题:

(1) 当前的人力资源禀赋状况如何?数量、质量、特点及其综合价值如何?

(2) 现有人力资源及其管理活动在多大程度上支撑了企业的战略?

(3) 当前人力资源管理活动是否合法?存在哪些法律风险?制度是否完备?执行如何?

(4) 各项人力资源管理活动的发挥状况如何?

(5) 如何评价人力资源管理的最终效果?如何建立评价指标体系,最终评价结果如何(包括管理活动的效率、效果、成本、经济性产出等)?

(6) 未来人力资源管理的提升方向在哪里?如何建立持续的改进机制?

# ▓ 第一节 人力资源审计理论与价值

人力资源是一个国家、一个企业的重要资源。人力资源开发和利用的好坏,直接影响着国家的强弱和企业的成败。人力资源是可再生资源,对它的投入最为合算。知识经济时代,在人力资源的开发和利用中出现了许多新问题,如企业家资源如何计价,人力资源如何参与利润分配等,都是摆在人力资源管理、人力资源会計、人力資源審計面前的新課題，特別是對審計監督提出了新的挑戰。加強對人力資源的計價、參與分配等方面的審計監督，保證人力資源核算與管理的真實性、正確性和公允性，是審計監督義不容辭的職責，也是知識經濟時代呈現的又一新特徵。

## 一、人力資源審計發展歷程

人力資源審計是管理審計的重要組成部分，它的起源可以追溯到20世紀30年代。1932年，英國機械工程師協會、生產工程師協會和英國管理協會三大協會會員兼管理專家羅斯撰寫的《管理審計》在英國倫敦出版，這可以說是探討管理審計科學的第一部著作。另一位對管理審計包括對人力資源管理審計作出開創性貢獻的是曾任美國管理協會(AMA)主席的詹姆斯·麥金西。他創造性地主張應對企業定期實行管理審計，其內容包括審核企業的總體目標和政策，未來或持續進行的規劃、人事、管理以及財務狀況，實現從總體到個體，從各個分部到所有業務活動的全面分析與評價。

在管理審計與諮詢發展的進程中，人事管理審計也開始呈現出相對獨立的特徵。1955年，紐約麥格勞希爾公司出版了托馬斯·J.盧克的《人事管理審計與評估》，這應是第一部人事管理審計著作。

20世紀90年代之後，無論實踐上，還是理論上，人力資源管理審計開始成為一個相對獨立的管理領域。除了管理諮詢公司(含會計師事務所、審計師事務所)提供越來越多的人力資源管理審計諮詢服務之外，政府、企業乃至非營利組織內部也都對人力資源管理審計日益關注，這種實踐發展也體現在理論研究和專業教材之中。人力資源管理審計逐漸成為人力資源管理教材中獨立的一章，並有專門的人力資源管理審計專著問世，比如，1999年帕特森的《人力資源管理審計》。近期，由愛德華茲、斯科特和拉尤共同主編的《人力資源項目評估手冊》，為組織內部實施人力資源管理審計和專業諮詢公司提供審計諮詢服務準備了完整的指南。

人力資源審計的早期形式為人事審計(personnel audit)。Geneva(熱納瓦)將人事審計定義為對人事政策、程序和實踐的分析和評價，其目的是評價企業人事管理的效果。審計程序包括收集和整理信息、分析和解釋數據、評價數據和根據分析結果採取行動。早期的人力資源審計著重描述人力資源信息，檢查管理過程的合法合規性。

隨著程序、制度等作用的下降、管理文化的興起以及企業對績效目標的重視，人事管理開始向人力資源管理轉變。在人事審計強調人事活動和程序合法合規性的基礎上，人力資源審計開始著重審查人力資源活動的經濟性、效率性、效果性及其對實現績效目標的影響。美國國防部審計處(the Defense Control Audit Agency，DCAA)1997年進行的人力資源質量評估，實質上是人事審計向人力資源審計轉變的典型案例。人力资源质量评估在关注具体的人事活动和数据的同时，开始寻求对企业目标的实现程度进行分析。

随着战略人力资源管理和人力资本理论的发展，人力资源审计开始朝着促进企业战略的实施和人力资本投资等方面拓展。这一阶段人力资源审计的一个重要特征，就是更加强调人力资源管理的目的性，而具体审计形式则趋向于多样化，诸如战略人力资源审计、能力审计、生产技术准备审计、顾客满意度审计和人力资源管理合法性审计之类的多种审计形式在实践中得到广泛应用，大量的问卷调查表、平衡计分卡工具、定量和定性绩效指标、数据包分析技术等也得到开发和应用。

## 二、战略性人力资源审计的结构

人力资源审计代表性的界定来自于米尔科维奇和布德罗·德斯勒、多伦和舒尔乐·柯伊、欧拉拉和卡斯蒂罗等人，而SDW模型则是对人力资源审计结构的典型概括。

米尔科维奇和布德罗·德斯勒认为，人力资源审计应像财务和税收审计一样，考察人力资源政策与业务是否实行并得到了遵守；是否在规定的日期内完成了对每个员工的业绩鉴定；是否进行了对即将离开的员工的退出访谈；当新员工加入时，健康保险是否运行正常；每一项活动或程序是否按计划进行，是否按步骤实施，是否由适当的个人参与等。多伦和舒尔乐·柯伊的界定试图兼顾"事务"与"标准"。更重要的是，他们提出了一个"一般化"的定义，就是把人力资源审计界定为对一个企业的所有人力资源政策与规划的系统的规范的评价。

欧拉拉和卡斯蒂罗认为，直到职能审计出现后，审计才变得越来越具体。职能审计的目的是在公司的各职能领域内部进行诊断、分析、控制并提出建议。人力资源审计是职能审计的一种。因此，人们首先想到的一种定义方法是：人力资源审计就是在人力资源管理领域内进行诊断、分析、评估以及对未来人事活动的评价，人力资源审计是公司管理的一种基本工具，其目的不仅包括控制和量化结果，而且包括为确定公司未来人力资源管理活动而进行的广泛审核。因此，人力资源审计必须履行两个基本职能：

(1) 为了促进管理过程或人力资源的发展，人力资源审计必须是一个管理信息系统，该信息系统的反馈提供了有关环境的信息。

(2) 人力资源审计必须是一种对现行政策和程序进行控制和评价的方法。

战略性人力资源审计的严格定义是：按照特定的标准，采用综合性的研究分析方法，对组织的人力资源管理系统进行全面检查、分析与评估，为改进人力资源管理功能提供解决问题的方向与思路，从而为组织战略目标的实现提供科学支撑。

SDW模型(见图2-1)将战略性人力资源审计从一般化的界定细化为战略性人力资

源审计结构。这个模型将人力资源审计分成4个方面：公司战略审计、人力资源系统审计、管理规范审计和员工满意度审计。公司战略审计的核心是审计人力资源战略、政策、实践与组织战略计划的契合性，审计组织战略与环境及使命的契合性。人力资源系统审计重在评估人力资源功能、系统、活动以及对组织、社会和员工目标的贡献度，确定责任人，决定每项活动的目标，评估这些活动如何支持并体现了组织战略、评估政策与程序、采样记录并分析数据，准备并在报告中提出改进建议。管理规范审计的内容是评估经理人在多大程度上遵循了人力资源政策与程序，以发现错误，保证及时纠正并满足未达到的要求。员工满意度审计是评估员工对工作相关事务的满意度以及对人力资源管理实践与系统的影响，如工资、福利、监督、绩效反馈、职业机会等，在预算及其他限制内解决资源供给。

图2-1  人力资源审计的SDW模型

但是，从战略性人力资源管理的角度看，一个显而易见的问题是，SDW模型并不具有结构的完整性和逻辑的严密性。因此，基于对以SDW模型为代表的既有研究成果的分析以及对管理实践与管理咨询经验的抽象化，中国人民大学杨伟国教授提出了FRAIP模型，试图完整地反映战略性人力资源审计的逻辑结构。

FRAIP模型(见图2-2)也可称为战略性人力资源审计大厦，它的完整结构由5个部分构成：审计大厦的屋顶为战略性人力资源功能审计(FA)；大厦的两个支柱分别为战略性人力资源规则审计(RA)与战略性人力资源行动审计(AA)；战略性人力资源基础结构审计(IA)是审计大厦的屋基；而战略人力资本审计(SPA)构成大厦的核心部分，因为人是能动的战略性资源。FRAIP模型突破了目前这个学科的散点式结构而迈向了系统阶段。

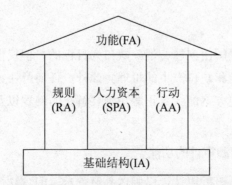

图2-2  战略性人力资源审计的FRAIP模型

### 三、战略性人力资源审计的性质和功能

人力资源审计的功能是人力资源审计结构的天然结果，如果能进一步明晰战略性人力资源审计的性质，就能更深入地理解其对于组织战略的功能和价值。

#### (一) 战略性人力资源审计的性质

战略性人力资源审计有4个显著性质：关注问题、关注方法、关注基准和关注机理。

**1. 关注问题**

现在的人力资源管理乃至管理咨询更多关注的是"结果导向"，即提供人力资源解决方案，而不太关注或没有意识到方案的前提，甚至有时根本就不理会这个前提。因此，在人力资源管理实践中，很多方案作为"药方"，要么根本不能解决任何问题，要么根本就不能执行，要么可能产生更大的副作用，严重损害组织的功能。战略性人力资源审计关注的重点就是把分析人力资源管理问题放在首位，从而为提升解决方案的针对性准备基础，有效降低解决方案产生副作用的风险。因此，它的核心是"防疫"。

**2. 关注方法**

现在的人力资源管理实践或咨询方案更多地使用判断的方法来设计解决方案，而战略性人力资源审计更强调以数据、事实、基准分析为基础的研究分析方法，强调研究方法的科学性、针对性与综合性，从而为提高解决方案的科学性与精确性打下基础。

**3. 关注基准**

问题的存在或目标的实现总是以基准为前提的。由于人力资源管理的法律限制，战略性人力资源审计首先以法律为基准，确定管理实践与法律规定之间的缺口。而由于整个组织的目标性，战略性人力资源审计特别要关注目标基准，确定目标计划与实际完成状况之间的缺口。同时，由于市场竞争的淘汰机制，还必须关注行业乃至竞争对手的"最佳实践"基准，确定现行管理模式与最佳实践之间的缺口。

**4. 关注机理**

管理解决方案是以解决问题、消除缺口为目标的，但仅仅知道问题和缺口是不够的，还必须把握问题和缺口产生的机理。此外，任何解决方案都必须在实施之前进行机理分析，以确定方案能否真正解决想要解决的问题以及发生意外的概率与补救措施的选择。

#### (二) 战略性人力资源审计的功能

大多数组织都进行财务审计，以确保其财务系统的合规性。不幸的是，大多数

组织从来不对人力资源政策、实践与结果进行审计,以确定是否需要进行效果改进或更具有合规性。实际上,实施人力资源审计可以发展一个分析框架,以至于能够确定缺失的或在法律上难以抗诉的实践与政策。

可以将人力资源审计的功能归结为战略功能和管理功能两个层面。

战略功能是为寻求更加支持组织战略的人力资源战略提供前提与基础。通过审计,确定人力资源战略能否有效地支持组织战略,确定现行的人力资源功能是否与人力资源战略一致,确定人力资源规则、行动、基础结构以及人力资本能否支持人力资源功能。

管理功能在于为改进组织的人力资源管理提供前提与基础。它的管理价值可以形象地概括为4种精密仪器:显微镜、测量计、分析仪与导航仪。显微镜的功能在于根据法律基准、目标基准与实践基准发现组织人力资源管理功能、规则、行动、基础结构与人力资本方面的缺口;测量计的功能在于测定缺口的性质与衡量缺口的大小;分析仪的功能是分析研究缺口产生的机理与解决方案发挥作用的机理;导航仪的功能是确定解决问题的方向与基本思路。

## ▦ 第二节　人力资源审计职能和应用模式

人力资源审计的职能主要是指通过对人力资源的审计,结合企业的发展战略对人力资源管理活动进行监督、评价。它是随着社会经济的发展、经济关系的变化、审计对象的扩大、人类认识能力的提高而不断加深和扩展的。

### 一、人力资源审计的职能

人力资源审计主要有以下职能:

(1) 对企业人力资源管理活动是否符合国家的法律法规进行监督。

(2) 对企业人力资源的会计核算进行监督和评价。

(3) 对企业与人力资源管理有关的内部控制制度进行评价。

(4) 对企业人力资源管理的经济性、效率性和收益性进行评价。

(5) 对企业当前人力资源所必须具备的知识和技能进行评估。

(6) 对企业管理者人力资源保值增值责任的履行情况进行评价。

### 二、人力资源审计的应用模式

按照人力资源审计的概念框架所界定的受托责任主体和审计评判标准来划分,国外现有的人力资源审计大致可以分为合法性审计、制度审计、绩效审计和价值导向审计4种。

### (一) 合法性审计

合法性审计关注的焦点是企业是否遵循了相关劳动法律法规。日益复杂的法律条文和不断变化的环境，使得企业经营者在人力资源管理实践中，不得不考虑如何最大限度地避免因人力资源管理不当而产生高昂的法律诉讼成本和由此可能导致的诉讼损失等问题。由于这种审计会或多或少地涉及企业的商业秘密，甚至包括可能已经存在的违法事实，因此这种审计往往由具备胜任能力的外部审计人员承担。

**合法性审计的一般程序：**将人力资源管理划分为若干方面，如人力资源政策、人力资源档案文件管理、人力资源管理的具体程序和活动等。采用文件查阅、现场观测、调查访谈等审计技术和方法，对照现行法律法规的要求进行对比分析，评价企业人力资源管理活动的合法性，识别可能引起法律诉讼的风险因素。针对违反有关法律法规或可能引起法律诉讼的制度和程序，提出改进意见和建议，最终形成企业人力资源管理实践的合法性评价报告。

在审计内容上，合法性审计涵盖法律法规对企业雇佣关系的所有规定。审计人员应当审查公司的政策、实践以及相关的雇员招聘、使用、培训、辞退和后续管理等活动是否公平、合法。合法性审计应当关注的问题包括雇员操作手册、雇佣和惩罚政策、招聘和选拔程序、薪酬政策和实践、工作说明、绩效评价、规章和雇佣关系的解除等。

### (二) 制度审计

制度审计首先按照一定的程序确定需要评价的人力资源管理问题。在服务复杂性、企业内外部劳动力市场发展变化等因素一定的情况下，企业的人力资源管理实践可以细分为不同方面来进行审计，如可以着眼于整个服务，也可以从其中的任何子集来考虑人力资源问题。对人力资源的利用，可以从雇主也可以从雇员的角度考虑。一般按照人力资源职能理论将人力资源管理划分为人力资源计划、招募与配置、培训、绩效管理、薪酬与激励、人力资源信息系统等方面。

在审计领域划定以后，人力资源制度审计主要关注以下问题：

(1) 企业是否根据目标设定内部控制制度？

(2) 对这些制度遵循得如何？是否制定了适当的人力资源政策？

(3) 这些政策的实施结果是否达到了目标？

**典型的制度审计程序：**识别内部控制制度参数和管理目标；检查现行制度，并确定相关控制目标；确定能够实现控制目标的期望控制制度；将现行制度与期望制度进行比较；对控制制度进行测试；在对审计证据进行分析综合的基础上，就控制制度是否为有效控制提供了制度保障以及在实际中是否得到了遵守等作出评价。

制度审计的目标是确定企业是否建立了能够确保人力资源得到经济、有效利用的内部控制制度,检查这类制度的实施状况,并针对不足之处提出改进意见和建议。人力资源管理制度审计的隐含假设是存在最佳管理实践,如果依照最佳管理实践确定的制度或公认管理原则能够有效地付诸实施,那么人力资源管理职能就有可能经济、高效地发挥作用。

### (三) 绩效审计

绩效审计是指通过定量或定性分析,审查和评价企业人力资源管理活动的绩效,并提出改进意见或建议,以促进人力资源管理和企业绩效改善的审计过程。

绩效审计关注的焦点,就是人力资源管理在企业运营中的地位和作用。人力资源管理在企业内部(为其他部门提供服务)和企业整体两个层面上发挥作用。前一层面上的绩效评价即将人力资源管理部门作为一个生产服务单位,考察其为服务对象(顾客)提供人力资源管理服务的经济性、效率性和效果性,相关审计评价方式是顾客满意度审计。在考察人力资源管理对企业总体绩效的作用和影响时,往往进行人力资源管理功能审计。

人力资源管理功能审计主要关注相关程序是否得到充分运用,是否正确地发挥了作用,也就是检查目标和程序之间的关系是否合理,是否呈现最佳的成本效益关系。

**典型的绩效审计程序:** 首先,对人力资源管理领域进行划分,并设定适当的绩效指标。其次,获取被审计单位的绩效数据,通过将绩效数据与同类企业、历史或行业的平均水平等基准进行比较,来判断企业绩效管理的薄弱环节,并提出改进意见和建议。

由于很难全面获得有关企业人力资源管理绩效的量化信息,而且很难定量分析人力资源管理活动对企业绩效的贡献程度,因此通常采用一种依赖定性分析、将顾客的主观评价与定量分析相结合的顾客满意度审计方法。这种审计方法强调人力资源管理部门对企业其他部门的服务作用,从投入、产出和满足顾客需要等角度评价企业人力资源管理的绩效。其基本理念是,所有人力资源管理活动都能够被理解为投入、产出和顾客三者之间相互作用的过程,强调顾客对人力资源管理绩效评价的参与。

### (四) 价值导向审计

价值导向审计的基本指导思想是:人力资源管理是为企业的特定价值目标服务的,通过将人力资源管理的期望结果与实际情况进行比较,可以得出企业人力资源管理的薄弱环节,从而有针对性地制订改进计划。

**典型的价值导向审计程序:** 首先,识别并确定企业的目标价值及其期望状态,可以同时或顺次确定企业人力资源管理各专项内容的期望状态。其次,通过一定的技术方法,如生产技术准备审计中的技能和知识应用矩阵,对比分析企业现状与未来期望的差距。最后，根据差距分析，制订未来行动计划。这种审计的具体形式有生产技术准备审计、企业能力审计、战略贡献审计等。

## 三、人力资源审计的目标

一般认为，人力资源审计的目标主要包括：确认企业所拥有的人力资源的存量，即企业人力资源的总量、质量和结构；考察人力资源与企业的关系，人力资源产权所涉及的所有权、使用权、收益权的归属问题，以及人力资源是否归被审计单位所有；考察人力资源的保障制度及考核体系是否健全；确认人力资源二次投资机制(即人员培训)是否健全；确认人力资源的流动机制是否健全，流动是否合法与符合企业发展战略，是否有利于企业人力资源的保值与增值。但是，战略性人力资源审计与传统意义上的审计还存在一定差别，人力资源管理审计既要维护企业的所有者和债权人的利益，又要维护劳动所有者的利益，这就决定了审计的目标不是单一的，而是多样的和综合的。

人力资源审计的总目标应当是审查人力资源的主要活动情况，保证人力资源管理系统能真正发挥效果，为公司赢得忠诚的员工，并通过员工的忠诚赢得忠诚的顾客，最终实现公司战略目标。在一般的会计报表审计中，人力资源主要审计目标是合法性、公允性以及会计处理方法的一贯性表示意见。在经济效益审计中，人力资源审计的目标是企业人力资源管理的体系架构，目标一般应该定为3E：经济性(economy)，即实际人力资源投入或费用与预计人力资源投入或费用相比较，是节约还是超支；效率性(efficiency)，即实际人力资源投入或费用与实际所得相比，是否获利及获利的频率；效果性(effectiveness)，即实际人力资源所得与预计所得相比的结果是否理想。

## 四、人力资源审计的范围

**行政管理审计**：检查人事记录保存的完整情况，包括个人人事档案存放地点的安全性和保密性，一般人事文件的分类保管(如工作申请材料、薪资情况、绩效评估等)以及机密文件的保存。此类审计同时也检查常规的人事职责，包括工资支付处理、薪资福利管理及出勤记录。

**员工记录审计**：包括招聘和雇佣员工的实际操作。这一领域的审计将对人员的流动趋势进行量化，揭示在满足员工需求方面存在的差距，以及帮助预测未来的人才需求。

**员工关系审计**：可以通过问卷调查的方式来检查员工对人事部门处理问题的满意程度和他们的培训需求是否得到满足(培训现在已被认为是一项主要的福利)。同时也可以了解员工对有效激励机制的看法。此项审计也应对流动性和工作满意程度的面谈结果进行审核。

**多样性审计：** 对组织机构是否做到多样性进行审计。除对员工人数按不同的种族、宗教及性别进行分类以外，还会测试员工对公司多样性方案的理解程度。

**人事信息系统审计：** 在公司合并时人事信息的整合是不可缺少的，相应的审计就会很有帮助。该审计将审核所有软件、硬件以及数据集成问题。通过审计结果可分析出公司是可以降低信息技术支出的预算还是需要进行新技术的采购。

## 五、人力资源审计的分类

人力资源审计，一般根据审计者的不同，分为内部审计和外部审计两类。相应地，人力资源审计的要素也因为内部审计与外部审计的不同而各有侧重点。

人力资源的内部审计，其主要关注点在执行的结果与执行的过程，目的是要保证公司政策制度的规定与员工的获得一致，审计的侧重点在于做得怎么样。因此，内部审计的要素可以包括人力资源管理的全部职能，一般有人力资源政策与环境的适合度、人员任用、薪酬激励、绩效考核、员工培训与发展、管理者继承计划、人力资源信息运用、人力资源部门的专业程度等重点要素。当然也可就某一项职能做特别审计。内部审计，既可由人力资源部门完成，也可采用管理者/事业部自我检查的方式，因而，工作量比较小，对涉及的范围、深度要求相对较低，可以定期举行。

人力资源的外部审计，往往关注整个人力资源体系对公司发展的支持程度，目的是保证人力资源体系始终能为公司达成战略目标作出贡献，能够真正在为公司赢得竞争优势方面发挥作用。因此，外部审计的要素一般会从管理审计角度出发，选择合适的审计的要素。首先要考虑的是外部竞争情况，在行业内选择一个竞争对手公司作为审计标杆，在条件允许的情况下，可以考虑以行业内优秀企业综合选择形成标杆。通过各项指标对比，比较人力资源体系在公司竞争中的贡献程度。其次，审核公司的人力资源政策在行业内或在同等环境中的竞争力程度。最后才是检查整个人力资源设计上的有效性和执行的情况。

## ⠿ 第三节　人力资源审计的方法与工具

人力资源审计的方法与工具为企业提供了在管理实践中的操作程序，在具体应用中要根据企业的实际情况以及工具的适用性作出选择，不同的审计分析工具对行业、企业规模、企业的成熟度会有不同的审计结果，在选择分析工具时应尤为注意。

# 一、人力资源审计模型

人力资源审计模型主要包括SRCFP-HRA模型和FRAIP模型，这两种分析模型是在管理实践中的提炼与总结，特别是SRCFP-HRA模型在应用范围及界面友好性方面，有不可或缺的优点。

## (一) SRCFP-HRA模型

我国著名管理咨询公司北大纵横在多年的咨询实践中，创立了系统而实用的"SRCFP-HRA模型"，如图2-3所示。该模型是以战略性人力资源管理为出发点，全面审视企业人力资源管理对组织战略的支撑度，以HR活动的合法性、合规性审计为前提，以人力资本盘点为切入口，以HR各职能模块的功能审计为重点，以HR管理的绩效审计为落脚点，深入分析评价HR活动的效率性、效果性、经济性。

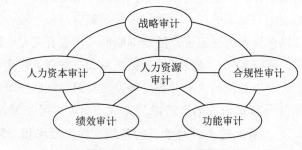

图2-3　SRCFP-HRA模型

## (二) FRAIP人力资源审计模型

FRAIP人力资源审计模型有4个显著性质：关注问题、关注方法、关注基准、关注机理。FRAIP模型试图完整地反映人力资源审计的逻辑结构。FRAIP的完整结构由5个重要部分构成：功能(FA)、规则(RA)、人力资本(SPA)、行动(AA)、基础结构(IA)。

# 二、人力资本扫描工具

人力资本扫描工具，通俗地讲，就是对人力资本的现状进行诊断并预测未来。通过对公司战略的梳理，发现当前公司人力资本的现状，通过对关键人才和关键岗位的定义与对比，提出未来人力资本的导向性要求，使公司的人力资本状况能清晰地呈现在管理者面前，从而进行有针对性的改进和目标确认。

由公司人力资源管理的高层完成，辅之以对相关公司高层的访谈，用以对公司人力资本情况进行审视。通过人力资本扫描工具，可以实现以下目的：

(1) 对公司战略目标、业务挑战、公司人才现状以及未来对人才需求等问题的总结。

(2) 对公司人力资本战略及其关键要素的描绘。

(3) 对人力资本战略和业务模式间匹配度的分析总结。

(4) 对如何匹配人力资本战略和业务战略的建议。

## 三、比较分析法(对标法)与平衡计分卡(BSC)

比较分析法：由人力资源管理审计小组将本企业或企业内部的人力资源管理活动情况与标杆企业进行对比，以发现本企业或企业内某部门在人力资源管理方面的差距，这种方法通常用于审计特定的人力资源管理活动或计划的成效。

BSC是一种战略绩效管理及评价工具，主要从财务、客户、运营和学习4个方面衡量企业日常管理工作对战略的支撑度，通过财务指标的盈利能力检验企业市场竞争力，通过客户满意度衡量公司是否具有持续的盈利能力，通过内部营运检验公司管理活动是否支持持续的客户满意度，以及通过员工的学习成长性检验公司是否具有持续的创新能力和运营效率。

## 四、其他方法

外部借鉴法：审计小组利用经企业外部人力资源管理咨询专家鉴定或已出版的研究成果作为评价企业内部人力资源管理活动成效的标准，来诊断企业内部人力资源管理方面的问题。

统计核算法：审计小组通过对以往企业内部人力资源管理活动记录进行统计分析，归纳出衡量本企业人力资源管理活动的标准，以对人力资源管理现状作出评价。

法规衡量法：根据已颁布的有关法律、政策以及企业内部既定的有关政策和程序，来检查实际的人力资源管理活动，目的在于敦促和保证各级人力资源管理严格遵守这些法律、政策。

# 第四节  人力资源审计项目实施

人力资源审计项目的实务操作一般从操作角度、战略角度、流程角度和激励角度4个方面切入，不同的角度审计的侧重点和核心关键点存在差异，其判断的依据需要看项目的核心需求与边界。

## 一、从操作角度审计人力资源管理

人力资源管理的操作角度是其他角度的基础，也是人力资源管理活动中最结构化的问题。在操作性层面上，对各人力资源管理子系统的审计内容如下：人力资源战略是各项人力资源活动开展的指导思想，人力资源战略的有与无、好与坏直接关系到其他职能是否实施和企业战略是否实现。以下一些指标可以判断人力资源的行政管理专家角色：

(1) 企业有没有当前期间的人力资源战略规划？

(2) 企业有没有3~5年的中远期规划？

(3) 企业是否在每个绩效期间都调整和更新规划？

(4) 企业在人力资源规划中进行供求预测与平衡的研究方法是否客观、科学？

(5) 企业的人力资源战略规划中是否有各项人力资源职能的分规划？

(6) 企业的人力资源战略规划是否涉及人力资源信息系统(HRIS)？

(7) 如果有HRIS，其中的信息是否及时、正确、完整？

工作分析与评价子系统是其他子系统运行的基础。人是管理活动的执行者和对象，而执行管理职能的载体就是岗位。因此，工作分析与评价中涉及许多琐碎而又非常重要的岗位信息。以下一些指标可以判断工作分析与评价的行政管理专家角色：

(1) 企业有没有完善的工作描述和工作说明书？

(2) 工作描述和工作说明书的详细程度如何？

(3) 工作描述和工作说明书的修改频率和依据如何？

(4) 岗位的数量与该岗位人数之比是否合理？

(5) 进行工作评价的方法是否合理？

人力资源甄选子系统是人力资源进入企业的入口，也是一把筛子，起到过滤作用。既然是过滤器，就必须考虑过滤效率和效益。以下一些指标可判断人力资源甄选的行政管理专家角色：

(1) 人力资源甄选流程的合理性。

(2) 空缺岗位招聘平均时间。

(3) 单个岗位应征者数量及测试(包括笔试、面试)通过率。

(4) 应征者收到答复的时间。

(5) 内部选拔和外部招聘之比。

(6) 选拔应征者试卷的合理性以及选拔测试的真实性和公正性。

(7) 招聘广告的分布是否合理？

(8) 谁决定聘用者并对招聘结果负责？

(9) 对人力资源甄选的结果有没有相应的定期回馈？

(10) 招聘人员通过试用期的比例。

如今，随着市场竞争的日趋激烈和企业组织的日益庞大，对于工作绩效的管理不能仅局限于产品生产。市场的瞬息万变使管理者意识到，只有提高管理效率才能生产出适应市场需要的产品。而管理效率的提高有助于提高所有员工的绩效。以下指标可用以判断绩效管理的行政管理专家角色：

(1) 企业目前的薪酬与福利、培训与开发和职位晋升是否与绩效考评的结果相关？

(2) 员工工资差异化程度。

(3) 员工工资固定部分和可变部分的比例。

(4) 员工加工资的条件。

(5) 企业提供的培训种类和每种培训参与者的人数。

(6) 员工参与培训的条件。

(7) 企业内部培训与外部培训的比例。

(8) 企业的人均培训次数和人均培训时间。

(9) 员工从接受培训到获得晋升的平均时间。

(10) 人力资源部门的培训预算数量及在培训项目上的分配。

(11) 培训有效性的评价标准是什么？

(12) 员工在培训前后是否有能力比较测试？

(13) 培训的结果和人员晋升有怎样的联系？

(14) 晋升的条件。

(15) 晋升是否与员工继任卡上的指示一致？如存在不一致性，原因是什么？

(16) 晋升前的评估是如何开展的？

(17) 晋升后是否有对员工工作胜任力的评估？如果有，对晋升的决定是否有反馈？

## 二、从战略角度审计人力资源管理

操作角度是人力资源管理的基础角度，其他角度都要建立在操作的前提下。而战略角度是一个相对宏观的概念，是人力资源管理的最终目的。任何人力资源活动，都应该围绕人力资源战略展开，而人力资源战略又是组织战略的重要组成部分。所以，人力资源管理已经不仅仅是一般意义上的管理活动了，它是一种战略行为，是保证战略实现的重要工具。因此，很多学者都主张把战略角度作为审计人力资源管理的重要方向。

战略是实现组织目标的手段，它应当贯彻到企业管理的方方面面。在人力资源管理中也是一样，要找什么样的人，从什么方面考评员工绩效，采取哪种激励方式等，都与战略息息相关。如图2-4所示，在宏观的战略和微观的人力资源操作之间，有一座沟通的桥梁——人力资源战略。它将战略目标细化、分解到人力资源管理角度，并指导实际的人力资源操作。因此，要评价人力资源管理的战略性，必须先考察人力资源战略。

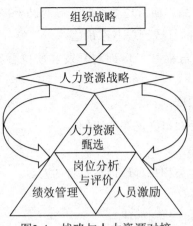

图2-4　战略与人力资源对接

从战略性角度审计人力资源战略一般有以下指标：

(1) 企业当前的人力资源战略与企业战略的对比分析。

(2) 当企业战略变化时，人力资源战略是否有相应的制度保证其随之调整？

(3) 在人力资源需求分析中，是否考虑了战略转变对人力资源需求数量和结构产生的变化？

(4) 在各个人力资源职能系统的分战略规划中，是否贯彻了企业战略的意图？

在人力资源战略的指导下，其他人力资源职能的战略性审计指标如下：

**1. 工作分析与评价**

(1) 岗位是否根据战略的需要设置？

(2) 岗位说明书与岗位描述中是否有结合战略而规定的工作内容？

(3) 岗位评价中采用的分析方法是否会根据战略的需要设计或调整参数？

**2. 人力资源甄选**

(1) 在人力资源素质测评时，有没有考虑到与组织战略相关的素质，并增加其在测评中的权重？

(2) 在人力资源甄选中，战略能力测试占所有测试的比例。

(3) 在甄选人员参与工作后的定期回馈时，是否有针对其战略实现能力(关键绩效能力)的评价？

**3. 绩效管理**

(1) 在每年制订绩效计划时，是否会根据战略的调整而改变目标的方向？

(2) 绩效考评的指标是否根据战略设置，并采用KPI关键绩效指标法？

(3) 将战略目标分解并细化到部门及个人的绩效目标的路径。

(4) 在绩效考评体系中，是否把与战略高度相关的绩效指标之权重调高？

(5) 采取绩效考评反馈和绩效改进后，部门和员工的能力是否在战略方向上有所提高？

**4. 人员激励**

(1) 企业是否采用战略薪酬计划？

(2) 薪酬中的奖金部分是否和战略性绩效指标的完成直接挂钩？

(3) 有没有直接针对战略能力提高的相关培训？

(4) 参与培训后，员工在战略方向上的绩效提高程度。

(5) 员工晋升的条件与战略能力的相关性。

## 三、从流程角度审计人力资源管理

"变化"是企业唯一永恒不变的主题，要适应市场千变万化的需求，组织就要加快响应速度，缩短决策周期。在这样的要求下，企业的组织结构会变得更扁平，其流程也要更具柔性。为了适应市场的变化，企业往往会经常进行变革和改进流程。但是，这种改变的意义远不在流程本身，更涉及很多人的因素。在变革中，很多人的既得利益会受损，这些人往往是管理者，他们想维持现状，便会阻挠变革。而人力资源管理的核心是人，要推进变革，必须做好人的工作，因此重任就落到了人力资源部门。从战略的高度看，变革是为了更好地实现战略，人力资源管理作为战略工具，有义务推进变革，使变革平稳地过渡和化解变革所带来的人员危机。

所以，人力资源管理应当无时无刻地伴随在变革左右，做好变革的保障。在人力资源管理的各子系统审计中，变革时所采取的人力资源措施举例如下。

1. 人力资源战略

是否把流程变革的思想融入人力资源战略规划中，在变革开始前的人力资源基础工作中为变革做好准备？

2. 岗位分析和评价

在变革中必然涉及岗位的调整和工作任务的重新分配。岗位分析和评价有没有按照变革的要求把工作变化成文地规定下来？

3. 人力资源甄选

是否按照变革的新要求甄选相关人员？

4. 绩效管理

(1) 关键绩效指标是否根据流程和工作内容的变化作出相应调整？

(2) 关键绩效指标是否规范有利于变革顺利进行的行为从而推动变革？

5. 人员激励

(1) 是否对推动变革的人进行激励，而对阻挠变革的人进行惩罚？

(2) 是否保持薪酬的相对稳定性以求平稳过渡？

(3) 是否变更培训方案以适应新流程的需要？

(4) 岗位内容的变化是否对晋升计划产生影响？

## 四、从激励角度审计人力资源管理

"人"是管理的最主要对象,要使员工更好地为企业战略目标的实现服务,关键是提高他们对组织的满意度。人力资源管理的又一个角色是员工的激励者,其目的是从精神上和物质上提高员工满意度,使他们更好地工作,有效地实现目标。因此,从组织成员角度审计人力资源管理的指标举例如下。

1. 人力资源战略

(1) 人力资源战略中对人员激励规划的制定是否有利于员工满意度的提高?

(2) 人力资源战略中对企业文化的营造有无相关的阐述?

2. 岗位分析与评价

(1) 员工的岗位设置和工作任务的分派是否存在忙闲不均而导致员工不满?

(2) 岗位描述是否能清晰地规范工作内容?

3. 人力资源甄选

人力资源甄选是否先将空缺职位公告,优先考虑内部调动和员工推荐?

4. 绩效管理

(1) 绩效目标是否是努力之后可以达到的?

(2) 是否将绩效考评的结果只反馈给直接上级和本人,而对其他员工保密?

(3) 对努力改进绩效的员工是否有一些激励?

5. 人员激励

(1) 企业的薪酬和福利水平是否在行业中处于中等偏上?

(2) 企业薪酬中的绩效奖金目标是否可以达到?

(3) 企业每年有怎样的福利计划?

(4) 对于在企业中工作年限较长的老员工,企业有什么额外的福利?

(5) 员工对目前的薪酬与福利看法怎样?

(6) 企业提供的培训是否有利于员工自身能力的提高?

(7) 员工对培训的看法怎样?

(8) 员工得到晋升的平均年限是多少?

(9) 员工在提拔前人力资源部门是否会听取与其共事者的意见和建议?

## 五、人力资源审计的一般程序

人力资源审计的工作程序一般分为3个阶段,每一个阶段的工作方法、准备材料和目标任务不同,在实际操作过程中要有的放矢,选择核心部分和关键部分使用。

1. 准备阶段

(1) 和内部审计经理召开计划会议,对范围、方法和时间进行讨论,确定被审单位的期望；确定恰当的联络人。

(2) 对审计的领域有充分了解。

● 获得和讨论任何和人力资源有关的材料。

● 考虑在计划和执行审计阶段与人力资源专家讨论的必要。

● 和审计组其他成员讨论他们在这个领域已经完成的工作。

● 了解人力资源最佳实务，另外查阅以前有关人力资源方面的审计报告。

● 查阅永久的政策和程序，例如书面的规定，以获得全面了解。

(3) 发出包括审计范围、途径和时间的通知书以及具体的文件需求清单到恰当的联络人，清单应包括以下方面：

● 现存的人力资源政策和程序的复制。

● 组织结构图和流程图(如有)。

● 新雇员的名单。

● 离职员工名单。

● 进入人力资源系统的用户名和密码。

● 查阅人事档案的权限(在要求下)。

(4) 计划并召开和人力资源经理的见面会，重新说明审计范围和时间安排，确保上述事项的恰当并且达到了人力资源职能和内部审计职能的要求。确定交流会议的时间表以及沟通方式。

2. 现场阶段——招募

(1) 记录对招募流程的理解。

(2) 对以下问题进行确定/询问：

● 是否使用了新雇员文件清单来保证所有必需的文件都已取得并保存在员工档案中？

● 每个新员工是否都完成了I-9表(工作资格认证)？

● 是否有最新的职位说明？

● 新员工的档案是否被复核以保证所有文件均已保存在档案中？

● 员工档案是否放置在上锁的文件柜抽屉中？

● 是否设立签名权限系统来保证招募活动得到批准？

(3) 查阅人事招募报告，并且随机选择15个新雇员样本进行测试：

● 追踪新员工信息到员工档案的支持文件和在线系统，确保信息的一致。

● 确保恰当的管理层批准了新招募的员工。

● 确保人力资源部门及时地将新雇员的附加信息输入系统。

● 确保新雇员的档案有恰当的授权。

并且应包括以下内容：录用信、任职申请、个人资料、保密协议、员工登记表、期权要求表(假如有)、迁移协议(假如需要)、奖金计划(假如有)、背景审查批准书、薪酬分析、面试评价表、证明材料、职业道德和价值观声明。查阅公司的有关政策与程序，修改有关资料要求以确保所有附加的文件均包含在档案中。

3.现场阶段——离职

(1) 记录对离职处理流程的理解。

(2) 对以下问题进行确定/询问：

- 人力资源部门如何知晓员工的离职/辞职？
- 离职信息如何传递到财务部门？
- 当前的人员流动率是多少？20%～25%，或者更高的流动率意味着员工较高的不满意度，甚至有潜在的诉讼可能。
- 人力资源部门开展离职面谈，或者离职后的面谈吗？
- 是否有程序保证所有大额的借出资产(例如，笔记本电脑、公司信用卡)在员工离开之前全部收回？
- 迁移计划或奖金计划是否被复核以保证在员工离开之前这些成本均已被收回？

## 六、人力资源审计流程

人力资源审计流程是指导人力资源审计的思路与方法，它能使人力资源审计得以具体实施，一般的流程如图2-5所示。

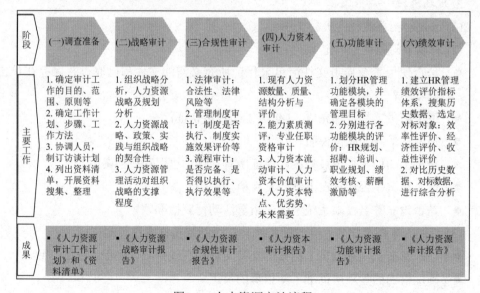

图2-5　人力资源审计流程

# 第三章 | 人力资源规划

**本章导读:**

人力资源规划是根据企业内部环境和条件的变化，运用科学的方法对企业人力资源需求和供给进行预测，制定必要的人力资源获取、利用、保持和开发的策略，确保人力资源的数量、质量能满足企业的需求。

有效的人力资源规划是制定和实施人力资源战略最为关键的部分。基于企业战略的人力资源规划是指将整个企业的战略转化为一个实用的计划，以此来确定为实现企业各个战略目标而需要的人员数量、特性、类型和必备技能。同时，人力资源规划还为所有具体的人力资源活动和政策提供了蓝图。因此，企业应当以战略为导向建立人力资源规划流程，确定人力资源规划方案，使得源于人力资源规划的人员配置、培训、绩效、薪酬和职业生涯等职能活动都能与企业战略目标相一致，为企业获取竞争优势作出贡献。

人力资源规划是在组织战略目标和计划确立后开展的，但并不意味着是一个被动的过程。人力资源规划努力预见组织内部和外部环境的变化，并在这些变化发生前制订计划以确保组织的战略成功。在人力资源规划过程中，获取的信息往往对于整体战略的可行性起到了重要的论证作用，组织可以根据这些信息对战略进行适当及时的调整，确保战略目标的最终实现。因此，企业战略与人力资源规划相互依赖、相互完善的结合关系是现代企业人力资源规划的目标。通过人力资源规划，企业可以解决以下问题:

(1) 放眼于企业未来若干年的发展战略，我们需要多少、需要什么样的人才?

(2) 目前的人才状况如何? 能否满足未来发展的需要?

(3) 人才缺口有多大，重点缺什么样的人?

(4) 如何获取这些人才? 哪些外部招聘? 哪些内部培养? 培养周期有多长，能否跟得上需要?

(5) 员工需要具备哪些能力、哪些核心素质，以及如何开发这种能力体系?

## 第一节　人力资源规划的目的和内容

人力资源规划(human resource planning，HRP)就是确定组织对人力资源的需要，以及确保组织在恰当的工作岗位上，有恰当数量的合格人员的过程。任何组织长期的成功最终都依赖于在合适的时间有合适的人员在合适的岗位上，组织只有拥有恰当才能、技术和愿望的人，拥有目标和实现这些目标的战略，才富有意义(见图3-1)。

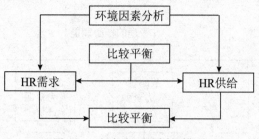

图 3-1　人力资源规划的模型

　　传统的人力资源规划认为，人力资源规划的目的是对企业人员流动进行动态预测和决策的过程，预测企业人力资源需求和可能的供给，确保企业在需要的时间和岗位上获得所需的合格人员，实现企业发展战略和人力资源相匹配。在规划过程中，重点放在人力资源规划的度量上，也会适当注重人力资源规划和其他规划的一致性和协同性。

　　战略性人力资源管理规划，吸取了现代企业战略管理研究和战略管理实践的重要成果，遵循战略管理的理论框架，高度关注战略层面的内容。一方面把传统意义上聚焦于人员供给和需求的人力资源规划融入其中，同时更加强调人力资源规划和企业的发展战略相一致。在对内外部环境进行理性分析的基础上，明确企业人力资源管理所面临的挑战以及现有人力资源管理体系的不足，清晰地勾勒出未来人力资源的愿景目标以及与企业未来发展相匹配的人力资源管理机制，并制定出能把目标转化为行动的可行性措施，以及对措施执行情况的评价和监控体系，从而形成一个完整的人力资源战略系统，如图3-2所示。

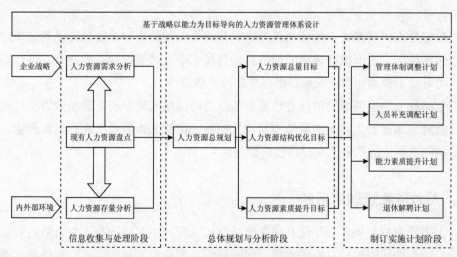

图3-2　人力资源战略系统

战略性人力资源管理的核心职能包括战略性人力资源配置、战略性人力资源开发、战略性人力资源评价和战略性人力资源激励4方面职能，从而构建科学有效的"招人、育人、用人和留人"的人力资源管理机制，如图3-3所示。

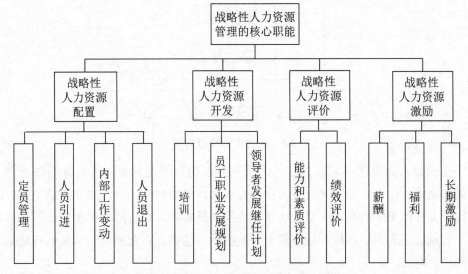

图3-3　战略性人力资源管理的核心职能

战略性人力资源配置的核心任务是基于公司的战略目标来配置所需的人力资源，根据定员标准来对人力资源进行动态调整，引进满足战略要求的人力资源，对现有人员进行职位调整和职位优化，建立有效的人员退出机制以输出不满足公司需要的人员，通过人力资源配置实现人力资源的合理流动。

战略性人力资源开发的核心任务是对公司现有人力资源进行系统的开发和培养，从素质和质量上确保满足公司战略的需要。根据公司战略需要组织相应培训，并通过制定领导者继任计划和员工职业发展规划来保证员工和公司保持同步成长。

战略性人力资源评价的核心任务是对公司员工的能力和素质以及绩效表现进行客观的评价，一方面保证公司的战略目标与员工个人绩效得到有效结合，另一方面为公司对员工激励和职业发展提供可靠的决策依据。

战略性人力资源激励的核心任务是依据公司战略需要和员工的绩效表现对员工进行激励，通过制定科学的薪酬福利和长期激励措施来激发员工充分发挥潜能，在为公司创造价值的基础上实现自己的价值。

## 一、人力资源规划的目的

人力资源规划的核心是使其与企业战略相匹配，主要体现在人力资源规划更加科学，对企业战略形成有效的支撑，同时还要兼顾企业发展的需要，并降低企业用人成本。

## (一) 规划人力发展

人力发展包括人力预测、人力增补及人员培训，三者紧密联系，不可分割。人力资源规划一方面对目前的人力现状予以分析，以了解人事动态；另一方面，对未来的人力需求做预测，以便对企业人力的增减进行通盘考虑，再据以制订人员增补和培训计划。所以，人力资源规划是人力发展的基础。

## (二) 促使人力资源的合理运用

只有少数企业的人力配置完全符合理想的状况。在相当多的企业中，其中一些人的工作负荷过重，而另一些人的工作过于轻松。人力资源规划可改善人力分配的不平衡状况，进而谋求合理化，以使人力资源能契合组织发展的需要。

## (三) 配合组织发展的需要

任何组织的特性，都是不断地追求生存和发展，而生存和发展的主要因素是人力资源的获得与运用。也就是如何适时、适量及适质地使组织获得所需的各类人力资源。由于现代科学技术的发展日新月异，社会环境变化多端，要想针对这些多变的因素，配合组织发展目标，对人力资源进行恰当规划甚为重要。

## (四) 降低用人成本

影响企业结构用人数目的因素很多，如业务、技术革新、机器设备、组织工作制度、工作人员的能力等。人力资源规划可对现有的人力结构作分析，并找出影响人力资源有效运用的瓶颈，让人力资源效能充分发挥，降低人力资源在成本中所占的比率。

## 二、人力资源规划的内容

狭义的企业人力资源规划包括以下两个层次。

第一个层次是人力资源总体规划，也就是在计划期内人力资源管理的总目标、总政策、实施步骤和总预算的安排。

第二个层次是人力资源业务计划，包括人员补充计划、分配计划、提升计划、教育培训计划、工资计划、保险福利计划、劳动关系计划、退休计划等。

这些业务计划是总体规划的展开和具体化，每一项业务计划都由目标、政策、步骤及预算等部分构成，如表3-1所示，这些业务计划的结果应能保证人力资源总体规划目标的实现。

表3-1　人力资源规划内容一览表

| 计划类别 | 目标 | 政策 | 步骤 | 预算 |
|---|---|---|---|---|
| 总规划 | 总目标：绩效、收缩、保持稳定 | 基本政策：扩大、收缩、保持稳定 | 总步骤：按年度安排，如完善人力信息系统 | 总预算：××万元 |
| 人员补充计划 | 类型、数量、层次，对人力素质结构及绩效的改善等 | 人员素质标准、来源范围、起点待遇 | 拟定补充标准，广告吸引、面试、笔试、录用、教育上岗 | 招聘费用 |
| 人员分配计划 | 部门编制，人力结构优化及绩效改善、人岗匹配，职务轮换幅度 | 任职条件，职位轮换范围及时间 | 略 | 按使用规模、差别及人员状况决定的工资、福利预算 |
| 人员接替和提升计划 | 保持后备人员数量，提高人才结构及绩效目标 | 全面竞争，择优晋升，选拔标准，提升比例，未提升人员的安置 | 略 | 职务变动引起的工资变动 |
| 教育培训计划 | 素质及绩效改善、培训数量类型，提供新人力，转变态度及作风 | 培训时间的保证、培训效果的保证(如待遇、考核、使用) | 略 | 教育培训总投入，脱产培训损失 |
| 工资激励计划 | 人才流失减少，士气水平，绩效改进 | 工资政策，激励政策，激励重点 | 略 | 增加工资、奖金额预算 |
| 劳动关系计划 | 降低非期望离职率、干群关系改进、减少投诉和不满 | 参与管理，加强沟通 | 略 | 法律诉讼费 |
| 退休解聘计划 | 编制、劳务成本降低及生产率提高 | 退休政策及解聘程序 | 略 | 安置费、人员重置费 |

## 三、人力资源的供需平衡

在企业的运营过程中，企业始终处于人力资源的供需失衡状态。在企业扩张时期，企业人力资源需求旺盛，人力资源供给不足，人力资源部门用大部分时间进行人员的招聘和选拔；在企业稳定时期，企业人力资源在表面上可能会达到稳定，但企业局部仍然同时存在着退休、离职、晋升、降职、补充空缺、不胜任岗位、职务调整等情况，处于结构性失衡状态；在企业衰败时期，人力资源总量过剩，人力资源部门需要制定裁员、下岗等政策。

总之，在企业的发展过程中，人力资源部门的重要工作之一就是不断地调整人力资源结构，使企业的人力资源始终处于供需平衡状态，如图3-4所示。只有这样，才能有效地提高人力资源利用率，降低企业人力资源成本。因此，企业的人力资源供需调整分为人力缺乏调整和人力过剩调整两部分。

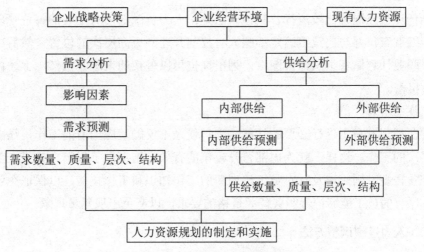

图3-4 人力资源规划平衡表

## (一) 人力缺乏调整方法

随着企业的发展与扩张，人力资源的滞后性将会对企业的发展产生巨大的影响，如何选拔与培养合适的人才充实到相关岗位是企业面临的一个重要课题，比较常用的方法如下。

### 1. 外部招聘

外部招聘是最常用的人力缺乏调整方法。当人力资源总量缺乏时，采用此种方法比较有效。但如果企业有内部调整、内部晋升等计划，则应该先实施这些计划，将外部招聘放在最后使用。

### 2. 内部招聘

内部招聘是指当企业出现职务空缺时，优先将企业内部员工调整到该职务的方法。首先，丰富了员工的工作，提高了员工的工作兴趣和积极性；其次，节省了外部招聘成本。利用内部招聘的方式可以有效地实施内部调整计划。在人力资源部发布招聘需求时，先在企业内部发布，欢迎企业内部员工积极应聘，任职资格要求和选择程序与外部招聘相同。当企业内部员工应聘成功后，对员工的职务进行正式调整，员工空出的岗位还可以继续进行内部招聘。当内部招聘无人能胜任时，进行外部招聘。

### 3. 内部晋升

当较高层次的职务出现空缺时，优先提拔企业内部员工。在许多企业里，内部晋升是员工职业生涯规划的重要内容。对员工的提升是对员工工作的肯定，也是对员工的激励。由于内部员工更加了解企业的情况，会比外部招聘人员更快地适应工作环境，提高工作效率，同时节省外部招聘成本。

**4. 继任计划**

继任计划在国外比较流行。具体做法是：人力资源部门对企业的每位管理人员进行详细调查，并与决策组确定哪些人有权利升迁到更高层次的位置。然后制定相应的"职业计划储备组织评价图"，列出岗位可以替换的人选。当然，上述内容均属企业机密。

**5. 技能培训**

对公司现有员工进行必要的技能培训，使之不仅能适应当前的工作，还能适应更高层次的工作。这样，就为内部晋升政策的有效实施提供了保障。如果企业即将出现经营转型，则应该及时对员工培训新的工作知识和工作技能，以保证企业在转型后，原有的员工能够符合职务任职资格的要求，以避免出现冗员现象。

**(二) 人力过剩调整方法**

人力资源过剩，必要时应结合企业的三定方案进行调整，常见的方法有以下几种。

**1. 提前退休**

企业可以适当放宽退休的年龄和条件限制，促使更多的员工提前退休。如果将退休的条件修改得有足够吸引力，会有更多的员工愿意接受提前退休。

**2. 减少人员补充**

当出现员工退休、离职等情况时，对空闲的岗位不进行人员补充。

**3. 增加无薪假期**

当企业出现短期人力过剩的情况时，采取增加无薪假期的方法比较适合。比如，规定员工有一个月的无薪假期，在这一个月没有薪水，但下个月可以照常上班。

**4. 裁员**

裁员是一种最无奈，但最有效的方式。在进行裁员时，首先制定优厚的裁员政策，如为被裁减者发放优厚的失业金；然后，裁减那些希望主动离职的员工；最后，裁减工作考评成绩低下的员工。

# ⣿ 第二节  人力资源规划的方法与工具

随着人力资源与企业战略的匹配，人力资源规划成为企业战略实现的核心功能，以及企业在构建组织优势的必要管理动作。常见的人力资源规划方法主要有德尔菲法(专家判断法)、短期预测法和统计预测法。

# 一、德尔菲法(专家判断法)

德尔菲法是有关专家对企业某一方面的发展的观点达成一致的结构性方法。使用该方法的目的是通过综合专家们各自的意见来预测企业某一方面的发展。

## (一) 德尔菲法应注意的地方

(1) 由于专家组成员之间存在身份和地位上的差别以及其他社会原因,有可能使其中一些人因不愿批评或否定其他人的观点而放弃自己的合理主张。要防止这类问题的出现,必须避免专家们面对面地集体讨论,而应由专家单独提出意见。

(2) 对专家的挑选应基于其对企业内外部情况的了解程度。专家可以是第一线的管理人员,也可以是企业高层管理人员和外请专家。例如,在估计未来企业对劳动力需求时,企业可以挑选人事、计划、市场、生产及销售部门的经理作为专家。

## (二) 德尔菲法实施步骤

首先,做预测筹划。预测筹划工作包括:确定预测的课题及各预测项目;设立负责预测组织工作的临时机构;选择若干名熟悉所预测课题的专家。

其次,由专家进行预测。预测机构把包含预测项目的预测表及有关背景材料寄送给各位专家,各专家以匿名方式独自对问题作出判断或预测。

再次,进行统计与反馈。专家意见汇总后,预测机构对各专家意见进行统计分析,综合成新的预测表,并把它再分别寄送给各位专家,由专家们对新预测表作出第二轮判断或预测。如此反复经过几轮,专家的意见趋于一致。

最后,表述预测结果。即由预测机构把经过几轮专家预测而形成的结果以文字或图表的形式表现出来。

## (三) 德尔菲法的特征

(1) 吸收专家参与预测,充分利用专家的经验和学识。

(2) 采用匿名或背靠背的方式,使每一位专家独立、自由地作出判断。

(3) 预测过程经过几轮反馈,使专家的意见逐渐趋同。

德尔菲法的这些特点使它成为一种最为有效的判断预测法。

## (四) 利用德尔菲法进行人力资源的需求预测应遵循的原则

(1) 为专家提供充分的信息,使其有足够的根据作出判断。例如,为专家提供所收集的有关企业人员安排及经营趋势的历史资料和统计分析结果。

(2) 所提问题应是专家能够回答的问题。

(3) 允许专家粗略地估计数字,不要求精确,但可以要求专家说明估计数字的准确程度。

(4) 尽可能将过程简化,不问与预测无关的问题。

(5) 保证所有专家能够从同一角度去理解员工分类和其他有关定义。

(6) 向专家讲明预测对企业和下属单位的意义,以争取他们对德尔菲法的支持。

## 二、短期预测法

对企业的人力资源需求数量的短期分析可以采用工作负荷分析法。用工作负荷分析法进行短期人力资源需求预测的基本步骤是:由销售预测决定工作量,按工作量制定生产进程,然后决定所需人力的数量,再从工作力分析入手,明确企业实际工作力和需要补充的人力。

### (一) 销售预测

销售预测的一般方法为:

(1) 将企业过去的销售记录制成统计表,依次设计未来的销售形式。

(2) 由营销单位和销售人员对自己未来的销售情况进行预测或估计,然后将结果按地区和产品种类综合起来,形成一个总的销售预测数字。

(3) 对消费者购买力进行估计也是销售预测的一种方法。

(4) 对市场和经济趋势进行分析解释,也可以作为判断未来销售情况的重要因素。

企业在销售预测时,一般将上述方法交叉运用,即以销售单位或人员的估计为基础,比较过去的记录,然后在对购买力的估计和对经济形势的解释的基础上加以调整。

### (二) 生产进程

所谓生产进程是指将计划生产的产品排定生产日期。根据产品设计与过去生产的实际记录,以及实践研究的结果,可以计算出各单位所需的人工时,而各单位的人力之和,就是企业总进程全部所需的人工时或劳动力。企业职能部门人员或非直接生产单位人员在企业业务性质和组织结构不变的情况下,一般是一个常数。因此,全部生产人员与全部非生产人员就构成企业总的资源,或称为企业的工作力(working force)。

### (三) 工作力分析

企业必须明确现有人力究竟有多少可以参与实际工作,这就是工作力分析的内容。企业可以从人事到各种考勤记录的统计中,明确事、病假或缺勤的趋势;从退休人员和辞职记录以及各单位人员的动态记录中,明确企业近期离职的人数。在此基础上,确定企业实际的工作力。

### 三、统计预测法

统计预测法(statistical forecast method)是根据过去的情况和资料建立数学模型，并由此对未来趋势作出预测的一种非主观方法。常用的统计预测法有比例趋势分析法、经济计量模型法等。

#### (一) 比例趋势分析法

比例趋势分析法通过研究历史统计资料中的各种比例关系，如管理人员同工人之间的比例关系，考虑未来情况的变动，估计预测期内的比例关系，从而预测未来各类职工的需要量。这种方法简单易行，关键就在于历史资料的准确性和对未来情况变动的估计。

#### (二) 经济计量模型法

经济计量模型法是先将公司的职工需求量与影响需求量的主要原因之间的关系用数学模型的形式表示出来，依此模型及主要因素变量来预测公司的职工需求。这种方法比较复杂，一般只在管理基础比较好的大公司采用。

## 第三节　人力资源规划的流程

使人力资源真正有效地落地实施，在实际操作工程中主要从以下3个方面展开：制定人力资源规划的原则、敲定人力资源规划的程序、确定人力资源规划的流程。

### 一、制定人力资源规划的原则

人力资源规划的原则首要关注点就是与企业发展战略的承接，主要体现在以下3个方面。

#### (一) 充分考虑内、外部环境的变化

人力资源规划只有充分地考虑了内、外部环境的变化，才能适应需要，真正做到为企业发展目标服务。内部变化主要指销售的变化、开发的变化，或者说企业发展战略的变化，还有公司员工的流动变化等；外部变化指社会消费市场的变化、政府有关人力资源政策的变化、人才市场的变化等。为了更好地适应这些变化，在人力资源规划中应该对可能出现的情况作出预测，最好能有面对风险的应对策略。

**(二) 确保企业的人力资源保障**

企业的人力资源保障问题是人力资源计划中应解决的核心问题。它包括人员的流入预测、流出预测、内部流动预测、社会人力资源供给状况分析、人员流动的损益分析等。只有有效地保证了对企业的人力资源供给，才可能去进行更深层次的人力资源管理与开发。

**(三) 使企业和员工都得到长期的利益**

人力资源规划不仅是面向企业的计划，也是面向员工的计划。企业的发展和员工的发展是互相依托、互相促进的关系。如果只考虑企业的发展需要，而忽视了员工的发展，则会有损企业发展目标的达成。优秀的人力资源规划，是能够使企业每个员工得到长期利益的计划，是能够使企业和员工共同发展的计划。

## 二、敲定人力资源规划的程序

人力资源规划是企业人力资源管理的一项基础性活动，其程序主要有规划步骤与规划过程两个方面。

**(一) 规划步骤**

(1) 调查、收集和整理涉及企业战略决策和经营环境的各种信息。

(2) 根据企业或部门实际确定其人力资源规划的期限、范围和性质。建立企业人力资源信息系统，为预测工作准备精确而翔实的资料。

(3) 在分析人力资源供给和需求影响因素的基础上，采用以定量为主，结合定性分析的各种科学预测方法，对企业未来人力资源供求进行预测。

(4) 制订人力资源供求平衡的总计划和各项业务计划。通过具体的业务计划使未来组织对人力资源的需求得到满足。

**(二) 规划过程**

人力资源规划过程分为3个阶段：评价现有的人力资源；预估将来需要的人力资源；制定满足未来人力资源需要的行动方案。

1. 评价现有的人力资源

管理当局要对现有人力资源的状况做一次调查，通常以开展人力资源调查的方式进行。在计算机系统高度发达的年代，对于绝大多数组织来说，要形成一份人力资源调查报告，并不是一项困难的任务。这份报告的数据来源于员工填写的调查表。调查表可以开列姓名、最高学历、所受培训、就业经历、所说语种、能力和专长等栏目，发给组织中的每一个员工。此项调查能帮助管理当局评价组织中现有的人才与技能。

当前评价的另一内容是职务分析。它确定了组织中的职务以及履行职务所需的行为。职务分析能明确问题之所在，并将决定各项职务适合的人选，最终形成职务说明书，明确职务规范。

**2. 预估将来需要的人力资源**

未来人力资源的需要是由组织的目标和战略决定的。

人力资源需求是组织的产品或服务需求状况的一种反映。基于对总营业额的估计，管理当局要为达到这一营业规模配备相应需要数量和知识结构的人力资源。在某些情况下，这种关系也可能相反，当一些特殊的技能为必不可少而又供应紧张时，现有的符合要求的人力资源状况就会决定营业的规模。大多数情况下是以组织总目标和基于目标规定的营业规模预测作为主要依据，来确定组织的人力资源需要状况。

**3. 制定满足未来人力资源需要的行动方案**

在对现有能力和未来需要作出全面评估以后，管理当局可以测算出人力资源的短缺程度(在数量和结构两方面)，并指出组织中将会出现超员配置的领域。然后，将这些预计与未来人力资源的供应推测结合起来，就可以拟订出行动方案。

## 三、确定人力资源规划的流程

人力资源规划的流程主要分为环境分析、人力资源现状分析、人力资源需求分析、人力资源规划目标与人力资源规则行动方案，如图3-5所示。在分析阶段要结合公司的发展战略进行人力资源需求预测，特别是外部环境的影响因素，必要时应结合经济运行分析部门进行宏观环境分析。

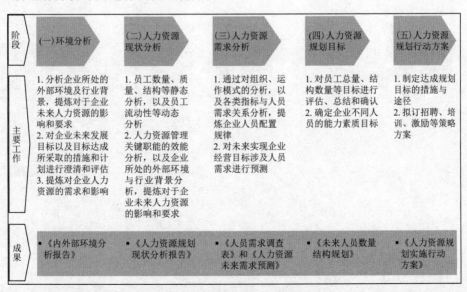

图3-5　人力资源规划流程

# 第四章 | 组织结构设计

**本章导读:**

19世纪60年代,钱德勒深入研究了美国100多家公司的发展情况,收集了大量、详尽的史料和案例后,出版了《战略与结构》一书,提出环境决定战略、组织结构适配战略的思想,开创了企业战略与组织结构关系的研究。战略与组织结构的有效结合是企业生存和发展的关键因素。企业的成功在于制定适当的战略以达到其目标,同时建立适当的组织结构以贯彻其战略。

战略要有健全的组织结构来保证实施。组织结构是企业的组织意义和组织机制赖以生存的基础,是企业组织的构成形式,即企业的目标、协调、人员、职位、相互关系、信息等组织要素的有效排列组合方式。它是将企业的目标分解到职位,并把职位综合到部门,由众多部门组成垂直的权力系统和水平分工协作系统的一个有机整体。当一个组织通过"战略管理过程"确立了既定战略之后,如何通过组织结构为其提供有效配置资源的保障便成为管理的关键问题之一。M.波特提出3种通用的竞争战略,即总成本领先战略、差异化战略和专业化战略。要实施好这3种竞争战略并形成竞争优势,除了运用好已有的各种组织结构,为其提供可靠保障外,还应创造一些灵活、高效的组织结构,以满足在实施这些战略的过程中的一些特殊要求。近年来,广为流行的"虚拟组织""再造工程""团队结构""无边界组织"等,都是比较典型的样式。它们的共同特征是:打破部门界限、层次扁平化、下放决策权、提倡合作和自我管理、以知识和信息取代权威、职能实现必要的交叉、沟通的网络化、强调协调联动的重要性等。实践证明,这种创新性的组织结构愈来愈显示出良好的适应性和强大的生命力。此外,随着市场环境的改变,竞争与合作将是未来企业关系的突出特点,"战略联盟"将是企业间联系的主要方式,所有这些都对组织结构的创新提出了新的要求。通过组织结构设计,企业能解决如下问题:

(1) 企业应该选择什么样的组织管理模式,如何与企业的战略思路相匹配?

(2) 企业应该划分多少大的业务模块和职能模块,应该设计多少部门去承担这些功能?

(3) 应该设计多少个管理层次、选择多大的管理幅度,使其既能实现专业分工,又能保障组织效率?

(4) 不同部门、不同岗位之间的分工、协作关系如何设计,权责利关系如何划分?

## ⋮⋮⋮ 第一节　组织结构核心内容与设计原则

从现代管理研究的最新成果看，决定一个企业是否优秀，能否长寿，不是看企业的领导人多么伟大，而是看企业的组织结构是否能让平凡的员工通过不懈的努力，创造出伟大的业绩；反之，则会让优秀的员工仅仅做出平凡的业绩。其根本原因就在于组织结构不同，要素组合在一起的方式不同，从而造成了要素间配合或协同关系的差异。

组织结构设计得好，可以形成整体力量的汇聚和放大效应；否则，就容易出现"一盘散沙"的现象，甚至造成力量相互抵消的"窝里斗"局面。也许正是基于这种效果，人们常将"组织"誉为与人、财、物三大生产要素并重的"第四大要素"。竞争优势来源于组织内部运行机制，它确保企业经营的不同方面得以协调，如市场范围、技能、资源和程序。企业可以被视为其构成要素相互依赖的系统，所有要素都必须在市场中保持协调一致，正是这些要素复杂而模糊的互补关系及组织协调战略目标的能力和执行的程度，给了企业一些特殊的、难以完全模仿的能力，形成了组织竞争优势的来源。

### 一、企业组织设计的内容

组织结构设计是指为了有效地实现组织目的而形成工作分工与协作关系的策划和安排过程，即用以帮助达到组织目的的有关角色、职务、权力、责任、流程、信息沟通、利益等的正式安排。组织结构设计的主要任务是在分析确立企业的基本目标和宗旨的基础上，明确企业的基本战略和核心能力，设计公司的组织架构；明确部门使命与职责、岗位设置与职责及人员编制，建立清晰的权力体系；明确组织决策和冲突解决的规则或制度，建立各部门、各关键责任人的考核与激励机制；梳理公司基本业务流程和管理流程，并建立公司的内部协调和控制体系。

广义的组织结构设计包括3项工作：一是为企业设计能够有效控制和协调企业内部权力、责任、资源分配和各种职能活动的正式组织结构；二是为企业构造作为组织管理和决策过程基础的正式信息交流渠道和非正式信息交流渠道；三是为企业建立组织文化和组织管理规则。

组织结构设计是一项复杂的系统工程，需要很强的专业技能、协调人际关系的技巧及同行和其他行业最好的实践经验，企业通常很少具备这些条件。借助外脑完成组织结构设计，既可以获得需要的技能、经验和知识，又能够避免因内部权力纠缠引起的矛盾，保证它的客观性和公正性，还能避免公司内部各层级人员"当局者迷"，对问题视而不见的情结。

另外，一个时期设计出来的组织，可能要在运行一段时间后进行再设计或重组变革，并采取有效的变革管理措施使之顺利地过渡到一种新的状态，这就是"组织再造"。

## 二、影响企业组织设计的主要因素

面对竞争日趋激烈的外部环境和不确定的市场需求变化，要想对企业的组织形式进行创构、变革和再设计，必须把权变组织设计观引入组织设计的思想中，充分考虑影响组织设计的各个因素(见图4-1)。所谓权变组织设计是指以系统、动态的观点来思考和设计组织，把组织看成是一个与外部环境有着密切联系的开放式组织系统。

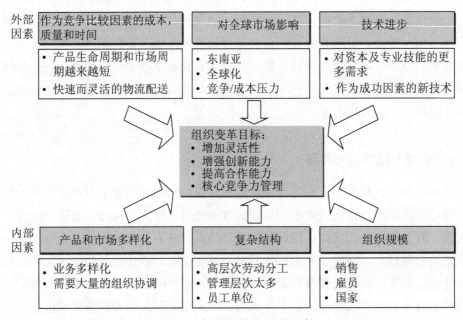

图 4-1　组织设计的影响因素

根据权变理论，企业的组织设计主要受以下因素影响(见图4-2)。

### (一) 环境的影响

组织所面临的环境的不确定性在很大程度上制约着组织结构和管理体制。环境包括一般环境和特定环境两部分：一般环境是对组织管理目标产生间接影响的，诸如经济、政治、社会文化以及技术等环境条件，这些条件最终会影响组织现行的管理实践；特定环境是对组织管理目标产生直接影响的，诸如政府顾客、竞争对手、供应商等具体环境条件，这些条件对每个组织而言都是不同的，并且会随一般环境条件的变化而变化，两者具有互动性。只有与外部环境相适应的组织结构才可能成为有效的组织结构，如图4-3所示。

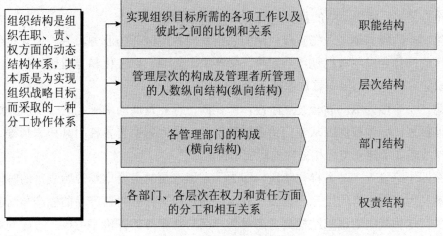

图 4-2　组织结构权变因素

图4-3　内部与外部因素在组织的不同层次上的特定意义

因此，在设计组织结构时应注意以下原则性方法：一是对传统的职位和职能部门进行相应的调整；二是根据外部环境的不确定程度设计不同类型的组织结构；三是根据组织的差别性、整合性程度设计不同的组织结构；四是通过加强计划和对环境的预测减少不确定性；五是组织间合作尽可能降低组织自身要素资源对环境的过度依赖性。

**(二) 战略的影响**

战略是指决定和影响组织活动性质及根本方向的总目标，以及实现这一总目标的路径和方法。具体来讲，战略发展有4个不同阶段，且每个阶段应有与之相适应的组织结构。

第一个阶段为数量扩大阶段，即许多组织开始建立时，往往只有一个单体企业，只是比较单一地执行制造或销售等职能。这个阶段的组织结构很简单，有的只有一个办公室。组织面临的重要战略是如何扩大规模。

第二个阶段为地区开拓阶段，即随着组织向各地区开拓业务，为了把分布在不同地区的同行业组织有机地组合起来，就产生了协调、标准化和专业化的问题。这就要求建立一种新的组织结构职能部门。

第三个阶段为纵向联合发展阶段，即在同一行业发展的基础上进一步向其他领域延伸扩展，如零售商店从专门销售服装用品，扩大到销售各种用具和家具等。这种发展战略要求建立与之相适应的职能结构。

第四个阶段为产品多样化阶段，即为了在原产品的主要市场开始衰落的时候，更好地利用组织现有的资源、设备和技术，而转向新行业内新产品的生产和新服务的提供。这种战略的组织结构要考虑对新产品与新服务的评价和考核，考虑到对资源的分配以及部门的划分、协调等问题，要求建立与此相适应的产品型组织结构。

### (三) 技术的影响

技术是指把原材料等资源转化为最终产品或服务的机械力和智力的转换过程。任何组织都需要通过技术将投入转换为产出。那么，组织的设计就需要因技术的变化而变化，特别是技术范式的重大转变，往往要求组织结构作出相应的改变和调整。

### (四) 组织规模的影响

组织规模是影响组织结构的最重要因素，即规模大会提高组织复杂化程度，并连带提高专业化和规范化的程度。当组织业务呈现扩张趋势，组织员工增加、管理层次增多、组织专业化程度不断提高时，组织的复杂化程度也会不断提高，这必然给组织的协调管理带来更大的困难。而随着内外环境不确定因素的增加，管理层也越来越难把握实际变化的情况，无法迅速作出正确决策。因此，对组织进行分权式管理的变革成为必要。

### (五) 企业生命周期的影响

企业处在不同的发展阶段，其组织形式也不尽相同。葛瑞纳最早提出企业生命周期理论，认为企业的成长如同生物的成长一样要经过诞生、成长和衰退几个过程。奎因和梅隆把组织的生命周期划分为4个阶段——创业阶段、集合阶段、规范化阶段和精细阶段，认为企业的成长是一个由非正式到正式、低级到高级、简单到复杂、幼稚到成熟的阶段性发展过程。具体来讲，每个阶段都由两个时期组成：一个是组织的稳态发展时期，组织在这个时期的结构与活动都比较稳定，内外条件较为吻合；另一个是组织的变革时期，即当组织进一步发展时，就会从内部产生一些新的矛盾和问题，使组织结构与活动不相适应，此时必须通过变革使结构适应内外环境的变化，保持适应性。

### (六) 人员素质的影响

人是组织中的决定因素。企业的组织结构实际是人的职位结构，组织结构设计出来后，是由人来担任各个职位的角色。各个职位上的责任和权力，以及相互之间的各种关系，都要通过人的活动才能体现出来。所以，组织中人的素质对组织结构起着决定性的作用。人员的素质包括身体条件、政治思想、职业道德、知识水平等。高素质的管理者，可以承担更多的责任，可以赋予他更大的权力；一专多能的人才，可以身兼多职，以减少人员和机构。

## 三、组织结构设计的原则

组织所处的环境、采用的技术、制定的战略、发展的规模不同，所需的职务和部门及其相互关系也不同，但任何组织在进行结构设计时，都需要遵守一些共同的原则。组织结构设计应该遵循的原则，可归纳为5点，如图4-4所示。

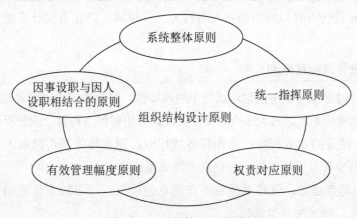

图4-4　组织结构设计的原则

### (一) 系统整体原则

系统整体原则是由组织的本质决定的。这一原则主要体现在以下几个方面：

(1) 结构完整。组织如同一部机器，只有结构完整才能产生必要的功能。

(2) 要素齐全。管理组织没有要素或要素不全不能构成系统，但也并非越多越好，一般包括以下要素：①人员，这是首要的起主导作用的要素。②岗位和职务，即明确系统中每一个人所处的位置以及相应的职务，形成不同层次的职务结构。③权力和责任，即规定每一个岗位和职务所拥有的权力和承担的责任，以达到指挥、协调和控制的目的。防止由于机构重叠、职责不明和副职过多而降低管理效能。④信息，组织系统内的联系主要靠信息联系，保持信息畅通无阻是组织设计时应考虑的重要因素。

(3) 确保目标。目标是一切管理活动的出发点和落脚点。应按目标要求进行组织设计,即根据目标建立或调整组织结构,按各部门各岗位职务的职能要求确定管理人员的工作量及其应具备的素质,然后选择符合前述要求的人员。这样就把企业目标与每一个职工关联成整体网络。

### (二) 统一指挥原则

统一指挥原则是组织管理的一个基本原则,建立在明确的权力系统上。权力系统是依靠上下级之间的联系所形成的指挥链而形成的。指挥链即指令信息和信息反馈的传递通道。为确保统一指挥,应当注意以下几点:①指挥链不能中断;②切忌多头领导;③不能越级指挥。

### (三) 权责对应原则

在组织中,权责分离的现象屡见不鲜,如有权无责、有责无权,权大责小、责大权小等。权责对应主要靠科学的组织设计,要深入研究管理体制和组织结构,建立起一套完整的岗位职务和相应的组织法规体系。在组织运行过程中,要解决好授权问题,在布置任务时,应当把责任与权力一并说清,防止责权分离而破坏系统的效能。

### (四) 有效管理幅度原则

组织设计时必须着重考虑组织运行中的有效性,即管理层次与管理幅度的问题。管理层次是指管理系统划分为多少等级。在决定采用哪种结构时,应分析以下因素。

(1) 工作任务的相似程度:工作任务越相似,管理幅度越可能加大,即宜采用扁平结构,减少管理层次;反之,则宜采用高型结构。

(2) 工作地点远近:管理系统各工作地点较接近,可以加大管理幅度,采用扁平结构;反之,则采用高型结构。

(3) 下属人员水平:人员整体素质较差,思想水平较低,工作缺乏经验,应缩小管理幅度,加强对下属的直接指导,采用高型结构;若下属工作自觉性高,能力强,可采用扁平结构。

(4) 工作任务需要协调的程度:管理系统各部门的协调难度大,应减少管理幅度,采用金字塔形结构;反之,则可用扁平结构。

(5) 信息沟通:信息沟通良好宜采用扁平结构,随着信息技术的发展,可以大大减少管理层次。

### (五) 因事设职与因人设职相结合的原则

组织设计的根本目的是为了保证组织目标的实现,以使目标活动的每项内容都落实到具体的岗位和部门,即"事事有人做",而非"人人有事做"。

# ⣿ 第二节　组织结构设计的基本形式

　　企业组织结构变迁是一个由渐变到突变的循序渐进的过程。任何事物的发展变化都是量的积累和质的突破相统一的过程，量的积累表现事物变化中的渐进性，而质的突破和飞跃则体现着事物发展的突变性。企业组织结构也不例外，在变迁过程中，企业的组织结构在管理、市场、技术等方面不断积累，不断微调，进行局部的改变，而当所有的变革因素达到一定值时，企业的组织结构就会发生质的变化，实现对历史的扬弃。

## 一、古典组织结构

　　古典的企业组织结构形式包括直线制、职能制和直线职能制。这3种组织结构形式在整个19世纪下半叶一直居于主导地位，具有如下基本特征：规模小、人员少；出资者直接从事经营管理，甚至直接参加生产劳动；出资者对企业中"人"的管理直接达到每一个员工，对"物"的管理直接达到各类机器设备、工具器具；出资者有精力、有时间对企业经营过程中的各种事项逐一过问；多数企业只从事一种产品的生产或者少数几种商品的买卖。这些特性决定了早期的企业必然选择简单的组织结构形式。

### (一) 直线制

　　直线制形式是最古老的企业管理形式之一，以典型的等级原理为基础。在这种组织结构中，职权直接从高层开始向下传递，经过若干个管理层次到达低层。每个下级人员只对他的直接上级负责。企业的一切管理工作，均由厂长(或经理)直接指挥和管理，不设专门的职能机构。厂长既是经营者，又是劳动者，也是出资者或出资者代表，如图4-5所示。

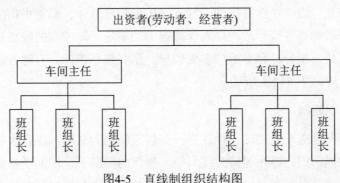

图4-5　直线制组织结构图

## (二) 职能制

职能制组织结构最早是由弗雷德里克·泰罗提出的，泰罗因此被誉为"科学管理之父"。他认为，随着社会的进步和企业的发展，企业的内外环境发生了很大变化，企业规模扩大，社会产品开始丰富，企业之间出现竞争，企业出现经营风险和财务风险。在这种情况下，没有一个管理者或上司仅凭自己便拥有了必要的专门知识来指导他的全部下级。此时，职能制结构应运而生。它首先要求业主从生产者行列中退出，只从事企业的决策和日常管理工作。之后，业主放弃对事务性工作的直接管理，在企业内部出现了专门从事某一方面管理工作的职能人员和部门。这种结构的特点是采用专业分工的管理者，代替直线制的全能的管理者，在组织内部设立职能部门，各职能机构在自己的业务范围内，有权向下级下达命令和指示，直接指挥企业的生产经营活动。各级负责人除了服从上级行政领导的指挥外，还要服从上级职能部门在专业领域的指挥，如图4-6所示。

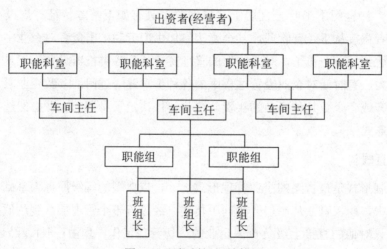

图4-6　职能制组织结构图

职能制的主要优点是：由于每个管理者只负责一方面的工作，因此可以发挥专家的作用。专业管理工作做得较细，对下级工作指导具体，职能机构的作用若发挥得充分，就可以弥补各级行政领导人管理能力的不足。职能制的缺点也很明显：上头千条线，下边一根针，容易形成多头领导，削弱统一指挥。有时各职能部门的要求可能相互矛盾，使下级无所适从。

## (三) 直线职能制

直线职能制是对职能制的一种改进，是以直线制为基础，在各级行政领导下，设置相应的职能部门，即在保持直线制统一指挥的原则下，增加了参谋机构。这种组织结构的特点是只有各级行政负责人才具有对下级进行指挥和下达命令的权力，而各级职能机构只是作为行政负责人的参谋发挥作用，对下级只起业务指导作用。

有些职能机构(如人事、财务、设备、质量等部门)，只有当行政负责人授予他们直接向下级发布指示的权力时，才拥有一定的指挥职权，如图4-7所示。

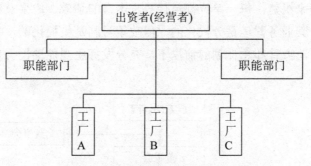

图4-7　直线职能制组织结构图

直线职能制综合了直线制和职能制的优点，既保证了集中统一指挥，又能发挥各种专家业务管理的作用。它的缺点是各职能单位自成体系，不重视信息的横向沟通，工作容易重复，职能单位之间可能出现矛盾和不协调，造成效率不高，对企业生产经营的运作产生不利影响。另外，直线人员和职能人员之间容易产生权力纷争。如果授权职能部门权力过大，容易干扰直线指挥命令系统。另外，职能部门缺乏弹性，对环境变化的反应迟钝。

总体评价：该模式集权程度较高，主要适用于业务较为单一、规模适中的企业或政府部门。定位于操作管控型的集团，多层级集团中需要加强管控的层级往往也会采用该种模式。

## 二、现代组织结构

现代公司制企业保证了企业在更加广阔的社会范围内定向或者公开募集股本，确保了企业生命的独立性，使出资者通常只需对企业承担有限责任，并且把出资者从日常烦琐的管理事务中解脱出来。现代企业的诞生，给企业组织结构带来了本质性的变革。现代组织结构主要包括事业部制、模拟分权化结构、矩阵制和多维立体结构。

### (一) 事业部制

事业部制又称为"斯隆模式"，其变革集中在企业的中高层。事业部制以产品、地区或者顾客群体为依据，在公司制企业内部组成了多个相对独立的集研发、采购、生产、销售等为一体的生产经营单位，如图4-8所示。事业部制可以区分为产品事业部、地区事业部和顾客群体事业部。

事业部制使企业的管理层次增加得更多，"金字塔"更加耸立，或者说事业部制使金字塔式的企业组织结构达到登峰造极的地步。事业部制是在一个企业内对具有独立产品市场、独立责任和利益的部门实行分权管理的一种组织形式。在总公司之下有一群"自主营运"的业务单位,即各"自主事业部",通常可以按产品、服务、地区等因素来组建,每一单位都自行负责本身的绩效、成果及对公司的贡献。此种组织结构,其业务营运是分权化的,但政策管制是集权化的,各事业部在不违背公司总目标、总方针和总计划的前提下,充分发挥主观能动性,自行处理日常经营活动。

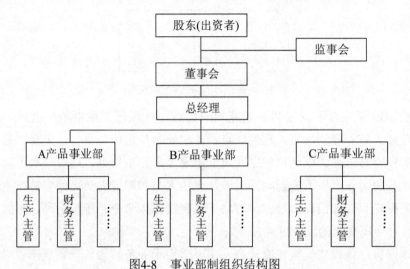

图4-8 事业部制组织结构图

总体评价:该模式集权程度较直线职能制低,主要适用于业务多元化、规模较大的企业。定位于战略管理型的集团,或者多层级集团中需要分权的层级。

### (二) 模拟分权化结构

所谓模拟分权化是组织结构中的组成单位并不是真正的事业部门,然而组织却将其视同于事业部门。这些"事业部门"有其最大的自主权,有自己的管理阶层,有自己的盈亏责任,至少是一种盈亏责任的模拟。这些"事业部门"相互间有购售关系,以内部自定的"转移价格"为基础,而非以外在的市场价格为基础。这不是一种明确的结构,不易使我们重视绩效,不能使组织中的每一成员都了解其本身的任务,也不能使经理人与专业人员了解整个企业的全貌。此外,对组织结构的经济性、沟通效能、决策权力等,也很难使人满意。凡此种种弱点,都是模拟分权化结构本质上的弱点,作为一种过渡的组织结构形式,只有在不得已的时候才会被采用。

### (三) 矩阵制

矩阵式组织结构出现在20世纪50年代,又称规划目标结构组织,如图4-9所示。这一结构改变了传统的单一直线垂直领导系统,使一位员工同时受两位主管人员的管理,呈现出交叉的领导和协作关系。

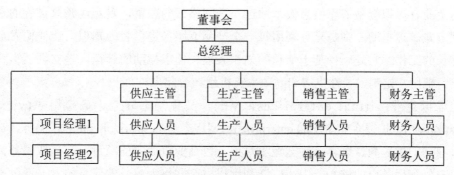

图4-9　矩阵制组织结构图

矩阵制是现在还处于演变之中的一种组织结构形式，这是一种特殊类型的注重解决问题的组织形式。在这种形式下，为了解决一个不能用正式组织或采用传统的手段或方法解决的复杂问题，将具有多种技能的不同个体集中在一起，组织成一个新的暂时的群体。戈登·利皮特认为矩阵组织把人、机器、程序以及各种社会和自然科学的方法汇集在一起，并将它们综合成一个临时性的群体，目的就是解决一个复杂的问题，任务完成后，群体自行解散，各个成员又返回各自原来所在的部门。

矩阵制又是一种二维结构，是在直线职能制垂直形态组织系统的基础上再增加一种横向的领导系统，是一种对组织的不同资源进行管理的有效方式。它便于沟通、协调和集中管理，并且反应迅速。当然，矩阵结构也存在一些问题，比如职责和职权不易划分，人员受双重领导，容易引起管理上的混乱；成员不固定在一个位置上，有临时观念，有时责任心不够强。

总体评价：该模式集权程度较直线职能制低，主要适用于业务多元化、业务单元与区域单元相结合开展活动的企业。由于该模式的机动性，往往在组织变革的过渡性方案中使用。在超大型的集团中，矩阵制经常与事业部制和子集团模式结合使用以增加部门之间的协调配合。

### (四) 多维立体结构

多维立体结构，是矩阵式组织结构和事业部制结构的综合发展，如图4-10所示。它使每一位员工同时受到3个不同方面的领导，主要包括：按产品或服务项目划分的部门；按职能划分的参谋机构；按地区划分的管理机构。

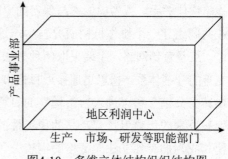

图4-10　多维立体结构组织结构图

## 三、后现代组织结构

当知识成为企业核心资源之后，企业组织结构也逐渐出现了后现代的形式——

虚拟企业。虚拟就是依靠信息技术通过一种网络式的联盟，以实现经营目标的企业组织方式。虚拟的原则是充分利用每一个产品或服务提供者的知识，让他们做自己最擅长的工作。它是一种基于信息的知识管理、需求拉动的管理，建立灵活多变的网络，把用户定制、柔性生产和高效率有机地结合起来。

虚拟企业(virtual enterprises，VE)，又称动态联盟、虚拟组织(virtual organization)、扩展企业(extend enterprise)、网络企业(network of enterprises)等，是由一些独立的供应商、顾客，甚至竞争对手，以商业机遇中的项目、产品或服务为中心，充分利用各自的核心能力，广泛利用以电脑网络为核心的信息技术，通过虚拟联盟和市场契约的方式利用社会资源来实现规模效益，达到盈利目的的、动态的网络型的经济组织。概括来说，虚拟企业是以计算机网络为支撑的诸种核心能力的动态联盟体。虚拟组织是企业间通过网络把社会资源灵活地组合与分解以实现规模效益，快速满足顾客个性需求的人机一体化组织。

虚拟企业对多品种、少批量、多变性和不确定性的需求有很强的应变能力。它成功的关键是能够迅速抓住市场机会。其核心理念是：建立在核心能力上的劳动分工，以顾客个性需求为导向，以信息网络为技术工具，双赢共享的动态利益联盟，以反应速度为基础的竞争观。

虚拟企业的运作模式主要有4种：一是虚拟生产。通过业务外赁(outsourcing)的方式尽量把低增值的生产环节外包给专业的、高效的服务提供商，以充分利用企业外部的资源，从而降低成本，提高效率，增强自身的竞争力。这是虚拟企业的主要经营形式。业务外包可以降低制造的前置时间，缩短交货给顾客的时间，以增加组织的灵敏度。核心企业一般只掌握关键技术、品牌与营销渠道，而将生产功能地方化。二是战略联盟。企业战略从竞争转向竞合。企业为了实现创新的目的，与供应商、顾客甚至竞争对手建立战略伙伴关系。这是指两家或两家以上的企业，为了实现某一个战略目标以及构筑独特的竞争优势，共同投入资源，结合成事业体的某一价值链而形成的战略伙伴关系。或考虑成本与保密的原因，企业不愿意外包某些业务，而是与同行企业共同组建一个协作机构研究与生产这些产品，共同负责成本、承担风险并分享收益。三是营销网络。主要采取两种方法：那些缺乏有效经营能力的企业借助企业外部完善的分销体系，得以迅速接近目标市场，消除区域保护障碍，低成本、高效益地实现其"分销"和"进入新市场"的目标；那些拥有相当市场份额，并能以自身的品牌和技术的优势保持其产品的稳定性的企业，对下属销售网络解放"产权"关系，使其成为拥有独立法人资格的销售公司，从而节约不必要的管理成本和市场开拓费用。四是虚拟行政。通过电子商务(e-business)实现办公自动化、虚拟化和行政共享。

虚拟企业尽管作为适应新的发展趋势的企业组织结构，有着很多的优点，但也存在缺陷：强调灵活性而忽略了忠诚。这包括顾客对产品的忠诚、员工对企业的忠诚、企业对供应商的忠诚。

# ⸭ 第三节 组织结构设计步骤与方法

所谓组织结构设计，是指建立或改造一个组织的过程，即对组织活动和组织结构的设计和再设计，是把任务、流程、权力和责任进行有效组合和协调的活动。企业处在不同的生命周期会采用不同的组织结构，设计组织结构的方法也就会不同。

## 一、组织结构设计的步骤

组织结构设计的任务是：要求能简单而明确地指出各岗位的工作内容、职责、权力，以及与组织中其他部门和岗位的关系，要求明确担任该岗位工作者所必须具备的基本素质、技术知识、工作经验、处理问题的能力等条件。因此，组织结构设计一般可以分为4个步骤。

(1) 岗位的形成。通过对组织目标的分析，明确组织任务，并且通过对任务的分解和综合，形成为完成任务所需的最小的组织单位，即岗位。明确每个岗位的任务范围、岗位承担者的职责权力以及应具备的素质要求等。所以，设计一个全新的组织结构需要从下而上进行。

(2) 部门划分。根据各个岗位所从事的工作内容的性质以及岗位职务间的相互关系，依照一定的原则，将各个岗位组合成"部门"。组织活动的特点、环境和条件不同，划分部门所依据的标准也不一样。对同一组织来说，在不同时期的发展中，划分部门的标准也会不断调整。

(3) 机构设计和组织形式。在岗位形成和部门划分的基础上，根据组织内外能够获取的人力资源，对初步设计的部门和岗位进行调整，并平衡各部门、各岗位的工作量，以使组织机构合理。

(4) 文件。文件是采用合适的表达方法对机构组织所做的书面表达。主要类型有：组织机构图、岗位责任书、岗位人员分配图及显示岗位和部门在完成总任务方面所占份额的职能图。

## 二、战略导向法

企业战略的变化要求企业的组织结构设计也要不断调整。正如德鲁克所说："结构是一种用以实现组织目标的方式。因此，关于组织结构设计的一切工作都必须以组织的目标和战略为出发点。"国内外许多管理学家和组织学家以及组织管理的实践都已证明，组织战略是影响组织结构设计的一个重要因素。

### (一) 企业战略决定组织结构的设计

战略是指组织在与竞争性环境相互作用中实现预定目标的计划，即要确定组织如何达到那里。企业组织设计跟随战略时，也对组织战略的实施和形成施加影响；组织运行设计在与结构设计相匹配时，也影响着组织结构设计。环境的变化促使战略随之发生转变，并进而要求调整组织设计。战略作为环境与组织之间的桥梁，直接影响企业的组织设计。企业战略与组织设计之间存在着相互作用的关系，企业战略通过组织设计来实现，组织设计服务于企业战略，如图4-11所示。

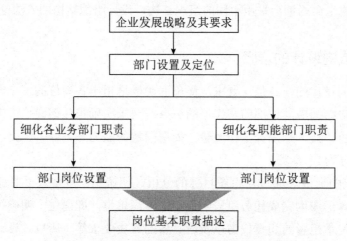

图4-11 基于企业战略的组织结构设计模型

第一，企业战略决定结构设计。企业战略在不同发展阶段，必有不同的组织结构与之相适应。在企业初创期，为了能在一个地区扩大市场份额，采用数量扩大战略。这个阶段组织简单，故采用直线制组织结构。随着规模扩大，企业会采用地域扩展战略，把产品辐射到其他市场，这样对组织部门协调和专业化要求会更高，企业便会采用分工协调的职能组织结构。为了应对竞争，企业会垂直整合上下游企业来提高自身竞争力，采用纵向一体化战略，与之对应产生集权职能组织结构。随着企业规模的进一步扩大，企业会进入越来越多的领域寻求新的利润增长点，推行多元化战略，与此相适应的便是采用分权事业部制组织结构。由此可见，不同的战略要求不同的业务活动，导致企业各部门和岗位的变化；战略决定组织结构，战略重点的转移必将引起组织结构的改变，各部门和岗位在企业组织中重要程度的改变，随之作出相应的调整。

第二，结构设计需要相应的运行设计与之匹配。结构设计和运行设计有效结合才能满足企业经营战略对组织设计的基本要求。组织结构设计需要相应的组织运行设计与之匹配，采用职能制结构和采用横向型结构的组织，在流程、职权、绩效评估和激励方面的设计有明显的不同；反过来，组织结构受到组织运行设计的影响，例如由于企业流程再造而带来的一些部门的删减等。仅仅组织结构与组织战略适配，是无法保证战略的顺利实现的，必须有组织运行设计予以支持。在选取正确的方法对流程、职权、绩效评估和激励进行设计时，一定要与组织结构设计有效结合，才能使组织战略顺利实现。

许多企业的发展，都经历了战略发展的4个阶段，每一个阶段都有与之相适应的组织结构。

第一阶段是数量扩张战略阶段。企业在创建初期，通常生产单一的产品，产品数量也不大。这段时期，企业采用的是数量扩张战略，即在一个地区内扩大企业的产品数量。企业的组织结构也相应比较简单，设置一个办公室来执行单纯的生产或销售功能。

第二阶段是地域扩散战略阶段。随着企业的进一步发展，要求将产品扩散到其他地区去，从而执行地区扩散战略。这时，在组织结构中单纯的一个部门就不适应了，往往把单一办公室分解为有数个功能科室的组织形式。

第三阶段是纵向一体化战略阶段。企业为了扩大实力，要求自己拥有一部分原材料的生产能力或分销渠道，这就产生了一体化战略。与此相适应，在企业中管理权力集中在上层，应该按集权原则设计成具有集权特征的职能制结构。

第四阶段是产品多样化战略阶段。为了进一步增强企业实力，降低经营风险，企业实行产品多样化战略。与此相适应，企业应该实行分权的事业部制组织结构。

### (二) 企业在不同生命周期战略下的组织结构设计

在不同的生命周期，企业面临的外部环境与发展战略侧重点不同，需要关注的重点和管理的措施不同，因此会有不同的组织结构与之相匹配，如图4-12所示。

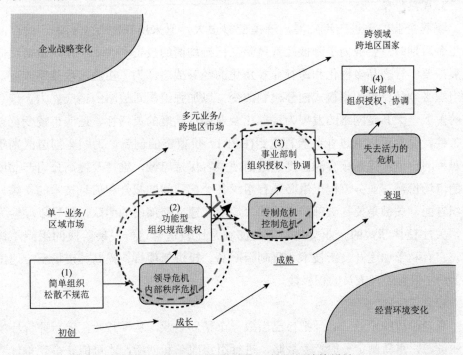

图4-12　不同生命周期战略下的组织结构设计

### 1. 初创阶段

此时的企业生产与经营业务主要集中在某一个细分市场,利用差异化战略求生存。企业管理的重点是市场及产品策略和围绕市场需求进行技术和产品创新。由于企业的规模小、产品单一,主要由企业高层管理者独立作出决策,对协调水平要求较低。与此相适应,企业的组织结构就很简单,常采用层数很少的直线制组织结构。如果企业从事的是高科技技术,要求有较高的创新开发能力时,也可能采用分权的、管理幅度较大的扁平式组织形式。

### 2. 成长阶段

此时企业的战略重点在于数量的扩张从而实现规模经济。在经营策略上,企业的明智选择是有限的相关多元化,尤其是立足于向自己核心技术和核心能力的产品方向发展,即实行一体化战略。企业应当逐步建立规范的业务流程和制度,使其成为竞争优势的一部分,同时企业应该设计有效的管理信息系统,加强基础数据的建设,以支持管理和业务的发展,降低信息成本。因而企业应根据生产、计划、人事、营销等职能来划分战略责任,进行任务分解,建立相应的职能部门,亦即采用直线职能制来实现对战略的支持。当企业面临的外部环境较为稳定,产品结构、市场变化不大时,采用直线职能制能较好地配合决策与管理工作,企业管理的重点是科学管理;当企业的外部环境、市场变化较大时,则选择适应这种战略需求的矩阵式的组织结构是最适宜的,它有效地平衡了集权与分权的关系,有利于推动企业的更进一步健康发展。

### 3. 成熟阶段

随着企业的更进一步发展,规模变得很大,原来所在的行业和生产的产品进入生命后期时,企业为了降低经营风险,保持均衡的投资利润率,使企业持续向前发展,要实行产品多样化和跨行业多角化的经营战略。为了实施这项战略改变,企业组织必须从原来的集权式向分权制改变,以加强组织对战略的适应能力。信息技术的发展,尤其是网络的发展为规模化企业保持高度的灵活性、适应市场变化创造了条件。企业可以通过业务流程重组(BPR)、价值链的创新,为顾客创造区别于竞争对手的价值,提高顾客满意度,进而使顾客保持忠诚,维持及提高公司产品或服务的市场份额。业务流程重组必须有组织各个部门间的配合和信息技术的支撑。在组织方面,关键是要打破部门之间的"墙",建立跨部门的团队,倡导以顾客为中心,关注整体绩效的企业文化。事业部制是比较适合这一发展阶段的组织结构模式,它有利于加速开发新技术、研制新产品、投资新项目、提高其市场反应速度以及调动中高级管理人员的积极性。

### 4. 衰退阶段

衰退阶段的企业,必须把自己当成一个初创企业,从零开始,重新评价环境和企业资源,重新制定一般竞争战略,进行组织改革和创新,才可能获得竞争优势,再次走上发展之路。

### 三、流程导向法

基于流程的组织结构设计，主要着眼于业务流程流转在部门与岗位间的顺畅程度，高效的输入输出，核心关键点的岗位职责权限控制，都是企业高效运转的基础。

#### (一) 流程导向的组织结构设计

流程是把输入转化为对顾客有用的输出的一系列相关活动的结合。在传统的企业中，流程隐含在各个部门的功能体系中，没有人专职对它们负责。直到迈克尔·哈默(Michael Hammer)提出"业务流程"的概念，管理者们才意识到真正为企业赢得顾客和创造利润的是"流程"，而不是"职能"。

在流程导向型企业中，组织运营是围绕着企业的流程进行的。在这样的组织中，人们关心和解决问题的焦点在于整个企业的运营流程。这些运营流程与顾客需求密切相关，并通过流程把终端客户的信息无差异地传递给流程上的每一个环节和岗位，使每一个流程都有自己的直接顾客(内部顾客或外部顾客)，都与市场"零距离"。企业采用先进的资讯技术，开发和利用信息系统，将企业的内部组织与外部顾客联结起来，也使组织内部的沟通变得容易。员工清楚地知道流程的结构及其与绩效指标的关系，对顾客的需求有高度的敏感性。流程导向型组织建立在跨职能部门的流程团队基础上，企业内部由此形成了以流程团队为基础的职权体系，如图4-13所示。

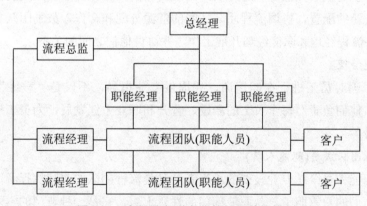

图4-13　流程导向型企业的组织结构模型

流程导向型企业的基本组成单位是流程，不存在刚性的部门，甚至流程本身也不是刚性的，而是随市场变化而变化。流程团队成员通常在完成一个流程任务后回到自己原来的职能部门，当新流程开始时再重新参与新的流程。因此，在流程导向型企业中，"岗位"具有很强的不确定性。从严格意义上说，流程导向型企业中只有"流程"，而不存在"岗位"。

尽管流程的性质和内容千变万化，流程中人员的"岗位"职责也变化无常，但是流程都是由流程团队完成的。一般的流程团队由流程经理和参与流程团队的职能人员组成,由流程总监负责整个企业流程的协调和监控,并对高层领导者(总经理)负责。高层领导者(总经理)负责宏观层面的战略决策,对所有流程进行协调。原来的职能部门则通常只有"教练式"的职能经理留守,在员工执行两个流程的间隙对员工进行培训。职能人员在行政归属上是职能部门的成员,但他们频繁地参与流程团队,是流程的主要执行者。流程导向型企业组织主要有5类岗位:流程经理、流程总监、高层领导、职能经理、流程团队成员(职能人员)。

### 1. 流程经理

流程经理是流程的设计者、统筹者、指导者、促进者和协调者,负责设计和改进流程,并从各职能部门选择合适的人员组成流程团队,向他们传授流程的相关知识,协调团队成员之间的冲突和矛盾,帮助他们高质、高效地执行流程任务。

### 2. 流程总监

流程总监一般由企业的高层担任,是企业领导者的参谋长,向领导者直接报告工作。其职责包括:授权和支持每个流程经理和流程团队;对所有业务流程进行协调和监督。

### 3. 高层领导

高层领导负责筹划企业流程的总体战略,并与流程经理和职能经理组成企业业务流程的指导团。在组织中履行这些职能:制定企业的总体流程和目标体系,并负责设计宏观的战略性任务和进度安排,从全局的高度把握企业的发展前景;决定企业内部资源的配置,协调流程团队之间的资源分配和合作,鼓励团队之间开展竞争;协助各流程经理和职能经理开展工作,并协调他们之间的关系。

### 4. 职能经理

职能经理对员工进行在职培训,并提供专业指导,不仅是"教练",而且是"保姆"。他们负责对每个员工的激励、晋升和职业生涯发展,为员工提供优质的人力资源服务。

### 5. 流程团队成员(职能人员)

由于职能人员既是专业技能的承担者,又是流程团队的实际执行者,其双重角色决定了他们的双重职责。从职能部门的性质上看,它是一种典型的学习型组织。职能部门的每个员工都是专家,他们根据流程的需要,致力于专业技能方面的学习研究和开拓创新。作为流程团队的成员,他们将自身的专业技能在流程团队中交流,取长补短,高质、高效地执行企业流程,并不断地完善流程。

## (二) 流程导向型企业组织的权力分布

流程导向型企业组织的权力分布有两方面的变化趋势:一是权力中心由职能部门转向流程部门;二是授权导致的权力重心下移。

首先，流程经理被赋予"至高无上"的权力。他们有权根据实际情况设计和改进流程中的每一个工作步骤，负责设计行动目标，订立工作预算，并给职能部门分配预算金额。他们有权对职能人员的技能水平和研究方向提出要求，并可以从职能部门中选择流程团队所需要的成员。他们用流程标准对流程团队成员的业绩进行评估，并将评估结果作为每个员工业绩评定的重要指标，与其薪酬和晋升直接挂钩。权力中心向流程的倾斜保证了切实以流程为中心的原则，使流程导向型的组织结构变得更加稳定。但流程经理并不能因为权力的扩张而胡作非为，他们还必须受到流程总监的监督。

其次，流程团队成为授权小组，有自我管理和决策的权力。在流程导向型组织中，知识主要分散在企业的基层职能人员中，服务于流程团队。信息技术的大量运用提高了信息的容量和传递速度，提高了员工自我决策的能力和效率。不同于传统企业中专家位居要职，拼命从上往下灌输知识，流程导向型组织努力从下面获取知识，并将员工培养成能系统思考、不断自我超越、不断改善心智模式、积极参与组织的学习、能在共同愿景下努力发展的人。

最后，职能部门经理逐渐丧失了决策特权，成为组织中的技能传授者和任务协调者。职能部门经理更多地关注员工的雇用、提升、激励、职业生涯发展和学习培训，并负责对员工进行专业技能的评定。同时，他们有权就员工的特点对他们参与流程工作进行统筹安排，从而协调各流程团队之间的关系。

从管理的权威和组织的层次看，高层管理者和流程总监成为最终的权力归属，他们把握着企业发展的总方向，并控制着一切流程的执行情况，是企业的上层。但是，所谓的"上层"并不是凌驾于"下层"之上的。随着知识型员工地位的提高，企业管理呈现出人性化的特征，各种关系相互影响，正在从纵向转为横向，从命令式转变为伙伴式。管理者的权力更多地取决于他所处岗位信息量的多少，而不是地位的高低。

### (三) 流程导向型企业组织结构模式的意义

流程导向型企业组织结构模式打破了传统组织理论的桎梏，将业务流程再造的思想与企业的组织变革结合起来，对企业的组织架构提出了大胆的改革构想。更为重要的是，引导了组织的创新和变革，体现了未来企业发展的趋势。

第一，企业的岗位职责体系由静态转为动态。在适应未来发展的企业组织系统中，工作并非职位而是流程或任务。员工的角色和职责随着流程和任务的变化而变化，导致了职位调整和职能变化越来越频繁，呈现出动态化的特征。

第二，知识和人才在组织中处于受尊重、被信任的地位。基层员工越来越多地支配和管理自己的工作，并自由作出决策，中层管理者因失去用武之地而被淘汰，企业将呈现出扁平化的特征。

## ⠿ 第四节　组织结构设计的流程

组织结构是组织在职、责、权方面的动态结构体系,其本质是为实现组织战略目标而采取的一种分工协作体系。组织的创立和设计最重要的目的是实现组织的战略。组织的发展战略对组织结构的设计具有决定性的影响,组织结构必须随着组织的重大战略调整而调整。

在对企业的组织结构进行系统审视时主要从以下4个维度展开:业务结构、职能结构、层次结构和职权结构。

第一,业务结构,在组织存在多项业务时,审视组织各项业务的分工结构及组织资源的配比情况。具体到单项业务,从业务流程切入,审视组织部门的设置是否足以覆盖该业务流程且不重叠。

第二,职能结构,在该维度中,审视两个问题:一是是否存在职能重叠或缺失的现象,尤其是组织所需的关键职能是否具备;二是职能部门是否定位清晰,是否有明确的使命。

第三,层次结构,包括组织的管理层级和管理幅度。管理层级是随着组织规模的扩大和关系的复杂化而产生的,与规模、管理幅度密切相关。管理幅度是指一个主管人员能直接有效地管辖的下属人数。管理幅度与层次成反比关系。一般认为管理3～20名直接下属比较合适。其中,高层管理者管理3～10名下属;中层管理者管理6～15名下属;基层管理者管理15～20名下属比较合理,但并不绝对。以下因素也会影响管理幅度:管理者的素质和能力、下属的素质和能力、工作相似性、工资环境的稳定性、计划的完善程度、授权、人员空间分布、助手配备等。

第四,职权结构,指各部门、各层次在权力和责任方面的分工和相互关系。按照罗宾斯的理解,职权分3种。

(1) 直线职权:上下级之间的指挥、命令关系,即通常所说的"指挥链"。

(2) 参谋职权:组织成员向管理者提供咨询、建议的权力。该职权源于直线人员对专业知识的需要,如财务、质量、人事、公关等。

(3) 职能职权:参谋部门或参谋人员拥有的原属直线人员的一部分权力。该职权是直线人员由于专业知识不足而将部分指挥权授予参谋人员,使他们在某一职能范围内行使。职能职权只有在其职能范围内才有效,是一种有限指挥权。

在对职权结构的审视中,需要把握两个要点:一是授权是否合理;二是信息沟通是否顺畅。

每个企业都有其自身的特点和背景,所面临的问题各不相同,需要在实际工作中灵活掌握,按照一定的步骤进行组织结构的诊断分析。

# 一、组织诊断分析

组织诊断的目的是发现组织与战略的匹配度，关键职能权责利的一致性，以及组织的管理层次及管理幅度的合理性，进而发现企业组织本身或因组织带来的一系列问题。

## (一) 组织结构与战略、企业规模、发展阶段的适应性分析

企业内部的部门是承担某种职能模块的载体，按一定的原则把它们组合在一起，便表现为组织结构。企业必须分析组织结构的影响因素，选择最佳的组织结构模式。

(1) 企业环境。企业面临的环境特点，对组织结构中职权的划分和组织结构的稳定有较大的影响。如果企业面临的环境复杂多变，有较大的不确定性，就要求在划分权力时给中下层管理人员较多的经营决策权和随机处理权，以增强企业对环境变动的适应能力。如果企业面临的环境是稳定的、可把握的，对生产经营的影响不太显著，则可以把管理权较多地集中在企业领导手里，设计比较稳定的组织结构，实行程序化、规模化管理。

(2) 企业规模。一般而言，企业规模小，管理工作量小，为管理服务的组织结构也相应简单；企业规模大，管理工作量大，需要设置的管理机构多，各机构间的关系也相对复杂。

(3) 企业战略目标。企业战略目标与组织结构之间是作用与反作用的关系，有什么样的企业战略目标就有什么样的组织结构，同时企业的组织结构又在很大程度上对企业的战略目标和政策产生很大的影响。企业在进行组织结构设计和调整时，只有对本企业的战略目标及其特点，进行深入了解和分析，才能正确选择企业组织结构的类型和特征。

(4) 信息沟通。信息沟通贯穿于管理活动的全过程，组织结构功能的大小，在很大程度上取决于能否获得足够的信息并及时地利用信息。

## (二) 关键职能诊断分析

在层次结构诊断的基础上，从组织横向结构分析各管理岗位和管理岗位体系的完整性，权力指挥系统的完整性、合理性等。主要是对高层领导职务、职责、职权是否一致，部门职务、职责、职权是否一致，管理岗位职务、职责和职权是否一致进行诊断。

## (三) 结构职能诊断分析

对各部门在目前的组织系统中的作用、分工、隶属、合作关系是否明确等进行分析，判断企业现有组织结构中各部门职能是否缺失、交叉、冗余、职能错位等，

可以结合企业价值链，对价值链上各环节的职能进行逐个分析。

### (四) 流程诊断分析

流程诊断就是对企业现有的管理流程、主要业务流程进行诊断，找出其中存在的问题。一般来说，管理流程主要会存在以下问题：

(1) 部门权限不清，权力过大或过小。

(2) 部门职责不清，责任过大或过小。

(3) 执行人岗位权限不清，权力过大或过小。

(4) 岗位职责不清，责任过大或过小。

(5) 部门动作烦琐或者缺少相应的环节。

(6) 动作手工操作过多或者部门之间动作烦琐。

(7) 动作缺乏相应的规范约束。

(8) 顺序动作过多，缺乏并行动作。

(9) 信息不能正常流转、不能共享。

(10) 逻辑关系物流在途时间、在途线路过长。

(11) 资金流周转较慢或者产生沉淀。

(12) 等待时间长，操作时间长。

流程诊断的方法主要有以下几种：

(1) 鱼骨图分析法。鱼骨图是由日本管理大师石川馨所发展出来的，故又名石川图，是一种发现问题"根本原因"的方法，也可以称之为"因果图"。

(2) 时间陷阱分析法。就是寻找流程中存在的时间陷阱，通过陷阱找出在流程中浪费时间的环节。

(3) 绩效—重要性矩阵法。通过绩效表现与重要性矩阵初步选定需要改进的关键流程的范围，再通过流程对顾客的重要性矩阵确定流程改进的先后顺序。流程对顾客的重要性矩阵是通过考察流程对顾客的重要性与实施流程改进的成本这两个指标的综合效应来决定是否对某一流程实施改进。

## 二、组织基本职能和关键职能设计

组织基本职能设计需要通过行业的相关分析和技术的相关分析获取并确认，不同的行业在企业的组织结构中有不同的微观结构承接单元，不同的技术水平和成熟度对组织的职能设计也存在差异。

### (一) 行业相关分析

每一个企业都属于某一个行业，工业的行业是社会分工的产物，是根据同类产品(或生产)划分的工业类型。每个行业的基本特性各不相同，其差别主要表现在：

(1) 所需主要资源的性质和来源不同。

(2) 产品品种和主要用途不同。

(3) 生产过程的工艺性质和所需技术不同。

(4) 市场需求的性质、要求及其发展变化不同。

(5) 销售和服务方式不同。

行业间的这些不同涉及企业的人、财、物等各种资源投入和供、产、销等各环节，对企业管理有着全面的影响。根据行业特点，对企业的基本职能进行调整和修正所要考虑的主要问题是：

(1) 是否有必要增加新的基本职能。由于各行业在资源投入、制造过程和产出等方面存在差异，某些行业对于企业职能便会产生有别于一般要求的特殊要求。

(2) 是否有必要细化某些基本职能。细化的原因是，由于行业的基本特性决定了该行业生产经营过程中某阶段的业务活动极多，而且差别很大。所以，虽然都属于这一阶段的管理工作，但适宜进一步实行专业化分工，从而形成若干基本职能。

(3) 是否有必要简化某些基本职能。这同基本职能的细化刚好相反，如果一个行业生产过程某一阶段的业务工作较为简单，工作量也很少，那么这一阶段的管理职能就可以考虑并入与其紧密相连的其他职能中去，而不一定非要作为独立的基本职能。

(4) 是否有必要强化某些基层职能。"强化"的意思就是要充实某一基本职能的业务活动内容，使其能够充分发挥作用。强化的必要性是由于行业的基本特性，决定了该行业的某一基本职能虽然同其他行业大体相同，但存在特殊之处，只有强化，才能满足特殊需要，保证企业的生存和发展。

## (二) 技术相关分析

技术是管理的基础，不同的物质技术基础，要求有不同的管理方式。技术的发展还为管理提供各种新的管理手段和工具。企业技术特点的差异一般反映在技术类型、技术水平、技术更新速度、技术实力和技术系统在生产经营中的地位等方面。对于同行业的企业来说，技术水平和技术实力的不同，对基本职能的影响尤为显著：

(1) 技术水平的提高将引起基本职能的增加和细化。企业技术装备和工艺方法是技术水平的集中体现。

(2) 技术实力的强弱将对某些基本职能提出不同的要求。企业技术实力的强弱，主要取决于技术资源的数量和质量。

企业技术实力对企业的部门基本职能产生如下影响：

(1) 健全并不断强化涉外经营职能，逐步扩大硬件产品和技术软件商品的出口能力。与此相关，技术专利和技术商品贸易等方面的管理职能就必须健全起来。

(2) 健全横向联合方面的管理职能。为了保持并发展科技优势，开展多种形式的横向联合是十分必要的，包括发展生产协作、技术协作、建立联营企业和企业集团等。

(3) 由于技术实力雄厚，技术开发职能的重点内容是加强自身科技队伍的建设，主要依靠企业自身力量，搞好自主开发。

## 三、组织管理层次设计

制约行政组织结构的两个相互联系的主要因素分别为管理层次和管理幅度。图4-14所示为一层级的管理层级。

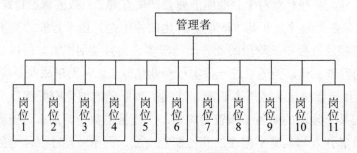

图4-14　一层级的管理层级

### (一) 管理幅度和层次的关系

管理幅度与管理层次之间的关系十分密切，首先，它们具有反比例的数量关系。同样规模的企业组织，管理幅度增大，组织层次就会减少；反之，管理幅度缩小，管理层次就增多。其次，管理幅度与管理层次之间存在相互制约的关系。其中，起主导作用的是管理幅度，即管理幅度决定管理层次，或管理层次的多少取决于管理幅度。二层级的管理层级，如图4-15所示。

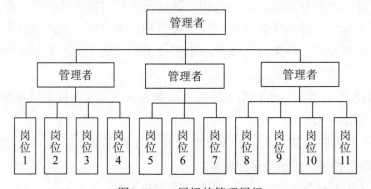

图4-15　二层级的管理层级

管理幅度始终占据主导地位，其原因在于管理幅度具有有限性。产生这种有限性的原因有以下几个方面。

(1) 任何企业组织的领导者的知识、经验、精力和能力都是有限的，因而能够管理的下属的数量也是有限的。超过这一限度，就不可能进行有效的领导和管理。

(2) 下级人员受自身知识、专业水平和能力、思想素质等条件的制约，以及由于分工条件的限制，使其难以在没有上级的指导下做到完全自觉地、符合组织运行要求地执行和完成计划规定的各项任务，自动地、圆满地解决由于分工所带来的各种复杂的协调问题，并随时根据环境条件和组织内部情况的变化正确地调整自己的工作。这样，下级人员的素质和信息界限也对上级的管理幅度提出了限制。

(3) 管理幅度制约管理层次的同时，管理层次亦对管理幅度产生制约作用。一个组织不可能也不应该频繁地改变管理层次，只要企业总的管理幅度没有发生大的改变，组织结构没有出现全局性的调整，管理层次就不宜变动。管理层次的调整对组织结构所产生的影响远远大于管理幅度的变化。

### (二) 管理层次的设计

有效的管理幅度是决定组织层次的基本因素之一，但并非唯一因素。因此，在确定了管理幅度之后，不能直接根据它和管理层次的反比例关系，就简单地将管理层次确定下来。除了管理幅度之外，制约管理层次的其他因素如下。

(1) 企业的职能纵向结构。管理层次的实质是组织内部纵向分工的表现形式。当组织规模较大以后，仅有横向的管理分工显然不足以提高组织的运行效率，还需要明确管理的纵向分工，即确定组织的各个层次所承担的管理职能和管理任务。从企业的整体来看，其纵向职能结构是通过职能分析，全面考虑了影响企业职能结构的各种因素，包括经营领域、产品结构、规模、生产技术特点等而设计的。因而它所规定的纵向职能分工的不同层次，反映了企业外部环境和内部条件的客观要求，在设计管理层次时不可违背。

(2) 组织效率。一方面，管理幅度制约管理层次，由于管理幅度是有限度的，必然要求管理层次不能太少，否则就会降低组织的运行效率。另一方面，管理层次过多，将使管理费用随着协调工作量的增加而增加，信息上传下达的效果和效率降低，计划和控制工作复杂化，最终降低组织运行的效率。

### (三) 设计步骤

**步骤一：** 按照企业的纵向职能分工，确定基本的管理层次。在集中经营、集中管理的企业中，如果企业的规模较小、技术简单，通常只需要设置经营决策层、管理层和作业管理层；如果规模较大，采用的技术较复杂，管理层次就要多一些。在分散经营、分散管理的企业中，总公司和分公司是两大管理层次，还分别存在各自的管理层次，如总公司的战略决策层、专业管理层，分公司的经营决策层、专业管理层和作业管理层等。

**步骤二：** 按照有效的管理幅度推算管理层次，如图4-16所示。

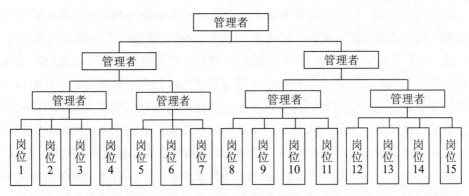

图4-16　三层级的管理层级

**步骤三：**按照提高组织运行效率的要求，确定具体的管理层次。根据管理幅度来确定组织层次，可以防止因上级的管理幅度过大而导致管理效率降低。但这还不够，因为影响效率的还有下属的积极性和完成任务的能力等。所以，在确定管理层次时，应将上级的有效管理限度和下级的最佳活动效率范围结合起来。对下属来说，高效率的组织应当是：下级有明确而充分的职权，能够参与决策，了解组织目标；能够提供完全的职位，使每个人都有发展的机会；能够依靠小集体的团结和协作，完成组织赋予的工作任务等。如果组织设置的层次较多，则主管人员增多，主管人员与其下属构成的团体相对较小。其优点是：由于中高层主管职位较多，增加了组织成员晋升的机会，有利于满足人们的成就感，产生激励作用；由于团体较小，易于保持团结，便于参与管理等。当然，也存在信息传递减缓、管理费用增加等问题。如果组织层次较少，利弊刚好相反。

**步骤四：**按照组织的不同部分的特点，对管理层次作局部调整。企业整体管理层次的确定可以按上述方法进行，对某些比较特殊的部门可以跳开这个框框，单独作局部的调整。例如，研究与发展部门的层次如果较多，主管人员较多，就不利于发挥科技人员的创造性，必须减少层次。而有的生产单位的技术复杂，生产节奏较快，人员素质不高，需要加强控制，则应适当增加组织层次。

## 四、部门结构设计

部门结构设计要以公司战略为起点，承接董事会与经营班子的委托代理关系，以战略目标的达成为核心，同时还要考虑组织结构设计的灵活性与科学性。

### (一) 部门划分原则

(1) 最少部门原则：指组织结构中的部门力求量少而精简，这是以有效地实现组织目标为前提的。

(2) 弹性原则：指划分部门应随业务的需要而增减。在一定时期划分的部门，没有永久性的概念，其增设和撤销应随业务工作而定。组织也可以设立临时部门或工作组来解决临时出现的问题。

(3) 目标实现原则：指必要的职能均应具备，以确保目标的实现。当某一职能与两个以上部门有关联时，应将每一部门所负责的部分作明确规定。

(4) 指标均衡原则：指各部门职务的指标分派应达到平衡，避免忙闲不均，工作量分摊不均。

同时，检查职务与业务部门分设。考核和检查业务部门的人员，不应隶属于受其检查评价的部门，这样就可以避免检查人员"偏心"，从而能够真正发挥检查职务的作用。

### (二) 基层组织结构设计

基层主要是从事生产作业管理的组织单位。实行事业部制的企业，基层包括事业部以下的工厂及其内部的各级组织。在职能制的企业中，如果集权程度比较高，其分厂及其以下的各级组织都属于基层；如果集权程度比较低，分厂还承担着一部分的专业管理职能，基层只包括车间、工段、班组等。无论企业基层的范围有何不同，生产现场总是主要组成部分。

**1. 基层管理重心应放在生产现场**

为了真正做到基层管理和重心放在生产现场，进行基层结构设计时，应按自下而上的程序来确定管理业务的配置。

(1) 系统整理生产现场需要解决的各种各样的问题和相应的管理工作。一般来说，可按照生产作业的计划、组织与控制等3个方面的职能去分析客观需要的业务活动。

(2) 逐一分析这些业务活动配置在生产现场的必要性和可能性，凡是既必要又具备履行条件的，就应归属于现场；虽然必要但不具备条件的，则可暂时上移，待以后条件成熟时再予以调整。

**2. 根据行业和企业的生产技术特点确定基层管理重心**

(1) 把管理重心放在车间，建立以车间主任为中心的基层管理。这适用于加工工序和加工对象较多，因而需要加强车间内部生产作业的计划与控制，或者以产品为对象，有许多不同工艺加工设备及工种、生产流程封闭程度较高的车间。

(2) 把管理重心放在车间之下的工段(作业区)，建立以工段长(作业长)为中心的基层管理。这适用于冶金、化工等装置型企业。车间一般不设职能机构，生产指挥实行"工序服从"原则，即上工序与下工序、一般工序与核心工序、辅助作业工序与主体作业工序之间，前者要服从并服务于后者。有关质量、设备、安全、环境等全车间的管理工作，成立相应的委员会负责。各工段长(作业长)参加这些委员会，并分别担任其中一个委员会的主任，共同研究涉及全车间的管理问题并作出规定，分头贯彻落实。

### 3.把生产工人组织到基层管理中来

基层组织设计应注意将那些与生产工人关联程度高的工作,尽可能配置在班组范围内,如班组长的人选、班组成员的组合、生产任务的分配、设备维护、质量分析、环境卫生、文明生产等,上级可以不管或者少管,让班组按照有关制度自行处理。

基层职工直接参加管理的组织形式有:"QC"小组、技术攻关小组、现代化管理方法应用研究小组,以及各种自发组织、自选内容的小组。这些组织形式能够最大限度地把生产现场的职工动员起来,让他们自己发现和主动解决生产现场存在的各种问题。

### (三) 高层组织结构设计

进行高层组织结构设计,首先要搞清楚哪些业务归属于高层管理,它们有何特点;然后再进一步考虑高层组织怎样从结构上适应和满足这些工作的特点和要求,确定适宜的高层组织结构形式。

### 1.高层组织应承担其他部门与人员不宜承担的关键性业务活动

由于高层组织对整个企业及其长远发展负有全面责任,涉及的工作范围比较广,在这种条件下,高层组织管理业务的配置就要注意防止出现两种偏向:

(1) 高层组织不应包办下级部门和人员的工作,主要是发挥组织领导作用,放手让各级组织和人员充分履行各自的职责,原则上要摆脱事务性工作,不从事具体作业。

(2) 高层组织为了在重大决策问题上取得直接经验以作出正确的决定,抓住关键性环节以推动全局,不能简单地一概拒绝事务性工作,以致本应该做的事情却没有做。

因此,进行高层组织管理业务的配置时应注意:

(1) 首先,要看它是否是对企业全局有重大影响的关键性活动,这样,就把那些非关键活动排除在高层管理之外了。

(2) 其次,要看这项工作是否可以由其他人去做,如果其他人能够做得一样好或几乎一样好,高层领导只需要进行指导和检查,那么,这项工作就可以不归属于高层组织。

总之,配置在高层组织的业务活动,应该是那些对企业前途命运和当前任务具有重要影响、下级部门和人员没有条件承担、唯有能够纵览企业全局的机构和人员才适合担负的关键性业务活动。一般包括以下工作:

● 研究确定企业的任务、目标、战略和计划,进行战略实施的组织和控制。
● 研究确定企业的组织设计方案,组织实施有计划的组织变革。

- 选用干部，特别是要注意选用关键部门的领导和高层领导的接班人。
- 培育和发展优秀的企业文化。
- 建立和发展企业对外的重要的社会关系，为企业创造良好的外部社会环境。
- 主持和参加企业例会和临时性会议，参加必须出席的下级组织的重要会议。
- 紧急处理企业突发性的重要问题。
- 高层组织自身的建设工作。

2. 健全高层管理班子

这是针对高层管理工作的特点而采用的一种组织结构形式，具有以下作用：

(1) 有利于发挥集体智慧和力量，防止事关企业全局的决策发生失误而造成巨大损失。

(2) 有利于具有不同专业才能和特点的领导人员相互取长补短，整个班子成龙配套，胜任复杂繁重的领导工作。

(3) 有利于培养和储备全面的管理人才，使企业后继有人，保持战略决策与实施的连续性，实现长期稳定的发展。

由于企业规模、经营管理的复杂程度和传统习惯等条件不同，高层管理班子的具体形式应因地制宜、灵活多样，符合精干、高效的要求。小企业可以只设一名经理担任高层管理职务，身边有一两名助手在完成各自负责的职能工作之外，分别承担一部分高层管理职责，或者充当经理的参谋。规模较大、经营管理复杂的企业，在实际工作中，大多设有结构明确的高层管理班子，例如"总经理办公室""董事长办公室""管理委员会"等。某些大企业不设具体结构，而是明确规定由几名高级管理人员分工承担高层管理工作，不再担任下属部门的领导职务，主要协助总经理或董事长共同完成高层管理任务。

高层管理班子不论采取什么具体形式，均应明确分工、各司其职、各负其责，一般不再担任下级职能部门或事业部等具体作业单位的负责人。

3. 健全高层管理的参谋机构

这种参谋机构在企业里有多种多样的名称，如"政策研究室""综合管理部""调研室""业务研究室""执行秘书处""政策小组""顾问团"等。其实质都是高层管理班子的智囊团，其任务是提供信息，为高层决策服务。

大多数企业都需要建立这样的参谋机构，这是由高层管理工作的特点决定的。

(1) 高层管理要求领导班子拥有灵敏的消息和高度的敏感性，以便及时发现并抓住必须亲自关心和组织的关键活动。而高层管理班子需要的信息大部分是关于未来和整个企业的信息，这是职能部门所不能充分提供的。

(2) 高层决策是繁重并富有创造性的工作，不仅需要拟订多种可行性方案并进行充分的分析论证，还常常需要了解许多不知道或不熟悉的有关知识，这就有必要成立专门为高层服务的参谋机构。

在部门设计中，划归高层参谋机构的业务活动应该只限于关键活动，务必使其将注意力集中在影响企业经营成果和总目标的那些因素上，不可管得太宽。其业务活动主要是：

(1) 围绕企业长远发展和重大经营决策，进行系统的调查研究，向高层管理班子提供战略性建议。

(2) 密切关注企业外部环境和内部条件的发展变化，随时向高层领导班子提出应该警觉的重要问题。

(3) 为高层决策提供可行方案以及关键性的理论观点和必要知识。

(4) 为高层领导遇到的疑难问题提供咨询意见。

(5) 追踪重大决策、计划和指令的执行情况，反馈给高层领导，对出现的问题提出纠正和补救的建议。

### (四) 创新性组织结构设计

企业作为商品生产者和经营者，所从事的创新是以盈利为目的的，通过有组织的集体努力，把消费者的现实需要或潜在需要转化为对本企业的新产品或服务的现实需求，使企业获得发展的一种活动。主要包括：开发新产品、新材料、新设备、新工艺等新技术；采用新的生产方式和生产组织形式；开拓新市场以及与此相适应的新的销售方式和销售渠道等。

(1) 创新性工作要单独组织。企业为了生存和发展，搞好当前的生产经营和努力开拓未来这两种工作都必须做，但性质不同，应该由不同的组织去承担。

(2) 创新性组织结构的总体设计和局部设计要紧密结合、通盘考虑。由于企业的创新工作是一个完整的过程，包括研究开发、生产制造、市场推销等各方面生产经营活动。所以，如何从组织结构上保证创新工作的顺利进行，既要考虑整个过程的组织形式，也要研究这一过程每一阶段的组织形式，把二者结合起来统筹安排。

在研究开发阶段，一般有两种组织形式：

(1) 采用职能管理与研究开发合一的组织形式，适用于研究开发项目较少而且不太复杂的中小企业。

(2) 把研究开发和职能管理分开，除设置负责技术管理的职能部门外另设技术开发专门机构，专门进行科研和新产品的设计试制。

为了支持研究开发活动，生产部门一般应设置试制工段或车间，用以试制样品和少量工装。大型企业还可考虑建立中间试验车间。拥有自己的中间试验系统，既可以在小规模条件下验证研究成果，又能小批量生产新产品，投放市场进行试产开发的试验，是实力雄厚的大型企业开展创新工作的优越条件。

总之，为了把创新活动的各个环节有效地组织起来，通常采取的具体形式有：

(1) 建立项目中心。即按照创新项目，把研究开发、生产制造和市场推销等有关单位的人员组织起来，由项目经理统一领导，共同完成创新任务。

(2) 建立企业发展中心。任务是发展新的事业单位，最终将一种新产品乃至一种新企业引入市场。所以，它的业务活动范围要比研究开发机构广泛得多，适用于多元化经营的大企业或企业集团。

(3) 由方案小组创建并最后管理独立的企业。公司为方案小组配备人员，提供资金以及其他必需条件。当创新获得成功之后，他们不仅可以留下来管理由他们创建的企业，还能得到与创新成果相称的高工资和高奖励。

## 五、责权结构设计

权责利结构设计的目的是让管理行为与绩效产生一致性，其核心是激活个体，进而激活组织，因此，权责利结构的设计是为了保证组织的高效运转。

### (一) 权责对等原则的内涵

所谓权责对等原则也就是权责一致原则，是指在一个组织中的管理者所拥有的权力应当与其所承担的责任相适应的准则，包括如下几方面。

(1) 管理者拥有的权力与其承担的责任应该对等。不能拥有权力而不履行其职责，也不能只承担责任而不予以授权。

(2) 向管理者授权是为其履行职责所提供的必要条件。合理授权是贯彻权责对等原则的一个重要方面，必须根据管理者所承担的责任大小授予其相应权力。管理者完成任务的好坏，不仅取决于主观努力和其具有的素质，而且与上级的合理授权有密切关系。

(3) 正确地选人、用人。应根据管理者的素质和过去的表现，尤其是责任感的强弱，授予他适合的管理职位和权力。

(4) 严格监督、检查。管理者渎职，上级应当承担两方面的责任：一是选人、用人不当；二是监督检查不力。

### (二) 权责对等原则与绩效管理的关系

权责对等原则的贯彻和落实，对绩效管理有十分重要的影响。从系统的观点而言，影响绩效管理的主要因素，可以归纳为7个方面：管理者本人的责任和能力；上级的领导水平；下级的责任和能力；任务和目标；完成任务的资源条件；环境；管理者应得的利益。管理者的上级——管理者——管理者的下级，组成一条管理链。管理链有长有短，最短的由两个环节组成。管理链越长，出现问题的可能性越大。

对管理者而言，贯彻权责对等原则为做好管理工作提供了必要条件，同时也对管理者从两个方面进行约束：一是不能滥用权力；二是强调了管理者的责任，在其位要担其责。

对上级而言，这条原则的贯彻和落实，必须做好以下工作：正确选人，并对选定的人予以授权；明确管理者的责任和要求，确定目标和目标值；合理确定管理者的报酬；监督和检查执行情况，出现问题要及时处理。一条管理链如果出现问题，一般情况下有两种可能：一是某个环节出现问题；二是环节连接处出现问题。

组织行为科学的观点认为，绩效取决于管理者的能力、对自己作用的理解、努力程度及环境的限制等。这里，上级、下级、资源条件均包括在环境之中。管理者应得报酬的满足感，对管理者的努力程度产生直接影响。即管理者的工作绩效不仅与"权"和"责"有关，而且与"利"有密切关系。这是我们在贯彻权责对等原则时必须考虑的问题。

### (三) 贯彻权责对等原则存在的问题

组织中通常存在以下几种问题，在重心定义权责利时要特别注意，尽量通过制度设计与安排解决，对权责利不对等的及早调整。

(1) 管理者有职有权，但没有履行其全部职责。

(2) 工作的责任重大，但管理者没有足够的职权。

(3) 管理者利用职权谋取私利。

(4) 管理者不善于使用权力，不能履行其职责。

## 六、管理流程设计

企业流程管理主要是为了改变企业职能管理机构重叠、中间层次多、流程非闭环等，使每个流程可从头至尾由一个职能部门管理，做到机构不重叠、业务不重复，达到缩短流程周期、节约运作成本的作用。

企业的流程按其功能可以区分为业务流程与管理流程两大类别：业务流程是指以面向顾客直接产生价值增值的流程；管理流程是指为了控制风险、降低成本、提高服务质量、提高工作效率、提高对市场的反应速度，最终提高顾客满意度和企业市场竞争能力并达到利润最大化和提高经营效益的目的的流程。

企业内的一切流程都应以企业目标为根本依据，尤其是管理流程。对外，面向客户，提高业务流程的效率；对内，面向企业目标，提高管理流程的效率，平衡企业各方资源(生产线平衡)，控制总体效率的平衡，实现企业总体绩效。

针对具体的企业流程可以分为3类：经营流程，包括价值、目标、产品定位、资源配置计划等；业务流程，包括采购、生产、营销、储运、客服等；管理流程，包括人力资源管理、财务管理、质量管理等。从价值链的角度来看，管理流程所包含的活动为支持活动(support activities)，即与产品或服务无直接关联的所有措施，涵盖整个与产品或服务有直接关联的主要活动(primary activities)的范畴。大部分中小型民营企业在管理流程的流程规划、流程设计及流程控制上都存在比较明显的缺陷，导致经常性的流程失灵或制度失灵。拥有一套完善的管理流程体系将对其企业运营规范水平产生巨大的积极推动作用。

由于管理流程的稳定性，一般使用Visio软件根据客户的实际企业运行与管理设计优化流程图，如图4-17所示。

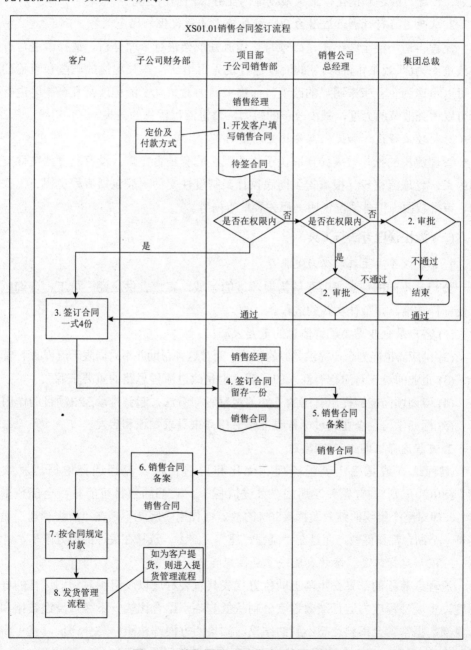

图4-17　某集团公司销售合同签订流程

## (一) 管理流程设计原则

### 1. 以部门职能为导向,提高职能部门的支持力度

随着企业规模不断扩大,理念不断更新,公司的经营策略也会发生根本性的变化。在企业发展的不同阶段,公司要求职能部门为其他业务部门提供的支持也会发生转变。每个职能部门只有充分把握自身的职能范围,才可以对流程作更进一步的规划、设计、改进和优化,最大限度地为业务部门提供支持。

### 2. 从改进可行性和改进潜力两个维度确定流程优化的优先顺序

流程再造不能全线出击,必须对整体流程框架进行全面分析,选择改进可行性和改进潜力(即效果)同时具备的流程进行优先再造。一些关键性的职能和流程的建立可以迅速为企业带来明显的改观,而集中精力对某几个流程或某几个制度进行推行可以增强改革的力度,减少改革的阻力,增进流程优化的效果。

### 3. 管理流程设计和优化需要相关制度的支持

管理流程的执行效果如何取决于相关制度配套是否完善。没有制度性文件支持和约束,管理流程设计很难得到彻底执行。制度性文件一般包括流程说明、工作准则、审批权限、例外情况说明、相关表单等内容。

## (二) 流程管理方法与工具

### 1. 寻找入手点工具:学习五角星

公司从不同的信息来源了解需要改进的领域:客户、供应商、员工、咨询顾问以及标杆瞄准,是最佳实践的过程。

(1) 客户是企业需要了解信息的重要来源。

(2) 供应商也能为企业提供类似的帮助,而且这种帮助并不只局限于流程的下端。

(3) 企业的员工对流程有深入的了解,也是改进流程思路的重要来源。

(4) 咨询顾问能够提出有用的"外部观察者"看法,起到推动BPR项目的作用。

(5) 标杆学习。企业通过标杆瞄准学习榜样来寻求知识和启发。

### 2. 流程选择工具:80/20原则

流程选择就是确定流程梳理、优化和再造目标。流程选择遵循"犹太法则"(80/20原则)。首先关注那些"关键流程",它们的数目可能只占全部数量的20%,却对整个组织的绩效发挥着80%的决定性作用。因此不是在"流程管理"途中的每一个站台都作停留,而是在"流程管理"一路上,选择在关注的地方停车。

### 3. 流程选择工具:绩效表现—重要性矩阵

流程或流程的结果在矩阵上的位置代表其重要程度以及组织对它们运行的好坏程度,重要性程度与运行绩效程度分别从低到高,结合比较一下客户反馈数据和企业内部数据常常会得到意想不到的结果。如果两方面都按照1～5分评价,就可将项目分成4个类型,其中重要程度高、绩效程度低的就是最需要改进的领域。

4. 流程选择工具：流程排序

(1) 把每个相关流程以3个指标评量：影响(impact)、规模(size)、范围(scope)。"影响"指流程再造后对企业未来营运目标的可能贡献；"规模"指再造时会消耗的企业资源；"范围"指再造时会影响到的成本、人事及风险。

(2) "影响"可使用"十等级"来评估效益；"规模"用全职人力工时(FTE)及需花费的预估经费来衡量；"范围"可以使用时间、成本、风险、人事复杂度来评估。

(3) 列成二维表格后，由再造小组成员讨论决定进行再造的流程优先级。

(4) 成本及风险、时间等评估不需使用精确数据，在各种因素的取舍上达成共识即可。

5. 流程优化或再造目标选择工具：标杆瞄准法

标杆瞄准法可用在设立改革的目标和远景、确定流程再造的基准等方面。在许多行业都有一些成功的企业，这些企业的做法可以为行业中的其他企业所效仿。

6. 流程描述工具

描述组织实体(岗位)间的活动以及各个实体之间的各种互动关系。可借助各种流程描述软件实现，如Airs、Visio、Smart draw等。

7. 流程问题分析工具：鱼骨图分析法

借助鱼骨图，可以从6个方面(5M1E)来寻找流程问题出现的原因：management、man、method、material、machine、environment。最终找出主要原因(流程瓶颈)，以它为问题特性，重复上述步骤，直至原因非常明确，形成解决方案的依据。

8. 流程问题思考工具：5W3H分析法

(1) 做事的目的(why)：这件事情是否有必要去做，或做这件事情的目的、意图、方向是什么。

(2) 工作任务(what)：包括工作内容与工作量及工作要求与目标。

(3) 组织分工(who)：这件事由谁或哪些人去做，分别承担什么工作任务。

(4) 工作切入点(where)：从哪里开始入手，按什么路径(程序步骤)开展下去，到哪里终止。

(5) 工作进程(when)：工作程序步骤对应的工作日程与安排(包括所用时间预算)。

(6) 方法工具(how)：完成工作所需用到的工具方法及关键环节策划布置(工作方案的核心)。

(7) 工作资源(how much)：完成工作需要哪些资源与条件，分别需要多少。如人、财、物、时间、信息、技术等资源，及权力、政策、机制等条件的配合。

(8) 工作结果(how do you feel)：工作结果预测。

9. 流程优化工具：ECRS技巧

ECRS技巧是指elimination(取消)、combination(合并)、rearrangement(重排)和simplification(简化) 4种技巧，是指在现有工作方法基础上，通过"取消——合并——重排——简化"4项技术形成对现有组织、工作流程、操作规程以及工作方法等方面的持续改进。

(1) 取消，对任何工作首先要问：为什么要干？能否不干？取消所有无附加价值的组织、工作流程、操作或动作；或者减少工作中的不规则性，如确定工件、工具的固定存放地，形成习惯性机械动作。

(2) 合并，如果不能取消，则考虑是否能与其他组织、工作流程、操作、动作以及实现工具、使用资源等合并。

(3) 重排，根据需要对工作的顺序进行重新科学排列。

(4) 简化，指组织结构、工作流程、操作和动作的简化。

## 七、组织结构设计流程

组织结构设计流程主要从组织诊断分析开始，进而根据企业战略阶段和发展目标、业务流程确定组织的基本职能和关键职能，根据企业管理的复杂程度进行管理层次设计和部门结构设置，并使责权对等和匹配，如图4-18所示。

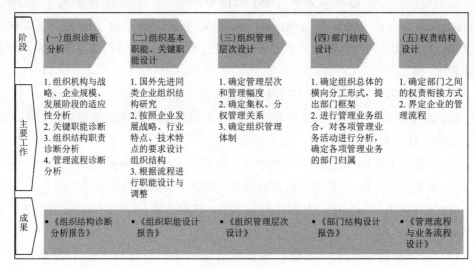

图4-18　组织结构设计流程

# 第五章｜工作分析

**本章导读:**

20世纪80年代起,对人力资源管理如何融入企业战略管理的探索就已经开始,薪酬体系、人员配置和绩效管理等活动都更加注重与企业战略保持一致。

当前,人力资源管理越来越集中于改变组织结构和文化,提高组织效率和业绩,开发组织特殊能力,并且不断变革管理组织。传统工作分析方法在强调适应变化和战略一体化的商业环境中,日益暴露出了不适应,分析结果给企业的人力资源管理决策和经营协作带来了混乱和冲突。根源在于传统工作分析方法假设环境和工作是不变的。传统工作分析是人力资源管理的基础,而战略性人力资源管理作用的发挥需要更灵活、更具有前瞻性的工作分析方法。未来导向的工作分析方法是战略性人力资源管理的基石。人力资源管理的各种战略活动,如招聘、培训开发、绩效管理等,要充分地导向组织的竞争优势,在组织战略实施中作出贡献,必须依赖未来导向的工作分析方法。

未来导向的工作分析核心思想在于接受和把握环境变化对工作造成的冲击,工作分析方法要反映和容纳因为未来环境变化而形成的工作变化。通过工作分析,企业可以解决以下问题:

(1) 将企业的组织职能分解到岗位,将企业战略的调整落实到各岗位。

(2) 建立起公司的组织岗位管理体系,从而形成整个人力资源管理的基础。

(3) 明确组织内部的责权利关系,从而奠定企业管理的框架。

(4) 描绘组织内部的分工及协作关系,界定各岗位的具体工作任务,为工作开展提供指导。

## 第一节　工作分析对企业的价值

所谓工作分析,是指对某特定的工作职位作出明确规定,并确定完成这一工作需要有什么样的行为过程。工作分析是人力资源管理工作的基础,其分析质量对其他人力资源管理模块具有举足轻重的影响。工作分析在人力资源管理中的地位,如图5-1所示。

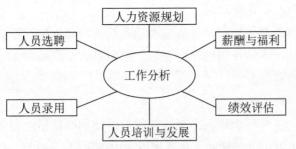

图 5-1　工作分析在人力资源管理中的地位

工作分析由两大部分组成：工作描述和工作说明书。

通过对工作输入、工作转换过程、工作输出、工作的关联特征、工作资源、工作环境背景等的分析，形成工作分析的结果——职位说明书(也称职务规范，如图5-2所示)。工作说明书包括工作识别信息、工作概要、工作职责和责任，以及任职资格的标准信息，为其他人力资源管理职能的使用提供方便。

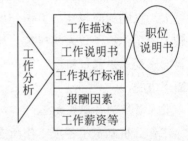

图5-2　工作分析和职位说明书的关系

在工作分析的基础上形成的工作说明书，是影响其他人力资源管理工作的关键性要素。因此，即使法律不强制要求，为了保证人力资源管理的有效性，企业也有必要进行工作分析。工作分析的结果及运用，如图5-3所示。

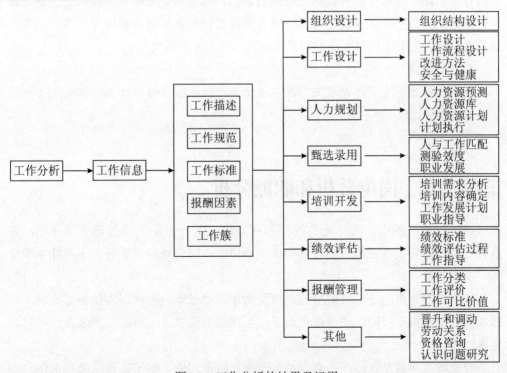

图5-3　工作分析的结果及运用

**1. 工作分析与人力资源规划**

在制定人力资源规划之前，首先应对当前的各种职务进行审查。企业现存的工作说明一般含有这一审核所需的详细资料，包括目前工作的种类、工作的数量以及这些工作之间的隶属关系。

**2. 人员招募招聘和选拔**

企业在制定了工作要求细则之后，便可着手计划如何招聘用于填补预期职位空缺所需的雇员。填补岗位空缺的人员既可以从内部选用，也可以从外部招聘。

**3. 战略性报酬与福利**

工作分析资料在制订工作报酬计划方面也具有重要价值。员工所从事的工作难度越大，报酬就应越高。工作分析信息可用来确定任务、职责和责任的权重，对难度较大的工作给予较大的权数，从而付给更高的报酬。必须切记，员工关于公正与平等的感受，是通过将自己所得与他人所得之比较以及与自己认为应得的数量之比较而形成的。

**4. 人员培训与职业发展**

工作分析确定了各项工作所应包括的工作事项。他们使有关负责人可以更准确地向求职者和新员工进行工作介绍。另外，工作分析和工作要求细则还向员工表明了，企业对那些希望承担某项职务的员工的期望是什么。这方面的信息有助于职工制定自己的职业发展规划。通过与工作要求细则相对照，员工可以发现自己在哪些方面存在不足，从而可以有针对性地提高自己，以便为促进职业生涯的进步创造条件。从企业的角度看，在促进员工发展方面所进行的各种培训和培养工作，其效果也将部分地取决于工作职务说明和工作要求细则的完善程度。

**5. 绩效评估**

负责人确定员工工作表现的方法，是将一个员工应该做些什么与该员工实际做了些什么进行比较。

## 第二节　岗位分析和职能分析

在特定的组织中，在一定的时间和空间内，由一名职工承担若干项任务，并具有一定的职务、责任和权限时就构成一个岗位。岗位是职工职务、工作任务和责任、权限的统一。

一定的时间指的是一段时间内，可能两年或者三年。也许因为做得好升职了，或者因为工作需要调动，或者被解聘了，不在这个岗位了。所以，要求在一定时间之内。

一定的空间就是执行任务必定是在一个有限范围内。如果在某家公司工作，一定是在这家公司内履行职责，不可能跑到另外一家公司去。

岗位是企业给予员工的任务、责任和权限的统一。在岗位上，要完成领导交给的任务，要负责任，要把工作做好。如果做不好，可能会受到惩罚或者被解聘。另外，领导会赋予一定的权限，有责便有权。

人力资源管理经常讲到岗位和职位，岗位与职位在实际意义上相比较，没有太大的区别。那么，在什么情况下称为职位，什么情况下称为岗位呢？通常对于一些知识密集型企业或管理方面的岗位，叫作职位更恰当一点。对于劳动密集型企业或劳动密集型的岗位叫作岗位比较合适，例如，工人就不要叫职位。岗位的含义更广泛，无论高层次还是低层次，都可以称为岗位。低层次的人员称为职位就不太合适了。

岗位分析，顾名思义是指对某单位全部工作的各构成因素进行分析研究，并将其结果制作成工作说明书和岗位责任制的过程。岗位分析的质量主要取决于3个方面：一是工作信息提供者的选择；二是适当的分析方法的选择；三是合理的分析步骤的设计。

## 一、岗位分析在人力资源管理中的作用

现代企业规范化管理体系是以人力资源管理为核心、为基础的，工作分析在人力资源管理工作中主要有以下作用。

### 1. 有助于企业的定员定编

这项工作在编制企业人力资源规划中起相当大的作用。企业在编制长期发展战略规划的时候，或者在年初，或者在某一发展阶段开始的时候，都要编制人力资源的规划。例如，明年人力资源要做哪些工作；人员、岗位要不要增加或者调整；员工薪酬要不要增加等。工作分析和岗位研究是编制人力资源规划的基础，依据这个基础资料来确定需要设立多少个岗位，配备多少人员。

### 2. 有助于员工招聘、甄选和录用

企业在招聘新员工的时候，首先要确定员工的任职条件。例如，这名员工将承担哪些责任、给多少工资等问题。工作分析和岗位研究是基础资料，如果没有这些资料，招聘录用工作就不好做，更难保证"为事择人，任人唯贤，专业对口，事得其人"。

### 3. 有助于确定劳动定额和提高生产力

劳动定额是企业在一定的生产技术组织条件下，采用多种方法，对生产某种产品或完成某项工作任务的劳动消耗量所预先规定的限额。无论是从理论渊源、考察的对象和范围、研究的内容和方法上看，还是从其基本功能来看，工作分析和岗位研究与劳动定额之间都存在着很多的共同点。工作分析和岗位评价结果是确定劳动

定额水平，以及标准工作日长度的重要依据之一。

### 4. 有助于设计与管理薪酬

工作分析和岗位研究为企业贯彻按劳分配原则，公平合理地支付劳动报酬提供了可靠的保证。企业员工劳动报酬的高低主要取决于其工作的性质、繁简难易程度、劳动强度、工作负荷和责任的大小以及劳动环境的优劣。岗位研究正是从这些基本因素出发，建立了一套完整的评定指标体系和评定标准，对各个岗位的相对价值进行衡量之后完成岗位分级。这样就有效地保证了岗位和担任本岗位的员工与薪酬之间的协调和统一。

### 5. 能有效地对员工实施目标管理与绩效评估

目标管理的前提是分析每个岗位所承担的责任、职权范围以及应该有什么样的目标，依据工作分析和岗位研究的资料对员工进行目标管理和绩效考核。工作分析和岗位研究以岗位为中心，分析和评定各个岗位功能和要求，明确每个岗位的职责、权限，以及承担本岗位的人所必备的资格和条件。另外，从人事管理工作程序上看，岗位研究是人事考核的前提，岗位研究要为人事考核的内容、项目和指标体系的确定，提供详尽的数据和资料。

### 6. 有助于开发人力资源和组织职务培训

企业岗位职务培训是指为了满足岗位职务的需要，有针对性地对具有一定政治文化素质的在岗在职人员进行岗位专业知识和实际技能的培训。岗位职务培训是员工培训的重要组成部分。岗位职务培训的内容必须从岗位的特点和要求出发而加以规定。岗位职务培训的特点说明，岗位研究的结果——岗位规范等文件，是岗位职务培训必不可少的客观依据。

### 7. 更好地调动员工的工作积极性

在调动企业职工生产的积极性、主动性，提高劳动效率方面，工作分析和岗位研究具有重要的推动作用。由于岗位研究实现同工同酬，并使企业员工明确了自己的职责，以及今后努力的方向，他们必然会在生产中服从领导、积极工作、不断进取，其结果将是更大限度地发挥潜能，从而使企业经济效益不断提高。

## 二、岗位分析

在进行工作分析的过程中，分别从"6W1H"7个方面来定义一个岗位，如图5-4所示。

岗位分析涉及对岗位内容进行系统的审查，以明确任务的性质、工作条件、必要的责任和所需要的技能，工作内容包括：岗位名称分析、定员变动分析、工作规范分析、工作人员的必备条件分析等。岗位分析一般遵循以下步骤。

图 5-4　岗位分析的6W1H模型

## (一) 确定工作岗位

为了保证分析结果，应选择有代表性、典型性的部门及岗位。在进行收集之前，应向该工作的相关员工介绍岗位分析意义、目的与过程，以及希望他们提供怎样的配合。岗位分析要收集和研究有关工作机构的一般情况，确定每一工作岗位在其组织机构中的位置。为此，分析人员通常从组织结构或可能的组织工作程序图入手调查。工作程序图可以帮助分析人员了解工作过程。不过，依靠工作程序图或组织结构图确定工作岗位之间的职能关系和明确各项任务的目的，经常是不完全的。因而还需要有其他一些资料的补充，包括操作和培训手册、人员补充规定(一般应说明工作的要求)、其他有关的规则或领导的要求，以及工作说明书。

## (二) 工作岗位情况的收集

确定工作岗位之后，应开始研究每一工作岗位的情况，并将其本质内容记录下来。为了保证对所有工作岗位情况都能进行系统地收集，需要准备规范的工作岗位分析表格，其中包括一些精心选择的问题。

收集资料是岗位分析工作中最重要的一环。需要收集的资料包括岗位名称、工作内容及职责、工作环境、任职资格等。收集的资料应该能够回答下列问题：

● 岗位基本信息：如岗位名称、职衔等是什么？

● 上下级汇报情况？

● 岗位存在的基本目的是什么？存在的意义是什么？

● 为达到这一目的，该岗位的主要职责？(什么，怎样，为什么)

● 什么是该岗位独有的职责？(这个问题使分析者能够从更宏观的角度看待该岗位)

● 什么是该岗位最关键(必不可少)的职责和负责的核心领域？(这个问题能帮分析者搞清楚公司对该岗位的核心定位是什么)

- 该岗位任职者需要负责并被考核的具体工作成果是什么？
- 该岗位的工作如何与组织的其他工作协调？
- 组织的内部和外部需要有哪些接触？(怎样，为什么，何时)
- 怎样把工作分配给该岗位员工，如何检查和审批工作？
- 有怎样的决策权？
- 该岗位工作的其他特点：如出差，非社交时间，灵活性要求，特殊的工作环境？
- 要获得所期望的工作成果，该岗位任职人员需要有什么行为、技能、知识和经验？(这个问题帮分析者找出能胜任该岗位的人员所必需的能力和个人素质)

把上面的问题按照未来岗位说明书的撰写模板，结构化出来就形成如下问题。

1. 工作岗位

(1) 谁做这工作，工作名称是什么？

(2) 工作的基本任务是什么？

(3) 怎样完成任务，使用什么设备？

(4) 为什么执行这些任务，工作中各项任务同其他工作任务之间的关系是什么？

(5) 任职人员对同事、设备负有什么责任？

(6) 工作条件(工作时间、噪音、气温、光线等)如何？

2. 圆满完成工作所要求的资格条件

(1) 知识。

(2) 技能，包括经验。

(3) 受教育水平。

(4) 身体条件。

(5) 智力水平。

(6) 能力(创造能力和应变能力)。

### (三) 信息筛选，确立工作说明书

工作说明书必须包括有关工作岗位的全部重要因素，如基本任务、责任、所要求的资格条件、本工作岗位和其他工作岗位之间的职能联系等，如图5-5所示。

图5-5 工作说明书的内容

## 三、职能分析

所谓职能分析法，就是从工作

活动单元职能作用的角度，对工作进行分析的一种方法。在这种方法中，分析者把工作行为单元划分为3类：①对人员的作用；②对实物的作用；③对资料(信息)的作用。每一类的功能作用又按由低到高的水平划分为若干层次，最后对所分析岗位的工作功能，作出具体评判。在工作职能分析中，功能定义是最为重要而基本的，它们是整个职能分析的基础与依据。

采用职能分析法，应该考虑以下几项要求：

(1) 工作设施要与职工的身体条件相适应。

(2) 要对职工工作过程进行详细分析。

(3) 要考虑工作环境条件对职工生理和心理的影响。

(4) 要考虑职工的工作态度和积极性。

# ⠿ 第三节 工作分析的方法与工具

工作分析是重要的管理基础工作，它帮助改进公司的组织结构与工作系统，以期切实提高人力资源管理工作的效率及科学性，提高企业人力资源管理的整体水平，赢得竞争优势。工作分析的方法(见图5-6)是多种多样的，但没有任何一种方法可以独立完成整个分析。工作分析的内容取决于工作分析的目的与用途，不同组织所进行的调查分析的侧重点会有所不同。

图5-6 工作分析的方法

## 一、问卷法(PAQ)

通过结构化问卷来收集并整理信息的方法，具体包括：问卷调查表法、核对法。该类方法要求公司有较好的人力资源管理基础。问卷调查表法即根据职务分析的目的、内容等编写结构性问卷调查表，由岗位任职者填写后回收整理，提取出岗位信息。核对法是根据事先拟定的工作清单对实际工作活动的情况进行核对，从而获得有关工作信息的方法。

通过工作分析问卷获取关于某岗位的工作内容、工作特征和人员要求等信息的方法，针对操作类、管理类岗位，一般采用不同的工作分析问卷。

由麦考密克、珍纳尔与米查姆设计的职业分析问卷正是这种方法之一，它以对人员定向的工作要素的统计分析为基础。该表由194个项目或职务要素构成，主要涉及6个方面：信息输入(员工在何处及怎样得到某职务所需要的信息)、心理过程(完成职务所需的推理、计划、决策等)、工作输出(员工操作所需的体力活动及他们所使用的工具和设备)、人际活动(人际信息交流、人际关系、个人联系、管理和相互协调等)、工作情境与职务关系(工作条件、物资和社会环境)、其他方面(工作时间安排、报酬方法、职务要求、具体职责等)。

每一个项目既要评定其是否是一个职务的要素，还要在一个评定量表上评定其重要程度、花费时间及困难程度。PAQ给出了6个计分标准，即信息使用度(U)、耗费时间(T)、适用性(A)、对工作的重要程度(I)、发生的可能性(P)、特殊计分(S)。

职务分析问卷的不足主要表现在以下方面：第一，阿维·伯格勒的研究指出，由于没有对职务的特殊工作活动进行描述，因此，职务中行为的共同之处就使任务之间的差异变得模糊了。第二，PAQ的可读性差，具备大学阅读水平以上者才能够理解其各个项目，任职者和主管人员如果没有受过10年以上的教育将难以使用这种问卷。

## 二、面谈法

面谈法是指通过结构化的面谈、交流获取工作信息的方法。通常先与本岗位任职人面谈，帮助员工描述他们的职责，再与其上级面谈，补充信息并检验信息的准确性。通过岗位分析人员与任职人员面对面的谈话来收集信息资料，可分为单独面谈和团体面谈。此法较适于行政管理、专业技术等难以从外部直接观察到的岗位。面谈时需要岗位分析人员掌握好面谈步骤，如图5-7所示。

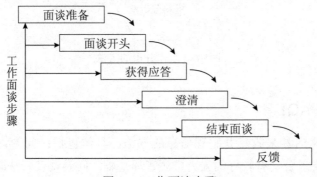

图5-7 工作面谈步骤

**(一) 面谈的内容**

(1) 工作目标，组织为什么设立这一职务，根据什么确定该职务的报酬。

(2) 工作内容，任职者在组织中有多大的作用，其行动对组织产生的后果有多大。

(3) 工作的性质和范围，是面谈的核心。主要了解该工作在组织中的关系、其上下属职能的关系、所需的一般技术知识、管理知识、人际关系知识、需要解决问题的性质以及自主权。

(4) 所负责任，涉及组织、战略政策、控制、执行等方面。

**(二) 面谈的形式**

面谈的形式可分为个人面谈、集体面谈和管理人员面谈3种。由于有些工作可能主管与现职人员的说明不同，分析人员必须把双方的资料合并在一起，予以独立的观察与证实的权衡。这不仅需要运用科学的方法，还需要有可被人接受的人际关系技能。因此，应该综合运用这3种方式，才能对工作分析真正做到透彻了解。

**(三) 面谈应该注意的问题**

(1) 尊重工作者，接待要热情，态度要诚恳，用语要适当。

(2) 营造一种良好的气氛，使工作者感到轻松愉快。

(3) 分析人员应该适当启发和引导，对重大原则问题，则应避免发表个人看法和观点。

**(四) 面谈法的优缺点**

优点：可以获得标准和非标准的资料，也可获得体力和脑力劳动的资料。

缺点：分析人员对某一工作固有的观念会影响对分析结果的正确判断。而工作者，可能出于自身利益的考虑，采取不合作的态度或有意无意地夸大自己所从事工作的重要性、复杂性，导致工作信息失真。若分析人员和被调查者相互不信任，将具有一定的危险性。

## 三、资料分析法

为了降低工作分析的成本，应当尽量利用现有的资料，以便对每个工作的任务、责任、权力、工作负荷、任职资格等有一个大致的了解，为进一步调查奠定基础。

岗位责任制是国内企业特别是大中型企业十分重视的一项制度。但是，岗位责任制只规定了工作的责任和任务，没有规定该工作的其他要求，如工作的社会条件、物理环境、聘用条件、工作流程以及任职条件等。如果根据各企业的具体情况，对岗位责任制添加一些必要的内容，则可形成一份完整的工作描述和任职说明书。

## 四、观察法(写实法)

观察法是工作分析人员到现场实地去查看员工的实际操作情况,并予以记录、分析、归纳,并整理为适用的文字资料的方法。在分析过程中,应携带员工手册、分析工作指南,以便参考运用。分析人员观察工作时,必须注意员工在做什么、如何做、为何做,以及员工的技能好不好。而对于可以改进、简化的工作事项,也应该记录说明。应注意的是,研究的目的是工作而不是个人的特性。

职务分析者通过对特定对象的观察,把有关工作各部分的内容、原因、方法、程序、目的等信息记录下来,最后把取得的职务信息归纳整理为适合的文字资料。这种方法取得的信息比较广泛、客观、正确,但要求观察者有足够的实际操作经验且使用结构性问题清单。此方法不适宜于循环周期长的工作和主要为脑力劳动的工作,也得不到有关任职资格要求的信息。

优点:通过对工作的直接观察和工作者介绍能使分析人员更多、更深刻地了解工作要求,从而使所获得的信息比较客观和正确。

缺点:不适用于工作周期长和主要是脑力劳动的工作;也不宜用于观察紧急而又偶然的工作,例如处理紧急情况。

## 五、日志法

日志法是为了了解员工实际工作的内容、责任、权力、人际关系及工作负荷,而要求员工坚持记工作日记,然后经过归纳提炼,取得所需工作信息的一种职务信息获取方法。

优点:所获得信息的可靠性很高,适用于获取有关工作职责、工作内容、工作关系、劳动强度等方面的信息,所需费用也较低。

缺点:使用范围较小,不适用于工作循环周期较长、工作状态不稳定的职位,且信息整理量大,归纳工作烦琐。

附文:工作日志范例(见表5-1)和填写实例(见表5-2)。

表5-1 工作日志范例

**工作日志**

姓名:

年龄:

职务名称:

所属部门:

直接上级:

从事本工作工龄:

填写日期: 月 日至 月 日

日志内容：

工作日志填写说明：

1. 请您在每天工作开始前将工作日志放在手边，按工作活动发生的顺序及时填写，切勿在一天工作结束后一并填写。

2. 严格按照表格要求进行填写，不要遗漏细小的工作活动，以保证信息的完整性。

3. 请提供真实的信息，以免损害您的利益。

4. 请您注意保留，防止遗失。

感谢您的真诚合作！

表5-2　工作日志填写实例

| 12月12日 | 工作开始时间8：30　工作结束时间17：30 | | | | |
|---|---|---|---|---|---|
| 序号 | 工作活动名称 | 工作活动内容 | 工作活动结果 | 时间消耗 | 备注 |
| 1 | 贸易谈判 | 新款出口 | 1次 | 40分钟 | 承办 |
| 2 | 布置工作 | 对俄出口业务 | 1次 | 20分钟 | 指示 |
| 3 | 会议 | 10年销售计划 | 1次 | 50分钟 | 参与 |
| 4 | 请示 | 薪酬加发 | 1次 | 15分钟 | 批报 |
| 5 | 接待 | 客户参观 | 1次 | 30分钟 | 承办 |

# 六、关键事件法(CIT)

关键事件法由J.C.Flannagan在1954年推广应用，其主要原则是认定员工与职务有关的行为，并选择其中最重要、最关键的部分来评定其结果。它首先从领导、员工或其他熟悉职务的人那里收集一系列职务行为的事件，然后描述"特别好"或"特别坏"的职务绩效。这种方法考虑了职务的动态特点和静态特点。对每一事件的描述内容，包括：

(1) 导致事件发生的原因和背景。

(2) 员工的特别有效或多余的行为。

(3) 关键行为的后果。

(4) 员工自己能否支配或控制上述后果。

在大量收集这些关键资料以后，可以对它们作出分类，并总结出职务的关键特征和行为要求。

优点：研究的焦点集中在职务行为上，因为行为是可观察的、可测量的。同时，通过这种职务分析可以确定行为的任何可能的利益和作用。

缺点：一是费时，需要花大量的时间去搜集那些关键事件，并加以概括和分类；二是关键事件的定义是显著地对工作绩效有效或无效的事件，但是，这就遗漏了平均绩效水平。

## 七、工作分析流程

工作分析流程是指确定和解决工作分析中主要问题要达到分析目标的步骤和过程，从而显示某项工作在完成组织任务时所需要的工作职责和技巧，如图5-8所示。

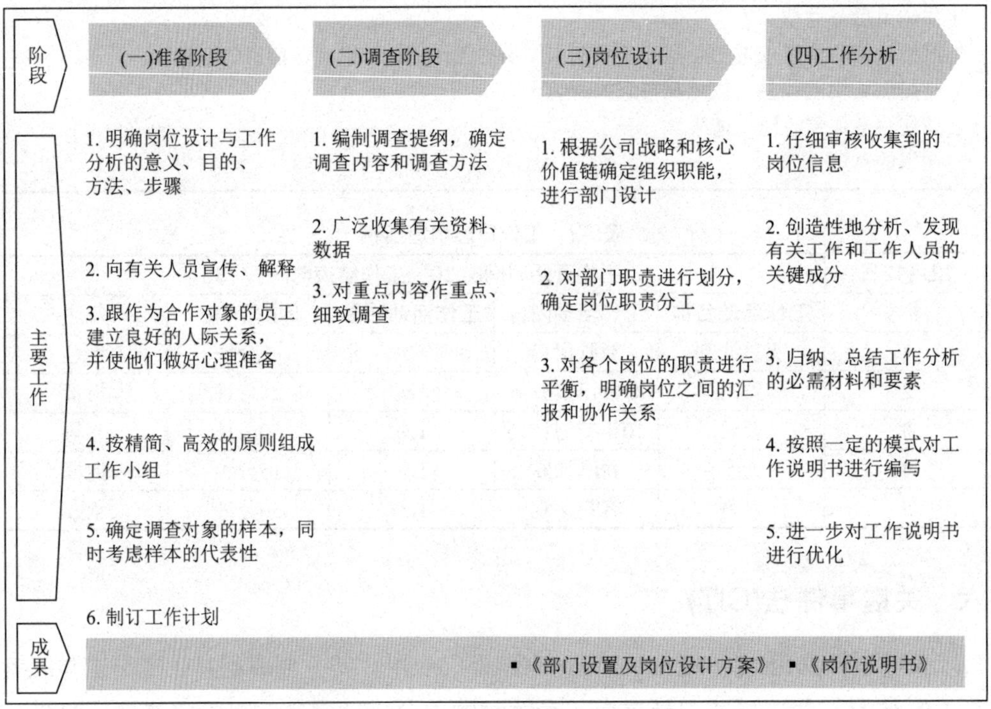

| 阶段 | (一)准备阶段 | (二)调查阶段 | (三)岗位设计 | (四)工作分析 |
|---|---|---|---|---|
| 主要工作 | 1. 明确岗位设计与工作分析的意义、目的、方法、步骤<br><br>2. 向有关人员宣传、解释<br><br>3. 跟作为合作对象的员工建立良好的人际关系，并使他们做好心理准备<br><br>4. 按精简、高效的原则组成工作小组<br><br>5. 确定调查对象的样本，同时考虑样本的代表性<br><br>6. 制订工作计划 | 1. 编制调查提纲，确定调查内容和调查方法<br><br>2. 广泛收集有关资料、数据<br><br>3. 对重点内容作重点、细致调查 | 1. 根据公司战略和核心价值链确定组织职能，进行部门设计<br><br>2. 对部门职责进行划分，确定岗位职责分工<br><br>3. 对各个岗位的职责进行平衡，明确岗位之间的汇报和协作关系 | 1. 仔细审核收集到的岗位信息<br><br>2. 创造性地分析、发现有关工作和工作人员的关键成分<br><br>3. 归纳、总结工作分析的必需材料和要素<br><br>4. 按照一定的模式对工作说明书进行编写<br><br>5. 进一步对工作说明书进行优化 |
| 成果 | | | ▪《部门设置及岗位设计方案》 | ▪《岗位说明书》 |

图5-8 工作分析流程

# 第六章｜岗位设计与评价资源管理

**本章导读：**

在21世纪，激励越来越受到管理者的重视，因为它是对员工从事劳动的内在动机的了解和促进，从而使员工在最有效率、最富有创造力的状态下工作。岗位设计直接决定了人在其所从事的工作中干什么、怎么干，有无机动性，能否发挥其主动性、创造性，有没有可能形成良好的人际关系等。优良的岗位设计能保证员工从工作本身寻得意义与价值，可以使员工体验到工作的重要性和自己所负的责任，及时了解工作的结果，从而产生高度的内在激励作用，形成高质量的工作绩效及对工作高度的满足感，达到最佳激励水平，为充分发挥员工的主动性和积极性创造条件，从而使组织形成具有持续发展的竞争力。

同时，随着岗位评价技术的日臻完善，不同的岗位额价值与贡献逐步成为管理者和职员关注的核心，双通道体系设计和价值量化后取薪是人力资源管理的关注点。

通过工作分析，企业可以解决以下问题：

(1) 在企业里职位职级体系如何搭建？

(2) 岗位设计的主要内容与方法有哪些？

(3) 如何撰写标准规范的岗位说明书？

(4) 岗位评价的方法有哪些？如何将岗位价值对应市场价值？

# 第一节　职位职级体系

职位(岗位)与职务：职位反映特定组织单元中工作的性质，职务是某一类职位的统称。职位级别的含义与定级：反映职责的范围、管理权限大小，确定管理职级往往考虑组织规模、战略导向等因素，并适时据此调整，非一成不变。职位级别与人员级别的关系：职位级别的划分是对组织现状而言，为该职位任职者最低级别，如图6-1所示。

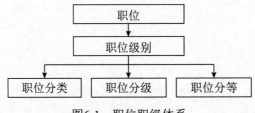

图6-1　职位职级体系

## 一、职位

企业的职位，是指企业赋予每个员工的工作职务及其所承担的责任。它是企业人力资源管理的基础性工作，是人力资源管理的基本单位。

职位以"事"为中心，因事设人，将不同工作任务、责任分配给与此要求相适应的不同的员工。凡是有某项工作需要有专人执行并承担责任，就应设置一个职位，并随工作任务的变化，职位也相应变化，而不是一成不变的。

### (一) 职位的三要素

职位由以下3个要素构成。

(1) 职务。是指规定承担的工作任务，或为实现某一目标而从事的明确的工作行为。

(2) 职权。是指依法或企业的规定所赋予职位的相应权力，以提供完成某项工作任务的保障。

(3) 责任。是指承担一定职务的员工，对其工作标准与要求的同意或承诺。

### (二) 职位的特点

职位具有以下几个特点。

(1) 人与事结合。即因事设人，是任务与责任的统一。换言之，员工从事某项具体工作，就要有明确的工作目标，以及保证该目标实现的工作标准、原则与具体要求。

(2) 数量有限。企业行为受预算约束，追求经济合理性，才能保证其投入与产出保持最佳比例关系，以实现良好的经济效益。职位的数量有限体现成本最低原则。因此，职位设置不可能是无限制的。职位数量又被称作编制。

(3) 职位分类。职位虽千差万别，但可依据业务性质、工作难易、所需教育程度及技术水平高低等尺度进行分类，以此作为企业人力资源管理的依据。

## 二、职级

职级是指将工作内容、难易程度、责任大小、所需资格皆很相似的职位划分同一职级。职级的职位数量并不相同，少则一个，多则数个。职级是录用、考核、培养、晋级人员时，从专业程度和能力上考虑的依据。

### (一) 职级的特征

职级是职位分类中最重要的概念，其主要有如下特征。

(1) 职级是对一个职系内所有职位从纵向方面进行的划分。同一职级内的职位要求在工作性质、难易程度、责任大小及所需资格条件等4个方面都充分相似。如有不同的，则可能处于不同的职系或职级。

(2) 一个职级可以包括很多职位，也可能仅包括一个职位。

(3) 职级对于确定对公务员是否适用同一管理办法和给予同样的报酬具有重要意义。在同一职级的职位上任职的公务员所需资格条件，如教育、经验、知识、技能等都是相同的，选用的方法也一样，其工作性质、难易程度、责任大小等也充分相似，所以其报酬也是同样的。

### (二) 职级的设计

职级是指工作性质、责任轻重、工作繁简难易程度及所需资格条件基本相当的一群职位，是各个职系中不同级别职位的划分。像正式组织的管理层级一样，员工职业生涯发展规划也存在着一定的层级。这样才能让员工在职业生涯发展过程中有足够的选择与提升空间，但管理层级与职业生涯规划层级并不相同。在组织设计中，由于管理幅度的存在，管理层次的问题自然就显现出来。管理层次原则是指在组织结构设计过程中，应该充分考虑管理层次对权力流、资源流、信息流的影响。如果因为层次增加而对上述方面的负面影响大于管理幅度增加的影响，则应减少层次，增加幅度。而职业规划的层次原则是指在设计员工职业发展通道时，既要考虑设计足够的层次，为员工提供较多的职业发展机会和空间，又必须避免层次过多导致职业发展晋升的激励力度不足，违背设计的初衷。表6-1为阿里巴巴集团的职级体系。

表6-1　阿里巴巴集团的职级体系

| 层级 | 层级名称 | 层级 | 层级名称 |
|---|---|---|---|
| | | M10 | 董事长 |
| P14 | 资深科学家 | M9 | 副董事长 |
| P13 | 科学家 | M8 | 执行副总裁 |
| P12 | 资深研究员 | M7 | 资深副总裁 |
| P11 | 高级研究员 | M6 | 副总裁 |
| P10 | 研究员 | M5 | 资深总监 |
| P9 | 资深专家 | M4 | 总监 |
| P8 | 高级专家 | M3 | 资深经理 |
| P7 | 专家 | M2 | 经理 |
| P6 | 高级工程师 | M1 | 主管 |
| P5 | 中级工程师 | | |
| P4 | 初级工程师 | | |

职级设计还要考虑员工队伍的结构和稳定性。知识型员工居多和员工稳定性高的企业，应将通道拉伸，保持相对较长的激励时间，反之则可以压缩。常见的拉

伸方式，如主管一级可拉伸为见习主管、主管、高级主管；中层管理者可以拉伸为副职、正职、资深正职(或副总师、总监、总师等)；专家可以拉伸为一级师、二级师、高级师等。具体的等级数量应按照在其职位上的人员状况，如年龄、结构、需求、横向交流的程度等因素综合确定，职级设计的根本目的是保证职业通道晋升的连续性，满足员工自我实现和成长的心理需要。

### (三) 职位与职级划分原则

企业中的各项工作，分为管理、技术两类，并各有其职位与职级，其划分原则如下。

1. 职员：是指需指导他人工作，或独立从事专业性、重要性工作，或个别受指挥、监督做例行事务工作的人员。

(1) 职务大到经常需自己发掘问题、解决问题，所负责任较高，如各级主管、各级专业幕僚、管理师及工程师等。

(2) 职务小到用于创意的时间少于做例行事务的时间，经常按规定行事，所负责任程度相对较少，如各种工艺技术人员、秘书、办事员、各类助理等。

其职务与职级的设定可以参照表6-2。

表6-2 职员类职务与职级设计示例

| 职务 | | 职级 |
|---|---|---|
| 总裁级 | | A |
| 副总裁级 | | A/B/C |
| 总经理级 | | A/B/C |
| 副总经理级 | | A/B/C/D |
| 经理级 | | A/B/C/D |
| 副经理级 | | A/B/C/D |
| 主管级 | | A/B/C/D |
| 副主管级 | | A/B/C/D |
| 员工级 | 专员级 | A/B/C/D |
| | 助理级 | A/B/C/D |
| | 学员级 | |

2. 技术：是指直接从事技术工作，或工作性质与其有直接关联的人员，以及一般行政事务、特勤职务人员。

其职务与职级的设定如表6-3所示。

表6-3 技术类职务与职级设定示例

| 职务 | 职级 |
|---|---|
| 院士 | A |
| 首席科学家 | A |

| 职务 | 职级 |
|---|---|
| 首席教授级高工 | A/B |
| 教授级高工 | A/B/C |
| 高级工程师 | A/B/C/D |
| 工程师 | A/B/C/D |
| 助理工程师 | A/B/C/D |
| 技术员 | A/B/C/D |
| 技术专员 | A/B/C/D |
| 技术助理 | A/B/C/D |

最终，把职务、职级、岗位等要素结合起来构成职位职级表，见表6-4。

表6-4　职务、职级、岗位设计

| 序列 | 管理序列 | | | 技术研发序列 | | | | | 营销序列 | | |
|---|---|---|---|---|---|---|---|---|---|---|---|
| 子序列 | 决策层 | 管理层 | 执行层 | 项目研发类 | 技术管理类 | 工程设备类 | 质量管理类 | 生产技术类 | 营销管理类 | 市场销售类 | 销售支持类 |
| 18 | | | | | | | | | | | |
| 17 | 总经理 | | | | | | | | | | |
| 16 | 副总 | | | 技术总监 | | | | | 营销总监 | | |
| 15 | 总助 | | | 主任三级××工程师 | 主任三级××工程师 | 主任三级××工程师 | | | | | |
| 14 | | | | 主任二级××工程师 | 主任二级××工程师 | 主任二级××工程师 | | | | | |
| 13 | | 一级部经理 | | 主任一级××工程师 | 主任一级××工程师 | 主任一级××工程师 | | | | | |
| 12 | | | 二级部经理 | 资深三级××工程师 | 资深三级××工程师 | 资深三级××工程师 | 资深三级××工程师 | 资深三级××工程师 | 资深三级××工程师 | 资深三级××工程师 | 资深三级××工程师 |
| 11 | | | | 资深二级××工程师 | 资深二级××工程师 | 资深二级××工程师 | 资深二级××工程师 | 资深二级××工程师 | 资深二级××工程师 | 资深二级××工程师 | 资深二级××工程师 |
| 10 | | | | 资深一级××工程师 | 资深一级××工程师 | 资深一级××工程师 | 资深一级××工程师 | 资深一级××工程师 | 资深一级××工程师 | 资深一级××工程师 | 资深一级××工程师 |

| 序列 | 管理序列 | | | 技术研发序列 | | | | | 营销序列 | | |
|---|---|---|---|---|---|---|---|---|---|---|---|
| 子序列 | 决策层 | 管理层 | 执行层 | 项目研发类 | 技术管理类 | 工程设备类 | 质量管理类 | 生产技术类 | 营销管理类 | 市场销售类 | 销售支持类 |
| 9 | | | | 高三级××工程师 | 高三级××工程师 | 高三级××工程师 | 高三级××工程师 | 高三级××工程师 | 高三级××工程师 | 高三级××工程师 | 高三级××工程师 |
| 8 | | | | 高二级××工程师 | 高二级××工程师 | 高二级××工程师 | 高二级××工程师 | 高二级××工程师 | 高二级××工程师 | 高二级××工程师 | 高二级××工程师 |
| 7 | | | | 高一级×工程师 | 高一级××工程师 | 高一级×工程师 | 高一级××工程师 | 高一级××工程师 | 高一级××工程师 | 高一级××工程师 | 高一级××工程师 |
| 6 | | | | | 中三级××工程师 | 中三级××工程师 | 中三级××工程师 | 中三级××工程师 | 中三级××工程师 | 中三级××工程师 | 中三级××工程师 |
| 5 | | | | | 中二级××工程师 | 中二级××工程师 | 中二级××工程师 | 中二级××工程师 | 中二级××工程师 | 中二级××工程师 | 中二级××工程师 |
| 4 | | | | | 中一级××工程师 | 中一级××工程师 | 中一级××工程师 | 中一级××工程师 | 中一级××工程师 | 中一级××工程师 | 中一级××工程师 |
| 3 | | | | | 初三级××工程师 | 初三级××工程师 | 初三级××工程师 | 初三级××工程师 | 初三级××工程师 | 初三级××工程师 | 初三级××工程师 |
| 2 | | | | | 初二级××工程师 | 初二级××工程师 | 初二级××工程师 | 初二级××工程师 | 初二级××工程师 | 初二级××工程师 | 初二级××工程师 |

## 三、职系

职系即职级体系，是指工作性质相同，而责任轻重和困难程度不同的职位系列。一般来说，一个职系就是一种专门职业，如机械工程职系。职系是录用、考核、晋升、培训员工时，从专业性质上进行考核的依据。图6-2是北大纵横团队为宏信化工所做的职级体系优化设计方案。

| 宏信化工职级体系优化设计方案 | | | | | | | |
|---|---|---|---|---|---|---|---|
| 双通道系列 | | 1. 领导能力序列 | 2. 专业能力序列 | | | | |
| 职位层级 | 职位级别 | 管理族（Le） | 技术族（Te） | 营销族（Ma） | 支持族（Su）（财务/人力资源等） | | 操作族（Op）（车间等） |
| 高层 | R6（权威） | L11 董事长 | | | | | |
| | | L10 总经理 | T10 高级研究员 | M10 高级营销专家 | S10 （财务/人力/行政）高级专家 | | O10 特级技师2 |
| | | L9 副总经理 | T9 研究员 | M9 营销专家 | S9 （财务/人力/行政）专家 | | O9 特级技师1 |
| 中高层 | R5（资源专家） | L8 总经理助理 | T8 高级技术经理2 | M8 高级营销经理2 | S8 （财务/人力/行政）高级经理2 | | O8 高级技师2 |
| | | L7 总监 | T7 高级技术经理1 | M7 高级营销经理1 | S7 （财务/人力/行政）高级经理1 | | O7 高级技师1 |
| 中层 | R4（专家） | L6 车间主任/经理 | T6 技术经理2 | M6 营销经理2 | S6 （财务/人力/行政）经理2 | | O6 中级技师2 |
| | | L5 车间副主任/副经理 | T5 技术经理1 | M5 营销经理1 | S5 （财务/人力/行政）经理1 | | O5 中级技师1 |
| 骨干 | R3（骨干） | L4 主管（工段长） | T4 技术专员2 | M4 营销专员2 | S4 （财务/人力/行政）专员2 | | O4 初级技师2 |
| | | | T3 技术专员1 | M3 营销专员1 | S3 （财务/人力/行政）专员1 | | O3 初级技师1 |
| 基层 | R2（有经验者） | 助理 | | | | | |
| | R1（初做者） | 实习生 | | | | | |

备注：1. 本职级体系框架将全员职业发展分为领导能力序列(管理族)和专业能力序列(技术族、营销族、支持族、操作族)。

2. 职级设置综合考虑内部横向等级关联平衡和纵向梯度拉开。

3. 相同职级间可以相互轮岗(除非有专业限制)，原则上维持原等级不变。

4. 专业能力序列各族起点一致。

5. R3以下职级晋升主要以部门内部评审为主，R3及以上职级晋升需要经过严格、公开的评审流程。

图6-2　宏信化工职级体系优化设计方案

## (一) 职系的特点

职系具有以下特点：

(1) 职系是从横向方面按工作性质的不同对职位所进行的划分。在每一个职系中的所有职位的工作性质都相同或充分相似，而工作的难易程度、责任大小及所需资格条件并不相同。

(2) 职系是一个自然的职位升迁系统。原则上，职位的升迁只能在同一职系中，由低一职级向高一职级进行，即不得跨职系进行升迁。当然，在特殊情况下，也允许以一个职系的低一职级到另一职系的高一职级的跨职系的升迁。

## (二) 职系的设计

职系是指工作性质相同，责任轻重和工作繁简难易程度不同，而分属不同职级的职位系列，是职位纵向划分的基础。职系设计要科学合理地考虑公司目前及今后发展的需要，按照职务及职位的属性相同或相近的原则，设计出若干个职业发展序列，一般可以划分为管理类、生产类、技术类、营销类、行政辅助类等。在设计职业晋升通道时，要严格区别职业通道与直线职务、岗位职责之间的关系，新设计的员工职业通道不能破坏企业原有的直线职权关系。员工的职业发展等级得到晋升，只是表明员工的能力得到了提升，员工对企业可能的贡献变大，但是并不意味着员工在企业组织中的指挥与被指挥关系变化。当然，随着职业的发展，员工可能在工作中指导较低职业发展等级的员工，严格避免因职业发展通道设计而导致政出多

战略视角下的人力资源——人力资源管理理论与实践的融合(第3版)

门、多头领导、破坏统一的指挥和命令关系。

### (三) 职系说明书

职系说明书是说明每一职系工作性质的书面文件，其作用是为区分职系提供依据，其内容只包括工作性质，而有关工作的难易程度、责任轻重、所需资格条件均不涉及。每个职系都有说明书，有多少职系就有多少职系说明书。

职系说明书主要由以下3方面构成。

**1. 职系名称及编号**

职系名称是指用于职系的称呼，文字宜简要，并需表示出职系工作的性质，如人事行政职系、土木工程职系等。有些企业为了运用电脑进行管理，通常用某种符号或数字对职系进行编号。职系编号一般由两部分构成，前部分代表职组(即若干工作性质相近的职系的聚合)，后部分代表职组内的职系，两部分均用某种符号或数字表明。

**2. 一般叙述**

一般叙述是指职系说明书中开头的叙述，其文字通常分为两部分，第一部分常以"本职系所包括的职级"开头，第二部分说明处理本职系各职级工作所需要的知识和技能。

**3. 主要业务的列举**

主要业务的列举是指将本职系所包括的各种业务择要予以列举，以便一般工作人员能从中了解职系工作情况。所列举的业务必须为该职系中较重要的业务，必须为最能代表该职系特性的业务，必须是工作量较大或花费时间、人力较多的业务。

### (四) 划分职系的方法

引入职务职能薪酬的基础是划分职系，而职系的划分是以工作性质为依据的。工作性质正式决定以后，才能决定职系、职务及人事薪酬管理的各个单位。

一般来说，公司划分技能职系、事务职系、技术职系、监督职系和管理职系等。划分职系时，有的工作会处于不同职系之间，而难以确定其归属，这就要求把各职系区分的定义规定得很明确，如表6-5所示。

表6-5 职系的划分

| 级别 | 职系 | | | |
|---|---|---|---|---|
| 9级 | 管理职系 | | 专门职系 | |
| 8级 | | | | |
| 7级 | | | | |
| 6级 | | | | |
| 5级 | 监督职系 | | | |
| 4级 | 管理职系 | 技术职系 | 技能职系 | 特殊职系 |
| 3级 | | | | |
| 2级 | | | | |
| 1级 | | | | |

## ⁞⁞⁞ 第二节　岗位设计的方法与步骤

岗位设计是在工作分析的信息基础上，研究和分析工作如何做以促进组织目标的实现，以及如何使员工在工作中得到满意并充分调动其工作积极性。

岗位设计又称工作设计，是指根据组织需要，并兼顾个人的需要，规定每个岗位的任务、责任、权力以及组织中与其他岗位关系的过程。它会将工作的内容、资格条件和报酬结合起来，目的是满足员工和组织的需要。岗位设计问题主要是组织向其员工分配工作任务和职责的方式问题，岗位设计是否得当对于激发员工的积极性，增强员工的满意感以及提高工作绩效都有重大影响。

### 一、岗位设计的主要内容

企业的职位，是指企业赋予每个员工的工作职务及其所承担的责任。它是企业人力资源管理的基础性工作，是人力资源管理的基本单位。

岗位设计的主要内容包括工作内容、工作职责和工作关系3个方面的设计。

#### (一) 工作内容

工作内容的设计是工作设计的重点，一般包括工作的广度、工作的深度、工作的自主性、工作的完整性以及工作的反馈性5个方面：

(1) 工作的广度，即工作的多样性。工作设计得过于单一，员工容易感到枯燥和厌烦，因此，设计工作时，尽量使工作多样化，使员工在完成任务的过程中能进行不同的活动，保持工作的兴趣。

(2) 工作的深度。设计的工作应具有从易到难的一定层次，对员工工作的技能提出不同程度的要求，从而增加工作的挑战性，激发员工的创造力和克服困难的能力。

(3) 工作的自主性。适当的自主权力能增加员工的工作责任感，使员工感受到信任和重视，从而责任心增强、工作热情提高。

(4) 工作的完整性。保证工作的完整性能使员工有成就感，即使是流水作业中的一个简单程序，也应是全过程，让员工见到自己的工作成果，感受到自己工作的意义。

(5) 工作的反馈性。工作的反馈性包括两方面的信息：一是同事及上级对自己工作意见的反馈，如对自己工作能力、工作态度的评价等；二是工作本身的反馈，如工作的质量、数量、效率等。工作反馈信息使员工对自己的工作效果有了全面的认识，能正确引导和激励员工，有利于工作的精益求精。

#### (二) 工作职责

工作职责设计主要包括工作的责任、权力、方法，以及工作中的相互沟通和协作等方面。

(1) 工作责任。工作责任设计就是员工在工作中应承担的职责及压力范围的界定，也就是工作负荷的设定。责任的界定要适度，工作负荷过低，无压力，会导致员工行为轻率和低效；工作负荷过高，压力过大，又会影响员工的身心健康，产生抱怨和抵触。

(2) 工作权力。权力与责任是对应的，责任越大权力范围越广，否则二者脱节，会影响员工的工作积极性。

(3) 工作方法。包括领导对下级的工作方法，组织和个人的工作方法设计等。工作方法的设计具有灵活性和多样性，不同性质的工作根据其工作特点的不同采取的具体方法也不同，不能千篇一律。

(4) 相互沟通。沟通是一个信息交流的过程，是整个工作流程顺利进行的信息基础，包括垂直沟通、平行沟通、斜向沟通等形式。

(5) 协作。整个组织是有机联系的整体，是由若干个相互联系相互制约的环节构成的，每个环节的变化都会影响其他环节以及整个组织运行，因此，各环节之间必须相互合作、相互制约。

### (三) 工作关系

组织中的工作关系，表现为协作关系、监督关系等各个方面。

岗位设计，为组织的人力资源管理提供了依据，保证事(岗位)得其人、人尽其才、人事相宜，优化了人力资源配置，为员工创造了能够发挥其自身能力、提高工作效率、提供有效管理的环境保障。

## 二、岗位设计的方法

岗位设计的方法有多种，但其中心思想是工作丰富化，而工作丰富化的核心是对员工进行激励，具体可通过以下3个方面来进行。

#### 1. 工作轮换

工作轮换是工作设计的内容之一，指在组织的不同部门或在某一部门内部调动雇员的工作。目的在于让员工积累更多的工作经验。

#### 2. 工作扩大化

工作扩大化的做法是扩展一项工作的任务和职责，但是这些工作与员工以前承担的工作内容非常相似，只是一种工作内容在水平方向上的扩展，不需要员工具备新的技能，所以，并没有改变员工工作的枯燥和单调。

#### 3. 工作丰富化

工作丰富化是指在工作中赋予员工更多的责任、自主权和控制权。工作丰富化与工作扩大化、工作轮换不同，它不是水平地增加员工工作的内容，而是垂直地增加工作内容。这样员工会承担更重的任务、更大的责任，员工有更大的自主权和更高程度的自我管理，还有对工作绩效的反馈。

对员工进行激励的目的是为了让岗位设计更合理，最终实现员工价值与企业的统一。而岗位设计通常从设计目标、设计原则、表现形式和设计要求4个方面进行，如图6-3所示。

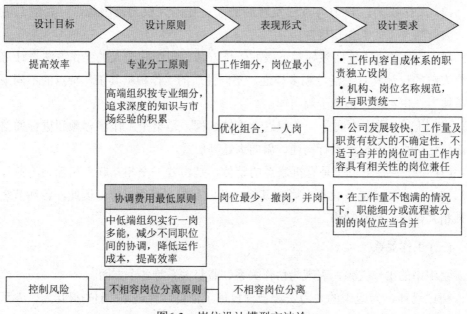

图6-3 岗位设计模型方法论

在岗位设计模型完成后，还要确定每个岗位的具体人数，即定编。定编的方法很多，常用的有劳动效率定编法、业务数据分析法，以及按组织机构、职责范围的业务分工定编、预算控制法、业务流程分析法、德尔菲法，如图6-4所示。

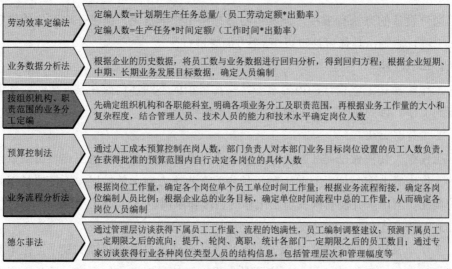

图6-4 定编的常用方法

### 三、影响岗位设计的主要因素

岗位设计的方法有多种，但其中心思想是工作丰富化，而工作丰富化的核心是激励的工作特征模型。

一个成功有效的岗位设计，必须综合考虑各种因素，即需要对工作进行周密的有目的的计划安排，并考虑到员工的具体素质、能力及各个方面的因素，也要考虑到本单位的管理方式、劳动条件、工作环境、政策机制等因素。具体进行岗位设计时，必须考虑以下几方面因素。

1. 员工因素

人是组织活动中最基本的要素，员工需求的变化是岗位设计不断更新的一个重要因素。岗位设计的一个主要内容就是使员工在工作中得到最大的满足，随着文化教育和经济发展水平的提高，人们的需求层次提高了，除了一定的经济收益外，他们希望在自己的工作中得到锻炼和发展，对工作质量的要求也更高了。

只有重视员工的要求并开发和引导其兴趣，给他们的成长和发展创造有利条件和环境，才能激发员工的工作热情，增强组织吸引力，留住人才。否则随着员工的不满意程度的增加，带来的是员工的冷漠和生产低效，以致人才流失。因此，岗位设计时要尽可能地使工作特征与要求适合员工个人特征，使员工能在工作中发挥最大的潜力。

2. 组织因素

岗位设计最基本的目的是为了提高组织效率，增加产出。岗位设计离不开组织对工作的要求，具体进行设计时，应注意：

(1) 岗位设计的内容应包含组织所有的生产经营活动，以保证组织生产经营总目标的顺利有效实现。

(2) 全部岗位构成的责任体系应该能够保证组织总目标的实现。

(3) 岗位设计应该有助于发挥员工的个人能力，提高组织效率。这就要求岗位设计时全面权衡经济效率原则和员工的职业生涯和心理上的需要，找到最佳平衡点，保证每个人满负荷工作，兼顾组织的生产效益和员工个人满意度与安宁两方面的收益。

3. 环境因素

环境因素包括人力供给和社会期望两方面。

(1) 岗位设计必须从现实情况出发，不能仅凭主观愿望，而要考虑与人力资源的实际水平相一致。例如：在我国目前人力资源素质不高的情况下，工作内容的设计应相对简单，在技术的引进上也应结合人力资源的情况，否则引进的技术没有合适的人使用，造成资源浪费，影响组织生产。

(2) 社会期望是指人们希望通过工作满足些什么。不同的员工其需求层次是不同的，这就要求在岗位设计时考虑一些人性方面的东西。

## 四、岗位设计的步骤

进行岗位设计，应首先对部门职责进行全面梳理，从而明确和理清每一个部门的角色和权责(见图6-5)，过程中主要考虑以下内容。

**主要工作：**

(1) 平常这个岗位做哪些基本工作？

(2) 为了实现相应的岗位目标，这个岗位需要做哪些工作？ 在各个具体工作之间如何分配时间？

**需要利用什么资源和工具：**

为了达到岗位目标应该利用那些资源？系统、报告、文件、要求、其他。

**能力要求：**

从事本岗位工作的人员应具备何种条件？知识、能力、品质；人际交往、教育水平、背景与经验等。

**业绩考核：**

该岗位工作的业绩如何考核？主要考核指标是什么？

**汇报关系：**

该工作向谁汇报？该工作的同级是谁？下级是谁？与其他同事的权力和责任的划分？

**工作量：**

这个岗位需要处理多大的工作量？

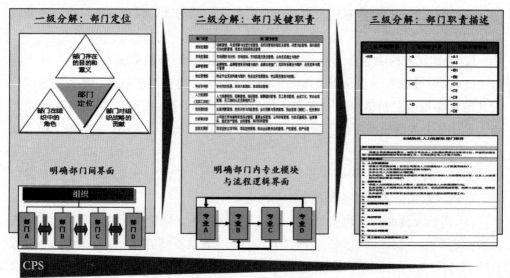

图6-5　岗位职责梳理

为了提高工作设计的效果，在进行工作设计时应按以下几个步骤来进行。

### 第一步：需求分析

工作设计的第一步就是对原有工作状况进行调查诊断，以决定是否应进行工作设计，应着重在哪些方面进行改进。一般来说，出现员工工作满意度下降和积极性较低、工作情绪消沉等情况，都是需要进行工作设计的迹象。

### 第二步：可行性分析

在确认工作设计之后，还应进行可行性分析。首先应考虑该项工作是否能够通过工作设计改善工作特征，从经济效益、社会效益上看，是否值得投资；其次应该考虑员工是否具备从事新工作的心理与技能准备，如有必要，可先进行相应的培训学习。

### 第三步：评估工作特征

在可行性分析的基础上，正式成立工作设计小组负责工作设计。小组成员应包括工作设计专家、管理人员和一线员工，由工作设计小组负责调查、诊断和评估原有工作的基本特征，分析比较，提出需要改进的方面。

### 第四步：制定工作设计方案

根据工作调查和评估的结果，由工作设计小组提出可供选择的工作设计方案。工作设计方案中包括工作特征的改进对策以及新工作体系的工作职责、工作规程与工作方式等方面的内容。在方案确定后，可选择适当部门与人员进行试点，检验效果。

### 第五步：评价与推广

根据试点情况及效果进行评价，主要集中于3个方面：员工的态度和反应、员工的工作绩效、企业的投资成本和效益。如果工作设计效果良好，应及时在同类型工作中进行推广应用，在更大范围内进行工作设计。

## ▓ 第三节　岗位说明书撰写

岗位说明书是工作分析人员根据某项工作的物质和环境特点，对工作人员必须具备的生理和心理需求进行的详细说明。它是职务分析的结果，是经职务分析形成的书面文件，通过职位描述的方式把直接的实践经验归纳总结上升为理论形式，使之成为指导性的管理文件。工作分析和岗位分析是岗位说明书的编制基础，如图6-6所示。

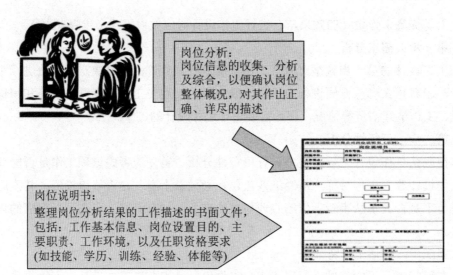

图6-6 岗位分析与岗位说明书的含义

## 一、编制岗位说明书的前提——部门职能说明书

企业在编制岗位说明书之前，必须先按照现代企业管理要求，把企业的战略职能具体落实到企业各部门，系统地界定企业各部门的关键职能，完成企业现有部门的职能定位，明晰各部门的使命、责任、主要工作流程以及关键绩效指标等，建立起各个部门职能说明书。

部门是组织职能实现的基本单位，而部门职能是组织设计部门化的结果。部门职能说明书是部门职能管理的有效工具，是组织职能与企业关键业务流程实现的基础。部门职能说明书可以根据企业性质不同而不同，但必须包含以下基本内容：部门使命、部门主要职责、内部架构图、部门职位设置、部门职位编制、部门关键业绩指标等，如表6-6所示。

表6-6 部门职能说明书

| 部门名称 | | 部门负责人岗位 | | 直接领导职位 | |
|---|---|---|---|---|---|
| 部门职位设置 | | | | 部门职位编制 | |
| | | | | | |
| | | | | | |
| | | | | | |
| 部门使命 | | | | | |
| 部门主要职责 | | | | | |
| 部门关键流程 | | | | | |
| 部门关键业绩指标(KPI) | | | | | |

其中，部门关键业绩指标(KPI)指的是实现企业的战略目标和本部门应承担的指标。

(1) 财务类指标，如费用预算达成率、销售收入达成率、投资收益率等。

(2) 客户类指标，如客户满意度、客户投诉处理解决的满意度、公共关系效果评价、媒体正面曝光次数等。

(3) 流程类指标，如差错率、工作计划达成率、安全性等。

(4) 学习成长类指标，如培训计划达成率、员工建议数量与质量等。

## 二、岗位说明书的编制——人力资源管理的基础

岗位是组织职能实现的最基本的单位。一个岗位的内容应该包括：名称/组织、任务、职责要求、沟通关系、劳动强度、劳动条件与环境、劳动资料与对象等。

(1) 岗位在组织中的位置：它的直接上级、向同一上级汇报的人员、直接下级、间接下级各是谁。

(2) 岗位性质：该岗位属于研发、销售、行政、物流、生产等。

(3) 岗位的主要活动：是服务还是产品，通过什么工作来提供。

(4) 岗位的内外联系：岗位影响的范围(部门、企业、外界)。

(5) 岗位环境：主要环境信息。

(6) 岗位人员要求：学历专业、能力、技能、经验等。

## 三、岗位说明书的编写——人力资源精细化的肇始

岗位说明书的编写是牵涉面最广、涉及所有员工、工作量十分浩大的文件整理汇编工作，大体可按以下步骤进行。

### (一) 准备阶段

(1) 组建编写小组。负责具体编写工作和协调有关事宜。编写小组成员由顾问公司(如有外聘)、人力资源部及其他部门指定的人员组成。对小组成员的具体要求包括：对企业及本部门的经营管理和业务状况比较了解、有一定的影响力、能公平公正地处理问题、有一定的文字功底、小组成员一般是各部门的负责人。

(2) 组建领导小组。负责审核编写的结果和解决编写中出现的有关问题，主要由企业资深、高层管理人员组成。

### (二) 编写阶段

1. 设计框架

由编写小组主要成员共同设计出适合本企业的岗位说明书框架，包括岗位说明书的样式草本及相关内容(见表6-7)，并提交领导小组审定。

### 表6-7 岗位说明书模板

| 岗位名称 | | | 所在部门 | | | 岗位定员数 | |
|---|---|---|---|---|---|---|---|
| 岗位编号 | | | 部门编号 | | | 薪酬等级 | |
| 直接上级 | | | | | | | |
| 岗位图 | | | | | | | |
| 工作综述 | | | | 直接下级 | | | |

**岗位职责**

| 序号 | 工作项目 | 具体职责 | | 工作权重/% | 绩效指标 |
|---|---|---|---|---|---|
| 1 | | | | | |
| 2 | | | | | |
| 3 | | | | | |
| 工作协作关系 | 内部 | | | | |
| | 外部 | | | | |

| 任职资格 | 任职资格项目 | | 要求 | | | |
|---|---|---|---|---|---|---|
| | 教育程度 | | | | | |
| | 专业(工种) | | | | | |
| | 工作经验 | | | | | |
| | 知识要求 | | | | | |
| | 上岗证/资格证 | | | | | |
| | 对身体健康要求 | | | | | |
| | 专业技能 | 技能 | | | | |
| | | 级别 | | | | |
| | 需求程度的级别: 很强—5, 强—4, 较强—3, 一般—2, 无要求—1 | | | | | |

| 其他 | 工作环境 | |
|---|---|---|
| | 工作时间特征 | |
| | 使用的主要工具设备 | |

| 述职签字 | 任职人 | | 任职人上级 | | 人力资源部 | |
|---|---|---|---|---|---|---|

#### 2. 组织培训

针对岗位说明书的框架,由编写小组的主要成员组织全体员工进行岗位说明书编写技能与技巧的培训。

#### 3. 编写

编写小组辅导或者帮助岗位任职人进行岗位说明书的编写,并完成初稿,提交部门负责人进行审核与修订。

### (三) 审核与修订

部门负责人对岗位说明书的初稿进行初步审核,及时提出审核中发现的问题。编写小组提供岗位说明书的审核技术和办法,负责审核过程的辅导,解决项目小组审核中遇到的技术问题，并负责收集审核意见与修订。

**(四) 定稿**

编写小组将已初步修订的岗位说明书提交企业领导小组。领导小组对所有岗位说明书进行综合性全面审核，提出审核意见，并将审核中发现的问题与编写小组进行探讨，最终确定修订的办法，经编写小组再修订后定稿。

## 四、岗位说明书的定期审查和保管

岗位说明书应在应用中进行动态改进，而且应该和企业的人力资源规划结合在一起。

**(一) 常规性调整**

岗位说明书一般实行会审制度，由企业人力资源部每年或定期组织对岗位说明书进行分级审核、收集审核意见、综合分析后，酌情调整。

**(二) 随企业发展战略的调整而调整**

在企业发展战略调整之后，可能会引起组织结构的调整和变化。组织结构变了，职能变了，当然岗位也变了，会出现一些新的岗位，或者有一些老岗位消失，或者有些岗位的内容职责、工作负荷有所变化，应重新修订岗位说明书。

**(三) 作为界定部门或岗位职责的重要静态资料，应妥善保管**

岗位说明书一式三份，任职人保管一份，用于对照工作完成情况；直接上级保管一份，用于检查、督导员工的工作；人力资源部存档一份，用于了解和跟踪各部门对员工的绩效评价等工作是否公平、公正和合理。岗位说明书作为企业文件，当任职人辞职、辞退、调出、离任时不得将其带走，应移交给上级主管或继任岗位人员。

## 五、岗位说明书编写说明

建立在工作分析基础之上的岗位说明书是人力资源管理的基础，在编写过程中要遵循一定的要求与规范，应严谨、科学。

**(一) 编制原则**

1. 坚持对事不对人的原则

以岗位为基准，针对岗位本身的要求进行编写、描述或说明，不能考虑或针对实际岗位所在员工的具体情况进行编写。

2. 坚持实事求是、客观公正的原则

客观真实、公正合理，防止人为夸大或缩小岗位元素，做到不增不减。

3. 坚持统一和规范的原则

对所需编写的每一项内容元素都不能遗漏，并按照要求使用规范术语和标准进行。

## (二) 编制说明

岗位说明书编制说明的主体部分主要包含以下内容。

1. 基础信息部分编写说明

- 岗位名称：任职岗位称谓。
- 岗位编号：岗位索引编号。
- 岗位职系：岗位隶属范围。
- 所在部门：岗位所在部门。
- 直接上级：直接领导的岗位名称。
- 直接下级：直接下属的全部岗位名称。
- 岗位编制：本岗定编人数。
- 所辖人数：直接下级的人数。
- 审批人：岗位说明书和相关考核变动批准岗位。
- 审核人：审批后备案部门，一般为人力资源部。
- 分析人：岗位评价和分析部门及单位。
- 岗位分析日期：本次填写日期。

2. 工作描述和岗位设置目的

使用一两句简要的话来描述设置该岗位的最重要目的，准确说明该岗位的工作内容和目标。

(1) 主要职责：职责是工作任务的结果。工作任务是职责的任务分解，是对职责的进一步说明，是职责完成的过程。

(2) 职责表述：此处填写工作职责，详尽程度以未从事过本岗位工作的人员可正确理解本岗位全部工作内容为准。

- 按职责重要性程度降序排列，重要性相同的职责按其占用工作时间多少降序排列。
- 一般归纳为3～10条，表格不足可自行插入行。
- 职责表述按负责、协助、参与等承担责任程度归纳，使用规范用语。
- 每个岗位最后一条职责均为"完成领导交办的其他工作"。

(3) 工作成果：是工作的对象和最后展示的结果，因任务的异同而成果不同，可能是以表单、制度的形式出现，也可以是样衣、色料卡、数据，还可以是无法预知的事件结果和过程。

(4) 工作任务：此处填写职责中的每一步骤的任务。

- 按职责步骤顺序或任务执行时间先后排列。
- 使用规范用语。

3. 岗位权限编写说明

(1) 权力对象。

- 人事权：直接下属聘用、辞退、晋升、调岗的决定权或建议权，奖惩、考核的确定权和建议权，下属培训的提名权，下属争议的裁决权。
- 财务权：包括对资金、费用的审批权、审核权，以及资金、费用使用的建议权等。资金是指额度较大、发生次数较少的财务支出，而费用则更多的是指公司日常运作中发生的关于某一类事务的财务支出，金额相对较小。
- 业务权：对业务的决策权、指挥权、监督权、检查权、建议权、执行权、信息知情权，对制度的制定权、拟定权、审批权等。

(2) 权力等级：否决权、更改权；审批权、决定权、修正权；设计权、处理权、改进权、报审权；拟定权、监督权、检查权；办理权、执行权、操作权、建议权，如表6-8所示。

表6-8 权限填写说明

| 工作权限： |
| --- |
| 权限一：对下属员工有考核评价权 |
| 权限二：对下属员工的聘用、调岗、晋升、辞退有建议权 |
| 权限三：对部门业务预算内资金费用的支配权，预算外资金费用的建议权 |
| 权限四：对部门工作进行部署、检查、督办的权力 |
| 权限五：对本部门各项工作计划、统计报表等的审核权 |
| 权限六：对部门人员分工的决定权 |

4. 工作协调关系编写说明

(1) 内部协调关系：指因履行岗位职责需要与公司内部其他岗位或部门间发生业务工作协调关系。

(2) 外部协调关系：因履行岗位职责需要与公司外部有关单位产生业务工作协调关系，填写公司外部协调单位名称及协调事项。

(3) 沟通频次：主要是指沟通的时间限制，按每日、每周、每月填写。

5. 基本任职资格编写说明

(1) 从业资格。

(2) 最低教育水平、理想教育水平、最低专业要求、理想专业要求、最低经验要求、理想经验要求，主要给出从事本岗位的基本要求和理想状态要求。

(3) 教育水平：填写统一用语，如大专及以上学历、大学本科及以上学历。

(4) 专业及职称：填写统一用语，要求必须按国家统一规范填写专业名称及职称水平；对某些岗位，除填写主要专业外，还可填写某某相关专业，如人力资源及相关专业、企业管理及相关专业、无特别要求等；职称水平，如会计师及以上职称、无特别要求等。

(5) 工作经验：填写统一用语，×年以上工作经验，×年以上相关职能或专业领域工作经验，×年以上管理岗位工作经验，无特别要求等。

(6) 知识：填写统一用语，通晓、熟悉、了解。例如：通晓人力资源管理知识。

(7) 能力素质要求：填写统一用语，如极强的、较强的、普通。包括计划、组织、领导、控制、判断决策、分析、应变、执行、人际交往(协调、沟通、关系处理)等能力，计算机办公及网络使用技能，口头表达和书面表达等技能。例如：具有较强的领导能力。

6. 其他事项

(1) 从业资格。

(2) 工作环境特征：该岗位所处的工作环境，示例见表6-9。

表6-9　工作环境填写示例

| 独立办公室 | |
| --- | --- |
| 一般室内办公 | 基本不接触毒害物质 |
| 间隔性的生产现场作业 | 间隔性接触毒害物质(粉尘、高温、噪声、有毒物质等) |
| 经常性的生产现场作业 | 基本都是生产现场作业，处于毒害物质(粉尘、噪声等)环境中 |

(3) 工作时间特征，示例见表6-10。

表6-10　工作时间填写示例

| 统一用语 | 定义 |
| --- | --- |
| 正常工作时间 | 无加班、无出差 |
| 正常工作时间，偶尔加班 | 每周加班时间≤5小时且无出差 |
| 正常工作时间，偶尔出差 | 每月出差时间≤3天且无加班 |
| 正常工作时间，偶尔加班，偶尔出差 | 每周加班时间≤5小时且每月出差时间≤3天 |
| 经常加班 | 每周加班时间>5小时 |
| 经常出差 | 每月出差时间>3天 |
| 经常加班，经常出差 | 每周加班时间>5小时且每月出差时间>3天 |

7. 备注

如有未尽事项，可补充说明。

## 六、岗位说明书职责任务书写规范

岗位说明书编写的严谨程度决定岗位说明书的质量，语言表述的准确程度则代表岗位说明书的操作性和规范程度，因此，岗位说明书的书写规范要求准确、明晰、严谨、无歧义。

### (一) 注意事项

**1. 编写原则：无交叉，无遗漏**

职责是该岗位为了完成工作目标而必须履行完成的责任，每个岗位都有若干项职责，一般不超过10项。职责要围绕工作目标，从工作大类逐类来写，不能将一项小的工作任务算成一项职责。在描述时，要将具有相同特征的事项归类，总结为一项工作。重要的部门职责在部门负责人说明书中都能看到。

**2. 职责的写法参考**

一项职责通常由含有行动、完成标准、完成期限等部分组成。通常以一个动词开始总体工作目标的撰写，如计划、指导、监督、协调等。"动词＋宾语＋结果"，在需要群体完成的一项职责中如果承担领导责任，则用"负责领导……"来描述；在需要群体完成的一项职责中如果承担组织责任，则用"负责组织……"来描述；如果是仅需要个体(岗位上的员工)完成的一项职责，用"负责主办……"或"负责办理……"来描述。填写具体、详细，不要出现"完成本职工作"等含糊不清的词语，就每项职责应估计出大概时间比例。

### (二) 规范化用词参考

| | | | |
|---|---|---|---|
| 制定和实施 | 组织实施 | 建立 | 领导建立 |
| 参与制定 | 主持、推动 | 领导营造 | 主持召开 |
| 代表 | 协助 | 负责掌握和了解 | 审批 |
| 监督控制 | 检查 | 审核 | 完成 |
| 准备和递交 | 筹备 | 保证 | 参与和配合 |
| 制定 | 领导制定 | 推动……工作 | 负责协调 |
| 及时了解和监督 | 督办、检查 | 草拟 | 承当 |
| 承担 | 策划或协助 | 负责联络 | 分析 |
| 办理 | 执行 | 进行 | 统筹管理 |
| 修订 | 负责指导 | 负责控制 | 搜集 |
| 配合 | 管理与看护 | 维持 | 安排 |
| 保持 | 根据 | 关注 | 主管监督 |
| 编制 | 拟定 | 受理 | 核实 |

| 协调 | 反馈 | 负责调查、分析 | 贯彻执行 |
|---|---|---|---|
| 洽谈 | 组织支持 | 控制 | 接受 |
| 准备 | 联系 | 抽检 | 抽查 |
| 负责建立 | 编写 | 汇总、整理 | 培养 |
| 落实 | 做好 | 负责起草 | 改进 |
| 合理安排和调度 | | | |

### (三) 常用动词指南

在岗位说明书中,动词应运用准确、表达清楚,以免产生歧义,常用动词如表6-11所示。

表6-11　常用动词指南

| 职责功能 | | 管理层级 | | |
|---|---|---|---|---|
| | | 领导决策层(总经理层) | 管理层(部门负责人) | 专业执行层(基层) |
| 决策功能 | | 决定 裁决 | | |
| 管理功能 | 组织计划 | 主持 制定 确定 筹划 预测 | 拟订 提交 制定 | 策划 设计 提出 协调 参与 |
| | 指挥控制 | 指导 听取 提出 督导 协调 控制 掌握 劝说 通告 转变 | 听取 督促 布置 协调 监督 考核 | |
| | 人事行政 | 授权 委派 处置 签发 检查 考核 交办 派遣 | 评估 发掘 宣布 分配 | |
| 业务功能 | | 审核 审批 批准 签署 审阅 | 编制 提出 开展 考察 分析 研究 维护 处理 解决 推广 | 编制 依照 根据 提供 请示 收集 整理 调查 研制 统计 履行 核对 办理 解答 维护 遵办 接受 维修 发送 承报 接待 保管 核算 汇总 打印 校对 编写 |
| 执行功能 | | 贯彻执行 完成 | 完成 执行 协助 | |

1. 领导决策层(总经理层)岗位的职务说明书动词用语

(1) 决策功能

决定、裁决——对公司事务的最终决定权和裁决权。

(2) 管理功能

● 组织计划

主持——主持公司股东大会、高层管理人员会议等公司重要会议。

制定——制定公司远期、中长期、近期发展计划、战略、目标。

确定——确定公司年度发展计划、目标。

● 指挥控制

指导——指导下属完成组织目标。

听取——定期听取工作总结汇报。

提出——提出改进建议。

督导——督导各个副总和企划部经理的工作。

协调——协调各个副总之间、公司内外关系。

● 人事行政

授权——授权给公司副总××权力。

委派——在出差期间委派有关人员完成有关工作。

处置——对公司人员的处置权。

签发——签发有关人员的任命书。

检查、考核——检查或考核各个副总和企划部的工作完成情况。

(3) 业务功能

审阅——定期审阅公司的财务报表和其他重要报表。

审批——审阅年度财务收支预算与年度利润分配方案。

批准——批准下属人员工作计划、人员安置录用。

签署——签署对外上报、印发的各种重要报表、文件、资料。

(4) 执行功能

贯彻执行——贯彻执行国家的方针政策和各项规章制度。

完成——完成上级有关主管部门分派的任务。

2. 管理层(部门负责人)岗位的职务说明书动词用语

(1) 管理功能

拟订——拟订部门年度工作计划；拟订本部门工作计划。

提交——向总经理提交年度工作方案。

制定——制定分管业务部门规章制度。

听取——定期听取本部门各业务主管汇报工作；听取下属人员工作总结。

督促——督促下属认真完成组织交办的任务。

布置——向本部门各业务主管或下属人员布置公司的本年度工作任务。

协调——协调分管系统与其他系统以及系统内各部门之间的关系；协调本部门
与其他相关部门以及部门内的关系。

监督——监督下属人员的工作完成情况。

考核——考核分管系统各部门经理的工作和日常表现；考核部门员工的工作完
成情况和日常表现。

评估——正确公正评估下属人员。

发掘——及时发掘人才，进行合理储备。

宣布——宣布公司有关人事决定、公司决策。

分配——根据需要分配人员或奖励。

(2) 业务功能

编制——编制年度工作总结。

提出——向下属提出工作建议和要求。

开展——根据公司规定开展业务。

考察——考察方案的可行性。

分析研究——分析、研究市场状况，作出论证报告。

维护——维护办公场所的安全和卫生。

处理——对分管系统或主管部门出现的问题及时解决。

解决——解决有关问题。

推广——推广新技术、公司新出台的规章制度。

(3) 执行功能

完成——完成总经理或副总经理交办、分派的任务。

执行——执行总经理或副总经理命令。

协助——对总结经理负责，协助总经理抓好全面工作。

3. 专业执行层(基层)岗位的职务说明书动词用语

(1) 管理功能

策划——策划广告方案

设计——设计新产品方案。

提出——提出工作建议。

协调——协调部门人员的关系。

参与——参与公司相关项目的准备和讨论工作。

(2) 业务功能

编制——编制财务报表。

依照、根据——依照、根据公司经验状况，填报财务报表。

提供——及时提供所需资料、数据。

请示——在不能确定如何工作时，及时请示主管领导。

收集、整理——按时收集、整理资料、文件、数据。

调查——调查市场，作出市场调查报告。

研制——研制、开发新产品。

统计——定期统计费用，作出统计报告。

履行——履行公司的规章制度。

核对——定期与有关人员核对报表。

# ⁝⁝⁝ 第四节 岗位评价的原理与方法

岗位评价是所有进行薪酬制度改革的企业必不可少的一个关键环节和内容。岗位评价开展得成功与否，直接决定了薪酬制度设计的成与败。岗位评价的结果可以是分值形式，也可以是等级形式，还可以是排序形式。对应关系既可以是线性关系，也可以是非线性关系。

薪酬等级是在岗位价值评估结果基础上建立起来的，它将岗位价值相近的岗位归入同一个管理等级，并采取一致的管理方法处理该等级内的薪酬管理问题。薪酬等级是一个基本框架，是薪酬结构的基础。薪酬结构的一个主要特点是将薪酬分成不同的等级，因而出现了薪酬等级。因此，在进行薪酬设计前需要对岗位进行评价。

## 一、岗位评价的原理与原则

岗位评价的核心是让岗位有一个公允的、可量化的价值与标准，在一个企业内部的评价使不同的岗位有一个可视化的"市场价值"，以便进行薪酬激励设计。

### (一) 岗位评价的原理

岗位评价(岗位评估)，又称职位评估或岗位测评，是在岗位分析的基础上，对岗位的责任大小、工作强度、所需资格条件等特性进行评价，以确定岗位相对价值的过程。它有3个特点：一是"对岗不对人"，即岗位评价的对象是企业中客观存在的岗位，而不是任职者。二是岗位评价衡量的是岗位的相对价值，而不是绝对价值。岗位评价是根据预先规定的衡量标准，对岗位的主要影响指标逐一进行测定、评比和估价，由此得出各个岗位的量值，使岗位之间有对比的基础。三是岗位评价是先对性质相同的岗位进行评判，然后根据评定结果再划分出不同的等级。

企业中，岗位名称很多，人们常常需要确定一个岗位的价值，比如想知道一个财务人员与一名营销人员相比，究竟谁对企业的价值更大，谁应该获得更好的报酬。为了协调各类岗位之间的关系，进行科学规范的管理，就必须进行岗位评价，使岗位级别明确。通过评价，可以明确各个岗位的门类、系统、等级的高低，使工作性质、工作职责一致，把工作上所需资格条件相当的岗位都归于同一等级，这样就能保证企业对员工进行招聘、考核、晋升、奖惩等管理时，具有统一尺度和标准。

同时，岗位评估还可以使员工与员工之间、管理者与员工之间对报酬的看法趋于一致和满意，各类工作与企业对应的报酬相适应，使企业内部建立一些连续的等级，从而使员工明确自己的职业发展和晋升途径，便于员工理解企业的价值标准，引导员工朝更高的效率发展。

另外，岗位评估是岗位工资的重要基础，可以更好地体现同工同酬和按劳分配原则。虽然有人认为网络时代的企业组织变化越来越快，企业内部的组织结构、岗位构成也在不断发生变化，岗位评价和以岗位为基础的付酬方式已不合时宜，应代之以技能、能力或绩效为基础的付酬方式。但从实践看，目前最常见的薪酬形式仍然是结构工资制，包括基本工资、岗位工资、工龄工资、学历工资和绩效工资等。岗位工资是其重要组成部分，也是技术难度最大的部分。因此，岗位评价依然有它存在的价值，如果在设计薪酬体系时，把岗位评价与技能评价、绩效评价有效地结合使用，就可以取得更好的效果。

### (二) 岗位评价的原则

岗位评价是一项技术性强、涉及面广、工作量大的活动，不仅需要大量的人力、物力和财力，而且还会涉及许多学科的专业技术知识，牵涉到很多的部门和单位。为了保证各项实施工作的顺利开展，提高岗位评价的科学性、合理性和可靠性，在组织实施中应该注意遵守以下原则。

**1. 对事原则**

岗位评价针对的是工作的岗位而不是目前在这个岗位上工作的人，评价是以岗位说明书中的工作说明和工作规范为基础，应抛开现任职人的个人因素。

**2. 一致性原则**

所有岗位通过同一套评价因素进行评价，有利于较为客观地反映出不同职系岗位在本组织内的相对价值。

**3. 评价因素无重叠原则**

岗位评价因素定义与分级表上的各项因素彼此间是相互独立的，各有其评价范围，这些范围彼此间是没有重叠且没有遗漏的。

**4. 集中评价原则**

要求参加岗位评价的专家小组成员集中在一起同时进行评价，有利于提高各位专家的重视程度和责任心，能够更加负责、客观地对待本次岗位评价工作。

**5. 专家独立评判原则**

要求参加岗位评价的专家小组成员独立地对各个岗位进行评价，禁止专家小组成员之间互相商讨或协商评价，确保岗位评价工作的客观公正。

**6. 结果相对保密原则**

由于岗位评价的结果会对公司的人力资源管理各项工作以及员工的薪酬产生一定影响，因此员工会对评价结果十分敏感。在薪酬设计方案没有完成前，岗位评价的工作过程及评价结果应暂时保密，不予公开。

7. 系统原则

所谓系统，就是有相互作用和相互依赖的若干及有区别又相互依存的要素构成的具有特定功能的有机整体。其中各个要素也可以构成子系统，而子系统本身又从属于一个更大的系统。系统的基本特征是：整体性、目的性、相关性、环境适应性。

8. 实用性原则

环境评价必须从目前企业生产和管理的实际出发，选择能促进企业生产和管理工作发展的评级因素。尤其要选择目前企业劳动管理基础工作需要的评价因素，使评价结果能直接应用于企业劳动管理实践中，特别是企业劳动组织、工资、福利、劳动保护等基础管理工作，以提高岗位评价的应用价值。

9. 标准化原则

标准化是现代科学管理的重要手段，是现代企业劳动人事管理的基础，也是国家的一项重要技术经济政策。标准化的作用在于能统一技术要求，保证工作质量，提高工作效率和降低劳动成本。岗位评级的标准化就是衡量劳动者所耗费劳动的大小的依据以及岗位评价的技术方法(特定的程序或形式作出统一规定)是否在规定范围内，来作为评价工作中共同遵守的准则和依据。具体表现在评价指标的统一性、各评价指标的统一评价标准、评价技术方法的统一规定和数据处理的统一程序等方面。

10. 能级对应原则

在管理系统中，各种管理功能是不相同的，应将管理内容和管理者分配到相应的级别中，各占其位、各显其能，这就是管理的能级对应原则。一个岗位能级的大小，是由它在组织中的工作性质、繁简难易、责任大小、任务轻重等因素所决定的。

11. 优化原则

所谓优化，就是按照规定的目的，在一定的约束条件下，寻求最佳方案。企业在现有的社会环境中生存，要充分利用各自的条件发展自己。优化的原则不但要体现在岗位评价各项工作环节上，还要反映在岗位评价的具体方法和步骤上，甚至落实到每个人身上。

### (三) 岗位评价的作用

岗位评价的作用是确定职位职级的手段，同时也是薪酬分配的基础，在确定员工晋升和职业生涯发展方面也有不可或缺的作用。

1. 确定职位等级的手段

职位等级常常被企业作为划分工资级别、福利标准、出差待遇、行政权限等的依据，甚至被作为内部股权分配的依据，而职位评估则是确定职位等级的最佳手段，如

图6-7所示。

有的企业仅仅依靠职位头衔称谓来划分职位等级，而不是依据职位评估，这样有失准确和公平。

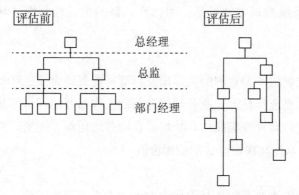

| 总分数 | 岗位级别 |
|------|------|
| 610 | 63 |
| 590 | 62 |
| −185 | 58 |
| −170 | 57 |
| −145 | 56 |
| −110 | 55 |
| 390 | 54 |
| 330 | 52 |

图6-7　岗位评价前后价值的对比

例如，在某企业内部，尽管财务经理和销售经理都是经理，但他们在企业内的价值并不相同，所以职位等级理应不同。同理，在不同企业之间，尽管都有财务经理这个职位，但由于企业规模不同、该职位的具体工作职责和要求不尽相同，因此职位级别也不相同，待遇自然也不同。

**2. 薪酬分配的基础**

在工资结构中，很多公司都有职位工资这个项目。在通过职位评估得出职位等级之后，就便于确定职位工资的差异了，如图6-8所示。

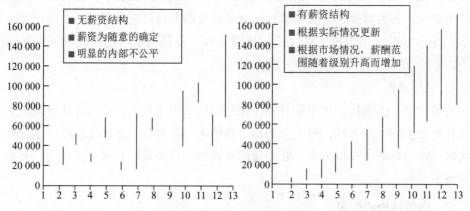

图6-8　岗位评价后使薪酬结构趋于合理

当然，这个过程还需要薪酬调查数据作参考。国际化的职位评估体系(如HAY系统、CRG系统)，由于采用的是统一的职位评估标准，使不同公司之间、不同职位之间在职位等级确定方面具有可比性，在薪酬调查时也使用统一标准的职位等级，为薪酬数据的分析比较提供了方便。

职位评估解决的是薪酬的内部公平性问题，它使员工相信，每个职位的价值反映了其对公司的贡献，如图6-9所示。而薪酬调查解决的是薪酬的外部公平性问题，即相对于其他公司的相似岗位，公司的薪酬是否具有外部竞争力。

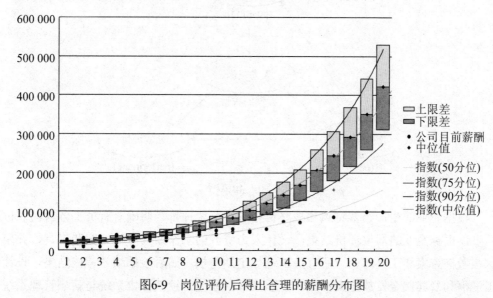

图6-9 岗位评价后得出合理的薪酬分布图

3.员工确定职业发展和晋升路径的参照系

员工在企业内部跨部门流动或晋升时，也需要参考各职位等级。透明化的职位评估标准，便于员工理解企业的价值标准是什么，该怎样努力才能获得更高职位。职位评估是人力资源管理中操作难度比较大，同时又非常重要的一项基础工作。由于职位评估代表了一个企业对劳动价值的衡量标准，因此在实施时应非常慎重。如果选用国外成熟的职位评估体系，实施效果、权威性、通用性比较好，但花费较大。如果企业自己设定职位评价标准和评价办法，会比较简便并且节约，但权威性会受到挑战。

## 二、岗位评价的方法

岗位评价是一种系统地测定每一岗位在其组织内部价值结构中所占位置的技术。它以岗位职责和任务在整个工作中的相对重要程度的评估结果为标准，以某具体岗位在正常情况下对任职者的要求进行的系统分析和对照为依据，而不考虑个人的工作能力或在工作中的表现。

### (一) 3P模型评价体系

所谓3P模型，即由职位评价系统(position evaluation system)、绩效评价系统(performance appraisal system)和薪酬管理系统(pay administration system)为核心内容构成的人力资源管理系统。它们之间的关系如图6-10所示。

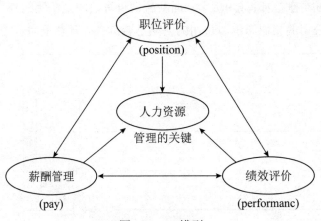

图6-10　3P模型

根据企业的生产经营特点和战略目标进行职位评价，明确所有员工各自的职位职责，根据企业的职位评价结果，设计人力资源的工作绩效考核方案和工具，并用这些考核方案和工具对企业所有员工进行定期考核。然后根据绩效考核结果，设计工资福利及其奖金发放方案和工具。职位评价系统、绩效评价系统与薪酬管理系统三者是有机联系的统一体，可以充分体现公正、合理、科学竞争的原则，强调个人努力与团结协作的统一性，工作报酬和工作奖惩的统一性，员工个人命运与公司命运一体化。不强调资历而看重现实的工作表现，定量评价与定性分析相结合，业绩考核与工资待遇、奖惩相互依存，考核是人事决策的客观依据，待遇奖惩是考核的结果，以此构成一个完整清晰易于操作的人力资源管理系统。

**1. 3P模型职位评价体系**

3P模型职位体系是企业员工要完成的各项任务和职责的集合，如图6-11所示，是实现企业战略目标的客观要求。职位评价体系的建立一般有3个过程。

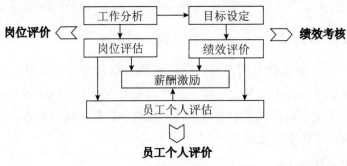

图6-11　3P模型职位评价体系

(1) 工作分析

工作分析是确立完成各项工作所需技能、责任和知识的系统工程，是最基本的人力资源管理职能，也是一项基础技术，目的在于解决以下几个问题。

● 员工将完成什么样的活动？(What)

- 工作将在什么时候完成？(When)
- 工作将在哪里完成？(Where)
- 员工如何完成此项工作？(How)
- 为什么要完成此项工作？(Why)
- 完成工作需要哪些条件？(Which)

(2) 建立工作说明和工作规范

根据工作分析中的有关信息，形成工作说明和工作规范，应简要地说明期望员工做些什么，还应确切地指出员工应该做什么、怎么做和在什么样的情况下履行职责。具体地说，工作说明是提供有关工作的任务、责任和职责的文件，而工作规范是一个人完成工作所必备的知识、技能和能力等基本素质的文件。

(3) 工作评价

工作评价是在工作说明及工作规范的基础上，决定一项工作与其他工作的相对价值的系统过程，同时是经济报偿系统的一部分，有以下作用。

- 确认组织的工作结构。
- 使工作间的联系公平、有序。
- 开发一个工作价值的等级制度，据此建立工资支付结构。
- 在企业内部的工作和工资方面取得一致。

工作分析资料的主要作用是在人力资源计划方面，工作规范是招聘和选择的标准，同时也是培训和开发的依据。至于绩效评价，应根据员工完成工作说明中规定的职责的好坏进行，这是评价公平的基准。而工作评价又是决定报酬内部公平的首要方法。此外，职位评价信息对员工的劳动关系也很重要，当考虑对员工进行提升、调动或降职的问题时，通过职位评价获得的信息常有助于作出更为客观的人力资源管理决策。

2. 3P模型绩效评价体系

人力资源管理绩效评价体系是定期考察和评价个人或小组工作业绩的一种正式制度。评价系统的首要目的是提高业绩。一个设计和联系都很合理的系统，能够有助于实现组织的目标和提高员工的业绩，并能提供一种对组织中人力资源优劣势的剖析以安排人力资源计划。绩效评价的等级也有助于对招聘甄选的预测，选择测试的可靠性往往取决于评价结果的准确性，同时，有助于根据员工培训和发展的需要作出判断和选择。尤为重要的是，绩效评价结果为增加报酬提供了合理决策的基础，是加薪奖励公平化的保证。此外，绩效评价数据也可用于内部员工关系的决策，如动力、提升、降级、升职和调动等方面的决策。

3. 3P模型薪酬管理体系

(1) 薪酬管理体系

薪酬管理体系(见图6-12)是对企业工资水平、工资结构、工资制度、工资形式、工资待遇的管理体系，旨在监督它们是否达到了组织与个人的目标。由于工资管理中包含很多内容，因此它是最困难和最具挑战性的人力资源管理领域之一。

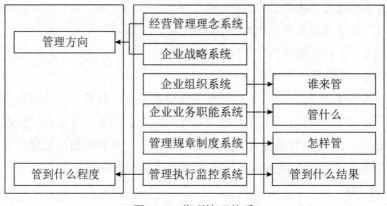

图6-12　薪酬管理体系

(2) 工资管理体系

工资管理体系(见图6-13)的首要任务是报酬公平。企业吸引、激励和留住有能力的员工，在很大程度上是通过企业的报酬机制实现的。报酬必须对所有相关方面公正实施，而且应该让人感觉到是公平的。根据员工关系的特点，内部薪酬公平可能更重要，而工作评价是内部公平的首要方法。但是，企业为了保持持续发展的能力，就要在劳动力市场上提出有竞争力的工资水平，就必须始终对外部公平加以重点考虑。如何处理好既吸引人才又降低成本这对矛盾，是工资管理系统的焦点和难点。

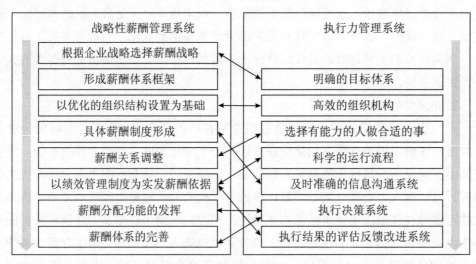

图6-13　工资管理体系

4. 3P模型剖析评价

该模式抓住了人力资源管理的核心技术，易于操作和实践，降低了人力资源管理成本，对于中国中小企业从无到有建立人力资源管理系统和在大中型企业迅速实现从传统的人事行政管理向现代的人力资源管理转轨，无疑具有开拓性的作用。但是，随着企业内外环境的激烈变化，人力资源愈来愈成为企业的战略资源而不是人工成本，人力资源管理角色开始从人事管家、操作者向职能专家、员工支持者、战略合作伙伴以及企业变革推进者转变。在这种新情况下，3P模型评价体系的优点中也潜伏着它的缺点。

(1) 3P模型评价体系在理念上依然是把人力资源归结为人工成本，过于重视人力资源管理在技术上、操作上的细节和短期人工成本的降低，而忽略人力资源管理在企业战略、员工发展、组织创新等方面的作用。

(2) 3P模型评价体系以企业现存岗位为基点，在此基础上开展绩效考核和工资分配，却忽视了在企业里与岗位相对的另一个重要基点，即人本身。事实上，人和岗位是企业里不可或缺的两个基点。如果人力资源管理模式只是建立在岗位的基础上，那么其结果必然是按岗找人，强调把人改造得适应岗位，而据此进行的人力资源管理将得不到员工的参与和认同。因此，人力资源管理模式的选择既要建立在企业组织结构、工作流程、职位责任等的基础上，同时也必须建立在企业员工的素质、能力、行为和态度上。

(3) 3P模型评价体系较少考虑人力资源管理与企业战略之间的相互关系，该模式把人力资源管理的3个主要模块按照先后顺序进行排列，没有用企业战略把人力资源管理各模块统领起来，同时把模块之间的横向关系过于简单化，甚至漏掉了在新的企业环境下人力资源管理的一些关键环节，如员工培训和职业生涯规划等。人力资源必须围绕企业战略这个中心，人力资源管理模块之间不是时序关系，而是匹配关系，必须在企业战略的统领下，基于企业岗位和人这两个基点，进行各模块的协调整合管理。

### (二) 海氏工作评价系统

海氏(Hay)工作评价系统又叫"指导图表—形状构成法"(guide chart-profile)，是由美国工资设计专家艾德华·海(Edward Hay)于1951年研究开发出来的。他有效地解决了不同职能部门的不同职务之间相对价值的相互比较和量化的难题，在世界各国上万家大型企业推广应用并获得成功，被企业界广泛接受。

海氏工作评价系统实质上是一种评分法，是将付酬因素进一步抽象为具有普遍适用性的3大因素，即技能水平、解决问题能力和风险责任，并相应设计了3套标尺性评价量表，最后将所得分值加以综合，算出各个工作职位的相对价值。海氏认为，各种工作职位虽然千差万别、各不相同，但无论如何总有共性，也就是说，任何工作职位都存在某种具有普遍适用性的因素，可以将之归结为：技能水平、解决问题能力和风险责任。

1. 海氏工作评价系统因素分析

根据这个系统,所有职务所包含的最主要的付酬因素都有3种,每一个付酬因素又分别由数量不等的子因素构成,如图6-14所示。

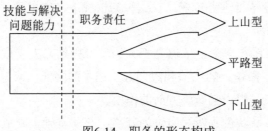

图6-14  职务的形态构成

- 上山型:此岗位的责任比技能水平与解决问题的能力重要。如公司总裁、销售经理、负责生产的干部等。
- 平路型:技能水平和解决问题能力在此类职务中与责任并重,平分秋色。如会计、人事等职能干部。
- 下山型:此类岗位的职责不及技能水平与解决问题能力重要。如科研开发、市场分析干部等。

通常由职务薪酬设计专家分析各类岗位的形态构成,并据此给技能水平、解决问题的能力这两个因素与风险责任因素各自分配不同的权重,即分别向前两者与后者指派代表其重要性的一个百分数,两个百分数之和应为100%。另外,海氏工作评价系统还涉及每个因素的评估标准和程序,以及评估结果的处理和形成一个公司的岗位等级体系等分析过程。

(1) 技能水平

技能水平,是指使绩效达到可接收程度所必须具备的专门业务知识及其相应的实际操作技能。具体包含3个层面:

- 有关科学知识、专门技术及操作方法,分为基本的、初等业务的、中等业务的、高等业务的、基本专门技术的、熟练专门技术的、精通专门技术的和权威专门技术8个等级。
- 有关计划、组织、执行、控制及评价等管理诀窍,分为起码的、有关的、多样的、广博的和全面的5个等级。
- 有关激励、沟通、协调、培养等人际关系技巧,分为基本的、重要的和关键的3个等级。

(2) 解决问题能力

解决问题能力与工作职位要求承担者对环境的应变力和处理问题的复杂度有关。海氏评价法将之看作"技能水平"的具体运用,因此以技能水平利用率(%)来测量。进一步分为两个层面:

- 环境因素,按环境对工作职位承担者紧松程度或应变能力,分为高度常规的、常规性的、半常规性的、标准化的、明确规定的、广泛规定的、一般规定的和抽象规定的8个等级。

- 问题难度，按解决问题所需创造性由低到高分为重复性的、模式化的、中间型的、适应性的和无先例的5个等级。

(3) 风险责任

风险责任是指工作职位承担者的行动自由度、行为后果影响及职务责任大小。

- 行动自由度是工作职位受指导和控制的程度，分为有规定的、受控制的、标准化的、一般性规范的、有指导的、方向性指导的、广泛性指引的、战略性指引的和一般性无指引的9个量级。
- 行为后果影响分为后勤性和咨询性间接辅助作用，分摊性和主要性直接影响作用两大类、4个级别。
- 职务责任分为微小、少量、中级和大量4个等级，并有相应的金额范围。

技能水平、解决问题能力和风险责任3个因素，在加总评价分数时实际上被归结为两个方面：技能水平与解决问题能力的乘积，反映的是一个工作职位人力资本存量使用性价值，即该工作职位承担者所拥有的技能水平(人力资本存量)实际使用后的绩效水平；而风险责任则反映的是某工作职位人力资本增量创新性价值，即该工作职位承担者利用其主观能动性进行创新所获得的绩效水平。

海氏认为职务具有一定的"形态"，这个形态主要取决于技能和解决问题的能力两因素相对于风险责任这一因素的影响力的对比和分配。

根据3种职务的"职务形态构成"，赋予3种职务3个不同的因素以不同的权重。即分别向3个职务的技能水平、解决问题的能力两因素与风险责任因素指派代表其重要型的一个百分数，这两个百分数之和恰为100%。根据一般性原则，可粗略地确定上山型、下山型和平路型的权重分配分别为(40%+60%)、(70%+30%)、(50%+50%)。

综合加总时，可以根据企业不同工作职位的具体情况赋予两者以权重。职务评价的最终结果可用以下计算公式表示：

$$W_i = \gamma \big[ F_i(T, M, H) \cdot Q \big] + \beta \big[ F_i(F, I, R) \big]$$

式中，$W_i$ 表示第 $i$ 种工作职位的相对价值；

$F_i(T, M, H) \cdot Q$ 为第 $i$ 种工作职位人力资本存量使用性价值；

$F_i(F, I, R)$ 为第 $i$ 种工作职位人力资本增量创新性价值；

$\gamma$、$\beta$ 分别表示第 $i$ 种工作职位人力资本存量使用性价值和增量创新性价值的权重，$\gamma + \beta = 1$。

一般情况下，$\gamma$、$\beta$ 的取值大致有3种情况：

① $\gamma = \beta$，如会计、技工等工作职位的情形(平路型)；

② $\gamma > \beta$，如工程师、营销员等工作职位的情形(下山型)；

③ $\gamma < \beta$，如总裁、副总裁、经理人员等工作职位的情形(上山型)。

$T$——专业理论知识(科学知识、专门技术及操作方法)；

$M$——管理诀窍(计划、组织、执行、控制及评价等管理诀窍)；

$H$——人际技能(有关激励、沟通、协调、培养等人际关系技巧)；

$Q$——解决问题能力；

$F$——行动自由度；

$I$——职务对后果形成的作用(行为后果影响)；

$R$——职务责任(风险责任)。

2. 海氏工作评价指导量表

海氏工作评价系统将3种付酬因素(见表6-12)的各子因素进行组合，形成3张海氏工作评价指导量表。

表6-12　海氏工作评价系统付酬因素描述

| 付酬因素 | 付酬因素定义 | 子因素 | 子因素释义 |
| --- | --- | --- | --- |
| 技能水平 | 是工作绩效达到可接受的水平所必需的专门知识及相应的实际运作技能的总和 | 专业理论知识 | 对该职务要求从事子行业领域的理论、实际方法与专门知识的理解。该子系统分8个等级，从基本的到权威专门技术的 |
| | | 管理诀窍 | 为达到要求绩效水平而具备的计划、组织、执行、控制、评价的能力与技巧。该子系统分5个等级，从起码的到全面的 |
| | | 人际技能 | 该职务所需要的沟通、协调、激励、培训、关系处理等方面主动而活跃的活动技巧。该子系统分为基本的、重要的、关键的3个等级 |
| 解决问题的能力 | 在工作中发现问题，分析诊断问题，提出、权衡与评价对策，作出决策等的能力 | 思维环境 | 指环境对职务行使者的思维的限制程度。该子因素分8个等级，从几乎一切按既定规则办的第一级(高度常规的)到只作了含糊规定的第八级 |
| | | 思维难度 | 指解决问题时对当事者创造性思维的要求，该子因素分5个等级，从几乎无须动脑只要按老规矩办的第一级(重复性的)，到完全无先例可供借鉴的第五级(无先例的) |
| 承担的风险责任 | 指职务行使者的行动对工作最终结果可能造成的影响及承担责任的大小 | 行动的自由度 | 职务能在多大程度上对其工作进行个人性指导与控制。该子因素包含9个等级，从自由度最小的第一级(有规定的)，到自由度最大的第九级(一般性无指导的) |
| | | 职务对后果形成的作用 | 该因素包括4个等级：第一级是后勤性质作用，即只在提供信息或偶然性服务上出力；第二级是咨询性作用，即出主意与提供建议；第三级是分摊性作用，即与本企业内外其他几个部门和个人合作，共同行动，责任分摊；第四级是主要作用，即由本人承担主要责任 |
| | | 职务责任 | 可能造成的经济性正负后果。该子因素包括4个等级，即微小的、少量的、中级的和大量的，每一级都有相应的金额下限，具体数额视企业情况而定 |

第一张量表供技能水平评价用，如表6-13所示。

表6-13 海氏工作评价指导量表——技能水平

| 管理诀窍<br>人际技能<br>专业理论知识 | 起码的 | | | 相关的 | | | 多样的 | | | 广博的 | | | 全面的 | | |
|---|---|---|---|---|---|---|---|---|---|---|---|---|---|---|---|
| | 基本的 | 重要的 | 关键的 | 基本的 | 重要的 | 关键的 | 基本的 | 重要的 | 关键的 | 基本的 | 重要的 | 关键的 | 基本的 | 重要的 | 关键的 |
| 基本的 | 50<br>57<br>66 | 57<br>66<br>76 | 66<br>76<br>87 | 66<br>76<br>87 | 76<br>87<br>100 | 87<br>100<br>115 | 87<br>100<br>115 | 100<br>115<br>132 | 115<br>132<br>152 | 115<br>132<br>152 | 132<br>152<br>175 | 152<br>175<br>200 | 152<br>175<br>200 | 175<br>200<br>230 | 200<br>230<br>264 |
| 初等<br>业务的 | 66<br>76<br>87 | 76<br>87<br>100 | 87<br>100<br>115 | 87<br>100<br>115 | 100<br>115<br>132 | 115<br>132<br>152 | 115<br>132<br>152 | 132<br>152<br>175 | 152<br>175<br>200 | 152<br>175<br>200 | 175<br>200<br>230 | 200<br>230<br>264 | 200<br>230<br>264 | 230<br>264<br>304 | 264<br>304<br>350 |
| 中等<br>业务的 | 87<br>100<br>115 | 100<br>115<br>132 | 115<br>132<br>152 | 115<br>132<br>152 | 132<br>152<br>175 | 152<br>175<br>200 | 152<br>175<br>200 | 175<br>200<br>230 | 200<br>230<br>264 | 200<br>230<br>264 | 230<br>264<br>304 | 264<br>304<br>350 | 264<br>304<br>350 | 304<br>350<br>400 | 350<br>400<br>460 |
| 高等<br>业务的 | 115<br>132<br>152 | 132<br>152<br>175 | 152<br>175<br>200 | 152<br>175<br>200 | 175<br>200<br>230 | 200<br>230<br>264 | 200<br>230<br>264 | 230<br>264<br>304 | 264<br>304<br>350 | 264<br>304<br>350 | 304<br>350<br>400 | 350<br>400<br>460 | 350<br>400<br>460 | 400<br>460<br>528 | 460<br>528<br>608 |
| 基本专门<br>技术 | 152<br>175<br>200 | 175<br>200<br>230 | 200<br>230<br>264 | 200<br>230<br>264 | 230<br>264<br>304 | 264<br>304<br>350 | 264<br>304<br>350 | 304<br>350<br>400 | 350<br>400<br>460 | 350<br>400<br>460 | 400<br>460<br>528 | 460<br>528<br>608 | 460<br>528<br>608 | 528<br>608<br>700 | 608<br>700<br>800 |
| 熟练专门<br>技术 | 200<br>230<br>264 | 230<br>264<br>304 | 264<br>304<br>350 | 264<br>304<br>350 | 304<br>350<br>400 | 350<br>400<br>460 | 350<br>400<br>460 | 400<br>460<br>528 | 460<br>528<br>608 | 460<br>528<br>608 | 528<br>608<br>700 | 608<br>700<br>800 | 608<br>700<br>800 | 700<br>800<br>920 | 800<br>920<br>1056 |
| 精通专门<br>技术 | 264<br>304<br>350 | 304<br>350<br>400 | 350<br>400<br>460 | 350<br>400<br>460 | 400<br>460<br>528 | 460<br>528<br>608 | 460<br>528<br>608 | 528<br>608<br>700 | 608<br>700<br>800 | 608<br>700<br>800 | 700<br>800<br>920 | 800<br>920<br>1056 | 800<br>920<br>1056 | 920<br>1056<br>1216 | 1056<br>1216<br>1400 |
| 权威专门<br>技术 | 350<br>400<br>460 | 400<br>460<br>528 | 460<br>528<br>608 | 460<br>528<br>608 | 528<br>608<br>700 | 608<br>700<br>800 | 608<br>700<br>800 | 700<br>800<br>920 | 800<br>920<br>1056 | 800<br>920<br>1056 | 920<br>1056<br>1216 | 1056<br>1216<br>1400 | 1056<br>1216<br>1400 | 1216<br>1400<br>1600 | 1400<br>1600<br>1840 |

第二张量表用来评定解决问题的能力，如表6-14所示。

表6-14 海氏工作评价指导量表——解决问题的能力(%)

| 思维难度<br>思维环境 | 重复性的 | 模式化的 | 中间型的 | 适应性的 | 无先例的 |
|---|---|---|---|---|---|
| 高度常规性的 | 10～12 | 14～16 | 19～22 | 25～29 | 33～38 |
| 常规性的 | 12～14 | 16～19 | 22～25 | 29～33 | 38～43 |
| 半常规性的 | 14～16 | 19～22 | 25～29 | 33～38 | 43～50 |
| 标准化的 | 16～19 | 22～25 | 29～33 | 38～43 | 50～57 |
| 明确规定的 | 19～22 | 25～29 | 33～38 | 43～50 | 57～66 |
| 广泛规定的 | 22～25 | 29～33 | 38～43 | 50～57 | 66～76 |
| 一般规定的 | 25～29 | 33～38 | 43～50 | 57～66 | 76～87 |
| 抽象规定的 | 29～33 | 38～43 | 50～57 | 66～76 | 87～100 |

第三张量表用来对风险责任进行评定，如表6-15所示。

表6-15 海氏工作评价指导量表——承担的风险责任

| 风险责任 职务对后果形成的作用 | 大小等级 微小 金额范围 间接 后勤 | 辅助 | 直接 分摊 | 主要 | 少量 间接 后勤 | 辅助 | 直接 分摊 | 主要 | 中量 间接 后勤 | 辅助 | 直接 分摊 | 主要 | 大量 间接 后勤 | 辅助 | 直接 分摊 | 主要 |
|---|---|---|---|---|---|---|---|---|---|---|---|---|---|---|---|---|
| 有规定的 | 10 | 14 | 19 | 25 | 14 | 19 | 25 | 33 | 19 | 25 | 33 | 43 | 25 | 33 | 43 | 57 |
| | 12 | 16 | 22 | 29 | 16 | 22 | 29 | 38 | 22 | 29 | 38 | 50 | 29 | 38 | 50 | 66 |
| | 14 | 19 | 25 | 33 | 19 | 25 | 33 | 43 | 25 | 33 | 43 | 57 | 33 | 43 | 57 | 76 |
| 受控制的 | 16 | 22 | 29 | 38 | 22 | 29 | 38 | 50 | 29 | 38 | 50 | 66 | 38 | 50 | 66 | 87 |
| | 19 | 25 | 33 | 43 | 25 | 33 | 43 | 57 | 33 | 43 | 57 | 76 | 43 | 57 | 76 | 100 |
| | 22 | 29 | 38 | 50 | 29 | 38 | 50 | 66 | 38 | 50 | 66 | 87 | 50 | 66 | 87 | 115 |
| 标准化的 | 25 | 33 | 43 | 57 | 33 | 43 | 57 | 76 | 43 | 57 | 76 | 100 | 57 | 76 | 100 | 132 |
| | 29 | 38 | 50 | 66 | 38 | 50 | 66 | 87 | 50 | 66 | 87 | 115 | 66 | 87 | 115 | 152 |
| | 33 | 43 | 57 | 76 | 43 | 57 | 76 | 100 | 57 | 76 | 100 | 132 | 76 | 100 | 132 | 175 |
| 一般性规范的 | 38 | 50 | 66 | 87 | 50 | 66 | 87 | 115 | 66 | 87 | 115 | 152 | 87 | 115 | 152 | 200 |
| | 43 | 57 | 76 | 100 | 57 | 76 | 100 | 132 | 76 | 100 | 132 | 175 | 100 | 132 | 175 | 230 |
| | 50 | 66 | 87 | 115 | 66 | 87 | 115 | 152 | 87 | 115 | 152 | 200 | 115 | 152 | 200 | 264 |
| 有指导的 | 57 | 76 | 100 | 132 | 76 | 100 | 132 | 175 | 100 | 132 | 175 | 230 | 132 | 175 | 230 | 304 |
| | 66 | 87 | 115 | 152 | 87 | 115 | 152 | 200 | 115 | 152 | 200 | 264 | 152 | 200 | 264 | 350 |
| | 76 | 100 | 132 | 175 | 100 | 132 | 175 | 230 | 132 | 175 | 230 | 304 | 175 | 230 | 304 | 400 |
| 方向性指导的 | 87 | 115 | 152 | 200 | 115 | 152 | 200 | 264 | 152 | 200 | 264 | 350 | 200 | 264 | 350 | 460 |
| | 100 | 132 | 175 | 230 | 132 | 175 | 230 | 304 | 175 | 230 | 304 | 400 | 230 | 304 | 400 | 528 |
| | 115 | 152 | 200 | 264 | 152 | 200 | 264 | 350 | 200 | 264 | 350 | 460 | 264 | 350 | 460 | 608 |
| 广泛性指导的 | 132 | 175 | 230 | 304 | 175 | 230 | 304 | 400 | 230 | 304 | 400 | 528 | 304 | 400 | 528 | 700 |
| | 152 | 200 | 264 | 350 | 200 | 264 | 350 | 460 | 264 | 350 | 460 | 608 | 350 | 460 | 608 | 800 |
| | 175 | 230 | 304 | 400 | 230 | 304 | 400 | 528 | 304 | 400 | 528 | 700 | 400 | 528 | 700 | 920 |
| 战略性指引的 | 200 | 264 | 350 | 460 | 264 | 350 | 460 | 608 | 350 | 460 | 608 | 800 | 460 | 608 | 800 | 1056 |
| | 230 | 304 | 400 | 528 | 304 | 400 | 528 | 700 | 400 | 528 | 700 | 920 | 528 | 700 | 920 | 1216 |
| | 264 | 350 | 460 | 608 | 350 | 460 | 608 | 800 | 460 | 608 | 800 | 1056 | 608 | 800 | 1056 | 1400 |
| 一般性无指引的 | 304 | 400 | 528 | 700 | 400 | 528 | 700 | 920 | 528 | 700 | 920 | 1216 | 700 | 920 | 1216 | 1600 |
| | 350 | 460 | 608 | 800 | 460 | 608 | 800 | 1056 | 608 | 800 | 1056 | 1400 | 800 | 1056 | 1400 | 1840 |
| | 400 | 528 | 700 | 920 | 528 | 700 | 920 | 1216 | 700 | 920 | 1216 | 1600 | 920 | 1216 | 1600 | 2112 |

3.海氏工作评价系统操作流程

海氏工作评价系统是一种非常有效的岗位测评方法，可是很多企业在实施时因没有按正规的操作流程进行，导致测评结果的准确性大打折扣。

**第一步：标杆岗位的选取**

规模稍微大一点的企业，岗位往往比较多，如果全方位进行岗位评估，评估者往往会因为被评估的岗位过多而敷衍了事，或者因岗位较多而难于对不同岗位进行区分，这样会使评估工作出现较多的偏差，此时就需要选取标杆岗位进行引导示范。

标杆岗位的选择有3个原则：够用(过多就起不到精简的作用，过少则非标杆岗位就很难安插，有些岗位价值就不能得到厘定)；好用(岗位可以进行横向比较)；中用(标杆岗位一定要能够代表所有的岗位)。

此外还要注意的是，同一个部门价值最高和价值最低的岗位一定都要选取。

### 第二步：准备好标杆岗位的工作说明书

工作说明书是岗位测评的基础，完善的、科学的岗位说明书能大大提高测评的有效性。没有详细的工作说明书作基础，测评者就只能凭主观印象对岗位进行打分，尤其当测评者不是对所有标杆岗位都很了解的时候，主观性就会增大。

### 第三步：成立专家评估小组

评估小组的人员由外部与内部两部分组成：企业外部的专家顾问要能站在中立、客观的角度进行测评，同时还能培训内部测评人员的测评方法和技巧；企业内部的测评人员一般要求在企业任职时间较长，对企业的业务和岗位非常了解，在不同的部门任过职。企业内部的测评人员一定要有良好的品德，能客观公正地评价事务。

### 第四步：进行海氏工作评价系统培训

这一步往往需要借助外部专家的力量。海氏测评法是一门比较复杂的测评技术，涉及很多的测评技巧。测评者一定要经过系统的培训，要对海氏测评法的设计原理、逻辑关系、评分过程、评分方法非常了解。

### 第五步：对标杆岗位进行海氏评分

海氏的评分工作一定要慎重。科学的做法是海氏测评法的培训讲师选出两个标杆岗位进行对比打分，详细阐述打分的过程和缘由。同时选择一名测评者作同样的演示，直到所有测评者完全清楚为止。测评者学会打分后，并不要立刻进行全面的海氏测评，可先选择部分标杆岗位进行测试，对测试结果进行统计分析，待专家认为测试结果满意后再全面铺开测评工作。

### 第六步：计算岗位的海氏得分并建立起岗位等级

计算岗位的海氏得分也很有技巧性。计算出各标杆岗位的平均分后，可算出每位评分者的评分与平均分的离差，对离差较大(超出事先设定标准)的分数可作去除处理。因为有些测评者为了本部门的利益或对有些岗位不熟悉而导致评分有较大偏差，在计算最后得分时务必要通过一些技术处理手段将这种偏差降到最低限度。

各标杆岗位最后得分出来后，按分数从高到低对标杆岗位排序，并按一定的分数差距(级差可根据划分等级的需要而定)对标杆岗位分级分层。然后，再将非标杆岗位按其对应的标杆岗位安插到相应的层级中。

4. 海氏测评法在实际操作中应注意的问题

任何一种岗位评价方法都存在一定的误差，有一些误差是技术缺陷，有一些误差是由人为因素造成的，这些人为因素在岗位评价过程中应该尽量避免或减少。

(1) 注意减少内部人操作的弊端。

(2) 降低测评者的主观偏差。

● 精心挑选测评者。

● 详尽的职位说明书。

● 部分标杆岗位先进行试测。

● 进行分析，差异大的除去与调整。

(3) 尽量结合人的因素。

(4) 根据企业的发展对测评结果进行阶段性调整。

(5) 特殊岗位特殊对待。

5. 海氏评价因素详解

海氏工作评价系统实质上是一种评分法。根据这个系统，所有职务所包含的最主要的付酬因素有3种，即技能水平、解决问题的能力和承担的风险责任。每一个付酬因素又分别由数量不等的子因素构成。

(1) 技能水平(know how)

技能水平是知识和技能的总称，共分为8个等级(见表6-16)，由两个子因素构成，如表6-17、表6-18所示。

表6-16  技能水平

| 等级 | 说明 | 职位 |
| --- | --- | --- |
| 基本的 | 熟悉简单的工作程序 | 复印机操作员 |
| 初步业务的 | 能同时操作多种简单的设备以完成一个工作流程 | 接待员、打字员、订单收订员 |
| 中等业务的 | 熟练掌握一些基本的方法和工艺，需具有使用专业设备的能力 | 人力资源助理、秘书、客户服务员、电气技师 |
| 高等业务的 | 能应用较为复杂的流程和系统，此系统需要相应技术知识(非理论性的) | 调度员、行政助理、拟稿人、维修领班、资深贸易员 |
| 基本专门技术 | 对涉及不同活动的实践所相关的技术有相当的理解，或者对科学的理论和原则基本理解 | 会计、劳资关系专员、工程师、人力资源顾问、中层经理 |
| 熟悉专门技术 | 通过对某一领域的深入实践而具有相关知识，或者/并且掌握了科学理论 | 人力资源经理、总监、综合部门经理、专业人士(工程、法律等方面) |
| 精通专门技术 | 精通理论、原则和综合技术 | 专家(工程、法律等方面)、CEO、副总、高级副总裁 |
| 权威专门技术 | 在综合技术领域成为公认的专家 | 公认的专家 |

① 管理技能

表6-17　管理技能

| 等级 | 说明 | 职位 |
|---|---|---|
| 起码的 | 仅关注活动的内容和目的，而不关心对其他活动的影响 | 会计、分析员、一线督导和经理、业务员 |
| 相关的 | 决定部门各种活动的方向、活动，涉及几个部门的协调等 | 主任、执行经理 |
| 多样的 | 决定一个大部门的方向或对组织的表现，有决定的影响 | 助理副总、副总、事业部经理 |
| 广博的 | 决定一个主要部门的方向，或对组织的规划、运作有战略性的影响 | 中型组织的CEO、大型组织的副总 |
| 全面的 | 对组织进行全面管理 | 大型组织的CEO |

② 人际技能

表6-18　人际技能

| 等级 | 说明 | 职位 |
|---|---|---|
| 基本的 | 对多数岗位在完成基本工作时均需基本的人际沟通技巧，要求在组织内与其他员工进行礼貌和有效的沟通，以获取信息和澄清疑问 | 会计、调度员、打字员 |
| 重要的 | 理解和影响人是此类工作的重要要求。此种能力既要理解他人的观点，也要有说服力以影响行为和改变观点或者改变处境，对于安排并督导他人工作的人，需要此类沟通能力 | 订货员、维修协调员、青年辅导员 |
| 关键的 | 对于需理解和激励人的岗位，需要最高级的沟通能力。需要谈判技巧的岗位的沟通技巧也属此等级 | 人力资源督导、小组督导、大部分经理、大部分一线督导、CEO、助理副总、副总 |

(2) 解决问题的能力 (problem solving)

解决问题的能力有两个子因素：思维环境和思维难度。思维环境指思维是否可从他人或过去的案例中获得指导。思维难度指思维的复杂程度。

① 思维环境的等级划分

高度常规性的：有非常详细和精确的法规和规定作指导，并可获得不断的协助。

常规性的：有非常详细的标准规定，并可立即获得协助。

半常规性：有较明确定义的复杂流程，有很多的先例可参考，并可获得适当的协助。

标准化的：有清晰但较为复杂的流程，有较多的先例可参考，可获得协助。

明确规定的：对特定目标有明确规定的框架。

广泛规定的：对功能目标有广泛规定的框架，某些方面有些模糊、抽象。

一般规定的：为达成组织目标和目的，在概念、原则和一般规定的原则下思考，有很多模糊、抽象的概念。

抽象规定的：依据商业原则、自然法则和政府法规进行思考。

② 思维难度的等级划分

重复性的：特定的情形仅需对熟悉的事情作简单的选择。

模式化的：相似的情形仅需对熟悉的事情进行鉴别性选择。

中间型的：不同的情形，需要在熟悉的领域内寻找方案。

适应性的：变化的情形要求分析、理解、评估和构建方案。

无先例的：新奇的或不重复的情形，要求创造新理念和富有创意的解决方案。

(3) 承担的风险责任(accountability)

承担的风险责任有3个子因素：行动的自由度、职务对后果形成的影响、职务责任，如表6-19和表6-20所示。

表6-19　行动的自由度

| 等级 | 说明 | 职位 |
|---|---|---|
| 有规定的 | 有明确的工作规程或者有固定的人督导 | 体力劳动者、工厂工人 |
| 受控制的 | 有直接和详细的工作指示或者有严密的督导 | 普通维修工、一般文员 |
| 标准化的 | 有工作规定，并已建立了工作程序，且受严密的督导 | 贸易助理、木工 |
| 一般性规范的 | 全部或部分有标准的规程、一般工作指示和督导 | 秘书、生产线工人、大多数一线文员 |
| 有指导的 | 全部或部分有先例可依或有明确规定的政策，也可获督导 | 大多专业职位、部分经理、部分主管 |
| 方向性指导的 | 仅就本质和规模，有相关的功能性政策，需要决定其活动范围和管理方向 | 某些部门经理、某些总监、某些高级顾问 |
| 广泛性指引的 | 就本质和规模，有粗放的功能性政策和目标，以及宽泛的政策 | 某些执行经理、某些副总助理、某些副总 |
| 战略性指引 | 有组织政策的指导，法律和社会的限制，组织的委托 | 关键执行人员、某些副总、CEO |

表6-20　职务对后果形成的影响

| 等级 | 说明 | 职位 |
|---|---|---|
| 后勤 | 由于向其他岗位提供服务或信息对职务后果形成作用 | 某些文员、数据录入员、后勤员工、内部审计、门卫 |
| 辅助 | 由于向其他岗位提供重要的支持服务而对结果有影响 | 工序操作员、秘书、工程师、会计、人力资源经理 |
| 分摊 | 对结果有明显的作用 | 介于辅助和主要之间 |
| 主要 | 直接影响和控制结果 | 督导、经理、总监、副总裁 |

### (三) 美世国际职位评估系统岗位评价

美世国际职位评估系统(international position evaluation system，IPE系统)是职位评估的新方法，也是国际上通用的两套职位评估方法之一。通过多位从事职位评估工作的资深专家的长期研发，它已由原来的基本方法发展成现在易于运用的IPE系统。它包含了对各行业职位进行比较的必要因素，并通过不断改进以配合机构的需要。

IPE系统共有4个因素、10个维度、104个级别，总分1225分，评估的结果可以分成48个级别。其4个因素是指：影响(impact)、沟通(communication)、创新(innovation)和知识(knowledge)。IPE系统实行4因素打分制，这4个因素包含了不同职位要求的决定性因素，每一因素可再分成2～3个方面，每一方面又有不同程度和比重之分。评估过程十分简单，只需为每一方面选择适当的程度，决定该程度相应的分数，然后把所有分数加起来便可。

### 1. IPE的设计目的

IPE的设计目的是为了在组织中科学地决定职位的相对价值等级。它使不同领域、职能的岗位，如营销、财务领域内的岗位，可以在一把尺度上进行比较。IPE在选择确定岗位价值的因素时，要考虑岗位的投入、过程和产出的全过程。筛选相互独立，且对岗位的价值有本质影响的因素，并确定每个因素在体系中的权重：因素的取向反映企业的经营价值导向；因素在一定程度上适用于所有岗位；因素反映岗位价值的本质；因素之间有联系，但是保持独立。

### 2. IPE评价指标与评价技术

IPE是通过岗位评价来完成的。岗位评价是一项系统工程，从整个评价系统来看，由评价指标、评价标准、评价技术方法和数据处理等若干子系统构成。这些子系统之间相互联系、相互衔接、相互制约，从而构成具有特定功能的有机整体。它不仅从属于企业劳动管理系统，而且从属于企业管理大系统。

岗位评价的因素较多，涉及面广，需要运用多种技术和方法才能对其进行准确的测定或评定，最终作出科学的评价。岗位评价方法很多，归纳起来主要有排列法、分类法、评分法和因素比较法4种。

### 3. IPE岗位评价因素

IPE岗位评价因素主要从职责规模、职责范围和工作复杂程度划分为7个维度，如图6-15所示。每一个岗位的级别不同，对岗位价值的影响因素与强弱也不同。

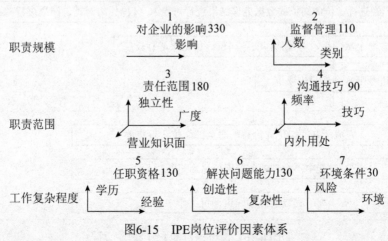

图6-15　IPE岗位评价因素体系

## (四) ALLPKU28因素评价法

ALLPKU28因素评价法是国内著名管理咨询公司北大纵横在总结多年管理咨询经验的基础上，设计的一套进行岗位评价的方法。它结合了中国企业的实际情况，在很大程度上能满足不同规模的企业的岗位评价需求。

1. 岗位评价的4个阶段

岗位评价主要分为4个阶段，如图6-16所示。

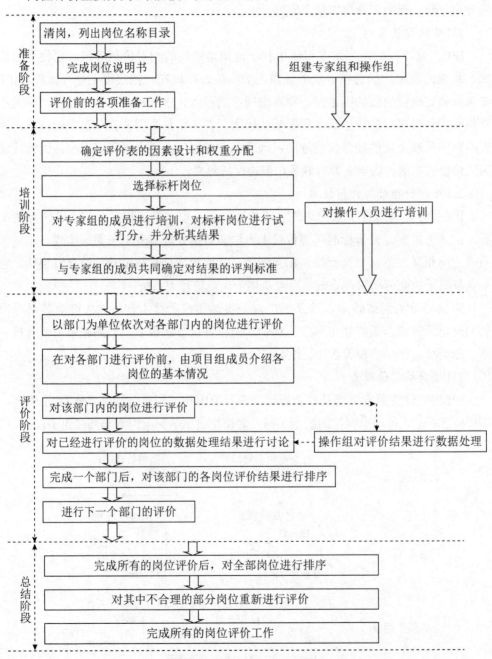

图 6-16　岗位评价的4个阶段

**2. ALLPKU28因素评价法岗位评价具体操作**

**第一步：选择岗位评价方法——评分法**

岗位评价方法的选择关系到岗位评价的最终结果。选择评分法，是由评分法的优点决定的：第一，科学性。这种方法采用明确的要素定义进行系统比较，减少了主观成分，并将每个岗位置于一个可调整的确切位置。第二，适应性。评分法的要素选择面较宽，能找到适用于各种人员(从工人、技术人员到管理人员等)的一整套要素。第三，扩展性。如增加新的岗位或者现有岗位重组后，评分法可以方便评定其等级。

**第二步：修改评价因素指标及权重**

目前所使用的岗位评价因素定义表采用的是国际通用的评价标准，其整体上的科学性毋庸置疑。但是由于企业的实际情况各异，具体应用时，专家组成员对评价表各项指标理解的差异，会直接影响岗位评价的质量。因此，针对开发部的实际情况与价值导向，通过与开发部领导沟通，项目组确定了每部分因素的分值，并对部分因素进行了修改。责任因素、知识技能因素、努力程度因素和工作环境因素的比例由原来的400∶300∶200∶100调整为500∶300∶200∶100，总分为1100分。经过讨论修改的11个因素分别是：直接成本/费用控制的责任、指导监督的责任、内部协调责任、法律上的责任、决策的层次、工作复杂性、文字运用能力、数学能力、精力集中程度、工作地点的稳定性、职业病及危险性。这些调整使得因素定义与分级表更全面、更具针对性。

**第三步：组建专家组**

专家组成员的素质以及成员总体的构成情况将直接影响岗位评价工作的质量。好的专家组成员必须能够客观地看问题，在打分时尽可能摆脱部门利益。第一，在选择专家时应充分考虑这个人是否一贯公正客观地看问题，此外，要在岗位评价工作开始前，对所有专家进行培训。第二，所选专家要对整体情况有一个较为全面的了解。第三，专家在群众中要有一定的影响力，这样才能使岗位评价最后的结果更具权威性。第四，从专家组整体的构成上来说，应该考虑到各个部门的特点，虽然没有必要每个部门都出一个人，但是对于工作性质和职能划分明显不同的情况，应该在专家组的人员构成上有所反映。注意，专家组的构成不能全部由中、高层干部组成，必须适当考虑基层员工。

**第四步：培训专家组成员并进行试打分**

在打分前，要对所有专家进行一次介绍性的岗位评价培训，并在培训后进行试打分，以发现问题进行前馈控制。培训主要介绍为什么要进行岗位评价、岗位评价的方法、为什么要选择评分法、岗位评价的流程、岗位评价常出现的问题及解决方法，以及岗位评价的结果与薪资结构的关系。

在培训时，要反复强调岗位评价针对的是岗位而不是个人，从岗位评价结果到最后的薪酬体系还有很长的路要走。目的是为了破除两种在专家头脑中形成的思维定势：一是在给某一岗位打分时，依据对这个岗位上某个人的印象，而不是岗位本身的客观情况来打分；二是专家认为岗位评价的分数就是岗位的收入，从而在打分时倾向于某些岗位。

**第五步：正式打分**

根据培训结果，专家组开始打分，在每一次为一个岗位打分前，根据培训情况采取由慢到快的过程，每一次都要等到把需要打分的岗位依据岗位说明书介绍清楚后再开始打分。由于打分的过程较长，要安排好作息时间表和甜点，形成良好的工作氛围。

**第六步：重新打分**

重新打分的对象是总分排序明显不合理的岗位和专家们意见明显不一致的因素。每个阶段结束后，操作组将需要重新打分的岗位反馈给专家组，专家组在充分讨论的基础上对这些岗位进行重新评估。

3. 岗位评价结果分析

(1) 试打分结果分析

试打分的目的一方面是让专家们熟悉打分的流程，发现问题以对正式打分进行前馈控制；另一方面是确定标杆岗位在所有岗位中的位置。标杆的选择是做好岗位评价工作的重点。

以笔者经历的一个人力资源薪酬绩效管理咨询项目为例：

开发部的岗位有78个，因为每个岗位的工作性质和内容都很不一样，对工作业绩的衡量也很不相同，这时候，如何使大家的工作在一定的程度上具有可衡量性，就需要一个参照系，而标杆就是这个参照系。开发部的岗位评价总共选出了13个岗位作为标杆，分别是总经理、行政副总、总会计师、分公司经理、规划部部长、总经理办公室主任、财务部副部长、总工办技术管理、战略发展部战略计划管理、销售中心策划、总经理办公室文秘、财务部记账会计、行政后勤部维修工。

标杆选择工作是由项目组成员讨论完成的。大家通过讨论定出了在目前开发部的岗位设置中具有典型性的岗位，并以此为标杆进行打分。试打分结果，如图6-17所示。

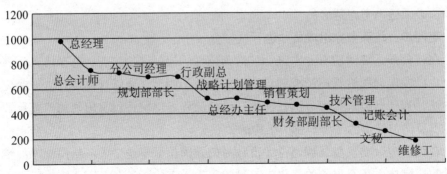

图6-17　试打分结果

(2) 正式打分结果分析

此次岗位评价共评价了78个岗位，每个岗位有28个因素。我们通过3种指标筛选出明显不合理的岗位，进行重新打分：一类是经验指标，即总分排序明显不合理的岗位；另一类是统计指标，即同时在标准差和变异系数允许的误差范围之外的因素。

由于总分排序不合理需要重新打分的共有8个岗位，分别是行政副总、总工程师、信息中心主任、人力资源部部长、总经理办公室主任、总工办技术管理、战略计划管理、分经理。这些岗位第一次正式打分排序明显不合理的原因很多：有的是因为组织结构刚刚调整，一些新设立的岗位职责不为专家所了解；有的是因为专家们没有完全做到岗位评价打分只针对岗位不针对个人，以至于有些岗位分值偏高，有些分值偏低，不符合实际情况。

在岗位评价过程中，人们对各个岗位的各项指标的理解肯定是不同的，因此差异的存在是必然的。为了确保岗位评价的科学性和一致性，需要制定一个标准，符合这个标准的数据被认为可以通过，不符合的则需要重新打分。在此，主要以标准差作为衡量差异的标准。对于每个岗位(共78个岗位)的每个因素(共28个因素)我们均得到了12位专家的打分。把这些数据进行标准化处理后，得到其标准差，共得到78×28个标准差。然后，画出标准差的分布图。通过分布图确定临界标准差。这样就从标准差的角度制定了一个标准。但是，得到的数据即使经过处理，其均值相差也是很大的，而均值会极大地影响标准差的大小，也就是说，有可能某组数据的标准差很大是因为本身均值很大，而不是离散程度很大。因此，单纯以标准差作为标准显然是不科学的，于是又使用了变异系数(即标准差除以均值，目的是消除均值对标准差的影响)，考察每组数据对于均值的相对偏离程度。与考察标准差的方法相同，求出每一组数据的变异系数，然后作分布，得出变异系数的临界值。这样，当每组数据的标准差和变异系数都大于临界值的时候，才认为该组数据不合理，应该重新打分。

根据经验和分布图，相对标准差大于或等于0.25(见图6-18)，并且变异系数大于或等于0.8(见图6-19)的因素差异过大，应该重新打分。这部分因素主要分布在行政副总、总工程师、总经理办公室主任、总工办技术管理、分公司经理、总工办主任、房库管理、计算机应用开发、战略1发展部部长、战略计划管理、资产管理、法律事务管理、信息中心主任、人力资源部部长、人力资源部薪酬管理、人力资源部人事管理、审计室主任、行政后勤部部长、财务部副部长、人力资源部培训发展管理、总经理办公室公共关系管理几个岗位上，因此，针对这些岗位进行重新打分。其中，行政副总、总工程师、信息中心主任、人力资源部部长、总经理办公室主任、总工办技术管理、战略计划管理、分公司经理已涵盖在第一次重新打分的岗位里，因此第二次重新打分的因素只剩下13个。

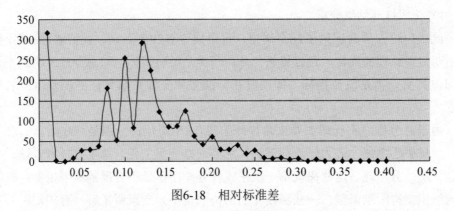

图6-18　相对标准差

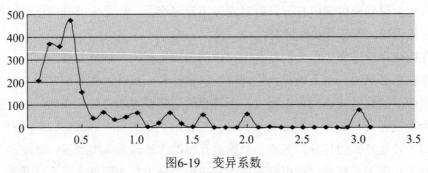

图6-19　变异系数

**(3) 重新打分结果分析**

重新打分结果经过统计分析,不合格指标数量在5%之内,是可以接受的。理想的情况是,如果经过重新打分,仍然在允许误差范围外的指标应该进行第3次打分,但考虑到时间和成本,这种误差应该被接受。

**4. 运用岗位评价需要注意的问题**

岗位评价的评分法具有良好的可扩展性。随着公司的发展,当新的岗位出现时,需要对这些新增加的岗位进行评价,评价的方法依然是组建专家组,采用上述工作流程进行。当企业经营的外部环境发生很大变化时,应该根据实际情况,看看是否有必要对一些岗位甚至所有岗位进行重新评价。因此,虽然这套评价体系是固定的,但是企业需要根据实际情况来不断调整。

同时,岗位评价本身也存在局限性,有些过于偏重于岗位而忽略了人性。这是该评价方法的一个"先天性"的缺陷,因为在原则中就已经明确表明这种评价方法评价的是工作岗位,而不是在这个岗位上工作的人。但是在实际工作中,人和岗位是不可分割的,过分强调岗位可能会影响人的工作热情。为了能使整体上的管理更加科学,必须对岗位作出一个评定,至于对人的因素的考虑,可以通过合理的工资结构设计、有效的企业文化建设、对特殊技能人员的奖励等其他因素来协调。

# 第七章│薪酬激励体系

**本章导读:**

战略性薪酬管理是以企业发展战略为依据,根据企业某一阶段的内部、外部总体情况,正确选择薪酬策略、系统设计薪酬体系并实施动态管理,以促进企业战略目标实现的活动。

战略性薪酬管理包括薪酬策略、薪酬体系、薪酬结构、薪酬水平、薪酬关系及其相应的薪酬管理制度和动态管理机制,是科学管理制度的有机组成部分。通过薪酬激励体系设计,企业可以解决以下问题:

(1) 企业的工资水平应该有多高?与同类企业相比处于什么水平?

(2) 工资的总体激励模式是什么?重点激励哪些人?重点激励哪些行为?

(3) 哪些岗位工资应该高,哪些应该低,不同岗位间的相对价值关系如何评价?

(4) 哪些员工工资应该高,哪些应该低,依据什么标准来评定?

(5) 不同的员工适用于哪一种工资结构?包括哪些元素?每一部分怎么计算?如何调整?

(6) 工资总额如何预算、测算、控制和调整?

## ▒▒▒ 第一节   激励机制理论与设计

激励机制是通过特定方法与管理体系将员工对组织及工作的承诺最大化的过程,是通过一套理性化的制度来反映激励主体与激励客体相互作用的方式,是通过特定的方法与管理体系,将员工对组织及工作的承诺最大化的过程。激励机制是在组织系统中,激励主体系统运用多种激励手段并使之规范化和相对固定化,而与激励客体相互作用、相互制约的结构、方式、关系及演变规律的总和。

## 一、激励的内涵、基本原则和作用

激励机制一旦形成,它就会内在地作用于组织系统本身,使组织机能处于一定的状态,并进一步影响组织的生存和发展。

## (一) 激励的内涵

所谓激励，就是组织通过设计适当的外部奖酬形式和工作环境，以一定的行为规范和惩罚性措施，借助信息沟通，来激发、引导组织成员的行为，以有效地实现组织及其成员个人目标的系统活动，主要包含如下几方面内容。

(1) 激励的出发点是满足组织成员的各种需要，即通过系统的设计、适当的外部奖酬形式和工作环境，来满足企业员工的外在性和内在性需要。

(2) 科学的激励工作需要奖励和惩罚并举，既要对员工表现出来的符合企业期望的行为进行奖励，又要对不符合企业期望的行为进行惩罚。

(3) 激励贯穿于企业员工工作的全过程，包括对员工个人需要的了解、个性的把握、行为过程的控制和行为结果的评价等。

(4) 信息沟通贯穿于激励工作的始末，从对激励制度的宣传、企业员工个人的了解，到对员工行为过程的控制和对员工行为结果的评价等，都依赖于一定的信息沟通。企业组织中信息沟通是否通畅，是否及时、准确、全面，直接影响激励制度的运用效果和激励工作的成本。

(5) 激励的最终目的是在实现组织预期目标的同时，也能让组织成员实现其个人目标，即达到组织目标和员工个人目标在客观上的统一。

## (二) 激励的基本原则

在激励设计的过程中，主要关注激励目标与被激励对象。在激励体系设计中要做到公开透明，让被激励对象面临的是同一把尺子，主要应遵循如下原则。

(1) 目标结合原则。在激励机制中，设置目标是一个关键环节，必须同时体现组织目标和员工需要的要求。

(2) 物质激励和精神激励相结合的原则。物质激励是基础，精神激励是根本。在两者结合的基础上，逐步过渡到以精神激励为主。

(3) 引导性原则。外激励措施只有转化为被激励者的自觉意愿，才能取得激励效果。因此，引导性原则是激励过程的内在要求。

(4) 合理性原则。激励的合理性原则包括两层含义：第一，激励的措施要适度，要根据所实现目标本身的价值大小确定适当的激励量；第二，奖惩要公平。

(5) 明确性原则。激励的明确性原则包括3层含义：第一，明确。激励的目的是需要做什么和必须怎么做。第二，公开。特别是分配奖金等大量员工关注的问题时，更为重要。第三，直观。实施物质奖励和精神奖励时都需要直观地表达其指标，总结和授予奖励与惩罚的方式。直观性与激励影响的心理效应成正比。

(6) 时效性原则。要把握激励的时机，"雪中送炭"和"雨后送伞"的效果是不一样的。激励越及时，越有利于将人们的激情推向高潮，使其创造力连续有效地发挥出来。

(7) 正激励与负激励相结合的原则。正激励就是对员工符合组织目标的期望行为进行奖励。负激励就是对员工违背组织目标的非期望行为进行惩罚。正负激励都是必要而有效的，不仅作用于当事人，而且会间接地影响周围其他人。

(8) 按需激励原则。激励的起点是满足员工的需要，但员工的需要因人因时而异，并且只有满足最迫切需要(主导需要)的措施，其效价才高，其激励强度才大。因此，必须深入地进行调查研究，不断了解员工需要层次和需要结构的变化趋势，有针对性地采取激励措施。

### (三) 激励的作用

对一个企业来说，科学的激励制度至少具有以下几个方面的作用。

(1) 吸引优秀的人才到企业来。

(2) 开发员工的潜在能力，促进在职员工充分发挥其才能和智慧。

(3) 留住优秀人才。

(4) 造就良性的竞争环境。

## 二、激励理论基础

激励理论的研究对象主要是人，对人的需求的研究与组织之间的关系，是众多理论体系的核心内容。自我价值的实现和约束的系列问题都是理论基础，通常有马斯洛需求层次理论、X理论、Y理论、成就需要理论、ERG理论和3C理论等。

### (一) 需求层次理论

马斯洛提出的需求层次理论，认为人类有5个层次的需求，如图7-1所示。

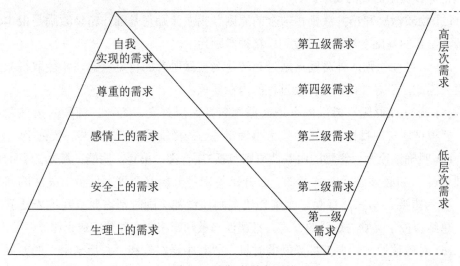

图7-1　马斯洛需求理论

马斯洛的需求层次理论，在一定程度上反映了人类行为和心理活动的共同规律。他从人的需求出发探索人的激励和研究人的行为，抓住了问题的关键；指出了人的需求是由低级向高级不断发展的，这一趋势基本上符合需求发展规律。因此，需求层次理论对企业管理者如何有效地调动人的积极性具有启发作用。

### (二) X理论

麦格雷戈1957年把传统的管理理论及其人性假设称为X理论。X理论对人性的假设是：

(1) 一般人的天性是厌恶工作的，一有可能就逃避工作。

(2) 因为人的天性是厌恶工作，所以必须对大多数人实行强制的监控指挥和用惩罚作威胁，使他们为实现组织目标作出适当努力。

(3) 一般人宁愿受到指挥，一心想逃避责任，相对来说是没有进取心，要求安全高于一切。

其结论是，多数人不能自我管理，因此需要另外的少数人从外部施加压力。传统的组织结构、管理政策、措施和计划都反映了上述假设。通行的激励措施，一是靠金钱刺激，二是靠严厉惩罚。

### (三) Y理论

麦格雷戈认为传统的指挥和控制的管理哲学已不再适用于激励人，因此需要一种对人进行管理的不同的理论。麦格雷戈把自己提出的新的理论称为Y理论。Y理论对人性的假设是：

(1) 在工作中消耗体力和智力的努力像游戏或休息一样自然，一般人并非天生就厌恶劳动。

(2) 外部控制和惩罚的威胁不是使人们努力实现组织目标的唯一手段。人们在自己对目标负有责任的工作中能够实现自我指挥和控制。

(3) 对目标负有责任是与成绩联系在一起的报酬的函数。其中，最重要的报酬，如自我意识和自我实现需要的满足，是努力实现组织目标的直接产物。

(4) 在适当条件下，一般人不仅能够学会接受责任，而且能够学会主动承担责任。逃避责任、缺乏进取心、强调安全感是经验的结果，不是人的天性。

(5) 在解决组织问题方面，多数人具有较高的想象力、独创性和创造力。

(6) 在现代工业生活条件下，仅仅部分地利用了一般人的智力潜能。

麦格雷戈认为，Y理论的假定表明了人的成长和发展的可能性，从Y理论派生出来的组织原则是一体化原则，即"创造一种条件，是组织成员通过努力争取企业成功，以更好地实现个人目标"。

### (四) 成就需要理论

成就需要理论是麦克利兰于20世纪50年代在一系列文章中提出的，他把人的高层次需要归纳为对权力、友谊和成就的需要。

(1) 权力需要。具有较高权力欲望的人对影响和控制别人表现出很大的兴趣，这种人总是追求领导者的地位，常常表现出喜欢争辩、健谈、直率和头脑冷静，善于提出问题和要求，喜欢教训别人，并乐于演讲等特点。麦克利兰还将组织中管理者的权力分为两种：一是个人权力，二是职位性权力。

(2) 友谊需要。麦克利兰指出，注重友谊需要的管理者容易因为讲究交情和义气而违背或不重视管理工作原则，从而导致组织效率下降。

(3) 成就需要。具有成就需要的人，对工作的胜任感和成功有强烈的要求，同样也担心失败。他们乐意，甚至热衷于接受挑战，往往为自己树立有一定难度而又不是高不可攀的目标；敢于冒风险，又能以现实的态度对待冒险，绝不会以迷信和侥幸心理对待未来，而是借助认真的分析和估计；愿意承担所做工作的个人责任，并希望得到所从事工作的明确而又迅速的反馈。

### (五) ERG理论

ERG理论是阿尔德弗于1969年提出的，他把人的需要分为3类，即存在需要、关系需要和成长需要。

(1) 存在需要。这类需要关系到机体的存在或生存，包括衣、食、住以及工作组织为使其得到这些因素而提供的手段。这实际上相当于马斯洛理论中的生理上的需要和安全上的需要。

(2) 关系需要。这是指发展人际关系的需要。这种需要通过工作中或工作以外与其他人的接触和交往得到满足。它相当于马斯洛理论中的感情上的需要和一部分尊重需要。

(3) 成长需要。这是个人自我发展和自我完善的需要。这种需要通过发展个人的潜力和才能，才能得到满足。它相当于马斯洛理论中的自我实现的需要和尊重的需要。

ERG理论在需要的分类上并不比马斯洛的理论更完善，对需要的解释也并未超出马斯洛需要理论的范围。如果认为马斯洛的需求层次理论是带有普遍意义的一般规律，那么，ERG理论则偏重于带有特殊性的个体差异，这表现在ERG理论对不同需要之间联系的限制较少上。

ERG理论的特点有：①并不强调需要层次的顺序，认为某种需要在一定时间内对行为起作用，而当这种需要得到满足后，可能去追求更高层次的需要，也可能没有这种上升趋势。②当较高级需要受到挫折时，可能会降而求其次。③当某种需要在得到基本满足后，其强烈程度不仅不会减弱，还可能会增强(见图7-2)，这就与马斯洛的观点不一致了。

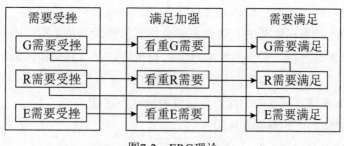

图7-2 ERG理论

### (六) 3C理论

奥费·考恩(Alfie Kohn)建议经理们必须注视被他称为"内部动力的3个C"的因素，即协作(collaboration)、满意(content)和抉择(choice)。

(1) 协作：当员工受到合作的鼓舞或有机会互相帮助彼此取得成功时，会受到激励，更加努力工作。

(2) 满意：当员工意识到他们的工作对组织的重要性时，当员工能理解他们的工作对组织的贡献时，员工会受到激励。

(3) 抉择：当员工在自己的工作中被授权进行决策时，会受到激励，更加努力地工作。

3C理论基于这样一个假设：激励员工，关键是激励他做事情的动机，而不是直接激励员工，那样只能影响他们做某事的动机。

## 三、激励机制

激励机制运行的过程就是激励主体与激励客体之间互动的过程，也就是激励工作的过程。激励机制主要内容包括精神激励、薪酬激励、荣誉激励和工作激励。

### (一) 激励机制的内容

激励机制是通过一套理性化的制度来反映激励主体与激励客体相互作用的方式，主要包含以下几方面内容。

1. 诱导因素集合

诱导因素集合是指用于调动员工积极性的各种奖酬资源。对诱导因素的提取，必须建立在对员工个人需要进行调查、分析和预测的基础上，然后根据组织的情况设计各种奖酬形式，包括各种外在性奖酬和内在性奖酬(通过工作设计来达到)。

2. 行为导向制度

行为导向制度是指组织对其成员所期望的努力方向、行为方式和应遵循的价值观的规定。在组织中，由诱导因素诱发的个体行为可能会朝向各个方向，同时，个人的价值观也不一定与组织的价值观相一致，这就要求组织在员工中间培养统驭性的主导价值观。行为导向一般强调全局观念、长远观念和集体观念，这些观念都是为实现组织的各种目标服务的。勒波夫博士在《怎样激励员工》一书中指出，世界上最伟大的原则是奖励。受到奖励的事会做得更好，在有利可图的情况下，每个人都会干得更漂亮。他还列出了企业应该奖励的10种行为方式：

(1) 奖励彻底解决问题的，而不是仅仅采取应急措施；

(2) 奖励冒险，而不是躲避风险；

(3) 奖励实用可行的创新，而不是盲目跟从；

(4) 奖励果断的行动，而不是无用的分析；

(5) 奖励出色的工作，而不是忙忙碌碌的行为；

(6) 奖励简单化，反对不必要的复杂化；

(7) 奖励默默无声的有效行动，反对哗众取宠；

(8) 奖励高质量的工作，而不是草率的行动；

(9) 奖励忠诚，反对背叛；

(10) 奖励合作，反对内讧。

勒波夫所列举的这些应该奖励的行为方式，对很多企业来说，都可作为其员工的行为导向。

### 3. 行为幅度制度

行为幅度制度是指对由诱导因素所激发的行为在强度方面的控制规则。根据弗洛姆的期望理论公式($M=V\times E$)，对个人行为幅度的控制是通过改变一定的奖酬与一定的绩效之间的关联性以及奖酬本身的价值来实现的。根据斯金纳的强化理论，按固定的比率和变化的比率来确定奖酬与绩效之间的关联性，会对员工行为产生不同的影响：前者会带来迅速的、非常高而且稳定的绩效，并呈现中等速度的行为消退趋势；后者将带来非常高的绩效，并呈现非常慢的行为消退趋势。通过行为幅度制度，可以将个人的努力水平调整在一定范围之内，以防止对员工的激励效率快速下降。

### 4. 行为时空制度

行为时空制度是指奖酬制度在时间和空间方面的规定。包括特定的外在性奖酬与特定绩效相关联的时间限制，员工与一定的工作相结合的时间限制，以及有效行为的空间范围。

### 5. 行为归化制度

行为归化制度是指对成员进行组织同化和对违反行为规范或达不到要求的处罚与教育。组织同化(organizational socialization)是指把新成员带入组织的一个系统的过程。它包括对新成员在人生观、价值观、工作态度、合乎规范的行为方式、工作关系、特定的工作机能等方面的教育，使他们成为符合组织风格和习惯的成员，从而具有一个合格的成员身份。关于各种处罚制度，要在事前向员工交代清楚，即对他们进行负强化。若违反行为规范和达不到要求的行为实际发生了，在给予适当处罚的同时，还要加强教育，目的是提高当事人对行为规范的认识和行为能力，即再一次的组织同化。

### (二) 人才类别与激励

对于企业中的成员来说，按照四方人才模型(见图7-3)从热情和能力两个维度可以分为4种类型，针对不同类型的人员其激励措施也不同。

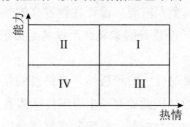

图7-3　四方人才模型

1. I型人才：高热情、高能力

这是企业最理想的杰出人才。基本对策是重用，充分授权，赋予更多责任。

2. II型人才：低热情、高能力

他们一般对自己的职位和前程没有明确目标。对其应有不同的应对方式：

(1) 挽救型

① 不断鼓励、不断鞭策，一方面肯定其能力和信任，一方面给予具体目标和要求。

② 必要时在报酬上适当刺激。

③ 特别要防止这些怀才不遇人才的牢骚和不满感染到企业，要及时沟通。

(2) 勿留型

3. III型人才：高热情、低能力

较常见的一种，尤其是年轻人和新进员工。

① 充分利用员工热情，及时对他们进行系统、有效的培训。

② 提出提高工作能力的具体要求和具体方法。

③ 调整到最适合的岗位或职务。

4. IV人才：低热情、低能力

对这类人才有不同的应对方向：

(1) 有限作用

① 不要对他们失去信心，但控制所花时间，开展小规模培训。

② 首先激发其工作热情，改变其工作态度，再安排到合适岗位。

(2) 解雇辞退

直接辞退，以防后患。

### (三) 激励机制设计模型

所谓激励机制的设计是指组织为实现其目标，根据其成员的个人需要，制定适当的行为规范和分配制度，以实现人力资源的最优配置，达到组织利益和个人利益的一致。其实质是要求管理者抱着人性的观念，通过理性化的制度来规范员工的行为，调动员工的工作积极性，谋求管理的人性化和制度化之间的平衡，以达到有序管理和有效管理。包括以下几个方面的内容：

(1) 出发点是满足员工个人需要。设计各种各样的外在奖酬形式，以及具有激励特性的工作，从而形成一个诱导因素集合，以满足员工个人的外在性需要和内在性需要。

(2) 直接目的是为了调动员工的积极性，最终目的是为了实现组织目标，谋求组织利益和个人利益的一致，因此要有一个组织目标体系来指引个人的努力方向。

(3) 核心是分配制度和行为规范。分配制度将诱导因素集合与目标体系连接起来，即达到特定的组织目标将会得到相应的奖酬；将员工的性格、能力、素质等个性因素与组织目标体系连接起来，规定了个人以一定的行为方式来达到一定的目标。

(4) 效率标准是使激励机制的运行富有效率。在费用相同的两个备选方案当中，选择目标实现程度较好的方案；在目标实现程度相同的两个方案中，选用费用较低的方案。而决定机制运行成本的是机制运行所需的信息。信息沟通贯穿于激励机制运行的始末，特别是组织在构造诱导因素集合时，对员工个人真实需要的了解，必须充分进行信息沟通。

(5) 最佳效果是在较低成本的条件下达到激励相容。即同时实现了员工个人目标和组织目标，使员工个人利益与组织利益达到一致。激励机制设计模型，如图7-4所示。

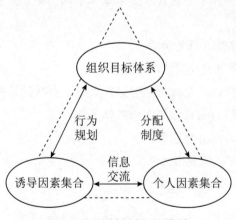

图7-4　激励机制设计模型

#### 1. 组织目标体系

组织目标体系是激励机制设计模型的3个支点之一。西蒙将组织目标区分为两个：能够维持组织生存下去的目标；保证组织发展壮大的目标。

佩罗则详细分析了组织的多层次目标，包括：

(1) 社会目标。

(2) 产量目标，如向消费者提供产品和服务的质量与数量等。

(3) 系统目标，如增长率、市场份额、组织气氛和在本行业中的地位等。

(4) 产品特性目标，如向消费者提供的产品或服务的品种、独特性、新颖性等。

(5) 其他派生目标，如参与政治活动、赞助教育事业、促进员工发展等。

组织目标是所有参加者的间接的个人目标，是组织参加者们一起进行组织活动，以满足各自不同动机的手段。组织可以通过组织同化，培养员工对组织的认同感、归属感，使员工将组织目标内在化为个人目标，这时员工对组织目标的追求就成为自觉的、主动的行为。

为了使组织目标更好地和员工的工作绩效相衔接，组织可以将目标进一步分解和细化，使之成为考核员工工作绩效的标准，包括在质量和数量两个维度上的规定。在设置考核目标时，要力求做到以下几点：

(1) 简洁、明确，用大家都能理解的语言和术语来讨论在一定期限内必须完成的主要任务及其目标。

(2) 简单且易于评估，最好能用量化指标。

(3) 有相容性，即各子目标之间相互衔接，并且相容于组织的整体目标。

(4) 有挑战性，以激发员工的工作热情。

(5) 有优先秩序，并形成一个目标体系。

(6) 短期目标和长期目标相结合，局部目标和整体目标相结合。

2. 诱导因素集合

除了经济性诱因之外，组织的认同、组织提供的个人锻炼和发展机会、带薪休假时间和对工作方式选择的自由等，都可成为很有吸引力的诱导因素。

但是，个人衡量"贡献""诱因""净效果"的尺度并不是客观的，大多由主观所决定。就组织方面来说，为了获得其成员的协作意愿，一般采取以下措施：为成员提供各种刺激；通过说服和教育来影响成员的主观态度，包括培养成员的协作精神、忠诚心，号召他们发挥集体主义精神和认同组织的目标等。

3. 个人因素集合

个人因素包括个人需要、价值观等决定个人加入组织的动机，以及个人的能力、素质、潜力等决定个人对组织贡献大小的一些因素。而研究人的行为，只能从人的需要出发。

杰出的工作表现总是和人们受到使人非信不可而又简单明了的，甚至可成为美妙的价值观的激励有关的。因此，价值观对个人行为起导向作用，能在一定程度上影响个人的需要结构。组织在建立激励机制时，也要将影响和引导个人价值观的一些措施纳入激励机制的运行体系当中，使管理者对员工起影响作用。

人的能力的发展在一定程度上取决于自身的素质，人的素质是能力发展的基础。因此，管理者还要善于发现员工的基本素质和能力发展潜力，对企业的人才做到既使用又培养。另外，个人的价值观对能力的运用既可以起到促进作用又可起到制约作用，因此组织要通过主导价值观教育，来促进员工能力水平的发挥。总之，组织的激励机制设计要充分考虑员工素质、能力水平以及个人要求发展的愿望，使目标设置、工作安排与这些因素相匹配。

### (四) 激励机制的作用

激励机制一旦形成，就会内在地作用于组织系统本身，使组织机能处于一定的状态，并进一步影响组织的生存和发展。激励机制对组织的作用有两种，即助长作用和致弱作用。

#### 1. 助长作用

激励机制的助长作用是指一定的激励机制对员工的某种符合组织期望的行为具有反复强化、不断增强的作用，在这样的激励机制作用下，组织不断发展壮大、不断成长。我们称这样的激励机制为良好的激励机制。当然，在良好的激励机制中，肯定有负强化和惩罚措施对员工的不符合组织期望的行为起约束作用。因此，管理者应能找准员工的真正需要，并将满足员工需要的措施与组织目标的实现有效结合起来。

#### 2. 致弱作用

尽管激励机制设计者的初衷是希望通过激励机制的运行，有效地调动员工的积极性、实现组织的目标，但是，无论是激励机制本身不健全，还是不具有可行性，都会对一部分员工的工作积极性起抑制作用和削弱作用，这就是激励机制的致弱作用。因此，对于存在致弱作用的激励机制，必须将其中的去激励因素根除，代之以有效的激励因素。

### (五) 激励机制的运行模式

激励机制运行的过程是激励主体与激励客体之间互动的过程，也是激励工作的过程。激动机制设计所涉及的信息交流，一方面使组织能及时、有效、准确地把握员工个人的各种需要和工作动机，从而确定相应的奖酬形式；另一方面，可使员工了解到组织有哪些奖酬资源，以及怎样才能获得自己所需要的奖酬资源，故而是一种双向的信息交流。基于双向信息交流的激励运行模式，如图7-5所示。

这种激励机制的运行模式，是从员工进入工作状态之前开始的，贯穿于实现组织目标的全过程，故又称之为全过程激励模式。其工作内容分别如下。

第一，双向交流。管理人员要了解员工的个人需要、事业规划、能力和素质等，同时向员工阐明组织的目标、价值观、奖酬内容、绩效考核标准和行为规范等；员工则要把自己的能力和特长、个人的各方面要求和想法恰如其分地表达出来，同时了解清楚组织对自己的各方面要求。

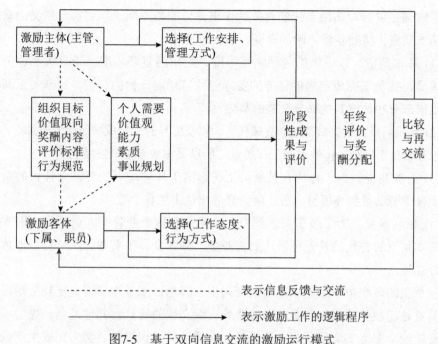

图7-5 基于双向信息交流的激励运行模式

第二，各自选择行为。通过前一步的双向交流，管理人员将根据员工个人的特长、能力、素质和工作意向给他们安排适当的岗位，提出适当的努力目标和考核办法，采取适当的管理方式并付诸行动；而员工则采取适当的工作态度、行为方式和努力程度开始工作。

第三，阶段性评价。要对员工已经取得的阶段性成果和工作进展及时进行评判，以作适应性调整。同时应选择适当的评价周期，可根据员工的具体工作任务确定为一周、一个月、一个季度或半年等。

第四，年终评价与奖酬分配。

第五，比较与再交流。员工可对自己从工作过程和任务完成后所获得的奖酬与其他可比的人以及自己的过去相比较，如不满意，可再与管理人员进行建设性磋商，以达成一致意见。若双方不能达成一致意见，契约关系将中断。

# 第二节　薪酬的内涵和构成

薪酬管理是指组织针对所有员工所提供的服务来确定他们应当得到的报酬总额以及报酬结构和报酬形式的一个过程。在这个过程中，企业就薪酬水平、薪酬体系、薪酬结构、薪酬构成以及特殊员工群体的薪酬作出决策。同时，作为一种持续的组织过程，还要持续不断地制订薪酬计划，拟定薪酬预算，就薪酬管理问题与员工进行沟通，同时对薪酬系统的有效性作出评价而后不断予以完善。广义的薪酬应包括基本薪资、奖励薪资、附加薪资、福利薪资等。

(1) 基本薪资。以员工的劳动熟练程度、工作的复杂程度、责任大小、劳动强度为基准，按员工完成定额的任务的实际劳动消耗而计付的薪资。这是员工薪资的主要组成部分和计算其他部分金额的基础。

(2) 奖励薪资。根据员工超额完成任务，以及优异的工作成绩而计付的薪资。其作用在于激励员工提高工作效率和工作质量，所以又称效率工资或激励工资。

(3) 附加薪资。为了补偿和鼓励员工在恶劣工作环境下的劳动而计付的薪资。有利于吸引劳动者到环境脏、苦、险、累的岗位上工作。

(4) 福利薪资。为了吸引员工到企业工作或维持企业骨干人员的稳定而支付的作为基本薪资的补充的若干项目，如失业金、养老金、午餐费、医疗费、退休金及利润分红等。

在员工的薪酬中，应当以基本薪资为主，因为：①基本薪资是定额劳动报酬，奖励薪资是超额劳动报酬；②基本薪资具有综合性的特点，其他是单一性的；③基本薪资能较全面地实现薪资的各项职能，对调动员工积极性、努力完成生产或工作任务以及刻苦钻研业务、提高员工的素质具有重要作用。

## 一、薪酬、工资和福利的区别

随着现代企业制度的建立，以及企业间人才争夺战的愈演愈烈，工资和薪酬已演变成两个不同的概念。

在现代企业的分配制度中，对企业中任何一名员工实行的是工资制，对企业中的技术创新者和职业经理人实行的是薪酬制。前者是由人事部门决定的，后者则是由董事会直接决定的。工资是人力资源作为劳动力而享受的回报，而薪酬是人力资本作为资本而享受的回报。

薪酬制度包括5项内容：岗位工资、年终奖、员工持股、职务消费及福利补贴。

岗位工资只代表薪酬的一部分，是指一个人值多少钱。年终奖是本着责权利对称的原则，对在年终超额完成工作任务的部分给予的奖励。员工持股主要指期权和股权，它强调差别，区别于以社会保障为目的的员工持股。职务消费指由职务引发的消费，应计入薪酬制度。因为薪酬一般是与个人或班组的劳动者群体的劳动量相联系的劳动报酬，不论是以现金支付还是以非现金支付，它都具有很强的目的性。而福利补贴是不与劳动者的个别劳动量或群体劳动量相联系的。有些福利每个人都有权利享受，具有普惠性，如免费午餐；有些可能只是部分人受益，或对享受福利的对象加以一定的附加条件，如规定需达到一定职务者才能配备专用公务车等。薪酬与福利虽然有明显的区别，但两者的界限有时也比较模糊，甚至可以相互转化。

## 二、薪酬结构

薪酬结构是指组织中各种工作或岗位之间薪酬水平的比例关系，包括不同层次工作之间报酬差异的相对比值和不同层次工作之间报酬差异的绝对水平，也指企业总体薪酬所包含的固定部分薪酬(主要指基本工资)和浮动部分薪酬(主要指奖金和绩效薪酬)所占的比例。薪酬结构是依据公司的经营战略、经济能力、人力资源配置战略和市场薪酬水平等为公司内价值不同的岗位制定不同的薪酬水平和薪酬要素，并且提供确认员工个人贡献的办法。

### (一) 薪酬的构成分析

薪酬构成是指薪金报酬的各组成部分在薪酬总体中的结构与比例。它的各个成分各有侧重地执行不同的薪酬职能，以更好地体现按劳分配原则和全面调动劳动者的积极性，促进生产(工作)提高、效益增加，如图7-6所示。

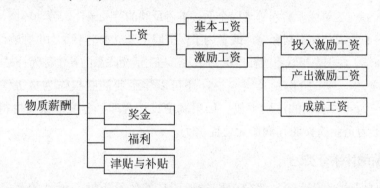

图7-6　薪酬的构成

1. 工资

首先是基本工资，员工只要在企业中就业，就能定期拿到一个固定数额的劳动报酬，多以小时工资、月薪、年薪等形式(计时的形式)出现，也分为基础工资、工龄工资和职位工资等。

工资一般还应包括激励工资，即工资中随员工工作努力程度和劳动成果的变化而变化的部分。激励工资有类似于奖金的性质，可以采取3种形式：

① 投入激励工资，即随着员工工作努力程度变化而变化的工资。

② 产出激励工资，即随着员工劳动产出的变化而变化的工资。

③ 成就工资，即当员工的工作卓有成效，为企业作出突出贡献的时候，企业以提高基本工资的形式付给员工的报酬。

成就工资是对员工在过去较长一段时间内所取得的成就的"追认"，是对工资的永久性的增加；而前两种形式的激励工资与员工当前的表现和业绩挂钩，是一次性的。

**2. 奖金**

奖金是企业对员工的超额劳动部分或者劳动绩效突出部分所支付的奖励性报酬，是企业为了鼓励员工提高劳动效率和工作质量付给员工的货币奖励。奖金的支付客体是正常劳动以外的超额劳动，随劳动绩效而变动，支付给那些符合奖励条件的员工。奖金的表现形式包括红利、利润分享以及通常所说的奖励金等。

**3. 福利**

从支付对象的角度看，福利可以分为全员性福利、只供某一特殊群体享受的特种福利，以及特困补助。全员福利是所有员工都能够享受的待遇，其分配基础就是平均率。特种福利是针对企业里的高级人才设计的(如高层经营管理人员或者具有专门技能的专业人员等)，这种福利的依据是贡献率，是对这些人员特殊贡献的回报(如高级住宅津贴、股票优先购买权、专车服务等)。特困补助则是面向有特殊困难员工的，如工伤残疾、重病等，其基础是需要率。

**4. 津贴与补贴**

津贴是指对工资或者薪水等难以全面、准确反映的劳动条件、劳动环境、社会评价等对员工身心造成某种不利影响，或者为了保证职工工资水平不受物价影响而支付给职工的一种补偿。与工作相联系的补偿称为津贴，与生活相联系的补偿称为补贴。

除此之外，对于股份制公司来说，还可以将企业的股权作为员工薪酬的一部分，以此作为一种长期的激励手段。如果制度设计合理、分配体系安排得当，股权可以让员工为企业的长期利润最大化而努力。

## (二) 薪酬体系分类

一个公司的薪酬设计必然分门别类，所在的体系不同，设计的薪资结构也不同，于是就有了薪资的等级和体系层次。

不同的工种担任的职能不同，工作属性也不同。薪酬体系可以分为：计件/计时薪酬体系、职能薪酬体系、技能薪酬体系等多个类别。

**1. 计件/计时薪酬体系**

该薪酬体系主要针对的是一些临时的工作，临时的加班或者是临时工作人员，好处在于公平原则性强，没有其他外界因素，客观性较强，有较好的激励作用。但是不适合于长期的工作，因为计件/计时的过程较复杂，长期统计容易出错，而引起员工的不满。

**2. 职能薪酬体系**

职能薪酬体系通常以职务加给的形式设计。职务加给，顾名思义就是与担任的工作有关，因为不同的工作有不同的压力环境，联络沟通层面与负担的责任有关，因此如果能对全公司的工作作一评价，并将所得到的评价转换成不同的职务加给，对公司职务的轮调会很有帮助。

大部分公司的情况是，将职务加给与资格加给混在一起，也称为职务加给，但是员工晋升之后，工作内容没有变，职务加给却增多了。职务加给的设计，就是为了实现同工同酬的理想。

### 3. 技能薪酬体系

决定技能工资的要素，根据职工所具有的知识、经验、能力、体力、精力及其他在开展工作时所必需的综合技能来综合确定。技能工资有其相应的考察期间，每年进行一次调整。对于新参加工作者的技能工资，原则上在一年之内不享受技能工资，但对其中成绩优秀者，经特别审查，可支付给其技能工资。对于技能薪酬体系，重要的是对技能工资的评审，其过程的公正性、严密性是薪酬管理重点的环节。

## 三、薪酬定位

薪酬定位，是人力资源工作者重点关注的焦点之一。目前被一些专家所推崇、在企业也较为流行的薪酬定位模式，大致有如下3种。

(1) 基于职位的薪酬定位，即根据职位的不同而进行职位评估，确定职位的重要性，然后依据市场行情来确定有竞争力的薪酬，如图7-7所示。

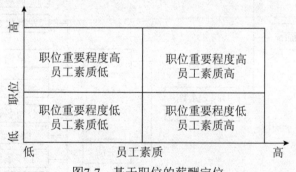

图7-7　基于职位的薪酬定位

这种定位的总原则是：只有当重要的岗位由完全胜任的人才来担任时，才真正做到了人职匹配，否则，其余任何一种情形的搭配均非最佳状态，甚至是错误的。

(2) 基于技能的薪酬定位，即根据员工的技能与职位的要求吻合度来确定薪酬。这是一种颇为合理的定薪方式，但是，假设条件是所有员工是均质的，即每一位员工都能自觉地发挥其主观能动性，也就是按经典管理理论来说属于"Y理论"范畴。

(3) 基于绩效的薪酬定位，即根据员工的绩效表现来支付薪酬。从理论上说，此种薪酬定位模式远比前两种合理，但在实施过程中，也会遇到许多难以克服的问题：首先，新员工是否按绩效定薪？其次，对老员工如何确定其绩效薪酬？

## ⁝⁝⁝ 第三节　薪酬激励设计和薪酬设计

激励是管理的核心,而薪酬激励是企业目前普遍采用的一种激励手段,因为相对于内在激励,企业管理者更容易控制,而且也较容易衡量使用效果。所谓有效的薪酬激励只是相对于传统的利用工资、金钱等外在的物质因素来促使员工完成企业工作目标而言的。它更多地从尊重员工的能力、愿望、个人决策和自主选择角度出发,从而能更好地创造员工个人与企业利益的一体化氛围。

### 一、薪酬分配

与传统的工资概念所不同的是,薪酬还包含了非货币形式的报酬。现代企业薪酬组成,如图7-8所示。

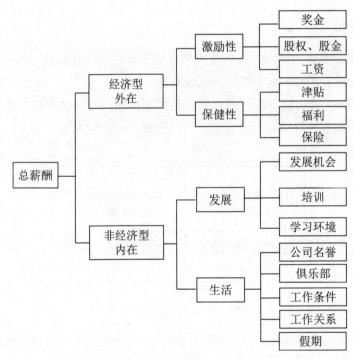

图7-8　薪酬组成

### (一) 薪酬分配的根本目的和重要性

从根本上思考,企业薪酬分配的根本目的和重要性主要体现在以下几个方面。

(1) 要促进企业的可持续发展。价值分配是人力资源价值链管理的终结,同时也是价值管理的起始。当一次价值创造过程完成时,如果价值分配不合理,那么人们就不会开始第二次价值创造,企业要获得可持续发展,必须解决价值分配中现在与将来的矛盾、老员工与新员工的矛盾及团体和个体之间的矛盾。

(2) 要强化企业的核心价值观。

(3) 要能够支持企业战略的实施。这就必须考虑到薪酬分配中的外部竞争性原则和内部公平性原则。

(4) 要有利于培育和增强企业的核心竞争能力。核心竞争能力的本质就是承载在企业人力资源(资本)身上的核心知识和技能，以及对这些核心知识和技能的整合、共享及不断学习和创新的能力。企业的薪酬制度不仅仅是企业的一项基本的管理制度，它更是一种机制，是企业培育核心竞争能力的保障。企业确定了自己核心竞争能力所需要员工的知识和技能后，薪酬设计就应该向具备这些知识和技能的员工倾斜。

(5) 要有利于吸引和留住企业的核心、关键人才。

(6) 要有利于营造响应变革和实施变革的文化等。

**(二) 薪酬分配的4个基本命题**

(1) 关于价值创造者——谁创造了企业的价值？知识经济时代，知识与职业企业家成为企业价值创造的主导要素，具有对剩余价值的索取权。

(2) 关于价值贡献度——创造了多少价值？这就是薪酬分配中的价值评价问题，涉及评价的因素、标准、方法和程序等。

(3) 关于价值分配形式——拿什么分给价值创造者？

(4) 关于价值分配量值——给价值创造者分多少？一个企业能分享的利益是有限度的，价值分配的根本目的是为企业创造更大的价值。为此要掌握两个原则，即二八原则和分层原则。

首先，要掌握二八原则。根据价值创造的规律性，在一个企业中，20%的人创造了80%的价值，因此在价值分配中，一定要弄清楚对于企业来说哪些人属于这20%。

其次，要掌握分层原则。客观、公正的分配必须建立在客观公正的评价基础上。由于企业中各层各类人员分别扮演不同的角色，其贡献形式也不一样，为了保证激励的有效性，必须对不同的人员采取不同的分配方式，设置不同的分配权重。

## 二、薪酬设计原则和主要考虑因素

薪酬设计作为分配价值的形式之一，设计时应当遵循按劳分配、效率优先、兼顾公平及可持续发展的原则，特别需要注意的是，薪酬设计的原则要以薪酬战略为目标导向。

### (一) 薪酬设计原则

设计薪酬时必须遵循一定的原则，包括战略导向、经济性、体现员工价值、激励作用、相对公平、外部竞争性原则等。

### 1. 战略导向原则

战略导向原则强调企业设计薪酬时必须从企业战略的角度进行分析,制定的薪酬政策和制度必须体现企业发展战略的要求。企业的薪酬不仅仅是一种制度,更是一种机制。合理的薪酬制度驱动和鞭策那些有利于企业发展战略的因素的成长和提高,同时使那些不利于企业发展战略的因素得到有效遏制、消退和淘汰。

### 2. 经济性原则

经济性原则强调企业设计薪酬时必须充分考虑企业自身发展的特点和支付能力。短期来看,企业的销售收入扣除各项非人工(人力资源)费用和成本后,要能够支付起企业所有员工的薪酬;长期来看,企业在支付所有员工的薪酬,及补偿所用非人工费用和成本后,要有盈余,这样才能支撑企业追加和扩大投资,使企业能够可持续发展。

### 3. 体现员工价值原则

现代的人力资源管理必须解决企业的三大基本矛盾,即人力资源管理与企业发展战略之间的矛盾,企业发展与员工发展之间的矛盾,以及员工创造与员工待遇之间的矛盾。因此,在设计薪酬时,必须充分体现员工的价值,使员工的发展与企业的发展协调起来,保持员工创造与员工待遇(价值创造与价值分配)之间短期和长期的平衡。

### 4. 激励作用原则

激励作用原则就是强调企业在设计薪酬时必须充分考虑薪酬的激励作用,即薪酬的激励效果。这里涉及企业薪酬(人力资源投入)与激励效果(产出)之间的比例代数关系,要充分考虑各种因素,使薪酬的支付获得最大的激励效果。

### 5. 相对公平原则

相对公平原则又称内部一致性原则,是斯密公平理论在薪酬设计中的运用,它强调企业在设计薪酬时要一碗水端平。主要包含以下方面:一是横向公平,即企业所有员工之间的薪酬标准、尺度应该是一致的;二是纵向公平,即企业设计薪酬时必须考虑历史的延续性,一个员工过去的投入产出比和现在乃至将来都应该基本上是一致的,而且还应该是有所增长的。这里涉及工资刚性问题,即企业发给员工的工资水平在正常情况下只能看涨,不能看跌,否则会引起员工很大的不满。

### 6. 外部竞争性原则

外部竞争性原则强调企业在设计薪酬时必须考虑同行业薪酬市场的薪酬水平和竞争对手的薪酬水平,具有一定的竞争力,能充分地吸引和留住企业发展所需的战略、关键性人才。

## (二) 薪酬设计必须考虑的因素

企业设计薪酬时,要在薪酬策略的指导下,对影响企业薪酬设计的因素进行分析，包括战略发展阶段、文化、市场竞争和价值因素等。

### 1. 战略发展阶段因素

薪酬设计必须充分考虑企业的发展战略，要与战略导向原则保持一致。此外，还必须结合企业自身的发展阶段，不同的阶段对薪酬策略的要求也不一样。比如在创立期，企业的薪酬政策关注的易操作性和激励性，表现出非常个人化的随机性报酬，在薪酬评价上以主观为主，总裁拥有90%以上的决策权；处于高速成长期的企业，在制定薪酬政策时，必须考虑到薪酬的激励作用，薪酬工资、奖金、长期报酬、福利水平也会要求比较高。

### 2. 文化因素

文化因素主要是指企业工作所倡导的文化氛围，一般有4种：功能型、流程型、时效型和网络型。

#### (1) 功能型

功能型工作文化的企业强调严密的自上而下的行政管理体系、清晰的责任制度、专业化分工等，设计薪酬时一般以职务工资制为主。

#### (2) 流程型

流程型工作文化的特点是以客户满意度为导向来确定价值链，基于团队和相互学习的工作关系，共同承担责任，围绕流程和供应链来设计部门等。现在很多企业的工作文化都开始向流程型转变。这种工作文化的企业在设计薪酬时主要以客户、市场导向为主，一般以职能工资制为主。

#### (3) 时效型

时效型工作文化的特点是集中资源，抓住机会，迅速把产品和服务推向市场，强调高增长和新市场进入。此类企业在设计薪酬时主要考虑时效和速度因素，同时考虑工作质量因素，一般以绩效工资制为主。

#### (4) 网络型

网络型工作文化没有严密的层级关系，承认个人的特殊贡献，强调战略合作伙伴；以合伙人方式分配权力，强调对公司总体目标的贡献；以"合同"方式形成工作网络。典型的形态有律师事务所、会计事务所、某些咨询公司等。此类企业在设计薪酬时主要强调利益共享、风险共担。

### 3. 市场竞争因素

薪酬设计的市场竞争原则，主要是强调企业在设计薪酬时应该考虑哪些市场竞争因素，包括市场薪酬水平、市场人才供给与需求情况、竞争对手的薪酬政策与薪酬水平、企业所在市场的特点与竞争态势等。

### 4. 价值因素

价值因素是指企业必须支付薪酬的因素。现在企业中一般的付酬因素分为3类，即岗位因素、知识能力因素和绩效因素。岗位因素主要评价每个岗位所承担责任的大小、在公司中价值的大小，是确定岗位工资的基础；知识能力因素主要是评价企业中每个员工身上承载的知识和能力的大小，以及这些能力对企业发展战略的重要性，是确定能力工资的基础；绩效因素主要是评价员工为企业工作，做出了多少业绩，以及这些业绩对企业发展的重要性，是确定绩效工资的基础。

## 三、薪酬设计的策略选择

薪酬设计首先必须在发展战略的指导下制定薪酬策略，主要包含水平策略和结构策略两个方面。

### (一) 薪酬水平策略

薪酬的水平策略主要是制定企业相对于当地市场薪酬行情和竞争对手薪酬水平的企业自身薪酬水平策略。

**1. 市场领先策略**

采用这种薪酬策略的企业，薪酬水平在同行业的竞争对手中是处于领先地位的。一般基于以下几点考虑：市场处于扩张期，有很多的市场机会和成长空间，对高素质人才需求迫切；企业自身处于高速成长期，薪酬的支付能力比较强；在同行业的市场中处于领导地位等。20世纪90年代初的深圳华为公司采用的就是市场领先的薪酬策略，因为当时的通信行业正处于高速成长期，同时华为也处于飞速发展期。

**2. 市场跟随策略**

采用这种策略的企业，一般都建立或找准了自己的标杆企业，企业的经营与管理模式都是向自己的标杆企业看齐，薪酬水平跟标杆企业差不多就行。

**3. 成本导向策略**

成本导向策略也叫落后薪酬水平策略，即企业在制定薪酬水平策略时不考虑市场和竞争对手的薪酬水平，只考虑尽可能地节约企业生产、经营和管理的成本，薪酬水平一般比较低。采用这种薪酬水平的企业一般实行的是成本领先战略。

**4. 混合薪酬策略**

混合薪酬策略就是在企业中针对不同的部门、岗位、人才，采用不同的薪酬策略。比如，对于企业核心与关键性人才和岗位的策略采用市场领先薪酬策略，而对一般的人才、普通的岗位采用非领先的薪酬水平策略。

### (二) 薪酬结构策略

薪酬结构主要是指企业总体薪酬所包含的固定部分薪酬(主要指基本工资)和浮动部分薪酬(主要指奖金和绩效薪酬)所占的比例，如图7-9所示。

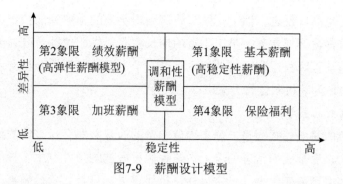

图7-9 薪酬设计模型

### 1. 高弹性薪酬模型

这是一种激励性很强的薪酬模型，绩效薪酬是薪酬结构的主要组成部分，基本薪酬等处于非常次要的地位，所占的比例非常低(甚至为零)，即薪酬中固定部分比例比较低，而浮动部分比例比较高。这种薪酬模型，员工能获得多少薪酬完全依赖于工作绩效的好坏。当员工的绩效非常优秀时，薪酬则非常高；而当绩效非常差时，薪酬则非常低甚至为零。

### 2. 高稳定性薪酬模型

这是一种稳定性很强的薪酬模型，基本薪酬是薪酬结构的主要组成部分，绩效薪酬等处于非常次要的地位，所占的比例非常低(甚至为零)，即薪酬中固定部分比例比较高，而浮动部分比较少。这种薪酬模型，员工的收入非常稳定，几乎不用努力就能获得全额的薪酬。

### 3. 调和性薪酬模型

这是一种既有激励性又有稳定性的薪酬模型，绩效薪酬和基本薪酬各占一定比例。当两者比例不断调和变化时，这种薪酬模型可以演变为以激励为主的模型，也可以演变为以稳定为主的薪酬模型。

另外，企业在进行薪酬设计时，还可以选择混合型的薪酬结构策略。这种策略的特点是针对不同的岗位、不同人才的特点选择不同的薪酬结构策略，如严格要求自己、积极要求上进、喜欢接受挑战的员工可以采用高弹性的薪酬模型，对于老老实实做事、追求工作和生活稳定的员工可以采用高稳定性的薪酬模型。

## 四、薪酬模式

薪酬模式的设计需要高度遵循企业战略，否则会失去方向，对企业的发展将起到阻碍作用。概括来讲，薪酬有5种主要依据，相应形成5种基本薪酬模式：基于岗位的薪酬模式、基于绩效的薪酬模式、基于技能的薪酬模式、基于市场的薪酬模式、基于年功的薪酬模式。

### 1. 基于岗位的薪酬模式

此种薪酬模式，主要依据岗位在企业内的相对价值为员工付酬。岗位的相对价值高，其工资也高，反之亦然。军队和政府组织实施的是典型的依据岗位级别付酬的制度。在这种薪酬模式下，员工工资的增长主要依靠职位的晋升。因此，其导向的行为是：遵从等级秩序和严格的规章制度，千方百计获得晋升机会，注重人际网络关系的建设，为获得职位晋升采取政治性行为。

**2. 基于绩效的薪酬模式**

基于岗位的薪酬模式假设，静态岗位职责的履行必然会带来好的结果，在环境不确定性极大、变革成为常态的今天，这种假设成立的条件发生了极大的变化。企业要求员工根据环境变化主动设定目标，挑战过去。只是正确地做事已经不能满足竞争的需要，更强调做正确的事，更看重结果，而不是过程。

因此，主要按绩效付酬就成必然选择，其依据可以是企业整体的绩效、部门的整体绩效，也可以是团队或者个人的绩效。具体选择哪个作为绩效付酬的依据，要看岗位的性质。总的来说，要考虑多个绩效结果。绩效付酬导向的员工行为很直接，员工会围绕绩效目标开展工作，为实现目标会竭尽全能，力求创新。

**3. 基于技能的薪酬模式**

基于技能导向的工资制的依据很明确，就是员工所具备的技能水平。这种工资制度假设技能高的员工的贡献大。其目的在于促使员工提高工作的技术和能力水平。在技能工资制度下的员工往往会偏向于合作，而不是过度竞争。

**4. 基于市场的薪酬模式**

基于市场的薪酬模式是指参照同等岗位的劳动力市场价格来确定薪酬待遇。该模式立足于人才市场的供需平衡原理，具有较强的市场竞争力和外部公平性。可以将企业内部与外部劳动力市场进行及时的有机互联，防止因为人才外流而削弱企业的竞争力。

**5. 基于年功的薪酬模式**

在基于年功的薪酬模式下，员工的工资和职位主要是随年龄和工龄的增长而提高的。年功工资的假设是服务年限长致工作经验多，业绩自然会高；老员工对企业有贡献，应予以补偿。其目的在于鼓励员工对企业忠诚，强化员工对企业的归属感，引导员工终生服务于企业。在人才流动低、终身雇佣制环境下，如果员工确实忠诚于企业并不断进行创新，企业也可以实施年功工资制。其关键在于外部人才竞争环境比较稳定，否则很难成功地实施年功工资。

# ▓ 第四节　薪酬体系设计工具与方法

薪酬体系设计根据企业的实际情况，紧密结合企业的战略和文化，系统全面科学地考虑各项因素，并及时根据实际情况进行修正和调整，遵循按劳分配、效率优先、兼顾公平及可持续发展的原则，充分发挥薪酬的激励和引导作用，为企业的生存和发展起到重要的制度保障作用。一个设计良好的薪酬体系直接与组织的战略规划相联系，从而使员工能够把他们的努力和行为集中到帮助组织在市场竞争中更具优势的方向上去。薪酬体系的设计应该补充和增强其他人力资源管理系统的作用，如人员选拔、培训和绩效评价等。

## 一、布朗德薪酬体系

组织在设计战略型薪酬体系时，可从战略、制度和技术3个层面来考虑，即美国布朗德提出的以战略为导向的薪酬管理体系模型，如图7-10所示。

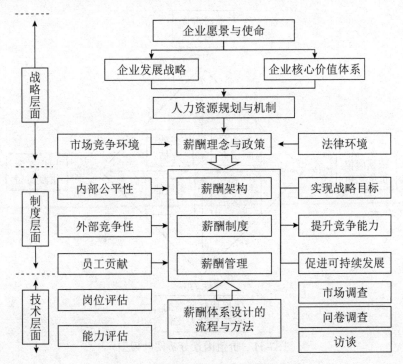

图7-10　布朗德战略导向型薪酬体系

战略层面主要是对企业发展战略、企业的愿景目标、使命、核心价值观等进行分析和澄清，充分明确企业战略发展对企业人力资源管理的要求。然后在企业发展战略及核心价值体系的指导下制定企业人力资源管理的战略和规划，在人力资源管理战略与规划的指导下，通过对目前市场竞争环境和法律环境的分析，制定企业的薪酬策略，即薪酬的水平策略和结构策略。

制度层面体现了具体的薪酬体系和制度，即在一定的薪酬原则(内部公平性、外部竞争性、员工贡献)指导下制定和设计企业薪酬架构、薪酬制度和薪酬管理的系统，进而达到通过薪酬管理支撑企业战略目标的实现、提升企业竞争能力和促进企业可持续发展的目的。

技术层面说明企业制定和设计薪酬制度与管理体系所运用的技术和方法，如岗位评估、能力评估、市场调查、问卷调查、访谈等。

### (一) 布朗德薪酬设计价值因素分析四叶模型

布朗德薪酬设计价值因素分析四叶模型如图7-11所示，说明了企业在设计薪酬时必须考虑的价值因素，进而通过评估确定相应因素的薪酬支付标准。

四叶模型中必须考虑的市场因素表明企业在设计薪酬时离不开对人才薪酬市场的分析和判断，市场人才需求大于市场供给时，必须给付企业所需的人才较高的薪酬水平；市场人才供给大于市场需求时，可以给付企业所需的人才较低的薪酬水平。

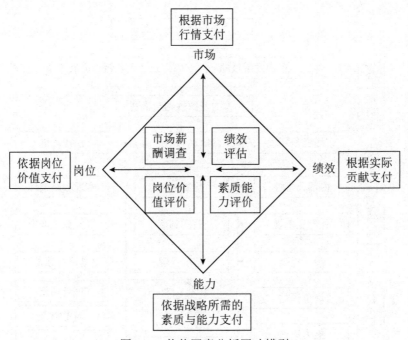

图7-11 价值因素分析四叶模型

第二个因素是岗位因素，即薪酬支付对象(员工)所在岗位责任的大小和相对重要性(价值判断)，并通过岗位评价制定相应的岗位薪酬标准。

第三个因素是能力因素，即薪酬支付对象身上所承载的企业发展所需的知识、能力与经验的多少和相对重要性(价值判断)，并通过能力评估来制定相应的能力薪酬标准。

最后一个因素是绩效因素，即薪酬支付对象为企业创造业绩的多少和相对重要性(价值判断)，并通过绩效考核和评估确定相应的绩效薪酬标准。

### (二) 布朗德战略导向的结构化薪酬设计体系

如表7-1所示，布朗德以战略为导向的结构化薪酬设计体系由基本工资、绩效工资、奖金、股权与股利分享、福利5个部分组成。其中，基本工资价值评价因素是员工所在岗位的价值、职责和现在拥有的能力存量，其性质基本上比较固定，只不过每经过一定周期(至少是一个季度，很多公司都是一年)就应进行调整，基本工资有短期激励作用，也有长期激励效果(稳定)。

表7-1　布朗德以战略为导向的结构化薪酬设计体系

| | 工资福利 | 价值因素 | 性质 | 激励效果 |
|---|---|---|---|---|
| 薪酬总额 | 基本工资 | 岗位、能力 | 固定于定期考核调整 | 短期与长期 |
| | 绩效工资 | 绩效 | 浮动，比例考核调整 | 短期与长期 |
| | 奖金 | 绩效与能力 | 固定与浮动 | 短期与长期 |
| | 股权与股利分享 | 绩效与能力 | 浮动 | 长期 |
| | 福利 | 岗位、绩效等 | 固定与浮动 | 长期 |

绩效工资的价值评价因素是员工完成绩效的多少和相对重要性程度，也是奖金的一种形式。绩效工资的表现形式主要是总体薪酬中浮动的部分，如各种提成或绩效奖金等。绩效工资的性质是浮动的，浮动的比例可以根据经营情况和员工的贡献大小与成长阶段进行调整。短期的绩效工资(如月度提成)具有短期激励效果，长期的绩效工资(如年度绩效分红)可以起到长期的激励效果。

奖金主要是指对作出突出贡献的员工的一种经济上的奖励(精神上的奖励属于内在薪酬)，可以固定，也可以浮动。奖金的评价因素是绩效与能力。

股权与股利分享属于长期激励的薪酬。在企业中福利属于差异化最小的薪酬类型，其评价因素要结合员工的绩效与能力。福利的激励效果主要是长期的，起到长期稳定和留人的作用。

### (三) 布朗德战略导向的结构化薪酬设计流程

布朗的薪酬体系设计可以分为6步，如图7-12所示。

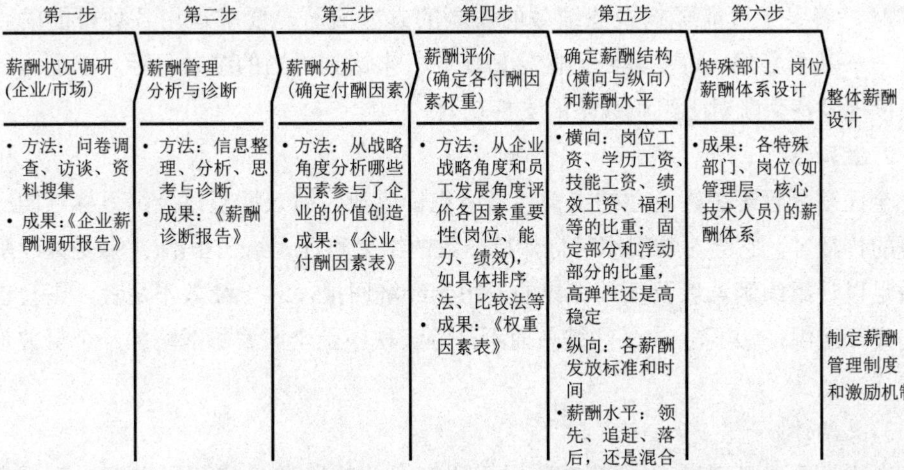

| 第一步 | 第二步 | 第三步 | 第四步 | 第五步 | 第六步 | |
|---|---|---|---|---|---|---|
| 薪酬状况调研(企业/市场) | 薪酬管理分析与诊断 | 薪酬分析(确定付酬因素) | 薪酬评价(确定各付酬因素权重) | 确定薪酬结构(横向与纵向)和薪酬水平 | 特殊部门、岗位薪酬体系设计 | 整体薪酬设计 |
| ·方法：问卷调查、访谈、资料搜集<br>·成果：《企业薪酬调研报告》 | ·方法：信息整理、分析、思考与诊断<br>·成果：《薪酬诊断报告》 | ·方法：从战略角度分析哪些因素参与了企业的价值创造<br>·成果：《企业付酬因素表》 | ·方法：从企业战略角度和员工发展角度评价各因素重要性(岗位、能力、绩效)，如具体排序法、比较法等<br>·成果：《权重因素表》 | ·横向：岗位工资、学历工资、技能工资、绩效工资、福利等的比重；固定部分和浮动部分的比重，高弹性还是高稳定<br>·纵向：各薪酬发放标准和时间<br>·薪酬水平：领先、追赶、落后，还是混合 | ·成果：各特殊部门、岗位(如管理层、核心技术人员)的薪酬体系 | 制定薪酬管理制度和激励机制 |

图7-12　布朗德战略导向的结构化薪酬设计流程

## 二、全面薪酬体系设计

全面薪酬战略是指公司为达到组织战略目标奖励作出贡献的个人或团队的系统。它关注的对象主要是那些帮助组织达到组织目标的行动、态度和成就，不仅包括传统的薪酬项目，还包括对员工有激励作用的能力培养方案、非物质的奖励方案等。全面薪酬战略的关键就在于设计正确的奖酬计划组合，将传统的薪资项目和新型的奖酬项目结合起来，最大限度地发挥薪酬对于组织战略的支持功效。

### (一) 全面薪酬战略的产生

全面薪酬战略是目前发达国家普遍推行的一种薪酬支付方式，源自20世纪80年代中期的美国。当时美国公司处在结构大调整时期，许多公司将相对稳定的、基于岗位的薪酬战略转向相对浮动的、基于绩效的薪酬战略，使薪酬福利与绩效紧密挂钩。

公司给受聘者支付的薪酬分成"外在的"和"内在的"两大类，两者的组合，被称为"全面薪酬"。外在的激励主要是指为受聘者提供的可量化的货币性价值。比如：基本工资、奖金等短期激励薪酬，股票期权等长期激励薪酬，失业保险金、医疗保险等货币性的福利，以及公司支付的其他各种货币性的开支，如住房津贴、俱乐部会员卡、公司配车等。

内在的激励则是指那些给员工提供的不能以量化的货币形式表现的各种奖励价值。比如，对工作的满意度、为完成工作而提供的各种顺手的工具(如好的电脑)、培训的机会、提高个人名望的机会(如为著名的大公司工作)、吸引人的公司文化、相互配合的工作环境，以及公司对个人的表彰、谢意等。

### (二) 全面薪酬战略的特性

#### 1. 战略性

全面薪酬管理的关键就在于根据组织的经营战略和组织文化制定全方位薪酬战略，着眼于可能影响企业绩效的薪酬的方方面面，要求运用各种可能的"弹药"——基本薪酬、可变薪酬、间接薪酬——来达到适当的绩效目标，从而力图最大限度地发挥薪酬对于组织战略的支持功效。

#### 2. 激励性

全面薪酬管理关注企业的经营，是组织价值观、绩效期望以及绩效标准的一种很好的传播者，它会对与组织目标保持一致的结果和行为给予报酬(重点是只让那些绩效足以让组织满意以及绩效优异的人得到经济回报，对于绩效不足者，则会诱导他们离开组织)。实际上，关注绩效而不是等级秩序是全面薪酬战略的一个至关重要的特征。

#### 3. 灵活性

全面薪酬战略认为并不存在适用于所有企业的所谓最佳薪酬方案，甚至也不存在对于一家企业总是有效的薪酬计划。因此，企业应当根据不同的要求设计出不同的薪酬应对方案，以充分满足组织对灵活性的要求，适应不断变化的环境和客户需求。

### 4. 创新性

与旧有薪酬制度类似，全面薪酬管理也沿袭了譬如收益分享这样一些传统的管理举措。但在具体使用时，管理者却采取了不同于以往的方式，以使其应用于不同的环境，并因时因地加以改进，从而使它们更好地支持企业的战略和各项管理措施。全面薪酬战略非常强调的一点是，薪酬制度的设计必须取决于组织的战略和目标，充分发挥良好的导向作用，而不能机械地照搬原有的一些做法，或者是简单地复制其他企业的薪酬计划。

### 5. 沟通性

全面薪酬战略强调通过薪酬系统将组织的价值观、使命、战略、规划以及未来前景传递给员工，界定好员工在上述每一种要素中将要扮演的角色，从而实现企业和员工之间的价值观共享和目标认同。此外，全面薪酬战略非常重视制定和实施全面薪酬管理战略的过程，这是因为它把这一过程本身看成是一种沟通的过程，企业必须通过这样一个过程使员工能够理解组织为什么要在薪酬领域采取某些特定的行动。

## (三) 全面薪酬的形式与构成

全面薪酬不仅包括企业向员工提供的货币性薪酬，还包括为员工创造良好的工作环境及工作本身的内在特征、组织特征等所带来的非货币性的心理效应，如图7-13所示。企业向员工提供的全面薪酬，包括货币性薪酬和非货币薪酬两个部分。外在的货币性薪酬又包括直接薪酬与间接薪酬。

全面薪酬 = 直接薪酬 + 间接薪酬 + 非货币性薪酬

直接薪酬：包括基本薪资(固定薪资)，如基本工资、绩效工资、津贴等；奖金(变动薪资)，如股票期权、奖金等。

间接薪酬：主要指福利，由国家法定福利和企业补充福利两部分组成。以间接的方式提供外在的薪酬，与劳动者的能力和绩效没有什么关系的收入，如：社会基本保险、各类休假、企业补充保险、其他福利、培训发展等。

非货币薪酬：主要指来自工作本身、工作环境、身份标志、组织特征几个方面带来的心理效应。工作本身带来的心理效应包括：工作的乐趣、工作的挑战性、工作的成就感、工作的责任等。工作环境带来的心理效应包括：友好和睦的同事关系、领导者的品格与工作风格、舒适的工作环境条件等。身份标志带来的心理效应包括：担任了令人尊敬的职位等。组织特征带来的心理效应包括：组织在业界的声望、组织在业界的品牌与名气、组织在行业的领先地位、组织高速成长带来的机会与前景等。

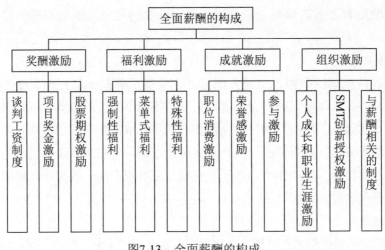

图7-13 全面薪酬的构成

1. 奖酬激励

(1) 谈判工资制度

谈判工资制度是指在市场经济条件下,以企业、雇主或其组织为一方,以雇员或工会组织为另一方,双方就工资分配问题通过谈判后签订合同。它是兼顾双方利益的体现,既能充分反映知识型员工的自身价值,调动其工作积极性和对企业的忠诚度,又有利于维护企业的利益。由于工资既是劳动力的价格,又是知识型员工价值的重要组成部分,因此,谈判工资制度承认了人力资本的价值,并从制度上确立了对人力资本的补偿。在此制度下,劳资双方结成利益共同体,形成稳定和谐的劳动关系,共同努力,发展生产,促进企业目标的实现。

(2) 项目奖金激励

项目奖金是指为了激励员工及时超额完成工作任务或取得优秀工作成绩而支付的额外薪酬。这项激励制度有两个好处:一是可以督促员工抓紧项目进度;二是可以提高项目的质量和水平。因为奖金的发放根据部门和企业效益、团队业绩和个人工作业绩综合评定。但是运用这项激励办法要注意:必须信守诺言不能失信于人,否则就会给激励增加许多困难;不能搞平均主义,金额要令员工感到满意;要把奖金的增长与企业的发展挂钩,使员工清楚地意识到只有企业的利润不断增长才能使自己获得更多的奖金。

(3) 股票期权激励

股票期权也称为认股权证,指的是公司给予员工(主要是高级管理人员和技术骨干)的一种权利,期权持有者可以凭此权力在一定时期内以一定价格购买公司股票,这是公司长期盈利能力的反映,也是股票期权的价值所在。而股票期权至少要在一年以后才能变现,所以要求经营者努力改善公司的经营管理,以保持公司价值长期稳定增长，这样股票期权持有者才能获得利益。正因为股票期权的这些特点，才使其具有长期激励的功能，能较好地解决所有者与经营者之间的利益矛盾。

有些企业采取在所有者和知识型员工之间达成一种协议，在完成或超额完成经营目标的前提下，允许知识型员工在未来某个时间以当前的市场价或更低的价格买进一定数量的公司股票。由于股票价值会随企业的经营业绩而变化，只有使企业具备长期的盈利能力，股票才会升值，知识型员工的财富才会增加，从而形成对知识型员工的长期激励。由于股票期权激励的种种优点，注定会成为今后激励方式选择的重要方向。

### 2. 福利激励

#### (1) 强制性福利

强制性福利，是指为了保障员工的合法权利，由政府统一规定必须提供的福利措施，主要包括社会养老保险、失业保险、医疗保险等基本保险。强制性福利是员工的基本工作福利，也是员工权益的重要组成部分，其激励作用不大，但却是员工(包括知识型员工)必不可少的保健因素。

#### (2) 菜单式福利

菜单式福利，是指由企业设计出一系列合适的福利项目，并平衡好所需费用，然后由知识型员工根据自己的需要进行选择，这样会增大员工选择的余地和满意度，福利项目的激励作用也会增强。主要包括：非工作时间报酬(假期、带薪休假、探亲假等)、津贴(交通津贴、服装津贴、住房津贴等)、服务(体育娱乐设施、集体旅游、节日慰问等)。

#### (3) 特殊性福利

特殊性福利，是指企业中少数特殊群体单独享有的福利，这些特殊群体往往是对企业作出特殊贡献的知识型员工。主要包括：提供宽敞住房、提供专车接送、发放特殊津贴、享受全家度假等。特殊性福利通过差异化的方式使知识型员工获得额外利益，为员工带来了心理上的自豪与满足。

### 3. 成就激励

#### (1) 职位消费激励

职位消费是指担任一定职位的知识型员工在任期内为行使经营管理职能所消耗的费用。主要包括办公费、交通费、招待费、培训费、信息费及出差费等。职位消费的标准往往是知识型员工表明自己身份和地位的一种象征，也是对员工成就的承认和补偿，因此也是一种重要的激励手段。

#### (2) 荣誉感激励

对知识型员工的荣誉感激励主要包括正面表扬、嘉奖、鼓励、授予荣誉称号等。知识型员工由于受教育程度较高，有很强的社会责任心和荣誉感，企业在运用荣誉感激励时应注意：要有明确的奖励标准，多种奖项的设计要合理，等级要分明；要适当对知识型员工给予表扬，特别要表扬他们通过额外努力取得的绩效；还要针对其职业道德和素质修养进行表扬。荣誉感激励会随着知识型员工岗位的升迁和个人薪金水平的提高而发挥越来越重要的作用。

(3) 参与激励

创造和提供一切机会让员工参与管理，可以增强员工对企业的归属感、认同感和成就感，以进一步满足自尊和自我实现的需要，也可以使企业的决策、经营方略更加完美。

**4. 组织激励**

(1) 个体成长和职业生涯激励

通过个体成长和职业生涯激励，一方面可以带动知识型员工职业技能的提高，从而提升人力资源的整体水平；另一方面可使同组织、目标方向一致的员工脱颖而出，为培养组织高层经营、管理或技术人员提供人才储备。只有当员工个人需要与组织需要有机统一起来，能够清楚地看到自己在组织中的发展前途时，他才有动力为企业尽心尽力地贡献自己的力量，才能与组织结成长期合作、荣辱与共的伙伴关系。

(2) SMT(自我管理式团队)创新授权激励

SMT创新授权激励是指通过独立战略单位的自由组合，来挑选自己的成员、领导，确定其操作系统和工具，并利用信息技术来制定他们认为最好的工作方法。这种组织结构已经日益成为企业中的基本组织单位，许多国际知名大公司都采用这种组织方式。

SMT的基本特征是：工作团队作出大部分决策，选拔团队领导人，团队领导人是负责人而非老板；沟通是通过人与人之间直接进行的；团队自主确定并承担相应的责任；由团队来确定并贯彻其工作计划的大部分内容。SMT使组织内部的相互依赖性降到了最低程度，知识型员工既可充分发挥自身潜能和创造力，又要与团队成员相互合作，发挥知识的协同效应。由于该激励形式对知识型员工的知识能力与协作能力具有极大的挑战性，迎合了员工的高层次需要，故能起到很好的激励作用。

在知识经济时代，如何有效地利用和保留企业的知识生产力已成为企业日益关注的问题，对知识型员工的激励也已成为热门话题，全面薪酬战略以其特有的优势正逐渐成为企业所采取的激励方式中的主流。

## 三、宽带薪酬体系设计

20世纪90年代以后，在国际企业界兴起了一股改造传统薪酬模式的浪潮。传统的以官僚等级为特征的垂直型薪酬体系被水平型的宽带薪酬体系所取代。许多企业将原来的薪酬等级压缩成几个级别，但同时将每一个薪酬级别所对应的薪酬浮动范围拉大，从而形成一种新的薪酬管理系统及操作流程。

在这种薪酬体系设计中，员工不是沿着公司中唯一的薪酬等级层次垂直往上走，相反，他们在自己职业生涯的大部分甚至所有时间里可能都只是处于同一个薪酬宽带之中。他们在企业中的流动是横向的，但是随着获得新的技能、能力，承担新的责任，或者是在原有的岗位上不断改善自己的绩效，他们就能够获得更高的薪酬，即使是被安排到低层次工作岗位，依然有机会因为自己出色的工作而获得较高的薪酬。因此，宽带薪酬是一种真正的鼓励员工爱岗敬业的薪酬体系。

**(一) 宽带薪酬的特点与作用**

依据公司职位相对价值和外部市场薪酬水平，同时结合职员能力素质和绩效，将所有职位分为若干个层级以确定薪酬带，从而将原来多个薪酬等级压缩成较少的几个薪酬带(见图7-14)，弱化窄带薪酬条件下的等级概念。在每个薪酬带中，根据职位相对价值和任职能力素质要求分解任职职级，以确定薪酬档级，更有弹性地开展绩效管理和员工发展管理。

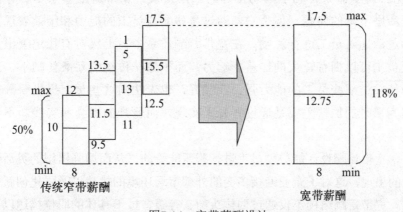

图7-14　宽带薪酬设计

与传统的薪酬体系相比，宽带薪酬体系具有以下几个方面的特征和作用。

(1) 宽带薪酬体系支持扁平型组织结构。在传统组织结构、薪酬结构下，企业中有很多的级别，员工们也具有严格的等级观念，基层信息通过层层汇报、审批才能到达相关部门或人员。而宽带薪酬结构打破了传统薪酬结构所维护和强化的那种严格的等级制，有利于企业提高效率以及创造参与型和学习型的企业文化，保持自身组织结构的灵活性以及迎接外部竞争。

(2) 宽带薪酬体系能引导员工重视个人技能的增长和能力的提高。在传统薪酬结构下，员工的薪酬增长往往取决于本人在企业中的身份(地位)变化而不是能力提高。而在宽带薪酬体系设计下，即使是在同一个薪酬宽带内，企业为员工所提供的薪酬变动范围也可能会比员工在原来的5个甚至更多的薪酬等级中获得的薪酬范围还要大,这样,员工就不需要为了薪酬的增长去斤斤计较职位晋升等方面的问题,而只要注意发展企业所需要的技术和能力。

(3) 宽带薪酬体系有利于职位的轮换。在传统薪酬结构中,员工的薪酬水平是与其所担任的职位严格挂钩的。宽带薪酬体系减少了薪酬等级数量,将过去处于不同薪酬等级中的大量职位纳入现在的同一个薪酬等级当中,甚至上级监督者和他们的下属也常常会被放到同一个薪酬宽带当中,这样,在对员工进行横向甚至向下调动时所遇到的阻力就小多了。不仅如此,如果企业的薪酬提升是与员工在不同职能领域或者不同职位上的工作能力联系在一起的话,那么员工对横向职位流动不仅不会拒绝,反而会积极地争取。

(4) 宽带薪酬体系能密切配合劳动力市场上的供求变化。宽带薪酬结构是以市场为导向的,它使员工从注重内部公平转向更为注重个人发展以及自身在外部劳动力市场上的价值。在宽带薪酬结构中,薪酬水平是以市场薪酬调查的数据以及企业的薪酬定位为基础确定的,因此,薪酬水平的定期审查与调整将会使企业更能把握其在市场上的竞争力,同时也有利于企业相应做好薪酬成本的控制工作。

(5) 宽带薪酬体系有利于推动良好的工作绩效。宽带薪酬体系尽管存在对员工的晋升激励下降的问题,但是它却通过将薪酬与员工的能力和绩效表现紧密结合来更为灵活地对员工进行激励。在宽带薪酬体系中,上级对有稳定突出业绩表现的下级员工可以拥有较大的加薪影响力,而不像在传统的薪酬体制下,直线管理人员即使知道哪些员工的能力强、业绩好,也无法向这些员工提供薪酬方面的倾斜,因为那时的加薪主要是通过晋升来实现,而晋升的机会和实践却不会那么灵活。

此外,宽带薪酬设计能鼓励员工进行跨职能流动,从而增强组织的灵活性和创新性思想的出现,这对于企业迎接多变的外部市场环境的挑战以及强化创新非常有利。最后,宽带薪酬结构不仅通过弱化头衔、等级、过于具体的职位描述以及单一的向上流动方式向员工传递一种个人绩效文化,而且还通过弱化员工之间的晋升竞争而更多地强调员工之间的合作和知识共享、共同进步来帮助企业培育积极的团队绩效文化。

### (二) 薪酬职级

薪酬职级就是一定职务层次所对应的薪酬级别。职级是体现职务、能力、业绩、资历的综合标志,同时也是确定员工薪资待遇及其他待遇的重要依据,是对不同类别职务进行平衡比较的统一标尺。以职务层次为横轴,以级别为纵轴构成的坐标系,可以衡量、标识担任不同类别职务的员工在组织中所处的位置,如表7-2至表7-8所示。

表7-2 职级与薪级分档示例

| 职位等级 | 薪级 | 中位值 | 1档 | 2档 | 3档 | 4档 | 5档 | 6档 | 7档 | 8档 | 9档 |
|---|---|---|---|---|---|---|---|---|---|---|---|
| 1 | 1～9 | 500.00 | 300.00 | 350.00 | 400.00 | 450.00 | 500.00 | 550.00 | 600.00 | 650.00 | 700.00 |
| 2 | 10～18 | 650.00 | 370.00 | 440.00 | 510.00 | 580.00 | 650.00 | 720.00 | 790.00 | 860.00 | 930.00 |
| 3 | 19～27 | 750.00 | 390.00 | 480.00 | 570.00 | 660.00 | 750.00 | 840.00 | 930.00 | 1 020.00 | 1 110.00 |
| 4 | 28～36 | 900.00 | 460.00 | 570.00 | 680.00 | 790.00 | 900.00 | 1 010.00 | 1 120.00 | 1 230.00 | 1 340.00 |
| 5 | 37～45 | 1 200.00 | 680.00 | 810.00 | 940.00 | 1 070.00 | 1 200.00 | 1 330.00 | 1 460.00 | 1 590.00 | 1 720.00 |
| 6 | 46～54 | 1 700.00 | 1 100.00 | 1 250.00 | 1 400.00 | 1 550.00 | 1 700.00 | 1 850.00 | 2 000.00 | 2 150.00 | 2 300.00 |
| 7 | 55～63 | 2 500.00 | 1 700.00 | 1 900.00 | 2 100.00 | 2 300.00 | 2 500.00 | 2 700.00 | 2 900.00 | 3 100.00 | 3 300.00 |
| 8 | 64～72 | 3 800.00 | 1 800.00 | 2 300.00 | 2 800.00 | 3 300.00 | 3 800.00 | 4 300.00 | 4 800.00 | 5 300.00 | 5 800.00 |
| 9 | 73～81 | 6 000.00 | 2 800.00 | 3 600.00 | 4 400.00 | 5 200.00 | 6 000.00 | 6 800.00 | 7 600.00 | 8 400.00 | 9 200.00 |
| 10 | 82～90 | 8 000.00 | 3 200.00 | 4 400.00 | 5 600.00 | 6 800.00 | 8 000.00 | 9 200.00 | 10 400.00 | 11 600.00 | 12 800.00 |

表7-3 管理岗位职级对照表

| 岗位 | 职级 | | | | | | | | | | | | |
|---|---|---|---|---|---|---|---|---|---|---|---|---|---|
| | 总经理 | 总监一级 | 总监二级 | 总监三级 | 经理一级 | 经理二级 | 经理三级 | 员工一级 | 员工二级 | 员工三级 | 员工四级 | 员工五级 | 员工六级 |
| 技术总监 | | | | | | | | | | | | | |
| 财务总监 | | | | | | | | | | | | | |
| 经营总监 | | | | | | | | | | | | | |
| 行政总监 | | | | | | | | | | | | | |
| 应用实验室主任 | | | | | | | | | | | | | |
| 事业部/子公司经理 | | | | | | | | | | | | | |
| 人力资源行政部经理 | | | | | | | | | | | | | |
| 培训中心主任 | | | | | | | | | | | | | |
| 发展规划部经理 | | | | | | | | | | | | | |
| 新产品开发部经理 | | | | | | | | | | | | | |
| 公关市场部经理 | | | | | | | | | | | | | |
| 财务部经理 | | | | | | | | | | | | | |
| 董事会秘书 | | | | | | | | | | | | | |
| 总经理秘书 | | | | | | | | | | | | | |
| 行政主管 | | | | | | | | | | | | | |
| 会计 | | | | | | | | | | | | | |
| 出纳 | | | | | | | | | | | | | |
| 审计 | | | | | | | | | | | | | |
| 市场研究专员 | | | | | | | | | | | | | |
| 公共事务专员 | | | | | | | | | | | | | |
| 基建专员 | | | | | | | | | | | | | |
| 前台文秘 | | | | | | | | | | | | | |

表7-4　技术岗位职级对照表

| 岗位 | 职级 | | | | | | | | | |
| --- | --- | --- | --- | --- | --- | --- | --- | --- | --- | --- |
| | T1 | T2 | T3 | T4 | T5 | T6 | T7 | T8 | T9 | T10 |
| 高级研究员/高级培训师 | | | | | | | | | | |
| 研究员/培训师 | | | | | | | | | | |
| 初级研究员/培训员 | | | | | | | | | | |

备注：技术总监、应用实验室主任可按照技术职级确定薪酬，也可按照管理职级确定薪酬

表7-5　营销岗位职级对照表

| 岗位 | 职级 | | | | | | | | | |
| --- | --- | --- | --- | --- | --- | --- | --- | --- | --- | --- |
| | M1 | M2 | M3 | M4 | M5 | M6 | M7 | M8 | M9 | M10 |
| 高级品牌经理 | | | | | | | | | | |
| 品牌经理 | | | | | | | | | | |
| 品牌专员 | | | | | | | | | | |

备注：家辉公司在2年后将充分重视品牌塑造与维护，营销领域其他岗位可按照营销之路或管理之路确定职级

表7-6　职级工资对照表——管理职级

| 管理职级 | 薪酬 | 年固定工资 | 职务消费 | 业绩奖金 | 岗位津贴 | 年工资+奖金 | 总额 | 年工资/奖金 |
| --- | --- | --- | --- | --- | --- | --- | --- | --- |
| 总经理 | 3 800 | 45 600 | 28 800 | 45 600 | | 91 200 | 120 000 | 5比5 |
| 总监一级 | 3 400 | 40 800 | 18 400 | 40 800 | | 81 600 | 100 000 | 5比5 |
| 总监二级 | 3 200 | 38 400 | 3 200 | 38 400 | | 76 800 | 80 000 | 5比5 |
| 总监三级 | 3 000 | 36 000 | | 36 000 | | 72 000 | 72 000 | 5比5 |
| 经理一级 | 3 200 | 38 400 | | 25 600 | | 64 000 | 80 000 | 6比4 |
| 经理二级 | 2 600 | 31 200 | | 20 800 | | 52 000 | 52 000 | 6比4 |
| 经理三级 | 2 000 | 24 000 | | 16 000 | | 40 000 | 40 000 | 6比4 |
| 员工一级 | 1 800 | 21 600 | | 14 400 | | 36 000 | 36 000 | 6比4 |
| 员工二级 | 1 600 | 19 200 | | 12 800 | | 32 000 | 32 000 | 6比4 |
| 员工三级 | 1 400 | 16 800 | | 11 200 | | 28 000 | 28 000 | 6比4 |
| 员工四级 | 1 200 | 14 400 | | 9 600 | | 24 000 | 24 000 | 6比4 |
| 员工五级 | 1 000 | 12 000 | | 8 000 | | 20 000 | 20 000 | 6比4 |
| 员工六级 | 800 | 9 600 | | 6 400 | | 16 000 | 16 000 | 6比4 |

备注：当聘请非常优秀的高级员工时，可酌情使用岗位津贴

表7-7　职级工资对照表——营销职级

| 营销职级 | 月薪 | 年固定工资 | 职务消费 | 业绩奖金 | 岗位津贴 | 年工资+奖金 | 总额 | 年工资/奖金 |
| --- | --- | --- | --- | --- | --- | --- | --- | --- |
| M1 | 6 000 | 72 000 | | 108 000 | | 180 000 | 180 000 | 4比6 |
| M2 | 5 000 | 60 000 | | 90 000 | | 150 000 | 150 000 | 4比6 |
| M3 | 3 800 | 45 600 | | 68 400 | | 114 000 | 114 000 | 4比6 |
| M4 | 3 000 | 36 000 | | 54 000 | | 90 000 | 90 000 | 4比6 |

| 营销职级 | 月薪 | 年固定工资 | 职务消费 | 业绩奖金 | 岗位津贴 | 年工资+奖金 | 总额 | 年工资/奖金 |
|---|---|---|---|---|---|---|---|---|
| M5 | 2 600 | 31 200 | | 46 800 | | 78 000 | 78 000 | 4比6 |
| M6 | 2 200 | 26 400 | | 39 600 | | 66 000 | 66 000 | 4比6 |
| M7 | 1 800 | 21 600 | | 32 400 | | 54 000 | 54 000 | 4比6 |
| M8 | 1 400 | 16 800 | | 25 200 | | 42 000 | 42 000 | 4比6 |
| M9 | 1 000 | 12 000 | | 18 000 | | 30 000 | 30 000 | 4比6 |
| M10 | 600 | 7 200 | | 10 800 | | 18 000 | 18 000 | 4比6 |

备注：当聘请非常优秀的高级员工时，可酌情使用岗位津贴

表7-8　职级工资对照表——技术职级

| 技术职级 | 月薪 | 年固定工资 | 职务消费 | 业绩奖金 | 岗位津贴 | 年工资+奖金 | 总额 | 年工资/奖金 |
|---|---|---|---|---|---|---|---|---|
| T1 | 6 000 | 72 000 | | 72 000 | | 144 000 | 144 000 | 5比5 |
| T2 | 5 000 | 60 000 | | 60 000 | | 120 000 | 120 000 | 5比5 |
| T3 | 4 000 | 48 000 | | 48 000 | | 96 000 | 96 000 | 5比5 |
| T4 | 3 000 | 36 000 | | 36 000 | | 72 000 | 72 000 | 5比5 |
| T5 | 2 000 | 24 000 | | 24 000 | | 48 000 | 48 000 | 5比5 |
| T6 | 1 800 | 21 600 | | 21 600 | | 43 200 | 43 200 | 5比5 |
| T7 | 1 600 | 19 200 | | 19 200 | | 38 400 | 38 400 | 5比5 |
| T8 | 1 400 | 16 800 | | 16 800 | | 33 600 | 33 600 | 5比5 |
| T9 | 1 200 | 14 400 | | 14 400 | | 28 800 | 28 800 | 5比5 |
| T10 | 1 000 | 12 000 | | 12 000 | | 24 000 | 24 000 | 5比5 |

备注：当聘请非常优秀的员工时，可酌情使用岗位津贴

### (三) 薪酬设计中中位值级差、带宽和薪资重合度

在薪酬结构设计之前首先需要澄清3个重要的概念，这也是薪酬设计的基础知识。

#### 1. 中位值级差

中位值是指对应薪资等级中处于中间位的薪资值，而中位值的级差是指：两个职等对应的薪资中位值之差的百分比。中位值级差越大，则薪资结构中的级别数越少。在制定中位值级差时应两个考虑因素：

① 中位值级差过大：员工晋升的付薪成本较高；

② 中位值级差较小：级别差异过小，使晋升员工不能得到相应激励。

中位值级差的计算公式为：

中位值级差 ＝ [ ( 较高职等的薪资中位值 / 较低职等的薪资中位值 )-1] ×100%

假设公司16等薪资中位值为28万/年，而15等薪资中位值为19万/年，那么16等与15等的薪资中位值级差为： [(20万/18万) -1] ×100%=11.11%。

## 2. 带宽

在设计薪资架构时，一个职等所对应的薪资应当是一个区间值，即"同岗可以不同酬"。在初步设计时，每个职等对应的薪值区间主要由3个薪资值组成：

① 职等对应薪资的最小值(最小值)；

② 职等对应薪资的最大值(最大值)；

③ 职等对应薪资的中位值(中位值)。

带宽是指各等级薪资的最大值与最小值之差，又被称为薪值的分布区间。一般而言，由于职等高低的不同，职位或职层所涉及技能与职责的复杂程度也会有所不同，因此各职等的薪资带宽也有所不同(薪资带宽应当能反映一个职位或职层的任职者们，由一个初入门者到能力与业绩十分突出者所需要的难度大小)。如果职位或职层所涉及的技能与职责能在较短时间得以掌握，则此等级薪资的带宽较窄；而如果职位或职层所需学习时间较长，继续提升的机会也较小，则相应的带宽较大。根据这个理论，在设计职等带宽时应当坚持的原则是：职等越高其带宽越大，因为职等越高任职者胜任的速度越慢。

下面的3个计算公式反映了中位值、带宽、最小值与最大值与之间的关系：

$$带宽 = [(最大值 / 最小值) - 1] \times 100\%$$

$$最小值 = (2 \times 中位值)/(2 + 带宽)$$

$$最大值 = (1 + 带宽) \times 最小值$$

## 3. 薪资重合度

薪资重合度是指上一级薪资与下一级薪资重复的比例，例如，职位7等薪资范围是RMB1000~2000，而8等薪资范围是RMB1500~3000，那么7等薪资最大值与8等薪资最小值就有一部分重合的薪资。薪资重合度存在假设的前提：优秀的低职等的任职者有可能比高职等的新进者或不甚称职者对企业的贡献还大。设计薪资重合度的意义在于：如果没有重叠度的话，就造成低一级的干得再好也不如上一级干得不好的。

薪资重合度可通过计算获得，以7等与8等为例，其薪资重合度的计算公式是：

薪资重合度=(7等薪资最大值-8等薪资的最小值)/(7等薪资的最大值-7等薪资的最小值)

在现实的薪资架构设计中，薪资重合度有3种可选择的类别：一是无重合；二是中重合(或称适度重合)；三是大部分重合。

薪资重合度大小的选择往往需要考虑以下几个方面的因素：

① 企业类别：如果是劳动密集型企业，其薪资结构的重合度应该比较小，甚至没有重复；而创新型或技术密集型的企业其重合度很高；

② 薪资等级：一般说来，低等级之间重合度较高，等级越高重叠度越低；

③ 企业薪资成本：估算公司全部薪资成本。如果不能承受，则应适当提高重叠度以扁平化薪资水平。

## ⠿ 第五节　薪酬激励体系设计的步骤和流程

　　薪酬是指员工因被雇佣而获得的各种形式的经济收入、有形服务和福利。薪酬的实质是一种公平的交易或交换关系，是员工在向单位让渡其劳动或劳务使用权后获得的报偿。

　　薪酬设计是建立现代薪酬管理制度的前提和重要组成部分。是企业人力资源管理中最核心的内容之一，关系到企业的经营管理以及长远发展。薪酬设计是对个人劳动价值的具体体现，合理的薪酬设计能充分调动人的工作热情，激发其才能的发挥，使其获得满足感，荣誉感，进而更好地促进企业的发展壮大。

## 一、薪酬设计步骤

　　薪酬设计的要点，在于对内具有公平性，对外具有竞争力，如图7-15所示。

　　要设计出合理科学的薪酬体系和薪酬制度，一般要经历几个步骤，如图7-16所示。

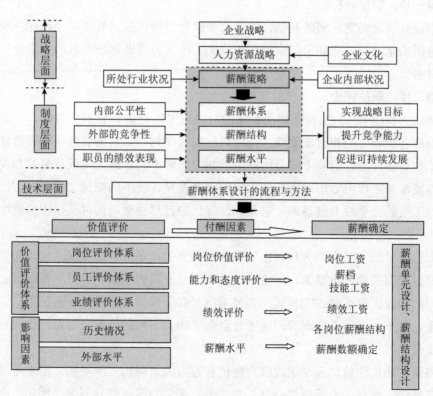

图 7-15　薪酬激励体系设计的逻辑体系

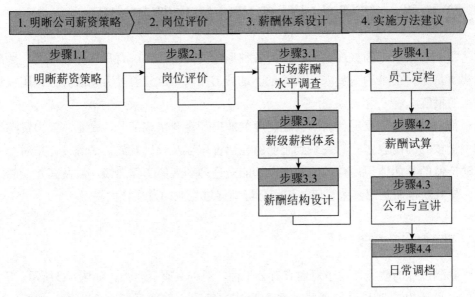

图7-16　薪酬体系设计的一般步骤

### 第一步：职位分析

职位分析是确定薪酬的基础。结合公司经营目标，公司管理层要在业务分析和人员分析的基础上，明确部门职能和职位关系，人力资源部和各部门主管合作编写职位说明书。

### 第二步：职位评价

职位评价(职位评估)重在解决薪酬的对内公平性问题，有两个目的：一是比较企业内部各个职位的相对重要性，得出职位等级序列；二是为进行薪酬调查建立统一的职位评估标准，消除不同公司间由于职位名称不同，或即使职位名称相同但实际工作要求和工作内容不同所导致的职位难度差异，使不同职位之间具有可比性，为确保工资的公平性奠定基础。它是职位分析的自然结果，同时又以职位说明书为依据。

职位评价的方法有许多种。比较复杂和科学的，是计分比较法。它首先要确定与薪酬分配有关的评价要素，并给这些要素定义不同的权重和分数。在国际上，比较流行的如海氏模式和CRG模式，都是采用对职位价值进行量化评估的办法，从三大要素、若干个子因素方面对职位进行全面评估。不同的咨询公司对评价要素有不同的定义和相应分值。

科学的职位评价体系是通过综合评价各方面因素得出工资级别，而不是简单地与职务挂钩，这有助于解决"当官"与"当专家"的等级差异问题。比如，高级研发工程师并不一定比技术研发部经理的等级低。前者注重技术难度与创新能力，后者注重管理难度与综合能力，两者各有所长。

大型企业的职位等级有的多达17级以上，中小企业多采用11～15级。国际上有一种趋势是减级增距，即企业内的职位等级正逐渐减少，而工资级差变得更大。

### 第三步：薪酬调查

薪酬调查重在解决薪酬的对外竞争力问题。企业在确定工资水平时，需要参考劳动力市场的工资水平。公司可以委托比较专业的咨询公司进行这方面的调查。外企在选择薪酬调查咨询公司时，往往集中于美国商会、William Mercer(伟世顾问)、Watson Wyatt(华信惠悦)、Hewitt(翰威特)、德勤事务所等几家公司。一些民营的薪酬调查机构正在兴起，但调查数据的取样和职位定义还不够完善。

薪酬调查的对象，最好是选择与自己有竞争关系的公司或同行业的类似公司，重点考虑员工的流失去向和招聘来源。薪酬调查的数据，要有上年度的薪资增长状况、不同薪酬结构对比、不同职位和不同级别的职位薪酬数据、奖金和福利状况、长期激励措施以及未来薪酬走势分析等。

只有采用相同的标准进行职位评估，并各自提供真实的薪酬数据，才能保证薪酬调查的准确性。从报纸和网站上查到的数据，多含有随机取样的成分，准确性很值得怀疑。即使是国家劳动部门的统计数据，也不能取代薪酬调查用作定薪的依据。

对于某些人员流动比较频繁的行业，也可以利用招聘面试、人员跳槽的机会，了解竞争者的薪酬水平，但要防止以偏概全。

薪酬调查的结果，是根据调查数据绘制薪酬曲线。在职位等级—工资等级坐标图上，首先标出所有被调查公司的员工所处的点，然后整理出各公司的工资曲线，可以直观地反映某家公司的薪酬水平与同行业相比处于什么位置。

### 第四步：薪酬定位

在分析同行业的薪酬数据后，要根据企业状况选用不同的薪酬水平。

影响公司薪酬水平的因素有多种。从公司外部看，国家的宏观经济、通货膨胀、行业特点和行业竞争、人才供应状况甚至外币汇率的变化，都对薪酬定位和工资增长水平有不同程度的影响。在公司内部，盈利能力和支付能力、人员的素质要求是决定薪酬水平的关键因素。企业发展阶段、人才稀缺度、招聘难度、公司的市场品牌和综合实力，也是重要影响因素。

同产品定位相似的是，在薪酬定位上，企业可以选择领先策略或跟随策略。薪酬上的领头羊未必是品牌最响的公司，因为品牌响的公司可以依靠其综合优势，不必花费最高的工资也可能找到最好的人才。往往是那些财大气粗的后起之秀最易采用高薪策略。它们多处在创业初期或快速上升期，投资者愿意用金钱买时间，希望通过挖到一流人才来快速拉近与巨头公司的差距。

薪酬设计时的专用术语25P、50P、75P，意思是说，假如有100家公司(或职位)参与薪酬调查，薪酬水平按照由低到高排名，分别代表着第25位排名(低位值)、第

50位排名(中位值)、第75位排名(高位值)。采用75P策略的公司，需要雄厚的财力、完善的管理、过硬的产品作支撑。因为薪酬是刚性的，降薪几乎不可能，一旦企业的市场前景不妙，将会使企业的留人措施变得困难。

**第五步：薪酬结构设计**

职位工资由职位等级决定，是一个人工资高低的主要决定因素。职位工资是一个区间，而不是一个点。企业可以从薪酬调查中选择一些数据作为这个区间的中点，然后根据这个中点确定每一职位等级的上限和下限。例如，在某一职位等级中，上限可以高于中点20%，下限可以低于中点20%。

相同职位上不同的任职者由于在技能、经验、资源占有、工作效率、历史贡献等方面存在差异，导致他们对公司的贡献并不相同(由于绩效考核存在局限性，这种贡献不可能被完全量化体现出来)，因此技能工资有差异。所以，同一等级内的任职者，基本工资未必相同。

绩效工资是对员工完成业务目标而进行的奖励，即薪酬必须与员工为企业所创造的经济价值相联系。绩效工资可以是短期性的，如销售奖金、项目浮动奖金、年度奖励；也可以是长期性的，如股份期权等。此部分薪酬的确定与公司的绩效评估制度密切相关。

**第六步：薪酬体系的实施和修正**

在确定薪酬调整比例时，要对总体薪酬水平作出准确预算。目前，大多数企业是财务部门在负责，为准确起见，最好同时由人力资源部作配合。因为按照外企的惯例，财务部门并不清楚具体工资数据和人员变动情况。人力资源部需要建好工资台账，并设计一套比较好的测算方法。

在制定和实施薪酬体系的过程中，及时的沟通、必要的宣传或培训是保证薪酬改革成功的因素之一。从本质意义上讲，劳动报酬是对人力资源成本与员工需求之间进行权衡的结果。世界上不存在绝对公平的薪酬方式，只存在员工是否满意的薪酬制度。人力资源部可以利用薪酬制度问答、员工座谈会、满意度调查、内部刊物等形式，充分介绍公司的薪酬制定依据。此外，为保证薪酬制度的适用性，规范化的公司都对薪酬的定期调整作了规定。

## 二、薪酬体系设计流程

薪酬体系设计流程一般分为5个阶段，在每个阶段有不同的工具与方法，每一阶段也会得出相应的工作成果，如图7-17所示。

| 阶段 | (一)确定薪酬策略 | (二)开展岗位评价 | (三)薪酬体系设计 | (四)薪酬管理制度 | (五)应用与实施 |
|---|---|---|---|---|---|
| 主要工作 | 1. 薪酬设计的目的<br><br>2. 总体薪酬模式与激励指导思想<br><br>3. 现存的突出问题<br><br>4. 薪酬水平的确定<br><br>5. 重点激励人员<br><br>6. 薪酬元素侧重点 | 1. 选择岗位评价工具,进行岗位评价<br><br>2. 根据岗位评价结果,建立岗位的薪级、薪档体系<br><br>3. 指导审查对非基准岗位的职级插入 | 1. 确定各职系、各岗位的薪酬模式<br><br>2. 设计各岗位的薪酬结构和薪酬元素,确定各薪酬元素的计算方法,包括提成系数等<br><br>3. 薪酬模拟测算,最终定稿 | 1. 深入讨论确定薪酬管理的导向和原则<br><br>2. 薪酬总额管理<br><br>3. 确定各岗位薪酬元素的计量与管理标准<br><br>4. 薪酬调整规则<br><br>5. 薪酬日常管理规定<br><br>6. 完成薪酬测算 | 1. 员工首次定档<br><br>2. 薪酬总额测算与控制<br><br>3. 薪酬方案宣讲<br><br>4. 日常薪酬统计、计算等实务指导 |
| 成果 | ▪《薪酬策略设计报告》 | ▪《岗位评价报告》<br><br>▪《薪级薪档表》 | ▪《各岗位薪酬方案》<br><br>▪《薪酬测算表》 | ▪《薪酬管理制度》 | ▪《首次定档工作方案》<br><br>▪《薪酬方案宣讲稿》<br><br>▪《工资表》 |

图7-17 薪酬体系设计流程

# 第八章｜绩效管理

**本章导读:**

　　企业绩效通常指企业从事经营活动的效果和效率。企业绩效包括两部分内容:一是企业的整体绩效,二是员工的个人绩效。战略性绩效管理体系是将企业的战略目标与绩效评价系统结合起来,使企业战略和目标转变为具体的绩效目标和评价指标,如图8-1所示。

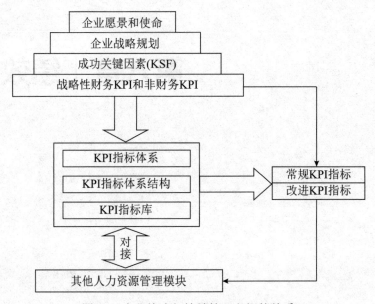

图8-1　企业战略与绩效管理之间的关系

　　通过实施绩效管理,使公司的战略目标在各级组织和员工中层层分解、传递,引导员工为整体目标的实现和公司的可持续发展作出贡献。通过持续的绩效管理活动,使公司每个员工按职业化要求和标准完成工作任务。通过绩效评价和绩效反馈,为员工的绩效改进、培训开发提供参照,为人员配置、薪酬调整等人事决策提供依据,并且强化各级管理者指导、帮助、约束、激励下属的责任,不断提升员工的价值。

# ▦ 第一节　绩效管理概述

　　相关资料表明,许多公司仍没有将绩效管理作为重要的管理手段。根据对437家公开交易的上市公司的绩效管理程序和财务报告的研究发现,其中232家公司声称没有正式的绩效管理程序，205家使用了正式的绩效管理程序。这些公司3年的财务表现表明，注重绩效管理的公司明显高于绩效考核不到位的公司，如图8-2所示。(资料来源：北大纵横管理咨询集团人力资源数据库和CCER数据库分析整理)。

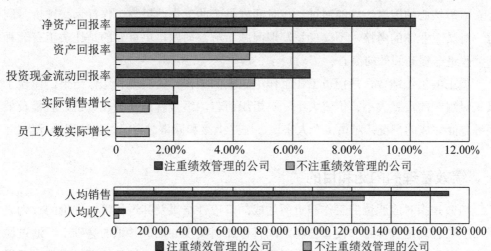

图8-2　不注重绩效管理的公司和注重绩效管理的公司之间的比较

世界领先企业的绩效管理明显具有以下特征：

● 高层管理者参与设计实施绩效管理系统并起表率作用。

● 绩效评价指标与企业战略/目标挂钩。

● 员工参与制定绩效目标与评价标准。

● 经理承担绩效管理职责。

● 限定目标数量。

● 通过持续反馈与指导来提高绩效并采取惩戒行动。

● 通过绩效管理来确定员工的发展需求并探讨发展计划的实施情况。

● 通过绩效管理来为奖金/奖励及其他物质回报确定可衡量的与相对客观的参考依据。

绩效管理是人力资源管理体系的引擎，对企业管理的价值体现在3个层面。

首先，战略层面，将部门、员工的工作活动与组织的目标联系起来。公司战略通过绩效管理体系落实到部门和个人，当组织目标和战略发生变化时，组织所期望的结果、行为以及员工的特征需要随之相应变化。

其次，管理层面，组织在多项管理决策中都要使用到绩效管理信息(尤其是绩效评价的信息)，如薪资管理(加薪)决策、晋升决策、保留—解雇决策、临时解雇决策、对个人绩效的承认等。

最后，开发层面，对员工进行进一步的开发，以使他们能够有效地完成工作。绩效管理系统不仅要指出员工绩效不佳的方面，同时要找出绩效不佳的原因，如技能短板、动机问题等。

组织的绩效至少取决于对3个因素相互作用的控制：资本、技术和人力资源。由资本获得的收益可以通过精密的会计制度来评测。由技术获得的收益可以通过与此相似的控制系统来评估。人力资源对生产力的贡献难以精确衡量，且是生产力三要素中最核心的因素，只能通过一段时间内员工的工作结果与工作行为来评价。同时，对员工业绩的考核，不仅仅是发现问题、解决问题，更重要的是让员工有一种持续改进、提高绩效的信心。

员工的工作绩效，是指员工在工作岗位上的工作行为表现和工作结果，体现了员工对组织的贡献大小、价值大小。对组织而言，绩效就是任务在数量、质量及效率等方面完成的情况；对员工个人来说，则是上级和同事对自己工作状况的评价。

## 一、绩效管理的内涵和目的

绩效是指对应职位的工作职责所达成的阶段性结果及其过程可以评价的行为表现。绩效管理是管理者与被管理者之间目标如何实现并达成共识的基础上，通过激励和帮助员工取得优异绩效从而实现组织目标的管理方法。绩效管理的目的在于通过激励员工的工作热情和提高员工的能力素质，以达到改善公司绩效的效果。

### (一) 绩效管理的内涵

绩效管理广义上包括绩效管理的基础性工作(目标管理和工作分析)、绩效指标的设定、绩效计划、绩效实施与管理、绩效考核、绩效反馈和绩效考核结果利用几个环节；狭义上通常被看作一个循环，这个循环的周期通常分为4个步骤，即绩效计划、绩效实施与管理、绩效考核以及绩效反馈面谈。绩效管理将绩效考核作为一个系统来认识。在这个系统中，绩效考核不仅包含应用某种方法考核员工工作绩效这一核心过程，而且将企业文化、企业战略以及人力资源政策对绩效考核的影响作用纳入其中，同时以考核结果反馈这一较孤立的环节并与员工培训甚至人力资源开发紧密联系起来。绩效管理是一个完整的系统(见图8-3)，这个系统中不同环节之间相互关联。

### (二) 绩效管理系统的目的

绩效管理系统，就是管理组织和员工绩效的系统，如同为企业的各种管理系统搭建了一个管理平台，它是各种管理系统的纽带，透过它来验证各管理系统的运作效果。

(1) 定义和沟通员工的期望。

(2) 提供给员工有关他们绩效的反馈。

(3) 改进员工的绩效。

(4) 将组织目标与个人目标联系起来。

(5) 提供对好的绩效表现的认可准则。

(6) 指导解决绩效问题。

(7) 使员工现有的工作能力得到提高。

(8) 使员工在未来的职位上得到发展。

(9) 提供与薪酬决策有关的信息。

(10) 识别培训需求。

(11) 将员工个人职业生涯发展规划与组织整体的人力资源规划联系起来。

通常在一个绩效管理系统中不可能立即实现上述所有目的，往往重点针对其中的几个。或者，当一套绩效管理体系建立时，主要是为了某几个目的，然后随着绩效管理系统的发展，再实现其他目的。

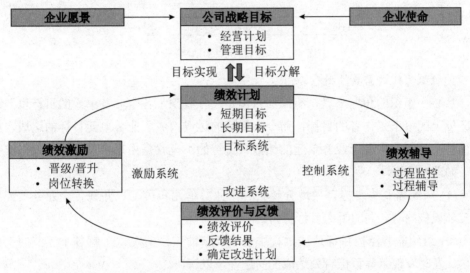

图8-3 企业战略导向的绩效管理系统

## 二、绩效管理在人力资源管理中的定位

系统流程、核心业务流程、作业程序说明要实现战略必须做哪些事，怎么做？组织结构、部门职责、岗位职责说明这些事情由谁来做，他们是怎样组织起来的？公司年度目标、部门年度目标、部门季度目标、岗位目标说明阶段性的与分解的目标是什么？绩效管理则告诉我们如何保证把事情做对、做好。

企业战略是企业根据外部环境和内部资源与能力，为求得生存和可持续发展，而作出的全局性的、长远性的总体谋划。绩效管理是战略管理的一个非常重要的有机组成部分。战略管理即是对战略的形成与实施过程的管理，包括4个组成部分(或步骤)：企业内外环境分析、战略的制定、战略的实施、测评与监控。

绩效管理是测评与监控的最重要的构成要素，是具有战略高度的管理体系，不仅仅是一个衡量系统，而是利用这个衡量系统来传播企业的战略，并使企业与战略相联结。

绩效管理在人力资源管理系统中占据核心地位，起到重要的作用，如图8-4所示。

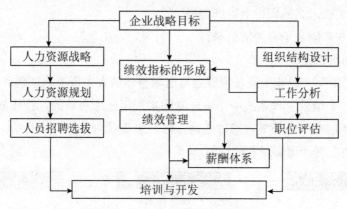

图8-4　绩效管理与组织战略关系

1. 组织为什么需要绩效管理

从整个组织的角度来看，组织的目标是被分解到了各个业务单元的目标以及各个职位上的每个工作者的目标；而个人目标的达成构成了业务单元目标的达成，组织的整个目标是由各个业务单元的绩效来支持的，也就是由每个员工的绩效来支持的，如图8-5所示。

(1) 组织需要将目标有效地分解给各个业务单元和员工，并使各个业务单元和员工都积极向着共同的组织目标努力。

(2) 组织需要监控目标达成过程中各个环节的工作情况，了解各个环节的工作产出，及时发现阻碍目标有效达成的问题并予以解决。

(3) 组织需要得到最有效的人力资源，以便高效地实现目标。一方面，通过人员的调配，使人员充分发挥作用；另一方面，加强对现有人员的培训和发展，增强组织的整体实力。

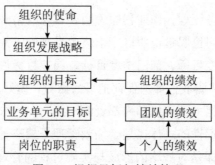

图8-5　组织目标与绩效管理

2. 管理者为什么需要绩效管理

管理者承担着组织赋予自己的目标，通过自己的业务单元或者团队来实现自己的管理目标。

(1) 管理者需要有机会将组织的目标传递给团队中的员工，并取得他们对目标的认同，以便使团队成员能够共同朝着目标努力。

(2) 管理者需要把组织赋予的目标分解到每个员工，通过团队员工的共同努力才能实现。

(3) 管理者需要有机会告诉员工组织对他们的工作期望，使员工了解哪些工作最重要，哪些工作可以自己作出决策，以及各项工作的衡量标准是什么。

(4) 管理者还常常希望能够掌握一些必要的信息。这些信息既有关于工作计划和项目的执行情况，也有关于每个员工的状况的。

3. 员工为什么需要绩效管理

员工在绩效管理中通常是以被管理者和被考核者的角色出现，考核对他们来说是一件有压力的事情，是与不愉快的情感联系在一起的。同时，绩效考核与管理对于员工来说也是其成长过程中所必需的。员工需要通过绩效管理来了解和提高自己的绩效，了解自己在哪些方面还有待发展，以提高自己的胜任能力、绩效、技能，增强自己的竞争力。

北大纵横管理咨询集团构建的绩效管理体系分为3个层面，通过有效的绩效管理促进公司发展目标和员工个人发展目标的实现，如图8-6所示。

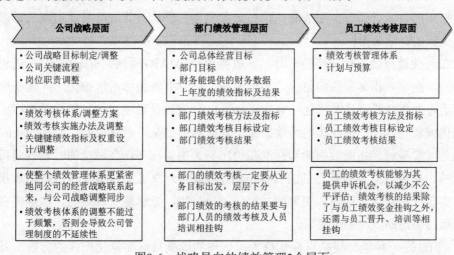

图8-6 战略导向的绩效管理3个层面

# 第二节 绩效管理体系

绩效管理体系是一套有机整合的流程和系统，专注于建立、收集、处理和监控绩效数据。它既能增强企业的决策能力，又能通过一系列综合平衡的测量指标来帮助企业实现策略目标和经营计划。绩效管理是管理者与员工之间在目标与如何实现目标上所达成共识的过程,以及增强员工成功地达到目标的管理方法,促进员工取得优异绩效的管理过程。高效的绩效管理体系是企业实现运营目标的重要工具。

绩效管理体系是以实现企业最终目标为驱动力,以关键绩效指标和工作目标设定为载体,通过绩效管理的3个环节来实现对全公司各层各类人员工作绩效的客观衡量、及时监督、有效指导、科学奖惩,从而调动全员积极性并发挥各岗位优势以提高公司绩效,实现企业的整体目标的管理体系。绩效管理的3个环节为:制定绩效计划及其衡量标准;进行日常和定期的绩效指导;最终评估、考核绩效,并以此为基础确定个人回报。

## 一、绩效管理体系的理论依据

绩效管理的方法有很多,常用的有KPI(关键绩效指标)、平衡计分卡理论、360度反馈评价体系、敏捷绩效管理和目标管理(MBO)等。

### (一) 以关键绩效指标(KPI)为核心的绩效管理理论

关键绩效指标(key performance indicators)简称KPI。KPI法的核心思想是:企业业绩指标的设置必须与企业战略挂钩,企业应当只评价与其战略目标实现关系最密切的少数关键绩效指标。

在对关键绩效指标进行确定时,一般要遵守SMART原则。S(specific),意思是具体的,指绩效指标应切中目标,不能笼统,同时要将指标适度细化,并随情境变化而适时变化,具有可考查性;M(measurable),意思是可度量的,指绩效指标应该数量化或者行为化,需收集的绩效指标的数据和标准是可以获得的;A(atainable),意思是可实现的,指绩效指标和标准在付出努力的情况下,在适度的时限内是可以实现的,避免设立过高或过低的目标;R(realistic),意思是现实性的,指绩效指标是实实在在的,可以证明和观察的;T(time-bound),意思是有时限的,注重完成绩效指标的特定期限,关注效率。

KPI法是一种能将战略目标分解为可运作的远景目标和量化指标的有效工具。另外,这种方法自企业的战略目标出发,通过分析企业的价值链,确定企业关键成果领域和关键绩效指标,并层层分解,直至形成企业、部门和岗位三级关键绩效指标体系。

### (二)平衡计分卡理论

平衡计分卡是美国的管理大师罗伯特·卡普兰(Robert S. Kaplan)和戴维·诺顿(David P. Norton)在总结了12家大型企业的业绩评价体系的成功经验基础上提出的具

有划时代意义的战略管理业绩评价工具。

平衡计分卡以企业的战略为基础，并将各种衡量方法整合为一个有机整体，它既包含了财务指标，又通过顾客满意度、内部流程、学习和成长的业务指标来补充说明财务指标，反映了财务与非财务衡量方法之间的平衡、长期目标和短期目标之间的平衡、外部和内部的平衡、结果和过程的平衡、管理业绩和经营业绩的平衡等多个方面。

平衡计分卡的核心思想是通过财务、客户、内部业务、学习与成长4个方面指标之间相互驱动的因果关系实现绩效考核、绩效改进、战略实施以及战略修正的目标。在平衡计分卡4个指标中，内部业务是基础，学习与成长是核心，客户是关键，财务是最终目的。平衡计分卡将结果与原因联系在一起，是以因果关系为纽带的战略实施系统，也是推动企业可持续发展的绩效评价系统。因此，平衡记分卡理论是一种长期的、可持续发展的绩效管理制度，有助于衡量、培植和提升企业核心能力。

### (三) 360度反馈评价体系

360度反馈评价体系(360-degree-feedback)也称全景式反馈或多元评价，是一个组织或企业中各个级别的、了解和熟悉被评价对象的人员(如直接上级、同事及下属等)，以及与其经常打交道的内部顾客和外部顾客对其绩效、重要工作能力和特定工作行为与技巧等提供客观、真实的反馈信息，并帮助其找出组织及个人在这些方面的优势与发展需求的过程。

360度反馈评价体系的目标在于通过获得和使用高质量的反馈信息，支持与鼓励员工不断改进与提高自己的工作能力、工作行为和绩效，以使组织最终达到管理或发展的目的。

360度反馈评价体系较单一评价来源的评价方式更为公正、真实、客观、准确、可信。同时，通过这种评价方式，人们可以客观地了解自己在职业发展中所存在的不足，可以激励他们更有效地发展自己的工作能力，赢得更多的发展机会。就一个组织和企业而言，只有从不同角度、不同来源获得所有的反馈信息，并客观地分析和使用这些信息，才能克服错误的自我观念、盲目与偏见，作出正确的评价与决策。

## 二、绩效目标管理与设定

目标管理是一种程序，它使组织中的上、下级一起协商，根据组织的使命确定一定时期内组织的总目标，由此决定上、下级的责任和分目标，并把这些目标作为组织经营、评估和奖励的标准。

### (一) 绩效目标管理

目标管理的概念最早是由著名管理大师德鲁克提出的。德鲁克认为，并不是有了工作才有目标，而是有了目标才能确定每个人的工作。他还认为，"企业的使命和任务，必须转化为目标"，如果一个领域没有目标，那么这个领域的工作就会受到忽略。因此，管理者必须通过目标对下属进行管理。管理者确定了组织目标后，必须对其进行有效分解，转变成为部门以及个人的目标，根据分目标完成的情况对下属进行考核、评估和奖惩，如图8-7所示。

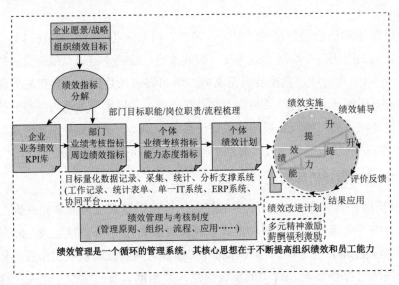

图8-7　绩效管理设计的逻辑体系

绩效是员工外显的行为表现，受很多因素影响。内在因素分成很多层次，处在最深层的是人的内在动力因素，其次是价值观、世界观等意识层面的因素。一个组织的观念、哲学等决定了组织的政策，从而影响了组织的使命和目标。组织的使命和目标被分解成各个工作单元的目标，而各个工作单元的目标又决定了职位描述。处于最外层的职位描述是直接影响行为绩效的因素。因此，要想有效地进行绩效管理，必须首先有清晰的职位描述信息。

其次，对一个职位的任职者进行绩效管理应该设定哪些关键绩效指标，往往是由他的关键职责决定的。虽然从目标管理的角度，一个被考核者的关键指标是根据组织的战略目标逐渐分解而形成的，但个人的目标终究要依据职位的关键职责来确定。

职责是一个职位比较稳定的核心特征，表现的是任职者所要从事的核心活动。目标经常随时间而变化，一个职位的工作职责可能会几年稳定不变或变化很小，而目标则可能每年都不同。对于那些较为稳定的基础性职位，可能并不由目标直接控制，而主要是依据工作职责来完成，对他们的绩效指标的设定就需要依据工作的核心职责。

既然职位描述对绩效管理非常重要，那么如何得到职位描述的信息呢？这就是工作分析。根据工作分析提供的与工作有关的信息可以把工作目的、职责、任务等转化成关键绩效指标，据此进行绩效评估与管理。

### (二) 绩效目标设定

高绩效的个人或团队通常都有清晰的目标，他们清晰地知道自己将要做什么，以及将要做到什么程度。在设定绩效指标时，通常需要考虑两类标准：基本标准与卓越标准。

基本标准是指对某个被考核对象而言，期望达到的水平。这种标准是每个被考核对象经过努力都能够达到的。并且，对于一定的职位来说，基本标准可以有限度地描述出来。基本标准主要用于判断被考核者的绩效是否能够满足基本的要求。考核的结果主要用于决定一些非激励性的人事待遇，如基本的绩效工资等。

卓越标准是指对被考核对象未作要求和期望，但是可以达到的绩效水平。卓越标准的水平并非每个被考核对象都能达到，因此它主要是为了识别角色榜样。对卓越标准考核的结果可以决定一些激励性的人事待遇，如额外的奖金、分红、职位的晋升。

战略导向的KPI体系：随着市场环境和公司内部环境的变化，公司应制定适合的发展战略，北大纵横以公司战略目标为出发点构建绩效指标体系，把公司战略目标决策经过层层分解产生的可操作性的战术目标，将公司战略转化为内部过程和活动，使考核体系不仅成为激励约束手段，更成为战略实施的工具。战略导向的KPI体系与一般绩效管理体系有很大的不同，如表8-1所示。建立战略导向KPI指标体系的意义如下。

(1) 使KPI指标体系不仅成为企业员工行为的约束机制，同时发挥战略导向的牵引作用。

(2) 通过员工的个人行为目标与企业战略相契合，使KPI体系有效地阐释与传播企业战略，成为战略实施的工具。

(3) 在评价、监督员工行为的同时，强调战略在绩效考核中的核心作用。

表8-1 战略导向的KPI体系与一般绩效管理体系对比

| 要项 | 战略导向的KPI体系 | 一般绩效管理体系 |
|---|---|---|
| 考核目的 | 以战略为中心，指标体系的设计与运用都是为战略实现服务的 | 以控制为中心，指标体系的设计与运用来源于控制的意图，也是为更有效地控制个人的行为服务 |
| 指标的产生 | 在组织内部自上而下对战略目标进行层层分解产生 | 通常是自下而上根据个人以往的绩效与目标产生的 |
| 指标的来源 | 来源于组织的战略目标与竞争的需要 | 来源于特定的程序，即对过去行为与绩效的修正 |

| 要项 | 战略导向的KPI体系 | 一般绩效管理体系 |
|---|---|---|
| 指标的构成及作用 | 财务和非财务指标相结合，关注短期效益兼顾长期发展的原则；指标本身不仅传达了结果，也传递了产生结果的过程 | 财务指标为主，注重对过去绩效的评价，且指导绩效改进的出发点是过去绩效存在的问题，绩效改进与战略需要相脱节 |
| 收入分配体系与战略的关系 | 与KPI的值、权重相搭配，有助于推进组织战略的实施 | 与组织战略的相关程序不高，但与个人绩效的好坏密切相关 |

## 三、绩效计划与实施

绩效计划是指管理者和被管理者共同沟通，对被管理者的工作目标和标准达成一致意见，形成契约的过程。绩效计划发生在新的绩效期间的开始。制订绩效计划的主要依据是工作目标和工作职责。在绩效计划阶段，管理者和被管理者之间需要在对被管理者绩效的期望问题上达成共识。在共识的基础上，被管理者对自己的工作目标作出承诺。当管理者和被管理者经过共同沟通完成绩效计划时，应看到如图8-8所示的结果。

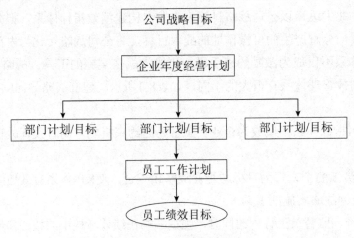

图8-8　制订绩效计划

(1) 员工的工作目标与公司的总体目标紧密相连，并且员工清楚地知道自己的工作目标与组织的整体目标之间的关系。

(2) 员工的工作职责和描述已经按照现有的组织环境进行了修改，可以反映本绩效期内主要的工作内容。

(3) 对被管理者的主要工作任务、各项工作任务的重要程度、完成任务的标准、在完成任务的过程中享有的权限都已达成共识。

(4) 十分清楚在完成工作目标的过程中可能遇到的困难和障碍，并且明确管理者所提供的支持和帮助。

(5) 形成了一个经过双方协商讨论的文档，包括被管理者的工作目标、实现工作目标的主要工作结果、衡量工作结果的指标和标准、各项工作所占的权重，并有双方的签字。

在工作过程中，管理者要对被考核者的工作进行指导和监督，对发现的问题及时予以解决，并对绩效计划进行调整。绩效计划并不是在制订了之后就一成不变，而是随着工作开展的实际情况不断调整。

在绩效实施与管理过程中主要关注两件事情：一是持续的绩效沟通，是为了适应环境中的变化需要，适时地对计划作出调整；二是对工作表现的记录，是为了在绩效考核中有充足的客观依据，提供改进绩效的事实依据，发现绩效问题和优秀绩效的原因，在争议仲裁中保护当事员工的利益。

## 四、绩效考核与绩效面谈

在绩效期结束的时候，依据预先制订好的计划，管理者对下属的绩效目标完成情况进行考核。绩效考核的依据就是在绩效期间开始时双方达成一致意见的关键绩效指标。同时，在绩效实施与管理过程中，所收集到的能够说明被考核者绩效表现的数据和事实，也可以作为判断被考核者是否达到关键绩效指标要求的依据。

绩效管理的过程并不是到绩效考核打出一个分数就结束了。管理者还需要与下属进行一次面对面的交谈，目的是：

(1) 对被考核者的表现达成双方一致的看法。

(2) 使员工认识到自己的成就和优点。

(3) 指出员工有待改进的方面。

(4) 制订绩效改进计划。

(5) 协商下一个绩效周期的目标与绩效标准。

## 五、绩效考核结果利用

对于一个企业、组织来说，需要保留住那些能够取得好绩效的员工，并且不断地促使他们做出更好的绩效。薪酬因素对于保留员工来说仅仅是一种保健因素，也就是说这方面不足的话，员工就会产生不满意，而有了也不会让员工感到特别满意。员工所看重的还有许多激励因素，例如培训和自我提高的机会。绩效考核的目的也是为了改进和提高员工的绩效。因此，绩效考核结果有多种用途：

(1) 用于报酬的分配和调整。这是绩效考核结果的一种非常普遍的用途，往往也由绩效来决定。

(2) 用于职位的变动。如果员工在某方面的绩效突出，就可以让其在此方面承担更多的责任。如果员工在某方面的绩效不够好，可以通过职位的调整，使他从事更加适合的工作。

(3) 用于员工培训和个人发展计划。这是绩效考核结果最重要的用途。通过绩效考核，员工可以知道自己哪些地方做得好，哪些地方做得不够好，这些做得不够好的地方就是今后培训和发展的空间。

(4) 作为员工选拔和培训的效标。所谓"效标"，就是衡量某个事物有效性的指标。绩效考核的结果可以用来衡量招聘选拔和培训的有效性如何。

# 第三节　工作目标设定和绩效计划

工作目标设定就是由主管领导与员工在绩效计划时共同商议确定，员工在考核期内应完成的主要工作及其效果，考核期结束由主管领导根据所设定的目标打分的方式，是对工作职责范围内的一些相对长期性、过程性、辅助性、难以量化的关键工作任务完成情况的考核方法。

## 一、工作目标设定

公司部分职能部门人员的工作对于公司整体的成功起着至关重要的作用，但其工作绩效却不能由量化指标来衡量。在此情形下，工作目标设定的价值如下。

(1) 提供了绩效管理的客观基础和全面衡量标准，以弥补仅用完全量化的关键绩效指标所不能反映的方面，更加全面地反映员工的工作表现。

(2) 关键绩效指标与工作目标相互结合，使上级领导对公司价值关键驱动活动有更加清晰全面的了解。

(3) 各层各类人员都能对本职位职责与工作重点有更加明确的认识。

### (一) 工作目标设定的含义

1. 工作目标设定原则

(1) 明确具体：有明确具体的结果或成果。

(2) 可以衡量：包括质量、数量、时间性或成本等，或能够通过定性的等级划分进行转化。

(3) 相互认可：上级和下属认可所设定目标。

(4) 可实现性：既有挑战性又是可实现的。

(5) 与企业经营目标密切相关：所设定的目标必须是与企业紧密相关的。

2. 工作目标设定需具备的技能及背景知识

(1) 职位分析能力：职位分析是一种对目标职位所从事的活动、主要目的及与其他职位间的相关性进行分析的能力。

(2) 背景知识：职位分析的结果是对职位所从事的主要活动的了解。

(3) 工作职责描述能力：职位分析的结果是了解目标职位所从事的各项工作活动。将这些工作活动归纳合并成关键的职位职责并加以描述，是设定工作目标所需具备的能力。

(4) 设定有效衡量的能力：对每一个关键的职位职责制定出能够区分绩效差异的衡量标准，是整个目标设定的关键能力。

### (二) 工作目标设定应考虑的问题

(1) 与关键绩效指标的设计应遵循同样的原则，但侧重不易量化衡量的领域。

(2) 职能部门人员的工作目标是作为关键绩效指标的补充；基层员工的工作目标是全年的绩效计划。

(3) 只选择对公司价值有贡献的关键工作区域，而非所有工作内容。

(4) 选择的工作目标不宜过多，一般不超过5个。

(5) 不同的工作目标应针对不同工作方面，不应重复。

### (三) 工作目标完成效果评价级别的分类

工作目标完成效果评价，不同于关键绩效指标的考核，它不是根据现成的生产经营统计数据得出确切的绩效结果，是以上级对下级的评级实现的。评估级别是用来衡量被考核人工作表现的，是根据被考核对象在每项关键工作目标上的完成情况，对其工作绩效确定相应级别档次，主要分为3级。

第一级为未达到预期：员工职责范围内关键工作中，数项或多数未达到基本目标；关键工作表现低于合格水平，妨碍了上级单位整体业务和本单位整体业务目标的实现；未表现出任职职位应有的个人素质及能力。

第二级为达到预期：员工在职责范围内，大部分关键工作达到了基本目标；在少数领域的表现达到了挑战目标；为上级单位整体业务和本单位工作目标作出了贡献；表现出了稳定、合格的个人素质与能力。

第三级为超出预期：员工在职责范围内许多关键工作中，实际表现达到挑战目标；成功完成了额外的工作，并为上级单位的整体业务目标和本单位工作目标的实现作出了贡献；表现出了超过预期基本目标要求的个人素质及能力。

也可以根据不同的目标特点以及可以区分的程度，进一步细分为5级，甚至更多。

例如：

(1) 工作效率：工作的时效性。

等级一：完成任务所需的时间远低于规定时间，结果总是与预期一致。

等级二：总能在规定的时限内完成工作，能够达到预期的结果。

等级三：尚能在规定的时限内完成工作。

等级四：经常需要上级的催促才能按时完成工作。

等级五：一贯拖延工作期限，即便在上级的催促下也不能按时完成工作。

(2) 熟练程度：指具备完成任务所要求的认知能力、身体的敏捷与协调性、注意力、言语理解等能力的程度。

等级一：有非常强的实际操作水平，对本职工作能够驾轻就熟。

等级二：有较强的动手能力，顺利地完成本职工作。

等级三：具备一般性水平，能完成任务。

等级四：工作时不得要领，反应较为迟钝。

等级五：素质较差，无法胜任工作要求。

### (四) 工作目标设定流程

(1) 了解公司发展战略及年度绩效计划，决定本部门的工作使命。可以提出以下问题来帮助分析本部门的工作使命：

① 本部门在组织中及价值驱动流程中处于何位置；

② 部门的主要经营活动及产出是什么；

③ 通过该部门的工作实现了组织的哪些战略目标；

④ 工作成果的优劣如何影响组织的整体效益；

⑤ 在关键管理流程中与其他部门的合作及相关性如何。

(2) 进行职位分析，列出主要工作活动内容，通过调查研究，思考回答下面几方面的问题，最后列出员工所要从事的主要工作活动内容。

① 本职位在组织中或工作中的关键作用是什么；

② 应从事哪些工作活动来帮助实现其在组织中的作用，或上一级的绩效目标或下道工序或客户(内/外部)期望；

③ 目前该职位的工作结果是如何衡量的；

④ 分析客户(内/外部)对该职位的主要期望；

⑤ 除了常规要完成的工作活动内容以外，还要完成哪些特殊项目，以实现上一级绩效目标及改进本职位工作流程。

(3) 归纳合并工作活动内容，写出工作职责描述，确定主要的工作目标。

(4) 确定每项工作目标的权重，即根据每项工作目标的重要性来决定每项所占的权重。

(5) 检查所设定的目标与原理的一致性及内部一致性，即检查所设的目标是否是明确具体的、可衡量的，是否既有挑战性又是可实现的，所设的衡量是否是共同认可的，所衡量的区域是否与企业目标密切相关。最后检查所设的工作目标与其他职位的工作目标的关联性及一致性，使该职位目标与其他职位目标间保持一致性及相互支持性。

**（五）工作目标设定过程中的职责分配**

(1) 公司决策层负责决定公司的发展战略及年度生产绩效计划，审核批准各职能部门的工作职责；参与制定并审批工作目标的设定及衡量标准；审核批准考核方法。

(2) 各部门根据各自工作职责，按职位进行分解，确定每个职位的关键职责及关键结果区域，对工作目标设定提出建议。

(3) 公司人力资源部负责牵头组织各级员工进行工作目标的设计和选择，收集汇总工作目标设定及草拟考核方法并存档。

**（六）工作目标设定的沟通方式**

(1) 上级部门目标沟通：让员工了解上级部门绩效指标或目标。

(2) 培训：组织一次培训，将目标设定的方法及原理告诉员工。

(3) 员工自定目标：当员工基本掌握设计目标的方法后让其自行制定目标。

(4) 经理和员工讨论目标：

① 首先强调员工自己参与工作目标设定的重要性，告诉员工最终要争取达到或超越工作目标的是员工本人；

② 介绍一下需讨论的两大内容——绩效目标与能力选择，帮助员工理解这两个步骤强调了"要干什么"和"怎么干"的联系，在向下一步进展前，先询问一下员工是否有什么要在此会议中讨论的内容以表达你对员工意见的兴趣；

③ 逐条讨论每项目标，引导员工自己列出所有重要的绩效区域及可衡量的目标，并获得员工的承诺；

④ 双方共同讨论每项列出的目标与完成上级部门目标和公司整体目标，以帮助员工认识到自己的工作与公司间的联系；

⑤ 表达对员工达到目标的信心，以建立员工对完成挑战性目标的信心及承诺；

⑥ 在整个讨论过程中，自始至终征求员工的看法；

⑦ 了解员工对实现目标的担忧，并确认员工是否已清楚目标，共同讨论并提供完成目标所需的资源及协助；

⑧ 讨论如何跟踪每次目标及下次回顾的时间；

⑨ 确认最后的目标；

⑩ 让员工重新整理一下双方讨论后的目标，再次确认员工是否已清楚理解目标，同时让员工认识到这是自己的职责；

⑪ 重申对员工达到目标的信心，结束讨论。

# 二、绩效计划

绩效计划是绩效管理体系的第一个关键步骤，也是实施绩效管理系统的主要平台和关键手段,通过它可以在公司内部建立起一种科学合理的管理机制,能有机地将股东利益和员工个人利益整合在一起,其价值已经被国内外众多公司所认同和接受。

### (一) 绩效计划的含义

绩效计划是被评估者和评估者双方对员工应该实现的工作绩效进行沟通的过程,并将沟通的结果落实为订立正式书面协议(即绩效计划和评估表),它是双方在明晰责、权、利的基础上签订的一个内部协议。绩效计划的设计从公司最高层开始,将绩效目标层层分解到各级子公司及部门,最终落实到个人。

因此,绩效计划作为绩效管理的一种有力工具,体现了上下级之间承诺的绩效指标的严肃性,使决策层能够把精力集中在对公司价值最关键的经营决策上,确保公司总体战略的逐步实施和年度工作目标的实现,有利于在公司内部创造一种突出绩效的企业文化。在制订绩效计划时应该注意以下原则。

1. 价值驱动原则

要与提升公司价值和追求股东回报最大化的宗旨相一致,突出以价值创造为核心的企业文化。

2. 流程系统化原则

与战略规划、资本计划、经营预算计划、人力资源管理等管理程序紧密相连,配套使用。

3. 与公司发展战略和年度绩效计划相一致原则

设定绩效计划的最终目的,是为了保证公司总体发展战略和年度生产经营目标的实现,所以在考核内容的选择和指标值的确定上,一定要紧紧围绕公司的发展目标,自上而下逐层进行分解、设计和选择。

4. 突出重点原则

员工担负的工作职责越多,所对应的工作成果也较多。但是在设定关键绩效指标和工作目标设定时,切忌面面俱到,而是要突出关键、突出重点,选择那些与公司价值关联度较大、与职位职责结合更紧密的绩效指标和工作目标,而不是整个工作过程的具体化。通常,员工绩效计划的关键指标最多不能超过6个,工作目标不能超过5个,否则就会分散员工的注意力,影响其将精力集中在最关键的绩效指标和工作目标的实现上。

5. 可行性原则

关键绩效指标与工作目标,一定是员工能够控制的,要界定在员工职责和权利控制的范围之内,也就是说,要与员工的工作职责和权利相一致,否则就难以实现绩效计划所要求的目标任务。同时,确定的目标要有挑战性,有一定难度,但又可实现。目标过高,无法实现,不具激励性;过低,不利于公司绩效成长。另外,在整个绩效计划制订过程中,要认真学习先进的管理经验,结合公司的实际情况,解决好实施中遇到的障碍，使关键绩效指标与工作目标贴近实际，切实可行。

6. 全员参与原则

积极争取并坚持员工、各级管理者和管理层多方参与，以使各方的潜在利益冲突暴露出来，便于通过一些政策性程序来解决这些冲突，从而确保绩效计划制订得更加科学合理。

7. 足够激励原则

使考核结果与薪酬及其他非物质奖惩等激励机制紧密相连，拉大绩效突出者与其他人的薪酬比例，打破分配上的平均主义，做到奖优罚劣、奖勤罚懒、激励先进、鞭策后进，营造一种突出绩效的企业文化。

8. 客观公正原则

保持绩效透明性，实施坦率的、公平的、跨越组织等级的绩效审核和沟通，做到系统地、客观地评估绩效。对工作性质和难度基本一致的员工的绩效标准设定，应该保持大体相同，确保考核过程公正，考核结论准确无误，奖惩兑现公平合理。

9. 综合平衡原则

通过合理分配关键绩效指标与工作目标完成效果评价的内容和权重，实现对职位全部重要职责的合理衡量。

10. 职位特色原则

相似但不同的职位，其特色完全由绩效管理体系来反映。这要求绩效计划内容、形式的选择和目标的设定要充分考虑到不同业务、不同部门中类似职位各自的特色和共性。

**(二) 绩效计划的制订**

各子公司及部门制订绩效计划的过程，即总公司(集团)经营业绩目标层层分解的过程，也是其依据关键绩效指标、权重和目标值进行沟通并达成一致的过程。

1. 公司绩效计划的要素

(1) 绩效计划及评估内容：包括各类关键绩效指标。

(2) 权重：列出按绩效计划及评估内容划分的大类权重，以体现工作的可衡量性及对公司整体绩效的影响程度。

(3) 目标值的设定：对关键绩效指标设定目标值和挑战值两类，以界定指标实际完成情况与指标所得绩效分值的对应关系。

(4) 绩效评估周期：一般为一年一次。

2. 公司绩效计划的步骤

(1) 集团(总公司)下达绩效管理系统实施文件。

(2) 确定集团(总公司)绩效考核指标体系，提出考核方法，推动计划确定，搞好后续管理，收集汇总数据，计算绩效分值。

(3) 集团(总公司)经过与各子公司商讨，确定子公司的绩效考核指标体系。

(4) 各子公司经过与各部门商讨确定部门绩效考核指标。

3. 员工绩效计划的制订

员工绩效计划过程，即评估者和被评估者之间进行充分沟通，明确关键绩效指标、工作目标及相应的权重，参照过去的绩效表现及公司当年的业务目标设定每个关键绩效指标的目标指标及挑战指标，并以此作为决定被评估人浮动薪酬、奖惩、升迁基础的过程。同时，绩效计划还帮助员工设定一定的能力发展计划，以保证员工绩效目标的实现。其主要流程，如图8-9所示。

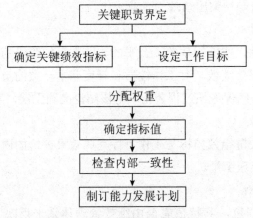

图8-9　员工绩效计划的制订

4. 员工绩效计划的要素

(1) 被评估者信息：通过填写职位、工号及级别，可将绩效计划及评估表格与薪酬职级直接挂钩，便于了解被评估者在公司中的相对职级及对应的薪酬结构，有利于建立一体化人力资源管理体系。

(2) 评估者信息：便于了解被评估者的直接负责人和管理部门。通常，评估者是按业务管理权限来确定的，常常为上一级正职(或正职授权的副职)。

(3) 关键职责：是设定绩效计划及评估内容的基本依据，提供查阅、调整绩效计划及评估内容的基本参照信息。

(4) 绩效计划及评估内容：包括关键绩效指标与工作目标完成效果评价两部分，用以全面衡量被评估者的重要工作成果，是绩效计划及评估表格的主体。

(5) 权重：列出按绩效计划及评估内容划分的大类权重，以体现工作的可衡量性及对公司整体绩效的影响程度，便于查看不同职位类型在大类权重设置上的规律及一致性。

(6) 指标值的设定：对关键绩效指标设定目标值和挑战值，是以指标实际完成情况与指标所得绩效分值的对应关系进行判定；对工作目标设定的完成效果评价则主要按照工作目标设定中的评估标准及时间进行判定。

(7) 绩效评估周期：原则上以年度为周期。针对某些特定职位，如销售人员、市场人员等，根据其职务和应完成的工作目标等具体工作特点，也可以月度或季度为评估周期，设定相应指标。

(8) 能力发展计划：是以培训具体技能知识的方式，将企业对个人能力的要求落实到人，让员工明白为实现其绩效指标需要发展什么样的能力，如何发展，形成持续不断、协调一致的发展道路。

**5. 员工绩效计划的制订流程**

**(1) 职位工作职责界定**

职位工作职责界定，主要是通过工作分析的方法，对目标职位的关键业务内容及应实现的主要工作成果，用简练而准确的语言进行书面描述。主要由人力资源部门协助公司高层管理者来完成。职位工作职责界定，是设定关键绩效指标、做好绩效计划设计的前提和基础。

**(2) 设定关键绩效指标**

这一步主要是根据公司的战略及业务计划、职位工作职责的描述，为被评估者制定可衡量的、能够量化的、具有代表性的关键绩效指标。这项工作由各级经理根据直接下级的关键职责，结合本部门的关键绩效指标，与被考核人沟通确定。关键绩效指标的选择，一定要力争做到科学合理，以发挥绩效管理的激励和约束作用，最大限度地提升员工绩效水平。

**(3) 工作目标设定**

公司内部不同职位的工作性质，存在着很大的差异，也并非所有职位都可以用量化的关键绩效指标来衡量，比如职能部门，其工作内容有不少属于宏观管理，定性的含量比较大。因此，各级经理需要与被评估者沟通，结合公司发展战略、业务发展计划，针对被评估者的职位职责描述和工作性质，把一些具有长期性、过程性、辅助性的关键工作纳入工作目标评价，作为对关键绩效指标的一种重要补充和完善。

**(4) 权重分配**

权重是绩效指标体系的重要组成部分，通过对每个被评估者职位性质、工作特点及对经营业务的控制和影响等因素的分析，确定每类及每项指标、工作目标设定整体及其中各项在整个指标体系中的重要程度，赋予相应的权重，以达到考核的科学合理。权重确定的具体方法一般为：

① 关键绩效指标和工作目标完成效果之间的权重分配

一般来讲，对一定层级以上的管理人员，绩效计划不设工作目标完成效果，其权重为零，如各厂总经理。而综合职能部门，如人力资源部、财务部、总经理办公室、审计等，通常要设工作目标完成效果评价。由于各单位部门在职能设置上的不同，在实际操作中权重的高低要视情况而定。

② 关键绩效指标权重的确定

在设定各项指标权重时应注意以下问题：一些典型通用指标，如客户满意度、员工总数，部门管理费用等，在各部门及单位所占权重保持统一，以体现一致性。每一项的权重一般不要小于5%，否则对综合绩效的影响太微弱。为体现各指标权重的轻重缓急的不同，指标之间的权重差异最好也控制在5%以上。

③ 工作目标权重的确定

工作目标完成效果评价是独立于关键绩效指标评价的完全不同的评价方法，其各项工作目标或目的权重之和为100%。一般只有3～5项指标，所以权重的分配比较容易拉开差距。工作目标权重，反映评估者对被评估者工作目标的期望。工作目标越重要，被评估者对该项工作的直接影响力越大，权重就越高。

不同层级人员关键绩效指标和工作目标权重的分配建议表，如表8-2所示。

表8-2　不同层级人员关键绩效指标和工作目标权重的分配建议表

| 考核对象 | 内容及权重 | |
| --- | --- | --- |
| | 关键绩效指标 | 工作目标完成情况 |
| 各厂总经理及以上管理者 | 100% | |
| 各中层管理人员 | 60% | 40% |
| 各基层管理人员 | 20% | 80% |
| 纯粹操作/事务执行员工 | | 100% |

(5) 确定关键绩效指标和工作目标的指标值

绩效计划中的指标值是用来衡量考核对象工作是否达到公司期望的参照标准，是确保绩效管理体系公平客观性的关键环节。绩效计划及评估指标针对绩效计划中考核的每一项内容而设立，包括关键绩效指标的目标指标、挑战目标，以及工作目标完成效果的衡量标准，由评估者和被评估者双方共同商定确立，如表8-3所示。

表8-3　岗位指标考核体系表实例

| 编号 | KPI | 指标定义/计算公式 | 指标评分标准 | 信息来源 |
| --- | --- | --- | --- | --- |
| 1 | 工作计划完成率 | $[X_2/X_1] \times 100\%$<br>$X_2$=已完成的工作项数；<br>$X_1$=计划的工作总项数 | 1) 按时完成计划，得100分<br>2) 比目标值每少____%，减分____，累计减至60分<br>3) 介于其中按线性关系计算 | 计划管理报表 |
| 2 | 销售收入 | $[X_2-X_1]/X1 \times 100\%$<br>$X_2$=当期实际完成销售额；<br>$X_1$=计划完成销售额 | 1) 达到目标值，得100分<br>2) 比目标值每多____%，加分____，累计加至120分<br>3) 比目标值每少____%，减分____，累计减至60分<br>4) 介于其中按线性关系计算 | 财务报表 |

| 编号 | KPI | 指标定义/计算公式 | 指标评分标准 | 信息来源 |
|---|---|---|---|---|
| 3 | 营销费用 | (实际发生额-预算额)/预算额×100%，包括所属部门人员费用及市场推广、销售费用等 | 1) 达到目标值，得100分<br>2) 比目标值每少_____%，加分_____，累计加至120分<br>3) 比目标值每多_____%，减分_____，累计减至60分<br>4) 介于其中按线性关系计算 | 财务报表 |

| 编号 | GS | 目标效果 | 考核人/信息来源 |
|---|---|---|---|
| 1 | 公司决策贡献 | 在需要时，积极参与公司重大决策，提供有价值建议，贡献较大 | 总经理 |
| 2 | 营销管理和售后服务工作 | 营销战略符合公司整体发展战略；品牌、价格策略等相关营销执行策略制定及时，并能根据市场反馈进行调整；营销制度完善、合理；营销管理工作能够适应公司业务运营和发展需要；客户意见的反馈及时，售后服务规范化、标准化，有力地支持了公司整体战略目标的实现 | 总经理 |
| 3 | 公共关系维护 | 与各种宣传媒体和市场营销咨询公司保持良好的合作关系 | 总经理 |

关键绩效指标往往包括企业或部门的重要经营结果，其目标值的设定直接关系到企业的经营目标，涉及企业预算、概算等其他相关管理程序，因此往往需要经过正式的估测、试算，予以慎重确定。而工作目标完成效果评价，其衡量标准往往更多应用于基层，应用于对工作过程的衡量，因此与工作目标设定的内容密切相关，主要通过职业经理人与员工之间的沟通完成。

① 目标指标

目标指标是指正好完成公司对该职位某项工作的期望时，职位应达到的绩效指标完成标准，通常反映在正常市场环境中、正常经营管理水平下部门或单位应达到的绩效表现。目标指标的确定，可根据批准的年度计划、财务预算及职位工作计划、公司提出的指导性意见，由各级经理和员工共同商讨认同，按各级管理权限分别审核确认。

确定目标指标时首先可参考过去类似指标在相同市场环境下完成的平均水平，并根据情况的变化予以调整；其次可参照一些行业指标、技术指标、监管指标、国际指标，从而确定合理的水平；再次应参考为上级职位相关指标所设定的目标值，保证下级单位对上级单位目标值的分解；最后应结合本公司战略的侧重点，服务于本公司关键经营目标的实现。目标指标的设定，侧重考虑可达到性，其完成意味着职位工作达到公司期望的水平。

② 挑战指标

挑战指标是评估者对被评估者在该项指标完成效果上的最高期望值，可看作对被评估者在某项指标上完成效果的最高期望。设定挑战性目标时，要在基本目标设定的基础上，考虑实际工作绩效是否很容易在基本目标上下有较大波动，对波动性较强的指标，应设定较高的挑战性目标，反之亦然。

(6) 指标检验

作为绩效计划设计结束前的关键一步，要从横向、纵向两个方面检查设计是否维持了统一的标准。从横向上，检查相同单位、职务的关键绩效指标与工作目标设定的选择和权重的分配等标准是否统一；从纵向上，根据公司战略及业务计划、职位工作职责描述，检查各上级的考核指标是否在下属中得到了合理的承担或进一步分解，能否保证公司整体发展战略目标和业务计划的实现。

(7) 制订能力发展计划

在制定了关键绩效指标，设定了相关的工作目标之后，经理和员工应该就员工如何达到绩效目标进行讨论，确定员工应该着重发展的能力领域，以及希望实现的目标，并根据具体的目标设定相应的发展行动方案。

# 第四节 绩效辅导实施和绩效设计流程

绩效辅导是指管理者与员工讨论有关工作进展情况，潜在的障碍和问题，解决问题的办法措施，员工取得的成绩以及存在的问题，管理者如何帮助员工等信息的过程，它贯穿于绩效管理的始终。

## 一、绩效辅导

绩效辅导的作用在于能够前瞻性地发现问题并在问题出现之前解决，能把管理者与员工紧密联系在一起，共同解决问题、排除障碍，共同进步和提高，实现更高绩效。

### (一) 工作中的辅导

作为上级，指导下属员工是日常工作中最重要的职责之一，而且必须是经常性的，而非一定要等到有问题发生的时候才开始。

1. 常用的辅导类型

(1) 具体指示：对于那些对完成工作所需的知识及能力较缺乏的员工，常常需要给予较具体指示的指导，将做事的方式分成一步一步的步骤传授并跟踪完成情况。

(2) 方向引导：对于那些具有完成工作的相关知识及技能，但偶尔遇到特定情况不知所措的员工，应给予适当的点拨及大方向指引。

(3) 鼓励：对于那些具有较完善的知识及专业化技能的员工，应给予一些鼓励或建议，以促进更好的效果。

2. 选择适当的指导契机

(1) 当员工希望您对某种情况发表意见时，例如，在绩效管理回顾阶段或员工过来向您请教问题时，以及向您征询对某个新想法的看法时。

(2) 当员工希望您解决某个问题时，尤其是出现在您的属下工作领域中的问题。

(3) 当您注意到有某项工作可以做得更好、更快时，也可以指导他人采取措施，改进做法，适应企业、部门及流程的变化。

(4) 当员工通过培训掌握了新的技能，而希望鼓励他们运用于实际工作中时。

3. 辅导的内容

上级要承担很多责任，并不会有时间去跟踪并指导每位下属的每一次具体发生的问题或每个要改进的方面，而应该把精力放在那些对完成关键绩效指标或已制定的工作目标所需能力的指导上，以最大限度地提高下属员工的绩效。

上级管理人员经常会忽视员工“怎么做”，而只注重最后的绩效结果。这样会导致部分员工用影响公司整体利益的方式去完成结果。例如，只顾自己的目标而影响他人或某些行为加剧了部门与部门之间的冲突等。

有效的指导需平衡“问”与“告诉”两者之间的关系。大量研究证明，询问信息、想法、建议等，比仅仅告诉他人怎么做要有效得多。所以在指导中应多用“问”的方式，这样对下属日后真正在行动上落实改进的方案较为有效。当然，在某些场合还是要用“告诉”的方式，以便让其在具备相关信息的基础上，用自己的思考来处理这些信息来推导解决问题的方法，具体辅导步骤如下：

(1) 强调辅导的目的和重要性。用一种积极的方式进行指导，强调员工的想法对此次讨论的意义。

(2) 询问具体情况。利用此机会更多地收集真实情况。收集的情况越具体真实，指导也就越有效。可以用开放式问题来收集具体的信息，征求员工对此问题的认识及想法，最后总结理解并确认己对所有事实有清楚了解。

(3) 商议期望达成的结果。在确认事实的基础上开始商议期望达到的结果是什么。可能是下属员工需有更多的投入，改进沟通技能或减少迟到等，确保这些理想的结果与完成已计划的绩效指标或工作目标紧密相关。双方对最终想获得的结果，有一个共同的认识是至关重要的，以避免产生分歧。

(4) 讨论可采用的解决问题的方法。在对理想结果取得一致认可的基础上，开始讨论用什么样的方法来达到目标。开诚布公地讨论每种方法的利弊，尽量多地采用下属员工提出的方案，并确定双方认可的为达到理想目标应采取的步骤。

(5) 设定下次讨论时间，让员工感受到上级始终关注其改进情况。

### (二) 中期回顾

**1. 中期回顾的目的和意义**

中期回顾的目的与平时日常工作中经常性指导的目的是相同的。可以理解为是一次较正式的跟踪指导，以确保他们能达到或超越既定的绩效指标及工作计划。绩效管理系统通常应该设置中期回顾，比如在年初计划了绩效指标或工作目标，180天后有一次回顾，年末则是综合绩效评估考核。

有效地进行中期回顾是表示上级帮助下级完成绩效指标或工作目标的诚意。上级人员并非担任一种裁判的角色来判别下属是否实现目标，而是承担了教练员的角色来帮助下属。为了保证年度绩效考核指标的实现，经理要定期了解员工绩效计划完成情况，根据管理幅度、工作运行周期和不同指标的特点，对绩效计划指标的进展实行日报、月报、季报或年报，并采取工作进度汇报分析会、指导会或书面通知等方法，使这项工作制度化、规范化。

**2. 中期回顾的准备工作——收集绩效计划执行结果**

(1) 数据收集的程序。人力资源部于每个月末或季度末给有关职能部门或下一级单位人力资源部下达书面通知，对数据收集提出具体要求，将员工绩效计划完成情况的数据报有关业务管理部门审核，然后报人力资源部。

(2) 数据收集的角色分配。人力资源部负责组织数据收集并汇总，职能部门或相关业务部门负责业务指标的审计确认，保证数据的真实可靠，最后将审定后的数据报人力资源部。

(3) 关键绩效指标的数据收集方式。人力资源部于每季度末下达一次收集通知，组织各级部门上报一次关键绩效指标的完成情况。

① 财务类和市场类关键绩效指标数据，一般由本单位综合职能部门和业务部门负责提供。

② 内部营运类和学习发展类关键绩效指标数据，由相关部门提供，或采取问卷、测评等方法获取。对于客户服务满意度、职工队伍稳定等采集难度比较大、成本比较高的获取指标，可视其重要性或工作需要适当减少采集的频率。

(4) 工作目标完成效果收集方式。人力资源部于每半年末下达一次收集通知，组织各级部门上报一次工作目标完成情况材料，上下级双方都可以整理或收集一些下属人员绩效完成情况以及工作方式、行为、能力方面的信息，判断年终完成绩效计划的可能性。

(5) 数据收集过程中应注意的问题。为保证数据采集结果的真实性和可靠性，对上报的考核指标数据，必须经过严格审查、审计，也可采取个别谈话、征求客户意见、审查工作报告、调阅有关材料和数据、听取监督部门意见等方式进行。发现数据与事实不符或有舞弊行为的，要及时采取措施予以更正。需要平衡调整的，按程序报批。对出现的虚报浮夸、弄虚作假等问题要及时进行调查核实，凡情况属实的，要采取果断措施，及时予以纠正处理。

### 3. 个人绩效反馈

绩效计划执行情况收集完成后，人力资源部要组织有关部门对绩效计划完成情况进行全面的综合分析，并对每个员工的绩效完成情况作出阶段性评估结论，并以书面形式向员工进行反馈。包括经理审核后的考核结果，根据其绩效完成情况，肯定成绩，指出问题和不足，提出改进工作的建议和要求。帮助员工制订绩效改进计划，并与绩效计划一并存入个人绩效档案，作为年度考核分析的依据。员工如对考核评价结果存有异议，可按管理权限逐级反映，如需要更改，按程序审批。

绩效考核结果可按管理权限逐级进行反馈。正职由其上一级正职(或正职授权的分管副职)反馈，副职由正职反馈。

最有效的绩效反馈形式是上下级人员间的中期回顾会议，这也是绩效管理系统中设置中期回顾的根本所在，即促使上级在百忙中抽出时间来与下属人员进行绩效沟通。会议中可讨论完成绩效指标或工作目标的进展情况，个人行为方式或能力表现情况，以及改进绩效或改进能力的行动计划。

### 4. 绩效计划的目标调整

一般情况下，员工个人的绩效计划目标每年核定一次。一经确定，一般不作调整。如在计划执行过程中或绩效指导过程中发觉由于公司业务发展计划的变更、组织结构的调整、市场外部环境的重大变化，或遇到一些不可抗拒因素等非个人主观因素，绩效目标确实难以完成，需要调整的，员工可以向经理人提出书面申请，由人力资源部组织有关职能部门重新审定，并经高层管理者批准后，进行适当调整；未获批准的，仍以原指标为准。

## 二、绩效评估与绩效应用

真正的绩效管理系统并不仅仅是简单的年初设定考核标准，然后年终进行考核，而是一种通过年初进行绩效计划，让岗位在职者本人明确该努力的方向，在绩效年度内不断努力，上级人员不断提供指导与反馈，层层帮助完成各层级的目标的过程。所以，绩效管理系统不只是对绩效目标最终完成情况的考评，而应是对绩效目标全过程、全方位的管理，包括绩效目标的确定、执行过程中的日常或阶段检查指导、反馈、修正、考评、奖励等，它是一个周期性循环的过程。这个周期性循环过程的最后也是较关键的一步是：制定科学合理的评价方法，进行绩效评估与考核，并进行适当的奖励。绩效评估考核工作通常由人力资源部负责牵头组织、协调，有关部门予以配合，如图8-10所示。

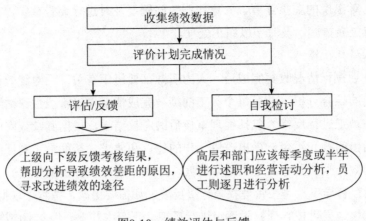

图8-10　绩效评估与反馈

## (一) 绩效评估

**1. 目的**

对过去的实际绩效与计划绩效间的差异作一次正式评估以探寻如何改进和提高今后的绩效。

**2. 评估与考核内容**

(1) 对过去一年实际绩效的回顾及评估，包括收集关键绩效指标或工作目标执行的结果，将实际结果与已设定的衡量标准进行对照，评出分数级别。

(2) 为下一绩效年度制定或调整关键绩效指标、工作目标及能力发展计划。

(3) 确定报酬调整和奖励方案。

**3. 收集执行结果**

(1) 由人力资源部负责组织，有关部门或单位予以配合。

(2) 对于工作目标的考核，应在进行考核会议前做一些计划和准备工作，收集有关人员的绩效具体执行情况，倾听各相关方面的反馈，即该下属人员的内、外部客户反馈，有关的文档、数据信息，并回想一下平时的观察。对员工实际绩效与个人行为方式及能力表现有较清晰的了解，并初步评估员工的绩效、分数级别和能力表现情况。安排好与下属进行绩效讨论的会议时间，并向下属传递一个信息：你很重视此次会议。

(3) 让员工准备。最好在两周前通知，并让其了解会议的目的，让员工自己准备一些已完成绩效的资料且事先进行自我评估。

**4. 个人绩效分值的计算**

为使员工工作绩效相互间具有可比性，以便有效地实施奖惩，通常采用绩效分值计算法，来评估员工个人工作绩效完成情况，计算公式为：

$$个人绩效分值 = \sum(KPI\ 绩效分值 \times KPI\ 权重) \times KPI\ 总权重$$
$$+ \sum(工作目标完成分值 \times 权重) \times 工作目标总权重$$

5. 个人绩效反馈

年度考核结束后，应及时将绩效结果反馈给被评估者，在被评估者没有异议的情况下，与个人奖惩进行挂钩。被评估者若有异议，可通过公司制定的申诉程序进行申诉。

6. 绩效评估讨论

(1) 强调绩效评估的目的及会议将讨论的议程

设定一个宽松的讨论氛围，介绍绩效评估的主要目的是探寻今后如何提高绩效，重申员工参与的重要性，逐项讨论指标或目标完成情况。在双方均有准备的情况下，对绩效计划及评估表格上所列指标或目标的完成情况进行逐条讨论，让下属对每项指标或目标先作一总结。分享上级对员工绩效的观察，无须对具体的细节加以讨论，而是注重较突显的成果、目标达到或超越的情况。

(2) 逐项评估分数级别

在对所有列出的关键绩效指标或工作目标的完成效果逐项讨论后，让下属先对其关键绩效指标或工作目标的完成情况根据衡量标准来给予分数级别，再讨论有差异的分数级别，寻找和回顾绩效事实，注重绩效事实而非人员本身，获得对分数的一致认同。如果先期目标和衡量指标较清晰，在日常工作中又不断进行跟踪指导及中期回顾，在综合绩效评估会议上获得认同的难度就会大大降低，因为员工不会对结果感到特别惊讶。

(3) 进行绩效诊断

在评估中，对完成较好的绩效指标与目标，以及未完成的指标与目标进行原因分析：在哪些方面员工表现出惯有的行为模式，从而获得了某些强项或导致了某些弱项；在哪些方面如果采用了不同的做法就可能达到目标或标准。

(4) 商讨改进计划

告诉员工加总各项分值后的个人绩效评估得分。询问并记录为保持良好绩效、解决相关问题可以采取的行动方案，为制订下年度绩效计划所用；制定相应能力发展领域、具体行动和期望结果。

(5) 上级经理审阅

各级经理将属下员工的绩效评估结果上报给上级经理进行审阅，上级经理提供自己对于绩效评估的意见并和评估双方进行最终评估结果认定。

**(二) 绩效应用**

绩效管理必须与薪酬等激励机制相挂钩才能体现其价值。如何根据员工的绩效考核结果确定合理的薪酬奖励，是保证绩效考核激励作用的主要手段和核心问题。在设计绩效管理体系的同时，应根据企业自身特点同步为各级员工设计与绩效挂钩的薪酬体系。通常，绩效结果会应用于如下方面：

(1) 工资晋升(具体晋升情况因企业情况而定)

(2) 绩效奖金的确定(具体确定办法因企业情况而定)

(3) 职业发展

绩效管理的最终目的是提高效率,通过每位员工的成功而促成企业的成功。当员工绩效评估的分数级别较低时,应商讨如何提高完成绩效所需的能力,并制订行动计划。要根据绩效考核结果,结合其他考核,发掘绩效突出、素质好、有创新能力的优秀管理人员和员工,通过岗位轮换、特殊培训等方式,从素质和能力上进行全面培养,在班子调整补充人员时,优先予以提拔重用。同时,要通过对绩效考核结果的对比、分析,找出管理人员与任职岗位的差距,按照公司经营方针与长远发展战略对管理人员的要求,设计并实施有针对性的培养计划,及时提高管理人员的能力和水平。

对那些绩效不能达到要求,能力改进并不明显的员工,要考虑是否有其他合适的岗位以发挥其作用。通过对员工职业发展的考虑,使工作绩效、工作能力或行为方式与员工的职业前景相连接,从而强化其提高绩效和能力的意识,努力提高能力,完成绩效目标,以使人力成本向人力资本转化。

为了更好地对绩效不同表现者进行管理,可参考图8-11所示的人才矩阵模型。

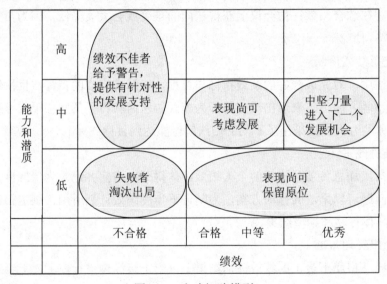

图8-11 人才矩阵模型

(4) 其他奖励

实行绩效与薪酬挂钩,是一种主要的激励手段。虽然对提升员工的绩效水平有较好的激励作用,但是不可否认其本身也存在一些局限性,同时因组织因素、环境因素和个人因素又造成了固定工资增长和激励性奖金具体操作的难度和复杂性。这些问题解决不好,将损害绩效奖励的激励作用。

在实际操作中应规避这些消极因素,以在更大范围内考虑奖励和激励的方式。

实现以工资增长和绩效奖金为主要奖励和激励手段，配合其他奖励方式，并给奖励配备一个连续的政策框架，充分发挥其他奖励的潜在作用，以较好地弥补绩效工资的制约作用。

了解奖励的不同形式、不同效应，是实施有效奖励的第一步。从广义角度来讲，可以将奖励分为两大类：

一是外在奖励，包括工资增长、绩效奖金和其他具有酬劳性质的奖励，如职位的提升、培训机会、考察学习、旅游度假、来自高层的认可和表扬。

二是内在奖励，包括员工对自己的奖励(如成就感)、福利、授予荣誉称号、赋予挑战性的职责、重要而有意义的工作、在设定目标和制定决策时的影响力等。

以上奖励形式，可根据不同类型人员、不同地点时间以及员工不同的奖励需求选择不同的奖励方式，以达到真正激励的目的。

### (三) 绩效计划修订

由于公司战略方向或每年的侧重点会随着公司发展的不同阶段、外界竞争形势的改变而作相应调整，各层级部门或员工的工作目标也会相应调整。绩效考核完成后，在广泛听取各方意见的基础上，应该对绩效管理的实践进行全面的总结分析，可从以下几个方面具体考虑：

(1) 绩效计划的绩效考核内容(包括关键绩效指标、工作目标设定)。找出最成功的部分是哪些，最难操作的是哪些，意义不大的是哪些。工作目标调整将反映在主要工作活动内容或关键结果区域。另外，即使是相同的工作活动内容或关键结果区域，也可能因为完成该结果区域的能力或外界因素等原因而作相应调整，这种调整会反映在衡量标准上。

(2) 绩效计划目标值(包括关键绩效指标的目标指标与挑战指标，以及工作目标设定的完成标准)。根据实际完成情况与目标进行对比，以确定指标值确定得是否合理，并对下一年绩效计划指标值的确定提供经验和指导。

(3) 绩效指导与强化的方法及绩效考核与回报方法。对指导及考核方法进行全面的验证分析，剔除不合理的因素，并进行修正。在全面总结分析的基础上，根据公司新的年度业务发展计划和经营预算目标，对绩效计划进行重新修订，进入下一轮绩效计划的运行。

## 三、绩效考核体系设计流程

在进行绩效考核体系设计流程设计时(见图8-12)，对企业层面、部门和业务分支的KPI、各岗位KPI要进行逐步分解。分解的依据是战略，分解的维度是参照平衡计分卡的4个维度，对不能量化的指标进行设计时应特别注意，否则会适得其反，导向发生偏转。

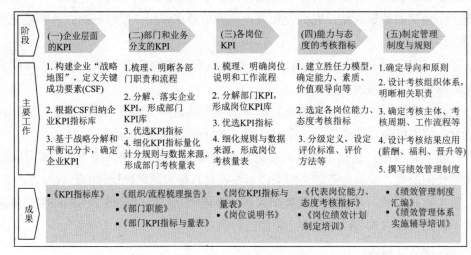

图8-12　绩效考核体系设计流程

# 第五节　平衡计分卡在绩效管理中的应用

## 一、平衡计分卡的提出与发展

从1992年卡普兰与诺顿在《哈佛商业评论》发表的第一篇关于平衡计分卡文章到2000年的《战略中心型组织》书籍的出版,平衡计分卡已从最初的业绩衡量体系转变成为用于战略执行的新绩效管理体系,其应用和研究已取得重大突破。

2004年,卡普兰与诺顿又出版了一本关于平衡计分卡的新书《战略地图》。《战略地图》实际阐述的是如何将组织的战略可视化,通过战略地图来描述组织的无形资产转化为有形成果的路径,并且在无形资产的衡量和管理上,提出了"战略准备度"概念。

平衡计分卡(BSC)是通过财务(financial)、客户(customers)、内部经营过程(internal business progress)、学习与成长(learning and growth)4个方面的指标,以及之间的相互驱动因果关系展现组织的战略轨迹,从而实现绩效考核—改进以及战略实施—修正的目标。

平衡计分卡是全面管理和评价企业综合业绩的工具,是企业愿景和战略的具体体现,既是一个绩效评价系统,也是一个有效的战略管理系统。平衡计分卡的多角度理解主要体现在以下3个方面。

(1) 平衡计分卡是战略管理与执行的工具。BSC是在企业总体发展战略达成共识的基础上，通过科学的设计，将其4个维度的指标以及实施步骤有效结合在一起的战略管理与实施体系。它的主要目的是将企业的战略转化为具体的行动，为企业的战略搭建执行平台，以提升企业的战略执行力。

(2) 平衡计分卡是绩效管理的工具。BSC从4个纬度设计适量的绩效指标有效运作于企业的战略。BSC为企业提供的绩效指标具有可量化、可测度、可评估性，有利于全面系统地监控企业战略的执行，促进企业战略与远景目标的达成。

(3) 平衡计分卡是企业各级管理者进行有效沟通的重要方式。为了战略的执行，必须将企业的远景规划与各级组织(包括各管理层乃至每个员工)进行沟通，使企业所有员工都能够理解战略与远景规划，并及时地给予有效的反馈。

## 二、平衡计分卡的内容及其绩效指标

平衡计分卡的企业理念是把企业看作利益相关者的契约组织。企业战略管理的基本任务就是通过满足利益相关者的需要来获取市场竞争力。企业要在市场上真正获取战略竞争优势，就必须时刻自我检视这样一个战略性激励问题："我们能否继续提高并创造价值？"只有明确和解决了这个问题，才能基于内部组织流程和员工人力资源状况，同时兼顾外部顾客的需要和股东的利益，进一步具体回答"我们在哪些领域有杰出专长？""客户如何看待我们公司？"以及"我们怎样满足股东？"等一系列问题，其动态关系如图8-13所示。这是企业作为利益相关者的契约网络必须具有的战略视界，是企业战略管理的精髓。

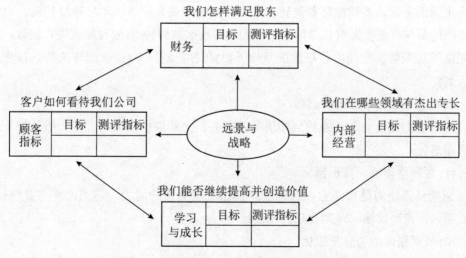

图8-13　平衡计分卡4个方面之间的动态关系

平衡计分卡的评估指标来源于组织战略，它把组织的使命和战略转化为有形的目标和测评指标。从财务方面、客户方面、内部经营过程方面、学习与成长方面4

233

个方面的关键成功因素入手，为每一方面设计适当的评价指标，赋予不同的权重，形成一套完整的绩效评价指标体系。其中，财务是最终目的，顾客是关键，内部经营过程是基础，学习与成长是核心。

## (一) 财务方面的指标(见表8-4)

表8-4　财务方面的指标

| 财务方面的指标 | 反映资本盈利能力的指标 | 投资利润率、剩余收益、现金流量、市场价值、经济增加值 | |
|---|---|---|---|
| | 反映资本营运能力的指标 | 应收账款周转率、存货周转率 | |
| | 反映企业偿债能力的指标 | 短期偿债能力的指标 | 流动比率、速动比率、现金比率 |
| | | 长期偿债能力的指标 | 资产负债率、利息保障倍数 |

财务绩效是企业经营业绩的最终表现，企业所有的努力都围绕财务目标。财务指标可以不时地提醒企业全体员工：企业在质量、客户满意、生产效率等方面的提高必须转化为市场份额的扩大、收入的增加、经营费用的降低等。

1. 反映资本盈利能力的指标

资本盈利能力是企业以成本赚取利润、以资本获得增值的能力，是企业生存和发展的根本。常用的评价指标为：投资利润率、剩余收益、现金流量、市场价值、经济增加值等。

2. 反映资本营运能力的指标

流动资产在周转过程中，从货币资金开始，然后沿着存货、应收账款到货币资金为止周而复始、不断循环和周转。其中，应收账款和存货的周转速度快慢，对流动资产的周转有重要影响。常用的指标为：应收账款周转率(应收账款周转次数、应收账款周转天数、收回应收账款的平均天数)和存货周转率(存货周转次数、存货周转天数)。

3. 反映企业偿债能力的指标

偿债能力是企业偿还各种到期债务的能力。企业偿债能力的分析一般从如下两个方面进行。

(1) 短期偿债能力分析指标

短期偿债能力是指企业以流动资产偿还流动负债的能力。这类比率主要包括3个比率，即流动比率、速动比率、现金比率。

(2) 长期偿债能力分析指标

对企业长期偿债能力的分析主要是为了确定该企业偿还债务本金与支付债务利息的能力。这种分析可以从资产负债表反映的资本结构的合理性和损益表反映的偿还借款本息的能力两方面进行。前者用资产负债率表示，后者用利息保障倍数反映。通过这些指标可以评定企业资本结构的合理性，评价企业的长期偿债能力。

平衡计分卡财务方面的指标改变了以往财务评估体系中财务目标单一化的局面，使得企业财务目标能够根据企业实际情况具体分析，更适应不同经营单位和不同生命周期阶段的具体需要。

### (二) 客户方面的指标(见表8-5)

表8-5　客户方面的指标

| 客户方面的指标 | 客户业绩的一般评价指标 | 市场份额、客户保持、客户忠诚、客户获得、客户满意程度和客户获利能力 |
| --- | --- | --- |
| | 客户业绩驱动因素的评价指标 | 时间、质量和价格指标 |

客户方面的评价体现了企业对外界变化的反应，只有了解并不断满足客户的要求，产品的价值才能实现，企业才能持续获利。

1. 客户业绩的一般评价指标

平衡计分卡的客户方面包括一些目标明确、表达清晰的计量指标：市场份额、客户保持、客户获得、客户满意程度和客户获利能力等。这几个指标之间的关系，如图8-14所示。

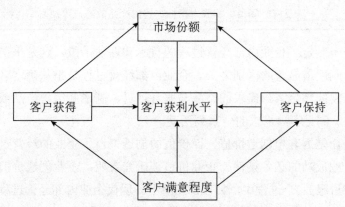

图8-14　客户方面指标之间的关系

2. 客户业绩驱动因素的评价指标

企业要保持较高的市场份额和客户满意程度并从客户处获取利润，需要建立产品或服务的价值观念，包括3个方面的内容：产品或服务属性；形象和声誉；客户关系。这三者是产生客户业绩的重要因素，也被称为客户业绩的驱动因素，与客户获利、客户获得、客户保持和客户满意程度之间的关系，如图8-15所示。

客户业绩驱动因素评价，常用的是时间、质量和价格指标。

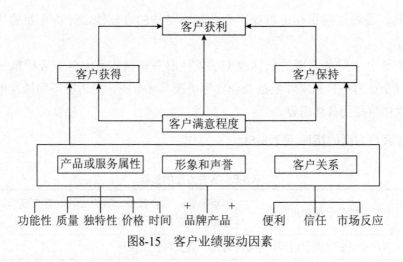

图8-15　客户业绩驱动因素

### (三) 内部经营过程方面的指标(见表8-6)

表8-6　内部经营过程方面的指标

| 内 部 经 营 过 程 方 面 的 指 标 | 创新过程指标 | 专利产品在销售收入中所占的比率、损益平衡时间 | |
|---|---|---|---|
| | 经营过程指标 | 经营过程的时间指标 | 经营循环时间、制造周期效率 |
| | 售后服务过程指标 | 经营过程的质量指标 | 产品合格率、次品率、返工率、退货率 |
| | | 经营过程的成本指标 | |
| | | 反应时间指标、成本指标、售出产品故障排除及时率指标 | |

平衡计分卡制定了企业内部经营过程的目标和评估手段，这是平衡计分卡与传统的绩效评价制度最显著的区别之一。企业内部经营过程是指从确定客户的需求开始，到研究开发能满足客户需求的产品与服务项目，制造并销售产品或服务，最后提供售后服务、满足客户需求的一系列活动。

企业的使命是为客户创造价值，而价值的创造来自于企业的经营过程，企业的经营过程是企业成功的必备条件。企业价值链研究表明，企业创造价值的领域在创新、经营和售后服务3个过程中，如图8-16所示。现代企业内部经营过程的评价，是从创新、经营和售后服务等角度，对企业业绩进行评价。

图8-16　企业价值链模型

1. 创新过程指标

企业需要不断地在开发创新产品和服务中获得竞争优势，因此，创新过程也成为企业价值链上重要的一环，应通过明确的指标来评价。由于创新过程的投入和产出间的关系相比较弱而且不稳定，因此为评价创新业绩带来了计量方面的困难。一般来说，在这个方面运用的指标有：新产品在销售收入中所占的比重、专利产品在销售收入中所占的比率和损益平衡时间等。

2. 经营过程指标

经营过程是把现有的产品和服务生产出来并交付给客户，它从接受客户订单开始，到把产品和服务提供给客户结束。这个过程强调效率、及时和低成本。

(1) 经营过程的时间指标。在企业为客户提供服务的价值观念里，把快速反应作为一个关键因素，许多客户很重视缩短主导时间。主导时间以从客户订货到收到所需要的产品和服务的这段时间来计算。

在制造企业中，从接受客户订单开始到把产品提供给客户为止的时间，是一个经营循环时间(其中包括生产过程时间)。

(2) 经营过程的质量指标。一般常用的质量评价指标如下：产品合格率、次品率、返工率、退货率等。特别是服务性企业应该建立服务质量指标来显示和防范在内部经营过程中导致客户不满的因素，包括：等待时间过长、不准确的信息、无法得到服务或服务被推迟、对客户缺乏应有的重视等。

(3) 经营过程的成本指标。传统的成本会计系统计量单个任务、经营或部门的费用和效率。但是这些系统不能计量过程的成本，这些过程如：订单执行、购买、生产计划、控制使用资源和一些责任中心的作业。作业成本制度将使企业获得质量和周转时间指标及过程成本指标。

3. 售后服务过程指标

售后服务是在销售和交付产品或服务之后给客户提供的服务。建立对售后服务进行评价的指标有3方面，即反应时间、成本和质量方面。反应时间是指从客户请求到最终解决问题的时间，可以用该指标评价公司对产品作出反应的速度；成本可以反映出工作效力，即用于售后服务过程的人力和物力的成本；售出产品的故障排除及时率指标，可集中反映企业售后服务的质量。

**(四) 学习与成长方面的指标(见表8-7)**

表8-7 学习与成长方面的指标

| 学习与成长方面的指标 | 员工能力 | 员工满意度、员工保持、员工的生产率 |
|---|---|---|
| | 信息系统能力 | 现有信息系统满足员工的需要程度、信息覆盖率、信息反馈速度和周期、信息反馈成本、信息系统更新程度 |
| | 激励、授权与合作 | 员工提出合理化建议数量、员工建议采纳数、员工工作效率、员工参与公司决策的程度、中层领导向高层领导请示率及汇报率 |

学习与成长是企业发展的根本，反映了企业是否具有能继续改进和创造未来价值的能力，主要来自3个方面：员工能力、信息系统能力和激励、授权与合作。为了实现平衡计分卡上的财务目标、客户目标和内部经营过程的目标，现有的人员、系统和程序的生产能力与实现突破性业绩目标所要求的生产能力之间有着很大差距。为了弥补这些差距，企业必须投资于培训员工、提高信息技术和改善信息系统。

(1) 员工能力。主要指标包括：员工满意度、员工保持、员工的生产率等。

(2) 信息系统能力。主要指企业和员工能否快速地获得有关市场、客户、内部经营过程及决策后的反馈等重要信息能力。主要指标有：现有信息系统满足员工的需要程度、信息覆盖率等。

(3) 激励、授权与合作。主要反映员工积极性被激发的状况以及授权与合作的程度。具体指标有：员工提出合理化建议数量、员工建议的采纳数、员工工作效率等。

公司情况千差万别，平衡计分卡的具体形式也会有很大不同，只要能够体现平衡计分法的战略性激励理念和要求，以及上下贯通、有机整合的战略管理思路和合理便捷的操作原则，能够将组织的高层战略目标和考核指标以某种方式转化为经营单位、团队和个人的行动目标与具体评价指标即可。必须注意与特定的组织性质和运作特点相适应。

## 三、平衡计分卡指标之间的关系

平衡计分卡是源于企业战略的各种评价方法一体化的一个新框架，它将企业战略从财务、客户、内部经营过程、学习与成长方面转化为具体评价指标。在一个结构合理的平衡计分卡中，多种目标组成了相互联系的一系列指标。这些指标与业绩动因等的混合，可以组成一体化的系统来阐述和传达公司战略。

平衡计分卡中的每一项指标都是一系列因果关系中的一环，既是结果又是驱动因素，通过它们把相关部门的目标同组织战略联系在一起。员工的技术素质和管理素质决定产品质量和销售业绩等；产品/服务质量决定顾客满意度和忠诚度；顾客满意度和忠诚度及产品/服务质量等决定财务状况和市场份额。为提高经营效果，必须使产品或服务赢得顾客的信赖；要使顾客信赖，必须给提供顾客满意的产品，为此需改进内部生产过程；而改进内部生产过程，必须对职工进行培训，开发新的信息系统。

### (一) 因果关系

平衡计分卡所包括的4个方面并不是相互独立的，它展示了财务业绩和业绩动因之间的一系列因果关系。例如，资本报酬率作为财务方面的一个计量指标，其动因是现有客户的重复和销售的扩大及现有客户忠诚的结果。因此，客户忠诚度也被包括在平衡计分卡的客户方面里，因为它对资本报酬率有重要影响。如何做到客户忠诚呢？分析表明，按时支付客户的产品或服务对客户有很大影响。为了达到按时支付，公司可能要求在经营过程中缩短周转时间和改善质量。这些指标体现在平衡计分卡的内部经营过程中。如何改善质量并缩短内部经营的周转时间？有效的方法是培训员工并提高他们的技术，这是平衡计分卡学习与成长方面的指标。从中可以看出平衡计分卡各指标间的因果关系，即平衡计分卡的另一部分——战略地图，如图8-17所示。

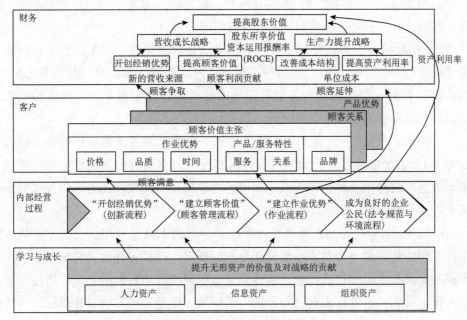

图8-17　战略地图的一般模型

一个结构合理的平衡计分卡应该反映经营单位的战略，同时体现结果指标和产生这些结果的执行动因之间的因果关系。

### (二) 业绩动因

只有兼顾学习与成长、内部经营过程和客户3个方面，才可能有正向的财务结果。财务指标是管理和绩效的一个重要总结。从表8-8可以看出平衡计分卡4个方面之间的关系。

$$财务 = 学习与成长 \times 内部经营过程 \times 客户$$

$$(F=L\&G \times P \times C)$$

表8-8　平衡计分卡4个方面之间的关系

| L&G | P | C | F |
| --- | --- | --- | --- |
| >0 | >0 | >0 | >0 |
| <0 | >0 | >0 | <0 |
| >0 | <0 | >0 | <0 |
| >0 | >0 | <0 | <0 |

## 四、平衡计分卡指标的特点

平衡计分卡各指标之间并非孤立的，而是相互之间具有一定的内在联系和因果关系，具有以下特点。

(1) 从结构上看，各指标是一个纵横交错的统一体。从横向看，由战略——具体目标——系列指标，是逐步分解的结果；从纵向上看，财务、客户、内部经营过程、学习与成长各方面的战略、具体目标和指标之间，都是一种因果关系，上一层是下一层的执行结果，下一层则是上一层的动因。

(2) 从指标内容上看，是财务指标与非财务指标的结合。平衡计分卡评价体系弥补了财务指标的不足，它通过财务、客户、内部经营过程、学习与成长等4个方面的内容，做到了财务指标与非财务指标的有机结合，实现了公司内部和外部之间、财务结果和业绩动因之间的平衡。

(3) 从业绩评价上看，是实现业绩的短期评价和长期评价的有机结合。通过平衡计分卡4个方面的内容，经营者可以计量和控制公司及其内部各单位如何为现在和未来的客户进行创新和创造价值，如何建立和提高内部生产能力，以及如何为提高未来经营业绩的员工、信息系统进行投资。

(4) 从功能上看，是企业用来进行交流和学习的工具。公司从上到下，从各经营单位、职能部门到每个员工在平衡计分卡的制定、计量、评价及奖励过程中，达到了相互交流和学习的目的，使大家达成了实现公司战略目标的共识。通过平衡计分卡，每个员工都可以找到自己的位置，了解其工作是怎样影响财务指标的，从而产生认同感和成就感，增加其积极性和主动性，增强企业凝聚力。

平衡计分卡与其他管理工具一样，其自身也存在局限性，因此国内外学界对其在企业的运用也存在不同的声音。总的来说，平衡计分卡有以下优缺点。

### (一) 平衡计分卡的优点

(1) 克服财务评估方法的短期行为。

(2) 保持组织所有资源协调一致，并服务于战略目标。

(3) 能有效地将组织的战略转化为组织各层的绩效指标和行动，解决了企业的战略规划操作性差的缺点。

(4) 有利于各级员工对组织目标和战略的沟通与理解，保证了组织的年度计划和组织的长远发展方向得到有效的结合。

(5) 有利于组织和员工的学习成长与核心能力的培养。

(6) 使企业的战略成为一个持续的流程。

### (二) 平衡计分卡的缺点

(1) 实施难度大

平衡计分卡的实施要求企业有明确的组织战略；高层管理者具备分解和沟通战

略的能力和意愿；中高层管理者具有指标创新的能力和意愿。因此管理基础差的企业不可以直接引入平衡计分卡，必须先提高自己的管理水平，才能循序渐进地引进平衡计分卡。

(2) 指标体系的建立较困难

平衡计分卡对传统业绩评价体系的突破就在于它引进了非财务指标，克服了单一依靠财务指标评价的局限性。然而，如何建立非财务指标体系、如何确立非财务指标的标准以及如何评价非财务指标？因此，在运用平衡计分卡时，要求企业的管理层必须根据企业的战略、运营的主要业务和外部环境加以仔细斟酌。

(3) 指标数量过多

指标数量过多，指标间的因果关系很难做到真实、明确。平衡计分卡涉及财务、顾客、内部业务流程、学习与成长4套业绩评价指标。如果指标之间不是呈完全正相关的关系，在评价最终结果的时候，应该选择哪个指标作为评价的依据？如果舍掉部分指标的话，是不是会导致业绩评价的不完整性？这些都是在应用平衡计分卡时要考虑的问题。

(4) 各指标权重的分配比较困难

要对企业业绩进行评价，就必然要综合考虑上述4个层面的因素，这就涉及一个权重分配问题。不但要在不同层面之间分配权重，而且要在同一层面的不同指标之间分配权重。平衡计分卡也没有说明针对不同的发展阶段与战略需要确定指标权重的方法，故而权重的制定并没有一个客观标准，这就不可避免地使得权重的分配有浓厚的主观色彩。

(5) 部分指标的量化工作难以落实

尤其是对于部分很抽象的非财务指标的量化工作非常困难，如客户指标中的客户满意程度和客户保持程度，以及员工的学习与发展指标及员工对工作的满意度等。这也使得在评价企业业绩的时候，无可避免地带有主观因素。

(6) 实施成本大

平衡计分卡要求企业从财务、客户、内部经营过程、学习与成长4个方面考虑战略目标的实施，并为每个方面制定详细而明确的目标和指标。在对战略的深刻理解外，需要消耗大量精力和时间把它分解到部门，并找出恰当的指标。而落实到最后，指标可能会多达15～20个，在考核与数据收集时，也是一个不轻的负担。同时，平衡计分卡的执行也是一个耗费资源的过程。一份典型的平衡计分卡需要3～6个月去执行，还需要几个月去调整结构，使其规范化，因而总的开发时间经常需要一年或更长。

## 五、应用平衡计分卡进行绩效管理

平衡计分卡要求将企业的远景、战略，转化为员工的绩效指标，以帮助企业落实(见图8-18)，这种精神与绩效管理是共通的。

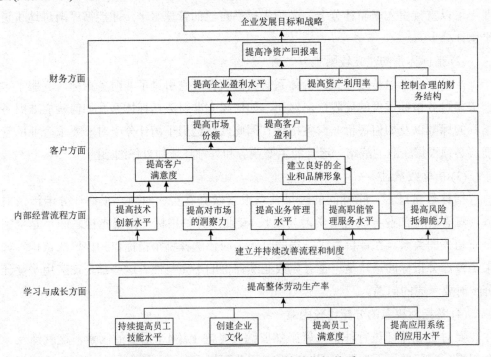

图8-18 基于平衡计分卡的绩效指标体系

## (一) 平衡计分卡的实施步骤

每个企业都有自身的实际情况，因此，具体应用平衡计分卡时会有不同的做法，但其步骤大致是相同的。

### 1. 准备阶段

(1) 说明企业远景，明确企业战略。经理们首先就企业的远景与使命达成共识并制定企业战略，这对于平衡计分卡能否有效实施开展是非常关键的。

(2) 建立初步平衡计分卡。成立平衡计分卡小组或委员会去解释企业的远景和战略，将本经营单位的战略从财务、客户、内部经营过程、学习与成长4方面转变为具体的战略目标，并找出相应的关键业绩评价指标。

(3) 沟通与联系。加强企业内部沟通，广泛征求意见。利用各种渠道，让各层管理人员了解企业的远景、战略、目标与业绩评估指标，并听取他们对各类目标评价指标的建议。还应注意与外部的沟通和联系，与大股东进行会谈，了解他们对经营单位的财务绩效的期望。并与一些重要的客户进行会谈，了解他们对产品的期望。

(4) 确定平衡计分卡。反复征求并综合各方面意见，直至最后在4个成功关键因素的相关评价指标之间达到平衡，并能全面反映企业战略目标，在此基础上确定平衡计分卡中的各项评价指标。

**2. 实施阶段**

为了实现财务目标，管理者必须为客户、内部经营过程、学习与成长方面确定弹性目标。这一制订计划和确定目标的管理过程使企业能够：对企业要实现的长期目标作出数量上的估计，制定3～5年的战略性目标以及实现这一目标的战略性计划；为获得这些结果而确定机制和提供资源；建立评价业绩的标准。

**3. 绩效评估**

根据企业具体情况选择合适的信息系统，确定每年、每季、每月的绩效衡量的具体数字，并与企业计划和预算相结合，建立数据库。注意各类指标间的因果关系、驱动关系与连接关系，在评价指标与数据库和信息系统之间建立联系。这一过程的最终结果是通过执行信息系统，把评价指标向下贯彻，与各部门及现场的评价指标联系起来。企业信息系统提供充分的信息以支持平衡计分卡各指标的考核落实，最后通过奖惩制度来改善、执行、完成整个绩效管理的循环，这个循环会一直持续周转。

**4. 绩效反馈和学习**

应用平衡计分卡进行绩效管理时，企业应该从另外3个角度(客户、内部经营过程、学习与成长)来监督战略的实施，看其是否真正有助于企业实现战略目标，找出其中存在的问题，并提出解决办法，必要时可对战略本身进行修改。

应用平衡计分卡进行绩效管理的具体步骤，如图8-19所示。

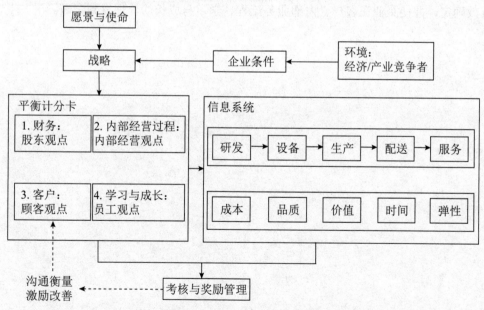

图8-19　应用平衡计分卡进行绩效管理的4个步骤

**(二) 平衡计分卡的实施条件**

(1) 管理质量高。企业管理质量要较高，达到程序化、规范化、精细化，使企业战略的每层次都能有效实施,最后达到预期的目标。

(2) 信息度高。企业应提供自动化的方法,针对纳入平衡计分卡解决方案中的所有数据加以收集与摘要;并使用现有的营运、分析及通信工具,使信息准确、可靠、及时、快捷。

(3) 员工素质水平高。员工素质水平的情况影响平衡计分卡实施的效果,特别是高层和中层员工的素质水平尤其关键。

(4) 对战略目标的合理分解。对企业战略的合理分解,是平衡计分卡成功实施的关键。企业战略要进行层层分解,转化成一系列可衡量、可实施的具体目标,并在实施中期作合理的调整与修正。

在具有以下特征的企业实施平衡计分卡,能提高成功率和有效性:

(1) 战略导向型企业。其引进了战略管理理念,对战略的制定、分解及有效实施都具有较为丰富的经验,这为平衡计分卡的落实奠定了良好的基础。

(2) 竞争激烈、竞争压力大的企业。在这类企业实施平衡计分卡,有助于实施决心与力度的加强,并有利于提高企业的整体实力和竞争优势。

(3) 注重管理民主化的企业。实施平衡计分卡,需对企业战略进行分解,这要求企业具备民主化,只有如此,才能使实施过程中员工所遇到的问题能够及时反馈到高层,并得到解决。

(4) 成本管理水平高的企业。其注重企业成本的有效控制,解决了财务指标的有效确定,并使企业在客户、内部业务流程、学习与成长的管理得到突破。

# 第九章｜招聘管理

**本章导读:**

在人力资源管理中,人员招聘管理是重要的一环,企业招聘管理的策略和体系是企业人力资源管理战略和体系的重要组成部分。在制订招聘计划时,必须把企业的使命、愿景,以及企业的竞争战略考虑在内。这对满足企业的经营发展需要及企业战略目标的实现具有重要意义。

建立规范化的招聘管理体系,界定清晰的招聘工作流程,设计科学、系统的招聘测评体系,提高招聘任用的准确性,以保障企业获得合格的人才。通过招聘管理体系设计,企业可以解决以下问题:

(1) 招聘哪些人? 人力资源规划如何测量? 招聘计划如何制订?

(2) 招聘工作的流程如何制定? 如何组织招聘活动? 责任和权利如何界定?

(3) 从哪里招聘? 信息获取渠道有哪些? 人才信息库如何建立和维护?

(4) 如何开展内部竞聘? 如何确保内部竞聘的公开、公正、公平?

(5) 如何准确地测评应聘人员? 有哪些测评工具? 如何操作? 结果如何运用?

(6) 录用程序是什么? 聘用决策机制怎么建立?

(7) 员工在试用期如何管理和跟进评估? 如何培训、辅导、转正或淘汰?

(8) 招聘工作的效果如何评价? 如何持续改进?

## ▓▓ 第一节　招聘管理对企业的作用

招聘管理是组织基于生存和发展的需要,根据组织人力资源规划和工作分析的数量与质量要求,采用一定的方法吸纳或寻找具备任职资格和条件的求职者,并采取科学有效的选拔方法,筛选出符合本组织所需合格人才并予以聘用的过程的管理活动。招聘管理是对组织所需的人力资源展开招募、选拔、录用、评估等一系列活动,并加以计划、组织、指挥与控制,系统化和科学化管理,借以保证一定数量和质量的员工队伍,满足组织发展的需要。

### 一、人力资源招聘的内涵

招聘是指企业采取一些科学的方法寻找、吸引应聘者,并从中选出企业需要的人员予以录用的过程，包括征召、甄选和录用3个阶段。

**(一) 招聘的标准与原则**

标准：管理的愿望、良好的品德、勇于创新的精神、较高的决策能力。

原则：在招聘和录用中，注重人的素质、潜能、品格、学历和经验。聘用员工本着"公开、公平、公正、择优"的原则，按照双向选择的原则，在人才使用、培养与发展上，提供客观且对等的承诺。

**(二) 招聘对企业的作用**

1. 补充人员，维持人力，保证企业的正常经营

维持企业的正常运行必须有一定的人员作为保障，企业保持适度的流动率有利于注入新的活力。

2. 吸引人才，提升企业经营业绩

现代企业之间的竞争归根到底是人才的竞争，企业的经营业绩是靠全体员工共同创造的，为了提升企业的经营业绩，在人才竞争中占有主动地位，进行人才储备是非常有效的方法。

3. 宣传企业，树立企业形象

招聘过程是向全社会展示企业风采的过程，采用广告招聘、参加大型的人才交流会和校园招聘是树立企业形象的良好机会，这比单纯地做产品广告效果要好得多，而且成本很低。

**(三) 招聘在人力资源管理中的地位**

企业的发展战略和文化是招聘的依据，将企业发展战略细化为业务量，从而确定招聘人员的数量和质量。人力资源规划中的招聘计划是招聘工作的具体落实，同时招聘结果也是制定人力资源规划的依据。通过工作分析制定岗位职责和任职资格是筛选和录用工作的标准。招聘工作的质量直接决定着所招人员的工作绩效，完善的绩效标准要求是招聘的依据之一，同时，员工绩效水平也是对招聘工作的一个检验。薪酬标准是企业吸引人才的有力武器之一，薪酬的高低直接决定着所招人员的素质高低。招聘中对应聘者综合素质的考虑结果是今后培训的依据。

## 二、企业的招聘策略

招聘策略是招聘计划的具体体现，是为实现招聘计划而采取的具体策略。包括招聘数量、对人员的要求、吸引人才的手段、招聘渠道、甄选模式和招聘时间等。

**(一) 招聘策略的主要内容**

招聘策略主要包括招聘计划与策略、招聘人员策略、招聘时间策略及招聘地点

策略4个方面的内容。

### 1. 招聘计划与策略

指定招聘计划是人力资源部门在招聘中的一项核心任务,通过制订计划来分析公司所需人才的数量和质量,以避免工作的盲目性。招聘策略是招聘计划的具体体现,是为实现招聘计划而采取的具体策略。在招聘中,必须结合组织的实际情况和招聘对象的特点,给招聘计划注入活力,这就是招聘策略。

### 2. 招聘人员策略

招聘人员作为组织机构的代表,其素质的高低关系到组织能否吸引到优秀人才。因此,招聘人员的选择也需要相应的技巧。

### 3. 招聘时间策略

遵循劳动力市场上的人才规律,计划好招聘事件。在人才供应高峰期到劳动力市场上招聘,可节约成本,提高招聘效率。

### 4. 招聘地点策略

选择招聘范围;就近选择以节省成本;选择地点有所固定。

### (二) 招聘策略的选择

#### 1. 企业在初创期的招聘策略

企业在初创期,还没有得到社会承认,实力也很弱,各方面均不成熟,制度基本没有,企业文化也未形成,由老板直接管理,企业发展战略的目标是求得生存与发展。企业的发展与业务的开展主要依靠老板的个人能力,大家高度团结,效率高,但是品牌知名度差,市场占有率低,面对的主要问题是市场开拓和产品创新。创业期高层团队依靠创业精神维系比较稳定,中层相对稳定,但由于企业管理制度不完善、保障体系不健全、工资待遇低等因素的影响,一般员工的流动率通常较高。

吸引人才的手段主要依靠良好的职业前景、工作的挑战性和领导者的个人魅力。薪酬虽然较低,但弹性相对要高,最好有较大的增长空间;由于企业资金不充裕,招聘费用较低,多采用朋友介绍、网络招聘和招聘会等招聘渠道。企业还没有形成人力资源的专业部门,甄选主要依赖老板的个人判断力。用人的灵活性较强,一人多岗和因人设岗的现象明显,对招聘时间和招聘效率没有明确的要求。

#### 2. 企业在成长期的招聘策略

企业逐步走向正规化,经营规模不断扩大并快速增长,人员迅速膨胀,品牌知名度急剧上升,机构和规章制度不断建立和健全,企业的经营思想、理念和企业文化逐渐形成;跨部门的协调越来越多,并越来越复杂和困难;企业面临的主要问题是组织均衡成长和跨部门协同。高层之间开始出现分歧,跟不上企业发展步伐的员工主动辞职,员工流动性相对较大。

人才需求大，外部招聘数量多，高层、中层、一般员工等各层级均有。对专业技术人才和中层管理人才的需求大幅度增加。要求人员具备相应职位的工作经验，能直接上手，具备一定的发展潜力，同时对变化的适应速度快。吸引人才的手段主要依靠较大的晋升空间、良好的发展前景和与行业平均水平接近或以上的薪酬。

这时企业有一定的招聘费用，但由于招聘需求急迫，因此采用以招聘会为主，网络招聘为辅，在专业人才的招聘上开始引入猎头以建立广泛而灵活的招聘渠道。

此时企业已经设置了人力资源部，但专业性不强，甄选主要依赖用人部门的部门经理进行评判。要推测业务的发展进行人力资源需求预测，用人开始有一定的计划性，对招聘时间和招聘效率的要求高。

### 3. 企业在成熟期的招聘策略

成熟阶段的企业是企业发展的巅峰时期，规模较大、业绩优秀、资金充足，制度和结构也很完善，决策能得到有效实施，企业非常重视顾客需求、满意度，一切以顾客至上为原则，重视市场和公司形象，要求计划能得到不折不扣地执行，而如何使繁荣期延长并力争使企业进入一个新的增长期成为制定企业发展战略的关键。在企业的成熟期，晋升困难，各层面人员的流动率低，在人员规模上相对稳定。企业的发展，主要是靠企业的整体实力和规范化的机制，企业内部的创新意识可能开始下降，企业活力开始衰退。

这一时期人才需求不多，外部招聘数量少，只在公司开拓新业务和新市场时才会产生大量的外部人才需求。人员要求高，强调综合能力素质，尤其是创新意识、执行力和明确的职业发展方向。吸引人才的手段主要依靠企业实力和形象及领先于行业平均水平的薪酬。企业招聘费用充裕，高级人才的招聘以猎头公司为主，辅以内部推荐、专场招聘会、网络招聘、校园招聘、平面媒体等丰富多样的招聘渠道。

### 4. 企业在衰退期的招聘策略

这是企业生命周期的最后阶段，企业市场占有率下降，整体竞争能力和获利能力全面下降，盈利能力全面下降，资金紧张，危机开始出现，企业战略管理的核心是寻求企业重整和再造，使企业获得新生。企业内部官僚风气浓厚，人浮于事，制度多却缺乏有效执行，员工做事越来越拘泥于传统、注重于形式，只想维持现状，求得稳定。人心涣散，核心人才流失严重，一般人员严重过剩，高层更替频繁，并波及中层。

对外部人才的需求集中在一把手上，其他层级基本以内部竞聘为主，无对外招聘。要求高管具备改革意识、大局观、决策能力、战略眼光和驾驭企业的整体能力，尤其是同行业类似企业的运营经验，有扭亏为盈的经历最好。吸引人才的手段主要依靠利益分享机制和操作权限。招聘经费锐减，但由于招聘时间短，而且还是高级、稀缺人才，因此仍然以猎头公司为主要渠道。一把手的招聘由董事会直接进行评估，并引入专业的人才评价机构作辅助。

## ⠿ 第二节　招聘计划与渠道建设系统

### 一、人力资源规划

人力资源规划是预测未来的组织任务和环境对组织的要求，以及为了完成这些任务和满足这些要求而设计的提供人力资源的过程，通过收集和利用现有的信息对人力资源管理中的资源使用情况进行评估预测。人力资源规划的实质是根据公司经营方针，通过确定未来公司人力资源管理目标来实现公司的既定目标，如图9-1所示。

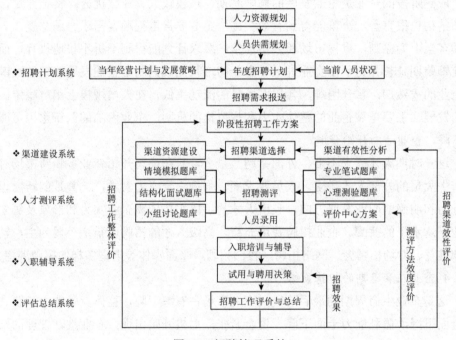

图9-1　招聘管理系统

### 二、招聘计划

招聘计划是指把对工作空缺的描述变成一系列目标，并把这些目标和相关求职者的数量与类型具体化的工作，即一方面研究招聘人数，另一方面确定招聘类型。

#### (一) 招聘计划的意义

通过定期或不定期地招聘录用组织所需要的各类人才，为组织人力资源系统充实新生力量，实现企业内部人力资源的合理配置，是企业扩大生产规模和调整生产结构提供人力资源的可靠保证，同时可弥补人力资源的不足。

## (二) 招聘计划的主要内容

招聘计划一般包括以下内容：

(1) 人员需求清单，包括招聘的职务名称、人数、任职资格要求等。

(2) 招聘信息发布的时间和渠道。

(3) 招聘小组人选，包括小组人员姓名、职务、各自的职责。

(4) 应聘者的考核方案，包括考核的场所、大体时间、题目设计者姓名等。

(5) 招聘的截止日期。

(6) 新员工的上岗时间。

(7) 费用招聘预算，包括资料费、广告费、人才交流会费用等。

(8) 招聘工作时间表，尽可能详细，以便于他人配合。

(9) 招聘广告样稿。

## (三) 招聘计划的编写步骤

招聘计划的编写一般包括以下步骤：

(1) 获取人员需求信息。

人员需求一般发生在以下几种情况：

- 人力资源计划中明确规定的人员需求信息。
- 企业在职人员离职产生的空缺。
- 部门经理递交的招聘申请，并经相关领导批准。

(2) 选择招聘信息的发布时间和发布渠道。

(3) 初步确定招聘小组。

(4) 初步确定选择考核方案。

(5) 明确招聘预算。

(6) 编写招聘工作时间表。

(7) 草拟招聘广告样稿。

# 三、招聘渠道资源建设

基于不同的样本以及理论推理得到的招聘渠道的效果是不一样的。因此，企业不应该盲目依赖某种招聘渠道，而应该结合企业自身特点，包括财务状况、紧迫性、招聘人员素质等，同时考虑招聘职位的类型、层次、能力要求等，来选择适当的招聘渠道。

对于处于成长期的企业，人才需求量很大，其公司高级管理人员，应该采用内部招聘的方式，因为这部分人员对公司非常熟悉，对新工作能够很容易上手，当工作变换时，对处于高速发展中的企业不会造成较大影响，同时这种晋升的机会也可以激励人才，留住人才；而其中低层次的人才，应该考虑采用见效快的招聘渠道，比如现场招聘以及时效较长的网络招聘。

总之，没有一成不变的最优招聘渠道，只有最适合当前企业情况以及招聘需求的渠道才是最好的。

一个好的招聘渠道应该具备以下特征：第一，目的性，即招聘渠道的选择是否能够达到招聘的要求；第二，经济性，指在招聘到合适人员情况下所花费的成本最低；第三，可行性，指选择的招聘渠道符合现实情况，具有可操作性。

不同的企业根据其业务特点、区域市场和人才需求变化，会建设不同的招聘渠道，不同的招聘渠道对不同的招聘对象也会有所不同，因此，很多时候是多渠道并存的态势。不同的招聘渠道有不同的特点和适用对象，如表9-1所示。

表9-1　不同的招聘渠道对比

| 招聘方法 | 主要特点 | 适用对象 | 不太适用 |
|---|---|---|---|
| 媒体广告 | 覆盖面宽、权威性强、时效性强、费用合理 | 中下级人员 | |
| 一般职业中介机构 | 地域、费用不高 | 中下级人员 | 热门、高级人员 |
| 人才网站 | 开放互动性强、传播面广、速度快、信誉度存在一定问题 | 中高级人才、初级专业人员 | 低级人员 |
| 猎头公司 | 专业服务水平高，费用高 | 热门、尖端人才 | 中下级人员 |
| 上门招聘 | 合适人选相对集中 | 初级专业人员 | 有经验的人员 |
| 熟人推荐 | 了解情况，有保证作用，有人际关系干扰 | 专业人员 | 非专业人员 |

常见的招聘渠道主要有以下几种。

### (一) 现场招聘

现场招聘是一种企业和人才通过第三方提供的场地，直接进行面对面对话，现场完成招聘面试的一种方式。一般包括招聘会及人才市场两种方式。

对于这种招聘会，组织机构一般先对入会应聘者进行资格审核。这种初步筛选，节省了企业大量的时间，方便企业对应聘者进行更加深入的考核。但在目标人群的细分方便了企业的同时，也带来一定的局限性，如果企业需要同时招聘几种人才，就要参加几场不同的招聘会，提高了企业的招聘成本。

人才市场与招聘会相似，但是招聘会一般为短期集中式，且举办地点一般为临时选定的体育馆或者其他大型广场，而人才市场则是长期分散式，同时地点也相对固定。因此，对于一些需要进行长期招聘的职位，企业可以选择人才市场。

现场招聘的方式不仅可以节省企业初次筛选简历的时间成本，同时简历的有效性也较高，而且相比其他方式，所需费用较少。但是现场招聘也存在一定的局限，首先是地域性，一般只能吸引到所在城市及周边地区的应聘者；其次，会受到组织单位的宣传力度以及组织形式的影响。

### (二) 网络招聘

网络招聘一般包括企业在网上发布招聘信息，甚至进行简历筛选、笔试、面试等。企业通常可以通过两种方式进行网络招聘：一是在企业自身网站上发布招聘信息，搭建招聘系统；二是与专业招聘网站合作，如中华英才网、前程无忧、智联招聘等，利用专业网站已有的系统进行招聘活动。

网络招聘没有地域限制，受众人数多，覆盖面广，而且时效较长，可以在较短时间内获取大量应聘者信息，但是随之而来的是，其中可能充斥着许多虚假信息和无用信息，因此对简历筛选的要求比较高。

### (三) 校园招聘

校园招聘是许多企业常用的一种招聘渠道，企业到学校张贴海报，举办宣讲会，吸引即将毕业的学生前来应聘。对于部分优秀的学生，可以由学校推荐，对于一些较为特殊的职位也可通过学校委托培养后，企业直接录用。

通过校园招聘的学生可塑性较强，干劲足。但是这些学生没有实际工作经验，需要进行一定的培训才能真正开始工作，且不少学生由于刚步入社会对自己的定位还不清楚，工作的流动性可能较大。

### (四) 传统媒体广告

在报纸杂志、电视和电台等媒体上刊登、播放招聘信息，受众面广、收效快、过程简单，一般会收到较多的应聘资料，同时也对企业起到一定的宣传作用。通过这一渠道应聘的人员分布广泛，但高级人才很少采用这种求职方式，所以招聘中基层和技术职位的员工时比较适用。同时，该渠道的效果同样会受到广告载体的影响力、覆盖面、时效性的影响。

### (五) 职业中介机构

这种机构一方面为企业寻找人才，另一方面也帮助人才找到合适的雇主。一般包括针对中低端人才的职业介绍机构以及针对高端人才的猎头公司。企业通过这种方式招聘是最为便捷的，只需把招聘需求提交给职业中介机构，他们就会根据自身掌握的资源和信息寻找和考核人才，并将合适的人员推荐给企业。

对于高级人才和尖端人才，用传统的渠道往往很难获取，但这类人才对公司的作用却是非常重大的。人才猎取需要付出较高的招聘成本，一般委托猎头公司的专业人员来进行，费用原则上是被猎取人才年薪的30%。

### (六) 内部招聘

内部招聘是指公司将职位空缺向员工公布并鼓励员工竞争上岗。对于大型企业来说，进行内部招聘有助于增强员工的流动性，同时由于员工可以通过竞聘得到晋升或者换岗，因此这也是一种有效的激励手段，可以提高员工的满意度，留住人才。内部招聘的人才一般对公司和业务已经比较了解，因此可以较快进入新角色，不需要公司大量的培训成本。但是这种方式也有一定的缺点，如果企业过多地使用内部招聘，企业将缺乏新观点新视角的加入，员工存在一定的思维惯性，缺少活力。

### (七) 员工推荐

企业也可以通过员工推荐其亲戚朋友的方式来填补公司空缺的职位。这种招聘方式的最大优点是企业和应聘者双方掌握的信息较为对称。介绍人会将应聘者的真实情况向企业介绍，节省了企业的考察，同时应聘者也可以通过介绍人了解企业各方面的内部情况，从而作出理性选择。但也应注意一些负面影响：一些公司内部员工或中高层领导为了栽培个人在公司的势力，在公司重要岗位安排自己的亲信，形成小团体，这会影响公司正常的组织架构和运作。

## ▒▒▒ 第三节  人员面试测评与招聘评估系统

人员测评的主要工作是通过各种方法对被试者加以了解，从而为企业组织的人力资源管理决策提供参考和依据。经过长期发展和适应不同情况的需要，形成了多种人员测评方法。

## 一、投射测试法

投射测试法，也称投射测验，在心理学上的解释，是指个人把自己的思想、态度、愿望、情绪或特征等，不自觉地反应于外界的事物或他人的一种心理作用。此种内心深层的反应，实为人类行为的基本动力，而对这种基本动力的探测，有赖于投射技术的应用。

具体来说，投射测试法就是让被试者通过一定的媒介，建立起自己的想象世界，在无拘束的情境中，显露出其个性特征的一种个性测试方法。测试中的媒介，可以是一些没有规则的线条；可以是一些有意义的图片；也可以是一些只有头没有尾的句子；还可是一个故事的开头，让被试者来编故事的结尾。因为这一画面是模糊的，所以一个人的说明只能是来自于他的想象。通过不同的回答和反应，可以了解不同人的个性。

### (一) 投射测试的特点

投射测试主要用于对人格、动机等方面的人事测量。测试所用的刺激多为意义不明确的各种图形、墨迹或数字，让受测者在不受限制的情境下，自然作出反应，由对反应结果的分析来推断受测者的人格。

### 1. 测试目的的隐蔽性

被试者一般不可能知道测试的真实目的，也不知道对自己的反应会作何种心理学解释，他们所意识到的只是对图形、故事或句子等刺激的反应，降低了受测者伪装自己的可能性。

### 2. 内容的非结构性与开放性

内容的非结构性与开放性是指投射测试使用非结构化任务作为测试材料，即允许受测者产生各种各样不受限制的反应。为了促使受测者充分想象，投射测试一般只有简短的指示语，测试材料也是模棱两可的，不像一般测试方法中的试题那样明确。由于测试材料的模糊性，受测者的反应较少受到情境线索和他人观点的影响，往往会表现出真实的内在感受、需要、个性、情绪、动机、冲突、防御等心理内容。

### 3. 反应的自由性

一般的测评技术都在不同程度上对应聘者的回答(反应)进行了这样那样的限制，而投射测试一般对受测者的回答(反应)不作任何限制，是很自由的。

### 4. 整体性

整体性是指测试关注的是对人的总体评估，而不是针对单个特质的测量。受测者的任何反应都可能影响评估结论，在对投射测试进行解释时要注意它的整体性特征。

## (二) 投射测试的种类

根据受测者的反应方式，可以将众多投射测试分为如下几类。

### 1. 联想法

联想法要求受测者根据刺激说出自己联想的内容。例如，荣格文字联想测试和罗夏墨迹测试等。

### 2. 构造法

构造法要求受测者根据所看到的图画等，编造出一个包括过去、现在和未来的故事，可从中探测其个性。例如，绘人测试，要求受测者在一张白纸上用铅笔任意画一个人。画完之后，再要求受测者画一个与前者性别相反的人。主试人可以通过面谈的方式向受测者了解他所画人物的年龄、职业、爱好、家庭、社交等信息。最后，对受测者的作品进行分析。

### 3. 完成法

完成法要求受测者将一系列句子补充成完整的句子。通过受测者的反应可对其家庭、社会与性态度、一般态度、品格态度进行解释。例如：

明星们常常……

在茫茫人海之中，她……

当看到她时，我……

最令我高兴的是……

从受测者完成这些句子的情况可以看出他们的一些个性特征。

4. 表达法

表达法要求受测者用某种方法自由地表露其个性特点。例如，可以通过书写、谈论、唱歌、绘画等形式让受测者自由表达，从中分析其人格。

5. 选择或排列法

选择或排列法要求受测者依据某种原则对刺激材料进行选择或予以排列。例如，可以让受测者将一些描述人格的词按照好恶程度或适宜程度排序，从中可以分析出受测者的人格。

**(三) 投射测试的优点**

(1) 最大优点在于主试者的意图藏而不露。这就创造了一个比较客观的外界条件，可以测试出被试者人格更真实的一面，使测试的结果更可信。

(2) 真实性强，比较客观，心理活动了解得比较深入，有利于提高招聘方法的科学化程度。

(3) 有利于促进新方法在人员招聘工作领域中的应用。

**(四) 投射测试的缺点**

(1) 分析比较困难，需要有经过专门培训的主试。因此，只有在招聘高层次的管理人员时才考虑运用，不可能大规模运用。

(2) 投射测试在计分和解释上缺乏客观标准，人为性较强，不同的测试者对同一测验结果的解释往往不同，测验者的主观感情很可能会影响被试者的得分，而且重测信度较低。

(3) 被试者不易知道测试的目的及其反应在心理解释上具有什么意义。

(4) 由于投射测试结果的分析一般是凭分析者的经验主观推断，其科学性有待进一步考察。

**(五) 投射测试的应用**

一般来说，在招聘选拔中并不依据投射测试的结果作出决策，而是将该结果作为参考性信息。但随着测试方法的不断完善，测试信度(即测试的可靠性)、效度(即评价的真实性和正确性)的不断提高，人们接受程度的不断增强，投测测试将逐步成为招聘工作中的一个重要方法。

## 二、无领导小组讨论法

无领导小组讨论(leaderless group discussion)是评价技术中经常使用的一种测评技术，采用情境模拟的方式对考生进行集体面试。它通过一定数目的考生组成一组(6～9人)，进行一小时左右的与工作有关问题的讨论。讨论过程中不指定谁是领导，也不指定受测者应坐的位置，让受测者自行安排组织，评价者来观测考生的组织协调能力、口头表达能力、辩论的说服能力等各方面的能力和素质是否达到拟任岗位的要求，以及自信程度、进取心、情绪稳定性、反应灵活性等个性特点是否符合拟任岗位的团体气氛，由此来综合评价考生之间的差别。

无领导小组讨论由一组应试者组成一个临时工作小组，讨论给定的问题，并作出决策。这个小组是临时拼凑的，并不指定谁是负责人，目的就在于考察应试者的表现，尤其是看谁会从中脱颖而出，成为自发的领导者。

无领导小组讨论运用松散的群体讨论形式，快速诱发人们的特定行为，并通过对这些行为的定性描述、定量分析以及人际比较来判断被评价者的个性特征，在员工选拔中效果明显。国外的研究证明，无领导小组讨论在评价中的使用频率为59%，而国内的一项研究证明其在研究中的使用频率为85%。国家公务员考试也将无领导小组讨论作为测验工具，同时该方法在企事业人才的选拔实践中也广为流传。

### (一) 无领导小组讨论的特点

1. 无领导小组讨论的优点

无领导小组讨论作为一种有效的测评工具，和其他测评工具比较起来，具有以下几个方面的优点：

(1) 能测试出笔试和单一面试所不能检测出的能力或者素质。

(2) 能观察到应试者之间的相互作用。

(3) 能依据应试者的行为特征来对其进行更加全面、合理的评价。

(4) 能够涉及应试者的多种能力要素和个性特质。

(5) 能使应试者在相对无意之中暴露自己各个方面的特点，因此在预测真实团队的行为时有很高的效度。

(6) 能使应试者有平等的发挥机会，从而很快表现出个体上的差异。

(7) 能节省时间，并且能对竞争同一岗位的应试者的表现进行同时比较。

(8) 应用范围广，能应用于非技术领域、技术领域、管理领域和其他专业领域等。

2. 无领导小组讨论的缺点

(1) 对测试题目的要求较高。

(2) 对考官的评分技术要求较高，应接受专门的培训。

(3) 对应试者的评价易受考官各个方面特别是主观意见的影响(如偏见和误解)，从而导致考官对应试者评价结果的不一致。

(4) 应试者有做戏、表演或者伪装的可能性。

(5) 指定角色的随意性，可能导致应试者之间地位的不平等。

(6) 应试者的经验将影响其能力的真正表现。

### (二) 无领导小组讨论的论题形式

#### 1. 开放式问题

所谓开放式问题，是指其答案的范围可以很广、很宽。主要考察应试者思考问题时是否全面、有针对性，思路是否清晰，是否有新的观点和见解。例如，你认为什么样的领导是好领导？关于此问题，应试者可以从很多方面(如领导的人格魅力、才能、亲和力、管理取向等)来回答，可以列出很多的优良品质。开放式问题对于评价者来说，容易出题，但是不容易对应试者进行评价，因为此类问题不太容易引起应试者之间的争辩，所考察应试者的能力范围较为有限。

#### 2. 两难问题

所谓两难问题，是指让应试者在两种互有利弊的答案中选择其中的一种。主要考察应试者分析能力、语言表达能力以及说服力等。例如，你认为以工作为取向的领导是好领导，还是以人为取向的领导是好领导？一方面，此类问题对于应试者而言，不但通俗易懂，而且能够引起充分的辩论；另一方面，对于评价者而言，不但在编制题目上比较方便，而且在评价应试者方面也比较有效。但是，需要注意的是，两种备选答案一定要有同等程度的利弊，不能是其中一个答案比另一个答案有很明显的选择性优势。

#### 3. 多项选择问题

多项选择问题，是让应试者在多种备选答案中选择其中有效的几种或对备选答案的重要性进行排序，主要考察应试者分析问题实质、抓住问题本质方面的能力。此类问题对于评价者来说，比较难出题目，但对于评价应试者各个方面的能力和人格特点则比较有利。

#### 4. 操作性问题

操作性问题，是给应试者一些材料、工具或者道具，让其设计出一个或一些由考官指定的物体，主要考察应试者的主动性、合作能力以及在一实际操作任务中所充当的角色。如要求他们相互配合，构建一座铁塔或者一座楼房的模型。此类问题，在考察应试者的操作行为方面要比其他方面多一些，同时情境模拟的程度要大一些，但考察言语方面的能力则较少，同时必须很好地准备所能用到的一切材料，对考官和题目的要求都比较高。

#### 5. 资源争夺问题

资源争夺问题适用于指定角色的无领导小组讨论，是让处于同等地位的应试者就有限的资源进行分配，从而考察应试者的语言表达能力、分析问题能力、概括或总结能力、发言的积极性和反应的灵敏性等。如让应试者担当各个分部门的经理，并就有限数量的资金进行分配。因为要想获得更多的资源，自己必须有理有据，必须能说服他人，所以此类问题可以引起应试者的充分辩论，也有利于考官对应试者予以评价，但是对讨论题的要求较高，即讨论题本身必须具有角色地位的平等性和准备材料的充分性。

### (三) 无领导小组讨论的要点

#### 1. 测评对象应有指向性

无领导小组讨论并非对所有岗位的人员选拔及培训都适用，其主要适用于中高级管理岗位。这是因为，从测评效度(测评的有效性)来看，无领导小组讨论的测试要素，主要集中在与中高级管理岗位相适应的能力和个性品质上，如沟通能力、分析能力、应变能力、说服论辩能力、情绪稳定性等。而基层岗位人员所需要测试的要素指标，一般可以通过普通的测评方法得到。从成本来看，无领导小组讨论前期的题目编制、实施过程中的测评以及后期对被评价者的评估，都需要专业测评人员的介入，需要投入大量的人力与时间成本，较高测评费用决定了其更适用于中高级管理者。

#### 2. 测试领域不应局限于选拔

无领导小组讨论具有评价和诊断的功能。在实际应用中不应将它仅仅局限于管理干部的选拔，在人员培训、配置、规划等方面，也可以发挥出很好的作用。比如，在组织培训前进行无领导小组讨论，通过测评具体管理者的实际管理技能水平和品质表现，从中发现其需要进一步改进的地方，然后针对他们的弱项进行培训，提高其工作技能和水平。也可以把无领导小组讨论本身作为一种培训工具，如作为提高团队合作意识的培训手段。在无领导小组讨论过程中，培训人员会很快发现谁的表现欲望最强、谁总是不接受别人的观点、谁没有很好地倾听别人的习惯等影响团队合作的因素，然后通过对培训对象进行逐一点评和指导，以达到良好的培训效果。

#### 3. 测评指标体系必须完善

无领导小组讨论的测评体系设计必须具有系统性。针对一定的岗位或职位，设计出合理的测评要素体系，是测评工作取得成功的基石。然而，目前许多组织在实施无领导小组讨论时，测评指标选择都带有盲目性和主观性。首先，依据岗位的需要，通常测评的指标应选择以4~6个为宜。为了更有利于测评者客观地评分，在设计指标体系时，需要进一步细化每个指标要素，可以把每个指标要素再细分为二级指标并界定其内涵。其次，与测评相关的各个要素确定之后需要对要素进行权重分配，最终形成适合于某一具体岗位的测评指标体系。

**4.测评计分坚持标准化**

通常的无领导小组讨论计分方法是根据测评要素的内涵划分若干评分段，并对几个评分段进行详细界定，然后将分数分配到这几个评分段中。测评者根据被测评者的具体表现，结合界定好的评分段对被测评者进行计分。但这种方法的计分幅度范围大，对测评者的判断要求很高。为解决这一问题，可运用二级思维的方法，例如采用3×3制二级判断评分标准(见表9-2)，测评者先按被测评者可能的表现情况划分出优秀、一般、较差3个等级并列出相应标准，然后在此基础上分析被测评者的水平，最后按等级内规定的分数范围给出测评分数。二级判断评分法将主观因素控制在较小幅度内，因而在一定程度上降低了一级判断计分法所造成的误差。

表9-2　二级判断评分标准

| 测评要素 | 二级指标 | 优秀(7分~9分) | | | 一般(4分~6分) | | | 较差(1分~3分) | | |
|---|---|---|---|---|---|---|---|---|---|---|
| | | 9分 | 8分 | 7分 | 6分 | 5分 | 4分 | 3分 | 2分 | 1分 |
| 沟通能力(100%) | 口头表达(40%) | 能有效地表达出自己的意见，语言简练，条理清晰 | | | 语言欠清晰，尚能表达意图，有时需要反复解释 | | | 词不达意，反复解释仍无法表达出意图 | | |
| | 倾听(30%) | 能够很好地倾听别人的意见，很快明白表述人的想法和要求 | | | 能够注意倾听，力求明白 | | | 不注意倾听，常常一知半解 | | |
| | 说服力(30%) | 能采用各种方法和技巧，使他人接受自己的观点和意见 | | | 能说服他人接受某一观点和见解 | | | 说服别人比较困难 | | |

**5.题目设计应突出针对性**

无领导小组讨论题目的设计，必须建立在对职位要求全面了解的基础上。测试题目所呈现的测评点，要可测评出职位所要求的关键能力。即要求讨论题目必须与拟任岗位的特点相结合，应能针对性地反映拟任岗位的工作特点；应是现实工作中已发生的或与现实相似的事件或问题；应能够体现具体的现实工作情境特点和所需具备的各种技能、品质等要素。另外，题目的针对性还反映在题目内容与职位的相关度上，相关题目内容要被每个被测对象所熟悉，才能有利于讨论的展开以及被测对象的充分表现，体现出公正、公平的原则。

**6.讨论题材要具有可争辩性**

无领导小组讨论的过程是从出现分歧到最后达成相对一致意见的过程。讨论题目的题材要能够让被测试对象产生争辩，在争辩中测评参与者的某些管理特征、人际能力以及其他特征。没有争辩，就无法观察被测对象面对不同意见的分析能力、面对矛盾的协调能力、面对决策时的判断能力，无法观察到谁有影响力、谁善于吸取不同观点、谁更成熟等。

### 7. 不可忽视评价者的选择与培训

无领导小组讨论中评价者的水平是决定这种测评最终效果的一个关键环节，而评价者的选择与培训则是关键环节顺利完成的重要保证。评价者的选择，应注意人员搭配的合理性，选择范围应主要集中在人事测评专家、人力资源部门主管和选拔岗位的直接上级等，因为这种测试对评价者要求较高，一般应以评价专家为主。在评价者培训方面，培训评价者主要从无领导小组讨论测试的基本含义、特点、测评功能、适用对象、讨论题目的设计与形式，测评的实施程序、评价标准、行为观察技术、评分方法等方面出发，使评价者的评判标准统一起来，并尽可能消除评价者个人主观因素对测评造成的影响。

### 8. 注重实施操作流程的规范

无领导小组讨论是对测试形式要求比较严格的一种测评方式，但在实际使用中，很多测评者忽视了测评程序和时间规范化的要求。在正式测试之前，主考官应先对被测试者宣读无领导小组讨论测试的指导语，即介绍测试步骤和考察要求，然后宣布无领导小组讨论开始，测试时间一般为40分钟左右。其流程一般分为以下几个阶段：①准备阶段，被测对象拿到试题后，独立思考，列出发言提纲，一般为5分钟左右。②表述阶段，被测对象轮流发言阐述自己的观点，一般为3分钟左右。③讨论阶段，被测对象相互讨论，继续阐明自己的观点，或对别人的观点提出不同意见，并最终得出小组的一致意见，一般为30分钟左右。④由小组推荐一位被测者向主考官汇报讨论结果，一般为2分钟左右。

### 9. 规避性格倾向导致的误差

一般而言，外向型的人在人际关系处理与语言表达方面更容易吸引人的注意力。在这种以讨论为主和需要人际沟通的测评中，内向型的人可能会处于劣势。而事实上，有些人的组织能力和影响力并不在于其言辞而在于其优秀的判断和决策能力，这构成了他的影响力。内向型的人的这种性格特征，可能会影响他在讨论过程中各种能力的展现，也容易被评价者所忽视。另外，熟悉无领导小组讨论测评方法的人比不熟悉的人更具有优势，他会刻意地抓住机会去表现自己，会在"影响力、合作意识"等测评指标上，获得高分。

### 10. 强化集体评价的环节

无领导小组讨论的后期测评最好采用集体评价的方式。由多名评价者对每个被测对象的所有测评指标进行评分，取其平均值作为被测对象的最后得分。评价者及时召开一个评分讨论会十分重要。在讨论会上，对每个被测对象的表现进行逐一点评，评价者报告他们各自观察到的该被测对象的典型行为以及对该对象表现的评价，并充分交换意见。通过交换意见，考评者可以补充自己观察时的遗漏，对被测对象作出更加客观全面的评价。

## 三、传统的测验法

除了上述新型方法外，目前传统的招聘测试方法还是比较常用的，如履历分析、纸笔考试、心理测验、面试和评价中心技术等。

### (一) 履历分析

履历分析是根据履历或档案中记载的事实，了解一个人的成长历程和工作业绩，从而对其人格背景有一定的了解。近年来，这一方式越来越受到人力资源管理部门的重视，被广泛用于人才选拔等人力资源管理活动中。使用个人履历资料，既可以用于初审个人简历，迅速排除明显不合格的人员，也可以根据与工作要求相关性的高低，事先确定履历中各项内容的权重，把申请人各项得分相加得到总分，确定选择决策。

研究结果表明，履历分析对申请人今后的工作表现有一定的预测效果，个体的过去总是能从某种程度上表明他的未来。这种方法用于人员测评表现出的优点较为客观，而且低成本，但也存在几方面的问题，比如：履历填写的真实性问题；履历分析的预测效度随着时间的推进会越来越低；履历项目分数的设计是纯实证性的，除了统计数字外，缺乏合乎逻辑的解释原理。

### (二) 纸笔考试

纸笔考试主要用于测量人的基本知识、专业知识、管理知识、相关知识以及综合分析能力、文字表达能力等素质及能力要素。它是一种最古老，而又最基本的人员测评方法，至今仍是企业组织经常采用的选拔人才的重要方法。

纸笔考试在测定知识面和思维分析能力方面效度较高，而且成本低，可以大规模地进行施测，成绩评定比较客观，往往作为人员选拔录用程序中的初期筛选工具。

### (三) 心理测验

心理测验是通过观察人的具有代表性的行为，对于贯穿在人的行为活动中的心理特征，依据确定的原则进行推论和数量化分析的一种科学手段。心理测验是对胜任职务所需要的个性特点能够最好地描述并测量的工具，被广泛用于人员测评工作。

标准化的心理测验一般有事前确定好的测验题目和答卷、详细的答题说明、客观的计分系统、解释系统、良好的常模，以及测验的信度、效度和项目分析数据等相关资料。主要包括以下几类：

(1) 智力测验。

(2) 能力倾向测验。

(3) 人格测验。

(4) 其他心理素质测验，如兴趣测验、价值观测验、态度测评等。

### (四) 面试

面试是通过测试者与被试者双方面对面的观察、交谈，收集有关信息，从而了解被试者的素质状况、能力特征以及动机的一种人事测量方法。可以说，面试是人事管理领域应用最普遍的一种测量形式，企业组织在招聘中几乎都会用到。

1. 结构化面试

所谓结构化面试就是首先根据对职位的分析，确定面试的测评要素，在每一个测评的维度上预先编制好面试题目并制定相应的评分标准，对被试者的表现进行量化分析。不同的测试者使用相同的评价尺度，对应聘同一岗位的不同被试者使用相同的题目、提问方式、计分和评价标准，以保证评价的公平合理性。

2. 非结构化面试

非结构化面试则没有固定的面谈程序，评价者提问的内容和顺序都取决于测试者的兴趣和现场被试者的回答，不同的被试者所回答的问题可能不同。其特点是灵活，获得的信息丰富、完整和深入，但是同时也具有主观性强、成本高、效率低等弱点。

### (五) 评价中心技术

评价中心技术在"二战"后迅速发展起来，它是现代人员测评的一种主要形式，被认为是一种针对高级管理人员的最有效的测评方法。一次完整的评价中心通常需要两三天的时间，对个人的评价是在团体中进行的。被试者组成一个小组，由一组测试人员(通常测试人员与被试者的数量比为1∶2)对其进行包括心理测验、面试、多项情境模拟测验在内的一系列测评，测评结果是在多个测试者系统观察的基础上综合得到的。

严格来讲，评价中心技术是一种程序而不是一种具体的方法；是组织选拔管理人员的一项人事评价过程，不是空间场所、地点。它由多个评价人员，针对特定的目的与标准，使用多种主客观人事评价方法，对被试者的各种能力进行评价，为组织选拔、提升、鉴别、发展和训练个人服务。评价中心技术的最大特点是注重情境模拟，在一次评价中心中包含多个情境模拟测验，是多种测评方法的有机结合。

评价中心技术具有较高的信度和效度，得出的结论质量较高，但与其他测评方法相比，评价中心技术需投入很大的人力、物力，且时间较长，操作难度大，对测试者的要求很高。

## 四、文件筐测验法

文件筐测验是评价担任特定职务的管理人员在典型职业环境中获取(研究)有关资料、得体处理各类信息、准确作出管理决策、有效开展指挥(协调)和控制工作能

## (一) 文件筐测验的内涵

管理人员计划、组织、预测、决策、沟通能力的个体水平和群体水平是企业管理团队核心能力的标尺，对于企业可持续发展力的保持和提升具有重大意义。五大能力的考察是文件筐测验关注的焦点。

文件筐测验是一套文件的组合，可以同时从多个维度上评定一个人的管理能力，这些能力是知识、经验和智力相互作用和整合的结果，具有综合性。题目的设计可以因工作特征和所有评价能力的不同而不同，具有一定的灵活性。

文件筐测验高度仿真和接近管理实战，非常有利于激发被测评者的积极性和创造性，对于在很短的时间内全面、准确掌握管理者的能力、潜能以及个性心理特征的某些关键要素具有不可替代的重要作用，是不折不扣的"管理者实战演习"。两小时左右的文件筐测验对被测评者自身综合素质状况、工作经验积累、专业知识和相关知识的系统整合与娴熟应用的考察效果为其他许多人事测验所望尘莫及。

最重要的是，文件筐测验具有跨文化、跨地区、跨行业和跨企业规模的普遍适应性。据统计，欧美发达国家和日本在选拔、评价管理人员时最常用的技术就是评价中心，而评价中心中文件筐测验的使用频率高达95%。文件筐测验效度和信度极高(信度相关系数为0.92)且操作方便，已为各国企业的人才招聘选拔、人才评价和管理人员培训需求分析立下了汗马功劳。近几年来，文件筐测验在企业管理工作中的价值和作用也逐步得到中国管理理论界及企业界人士的高度重视。

文件筐测验需要专业人员包括测验专家、管理专家和行业专家(实际工作者)的相互配合，投入的人力、物力和费用都比较多。编制文件筐测验需要结合实际的拟任职位特征和要求，共同研究开发新的合适的题目，收集不同的文件，对文件进行典型化处理，并将各个文件串联起来，成套编制且标准化。

虽然文件筐测验采用纸笔的形式和较为标准的考试程序，但是它所包含的公文的题目基本上都是采用开放式的方式，要求被试者主观作答。由于被试者在经验、背景、管理理念、基本素质等方面存在个体差异，其处理公文的行为方式也不尽相同，评价的客观性难以保证。一个经常与公文打交道的企业中层管理者，由于受到企业文化和风格的影响，在做此类测验时就很容易按照工作习惯来处理，一些真实的能力被隐藏了起来，这会影响评价者给予他的评价。

不同的评价者之间对此也会有不同的认识，尤其在专业人员和实际工作者之间。鉴于此，筐测验结果的评价应有专家指导，否则会由于评价尺度把握不准而无法取得好的效果。而在具体实践中专家并不容易请到，因此这就使得文件筐测验很难大规模推广，西方也一般只是在选拔高级管理人员和高级官员时才使用。

文件筐采用静态的纸笔考试，每个被试者都是自己独立完成测验，评价者与被试者之间没有互动的交流，所以评价者很难对被试实际当中与他人交往的能力和人际协调能力直接进行判断和评价。

**(二) 文件筐测验的考察范围**

由于文件筐测验可以将管理情境中可能遇到的各种典型问题抽取出来，以书面的形式让被试者来处理，因此它可以考察被试者多方面的管理能力，特别是计划能力、分析和判断问题的能力、给下属布置工作并进行指导和监督的能力、决策能力等。归纳起来，主要有以下两类。

1. 与事有关的能力

文件筐中的各种文件都会涉及组织中的各种事件，被试者搜集和利用信息的(洞察问题)能力首先会体现其中，另外有的事情需要被试者作出分析、综合、判断，有的事情需要作出决策，有的事情需要组织、计划、协调，有的还需要分派任务(授权)，而且在纷繁复杂的事情中需要分清轻重缓急，因此这些能力都可以在文件筐测验中得到反映。同时，与其他测评方法相比，此法提供给被试者的测验材料和作答都是以书面形式来实现的，所以还能有效地观察被试者的文字与写作能力。

2. 与人有关的能力

在文件中会提到各种各样的人物以及他们之间的关系，这些文件也是来自不同的人，设计得很好的文件筐测验会把人物的特点勾勒得淋漓尽致。被试者除了要善于处理文件中的事情之外，还要对与文件有关的人非常敏感，而且很多情况下，事情处理得是否得当就取决于是否能够正确理解人的意图、愿望、性格特点和人物之间的关系。因此，在文件筐测验中也能很好地测量与人打交道的能力，尽管这种能力是通过书面形式间接表现出来的。

由于文件筐内容的不尽相同，因此每次测验的维度也是根据实际情况而定的。总的说来，文件筐测验的评分维度主要有两个方面：

(1) 明确单个文件的考察要点，针对每个要点的答题情况进行评分，文件一可能考察的是被试者对情况的分析判断能力和决策能力，文件二可能考察的是协调能力，文件三可能考察的是授权意识，文件四可能考察的是商业敏感性等。

(2) 从所有文件的总体进行分析，看被试者能否充分认识到各个文件之间的关联，对所提供的背景信息能否充分地利用，对各个人物在组织中的角色是否有较为准确的认识，是否可以通过对一些数据的分析得出相应的结论；看被试者是否对时间有敏感性，能否较为迅速地发现被拖延的文件，在分清时间先后顺序的同时能否敏锐地发现时间冲突，并在此基础上分清事情的轻重缓急以合理安排自己的工作；看被试者整体的文字表达能力如何，能否用清晰、简洁的语言来传达信息或分配任务，以及对处理文件的一些基本格式和规则的了解程度如何。当然，每一份文件并不一定只考评一个要点或维度，也可以同时考察多个。

### (三) 文件筐测验的实施步骤

文件筐测验的实施步骤包括测评前的准备、开始阶段、正式测评阶段和评价阶段，各个阶段都有一些特定的要求，任何环节出了问题，其他环节都难以弥补。所以在实施时，必须严格按照要求对所有被试者进行测评，以保证测量的标准化和公平性。

1. 测评前的准备

测评前的准备工作是文件筐测验能否顺利实施的关键，范围很广，包括指导语的设计、各种材料的准备、测试场地的安排等。

(1) 要有清楚、详细的指导语。指导语要说明被试者在文件筐测验中的任务与有关要求，文字应该通俗易懂，以保证每个被试者都能够准确无误地理解测验要求。一个典型的指导语应该是这样的：

这是一个文件筐测验，在这项测验中，你将作为一个特定的管理者，在两个小时的时间里处理一系列文件、电话记录、办公室的备忘录等。

这里为你准备了今天需要处理的全部资料，已放在办公桌的塑料文件袋里。

在测验中你需要使用以下工具：一本答题纸、有关背景材料、文件袋中的测验材料、铅笔、计算器等。

请不要在文件袋中的测验材料上写任何东西，所有的问题处理都写在答题纸上。我们只对答题纸上的作答进行计分，在其他任何地方的答题将不予考虑。

在测试期间，为了不影响你的成绩，请关闭手机。

大家都听明白了吗？有问题的请举手。如果没有问题，就开始答题了。

(2) 准备好测验材料。测验材料包括两类，即提供给被试者的背景材料和待处理的各种测验资料。背景材料一般包括被试者的特定身份、工作职能和组织机构等具体的情境设计。背景材料的多少随测验材料而定，其核心目的是为被试处理文件筐测验中的各种问题提供一个背景情况，以保证被试者有足够的背景信息可以参照。各种测验资料包括信函、报告、备忘录等，已事先放在桌子上的文件袋里。

为了突出文件筐测验的逼真性，上述文件可以用多种方式来呈现。比如，不同的文件选用不同规格和大小的纸张，文件内容可以既有打印稿又有手写稿，有些文件上甚至可以写上多位主管的批示，以表示文件已在多位主管中传阅过。

(3) 准备好答题纸。答题纸专供被试者对材料写处理意见或回答指定的问题，是被试者唯一能够书写答案的地方，评分时只对答题纸上的内容进行评分。给每位被试者的测验材料和答题纸要事先编上序号，实施前要注意清点核对。答题纸一般由3部分内容组成：一是被试者编号、姓名、应聘职位、文件序号；二是处理意见或处理措施、签名及处理时间；三是处理理由。需要注意的是，文件序号只是文件的标识顺序，通常由易到难，并不代表处理的顺序，应该允许被试者根据轻重缓急调整顺序，只要给所有被试者的文件顺序相同即可，以示公正。在某些特殊情况下，要被试者就某个问题写一个报告，此时得另加上几页空白答题纸。

(4) 事先编制好评分标准。根据各测验要素的定义，结合具体的测验试题，给出各要素的评分标准，必要时可以给出好、中、差3种情况的作答特征描述。

(5) 事先安排一个尽可能与真实情境相似的环境。文件筐测验除了要求环境安静、空气清新、采光好等条件外，最好能够使测试环境与真实情境相似，至少应该保证每个被试者有一张桌子和必要的办公用具。由于要处理大量的文件，桌面要足够大。被试者之间的距离也应该远一些，以免相互干扰。为了保密和公平，最好让所有被试者在同一时间内完成文件筐测验。

2. 开始阶段

在文件筐测验正式实施前，主试者要把测验指导语从头到尾念一遍，并对测验要求作简要介绍，同时强调有关注意事项。当被试者对测验指导语完全理解后，每位被试者才可以阅读有关的背景材料，阅读时间的长短随背景材料的多少而定，一般10分钟就足够了。这里的关键是让被试者尽快进入情境，明确自己的角色，以便正式开始作答测验。被试者在这个阶段有任何不清楚的地方，可以向主考官提问。

3. 正式测评阶段

这一阶段通常需要1～3个小时的时间，为了保证公平性，在正式测评前，被试者不得翻看测验材料。被试者对文件的处理意见或者答案都要写在答题纸上，除非评价中心测评的总体设计中另有设定，被试者一般需要独立工作，没有机会与外界进行其他方式的交流。被试者在这个阶段有任何问题，都不得向主考官进行提问。测评结束时，被试者必须同时停笔，但是可以提醒他们检查一下是否在每一页答题纸上写了编号。对于提前做完的被试者，不要让他们离开考场，因为下一个阶段考官可能还会对被试者进行必要的追问。

4. 评价阶段

测试结束后，主试者要对被试者的作答立即进行粗略评价。只有这样，当主试者感到被试者的回答模糊不清时，才可能对被试者当面进行提问，在此并不获取新的信息。如果未能及时进行评价，那么也应该在现场翻看一下，以决定是否要对被试者进行必要的追问。主试者在评价被试者的实际回答时，不仅要看被试者的文件处理方式方法，还要结合被试者对每个文件处理办法背后的理由说明。有时候，尽管两位被试者的处理办法相同，但不同的处理理由往往反映出其不同的能力水平。

招聘评估主要是指对招聘的结果、成本和方法等方面进行评估。一般在一次招聘工作结束之后，要对整个评估工作进行总结和评价，目的是提高下次招聘工作的效率。

## 五、招聘评估总结系统

招聘评估是招聘过程中必不可少的一个环节，通过成本与效益核算能够使招聘人员清楚地知道费用支出情况，区分哪些为应支出部分，哪些是不应支出部分，有利于降低今后的招聘费用，节省开支。招聘评估通过对录用员工的绩效、实际能力、工作潜力的评估，检验招聘工作成果与方法的有效性，有利于招聘方法的改进。一个完整的招聘过程，其最后应该有一个评估阶段。

**1. 招聘成本效益评估**

招聘成本效益评估是指对招聘中的费用进行调查、核实，并对照预算进行评价的过程，是鉴定招聘效率的一个重要指标。

招聘单价 = 总经费 ( 元 )/ 录用人数 ( 人 )

做招聘成本评估之前，应该制定招聘预算。每年的招聘预算应该是全年人力资源开发与管理的总预算的一部分。招聘预算主要包括：招聘广告预算、招聘测试预算、体格检查预算和其他预算，其中招聘广告预算占据相当大的比例，一般按 4：3：2：1 分配预算较为合理。

**2. 录用人员评估**

录用人员评估是指根据招聘计划对录用人员的质量和数量进行评价的过程。

录用人员的数量，可用以下几个数据来表示。

(1) 录用比公式

录用比 =( 录用人数 / 应聘人数 )×100%

录用比越小，相对来说，录用者的素质越高；反之，则可能录用者的素质较低。

(2) 招聘完成比公式

招聘完成比 =( 录用人数 / 计划招聘人数 )×100%

招聘完成比等于或大于100%，则说明在数量上全面或超额完成招聘计划。

(3) 应聘比公式

应聘比 = 应聘人数 / 计划招聘人数

应聘比越大，说明发布招聘信息效果越好，同时录用人员可能素质较高。

录用人员的质量：除了运用录用比和应聘比这两个数据来反映录用人员的质量外，也可以根据招聘的要求或工作分析中的要求对录用人员进行等级排列来确定其质量。

**3. 撰写招聘小结**

招聘小结的主要内容：招聘计划、招聘进程、招聘结果、招聘经费、招聘评定等。

## ⣿ 第四节　入职辅导系统

为了胜任新的工作岗位，新员工必须学习新的工作方法、工作程序、公司对自己的期望以及公司的价值观。新员工要想在新的工作环境中熟悉组织对自己的期望并被新组织的成员所接纳，需要花数周甚至数月的时间。成功的组织社会化对员工个人和组织都很重要，它将关系到新员工的满意度、绩效、投资在新员工身上的启动成本(如招聘、甄选、培训、员工达到工作熟练所需的时间)、员工继续留任组织的可能性、替代离职员工的费用等。

新员工入职培训计划是为了让新员工了解其即将从事的工作、与之共事的上级主管、同事以及组织的情况而设计的一项计划。该计划常常是在新员工同意加入某组织并为其效力后即开始实施，一般是从新员工到岗的第一天开始。新员工到岗首日所受到的问候及待遇将给其留下深刻而长久的印象。然而，与着重于组织社会化的预备阶段的现实性工作预览不同的是，入职培训计划重视社会化过程的遭遇阶段，新员工在本阶段将会了解并熟悉组织中的工作与生活情况。

入职培训的目的通常包括以下几方面：

(1) 减少新员工的压力和焦虑。

(2) 减少启动成本。

(3) 降低员工流动。

(4) 缩短新员工达到熟练精通程度的时间。

(5) 帮助新员工学习组织的价值观、文化以及期望。

(6) 协助新员工获得适当的角色行为。

(7) 帮助新员工适应工作群体和规范。

(8) 鼓励新员工形成积极的态度。

入职培训在各种规模的组织中都被广泛采用，不同的组织使用不同的入职培训方法。

## 一、入职培训内容的评估和决定

从理想的角度来说，入职培训应该遵守评估——设计——实施——评估的框架结构。组织代表应在培训之前进行培训内容和培训方法的精心评定。培训完成之后，再对其进行系统评估，以评定培训项目的成功程度。

在入职培训中，可借助讲课、录像、印制的材料、讨论等。入职培训的时间根据情况而各异，从几小时到几天，甚至几个月不等。常用入职培训内容如下：

(1) 公司历史、公司业务。

(2) 组织结构图。

(3) 组织所在行业概览。

(4) 福利组合概览(如健康保险、休假、病假、学费报销、退休等)。

(5) 业绩评估或绩效管理系统,即绩效评估的方式,何时,由谁来评估,总体的绩效期望。

(6) 薪酬程序:发薪日,如何发放。

(7) 职位或工作说明书和具体工作规范。

(8) 员工体检日程安排和体检项目。

(9) 职业发展信息(如潜在的晋升机会、职业通道、如何获得职业资源信息)。

(10) 基本的人与机械控制和安全培训。

(11) 员工手册、政策、程序、财务信息。

(12) 有关公司识别卡或徽章、钥匙、电子邮箱账户的获取、电脑密码、电话、停车位、办公用品的作用规则等。

(13) 参观设施和公司周围相关服务,如餐厅、购物场所、干洗店、散步空间等。

(14) 技术或具体与工作相关的信息(或如何与相关上级主管或同事协商培训的日程安排)。

(15) 着装(如周五可便装上班)。

(16) 工作外的活动(如运动队、特殊项目等)。

## 二、入职培训的角色功能

有效入职培训的关键要素之一是新员工与其直接上级管理人员、同事以及其他组织成员之间频繁的互动。在培训遭遇阶段的这种互动越频繁,新员工的社会化进程越快。有研究表明:新员工认为与同事、直接上级管理人员以及中高层同事之间的互动对他们的帮助最大。而且,这种互动与新员工往后的态度(工作满意度、组织承诺、离职倾向)有关。

(1) 直接上级主管:在新员工培训过程中既是信息的来源又是新员工的向导。直接主管可借助于向新员工提供实际信息、清晰而现实的绩效期望、强调员工在组织内取得成功的可能性来帮助新员工克服焦虑感。此外,直接上级主管还可通过鼓励同事接纳新员工来帮助他们。有些企业的主管还精心为每一位新员工安排一位伙伴帮助他们适应工作环境。导师制,即为每位新员工配备一名经验丰富的老员工,也可起到同样的作用。另外,直接主管可协助新员工开发他们在组织中的角色,以减少达不到期望而产生的负面结果。

其他重要的直接主管引导功能包括:

① 提供具体工作培训。

② 暂缓安排新员工工作小组以外的任务，以使其有时间进行工作方面的学习。

③ 分派具有挑战性的首次任务。

④ 进行及时的、有建议性的绩效评估。

⑤ 诊断造成冲突的问题(结构性的和人际间的)。

⑥ 利用新员工入职之机，重新分配工作任务或进行工作的再设计，以提高有效性和员工对工作系统的满意度。

值得一提的是，为了让直接主管更有效地履行其入职培训职责，对他们进行培训非常必要。通过培训，主管们可对整个入职培训体系及其背后深刻的逻辑、自己的角色、如何有效地发挥其作用有更深刻的认识。

(2) 同事：组织的新成员把与同事之间的互动看作组织社会化过程中极其有帮助的活动。因为，通过此，他们可以获得支持、信息和培训。此外，同事的帮助有助于他们了解工作小组和组织的规范。同事还可能通过减少一些过激的做法，如取笑新员工缺乏对某些信息的了解或使其处境尴尬等，来缓解新员工的焦虑。

协助新员工与同事之间的互动的方法是建立伙伴制度，即新老员工的配对帮助制度。被指派帮助新员工的同事，应该获得相关材料和培训以助其完成职责。

(3) 人力资源开发人员：在整个入职培训中，人力资源开发人员的主要职责是设计并监控入职培训项目，包括指定或获取各种材料(如工作手册和讨论会导师的指引)、实施培训、设计并进行评估研究等。

人力资源开发人员还应扮演激励各管理层积极参与和支持入职培训项目的角色。建立行动委员会，并努力让关键管理者自始至终积极参与(如与新员工见面、进行入职培训)。另外，人力资源开发人员还应采取措施(如对新员工和其直接上级领导进行访谈和问卷调查)，以确保入职培训项目按计划并有效地进行。

(4) 新员工：在入职培训过程中，应鼓励新员工积极主动地学习，搜寻对其适应组织有帮助的各种信息和建立各种关系。同时，组织应努力创造鼓励和强化新员工此种行为的氛围。

## 三、入职培训中常出现的问题

入职培训与其他人力资源开发一样，不免会产生一些问题，应该引起注意的有：

(1) 过分强调文书工作。

(2) 信息超载(在短时间内给新员工提供过多信息)。

(3) 不相关信息(提供给新员工普通而表面的，与其工作任务无直接关系的信息)。

(4) 缺乏策略(过多强调工作的失败率或负面情况)。

(5) 过分地推销组织。

(6) 强调正式的、单向的沟通(使用授课和录像，而没有给新员工讨论有兴趣的话题或提问的机会)。

(7) 闪电式(将培训项目压缩为一天完成)。

(8) 缺乏对培训项目的诊断或评估。

(9) 缺乏效果跟踪。

信息超载是入职培训中尤为普遍的问题，许多培训为了图方便和省事而在短时间内向受训者灌输大量的信息。然而，人在一定时间内能够吸收的信息是有限的。接收的信息量超过人所能接受的程度时，学习效率就会下降，压力就会上升。项目的设计者和实施者必须意识到这一点，并尽力避免信息超载。

① 在培训的初期只包含重要的信息。

② 提供书面材料以便受培训者课后复习，尤其对于复杂的福利计划和重要的主题，如公司使命和工作规则等。

③ 分期分阶段进行培训，使各项培训之间有时间上的缓冲。

④ 进行新员工跟踪以确保他们完全理解主要的培训内容，并回答他们提出的额外问题。

需求评价活动，能帮助培训项目设计者确定新员工所需信息。

## 四、设计和实施员工入职培训项目

入职培训的问题可通过关注以下基本原则来加以避免：需求评价、设计、实施和培训后评估。

下列10个步骤在设计培训项目时值得借鉴：

(1) 设立目标。

(2) 形成指导委员会。

(3) 研究入职培训概念。

(4) 访问新招聘的员工、直接上级管理人员和公司的高管。

(5) 调查顶级企业的入职培训做法。

(6) 调查本公司现有的入职培训项目及材料。

(7) 挑选内容和培训方式。

(8) 试用并修改材料。

(9) 编制和装订印制视听材料。

(10) 培训主管和系统装备。

通常情况下，雇用决定一旦作出，就应尽快将直接主管指引小册子发给新员工的直接上级主管，将入职培训的计划安排发给新员工，以使培训按计划进行。

### 五、确保入职培训项目的有效性

为确保入职培训的有效性，可以尝试以下做法：

(1) 好的入职培训项目要遵循"须知"原则。新员工所得到的信息是他们需要的信息，既不是填鸭式的课程，也不是表面化的主题。最相关的信息和最急需的信息应率先提供给新员工。

(2) 有效的入职培训应安排几天或几周来进行。如果第一天的培训过于紧张，所有培训目的将难以达到。好的入职培训甚至在新员工入职前就已开始，然后在入职的第一天马上继续。

(3) 入职培训的内容应注意保持与工作有关的技术信息和社交信息的平衡。

(4) 经理和新员工之间的双向交流通常会使培训更为有效。成功的社会化过程往往建立在互助互信的上下级关系上。

(5) 第一印象尤其重要，新员工常常牢记入职的第一天达数年之久。因此，入职培训第一天的内容和形式必须精心策划，并由颇具社交能力的人来负责培训任务。填写表格等文书工作应减到最少。

(6) 好的入职培训将帮助新员工适应新的工作环境的责任交给其直接上级主管。尽管人力资源开发的专员和其他人员能够提供重要的资源，但长期的指导和支持还是来源于新员工的直接上级主管。再者，直接上级主管的位置有利于其了解并处理好新员工所面临的问题。

(7) 入职培训应帮助新员工尽快安顿下来，安居才能乐业。

(8) 应逐渐将新员工介绍给即将与其共事的同事，而不是在第一天就一股脑儿介绍所有的同事给新员工认识。

(9) 新员工到职后应给予其足够的时间来适应，而在这之前不适宜安排过重的工作任务。

(10) 组织应系统地诊断新员工的需要，评估入职培训的有效性。新的主题和事项应加入后续培训中，而一些边缘的部分应该删除。

## ⠿ 第五节  新员工辅导与招聘流程

新员工入职后，应遵循统一的流程，对其进行引导、辅导。同化计划可确保新员工在一定时段内尽快融入组织，达到被组织同化的目的，降低新员工试用期的离职风险。

## 一、新员工同化计划

新员工同化制度的良好实施既能影响新员工,也能促进老员工的发展,是新老员工的良性互动。有效的新员工同化制度往往要体现如何挖掘现有人力资源,即充分利用老员工。新员工对企业价值的认同,往往是从与其工作的老员工的接触开始形成。处理得好的新老员工关系,可以说是企业内部人力资源的又一次提升。但这里的基础是企业员工的晋升空间相关通道的良好架设,以及职业生涯规划的实施,如果优秀老员工堵死了路,上也上不去,新员工也难以用心;或者老员工缺乏竞争机制,其更不可能用心指导培养新员工,因此,企业文化的不断深入建设也能够促进人力资源机制的不断适应发展。

设置新员工同化制度的指导思想是主动同化、考核跟进与互动反馈;新员工同化执行力如何,取决于指导人的指导方法。

不同企业文化模式下的新员工同化方式各不相同,但都必须设计相关制度,引导新员工逐渐了解、接受,乃至认同企业文化,并尽快结合自己对企业文化的理解规范自身的行为,以文化同化带动新员工职业化、社会化的提高是高起点的制度设置。也有的企业称之为始业教育制度,也就是快速引导新员工了解企业各种规则、结构和体系,融入企业文化之中,从而顺利进入工作角色的制度。

在确保晋升通道畅通的基础上导入新员工指导人制度,可提高企业主管人员为企业培养人才的能力,也是企业主管人员对于企业哲学的自我再教育。而当新员工晋升为企业主管之后,也能遵从其入职初期所接受的企业文化宣贯指导制度,更多情况下还能进行创新,形成企业文化的优秀机制,以确保青出于蓝而胜于蓝。

1. 指导人职责

(1) 对新员工进行工作安排与具体工作指导。

(2) 对新员工的生活等方面提供可能的帮助,使其尽快消减陌生感,在试用期中发挥最大的潜能。

(3) 对新员工的思想状态进行跟踪,并对其进行入职培训及企业文化宣导。

(4) 对新员工进行每月考核,包括思想品质、工作进度、工作能力等。

(5) 将新员工的情况向部门经理及人力资源部门进行定期及不定期的反馈。

(6) 对新员工是否达到转正条件提出决定性意见。

2. 企业新员工同化制度的基本框架

(1) 新员工培训制度。

(2) 新员工指导人制度。

(3) 新员工职业发展计划。

(4) 新员工试用期考核办法。

## 二、职业导师制

职业导师的概念在西方已经有相当长的发展历史，是指为被指导者提供指导、训练、忠告和友谊的个人。指导者与被指导者之间的这种导师关系发展到现在，已经有正式和非正式之分。美国辛辛那提大学Graen教授在对日本丰田公司15年的追踪研究中提出了领导—成员交换理论，认为在企业中领导者会与一定的下属形成"圈内人"与"圈外人"的关系，即形成非正式的导师关系。这种关系对被指导者的职业发展有深刻影响，更加侧重于价值观的培养与职业发展的建议，而且主要是指导者和被指导者之间的私人行为，自行选择，没有指定目标，较少培训与支援。正式的导师则源于组织的期望，经公司的安排建立，指导关系是结构化、合约化的，一般持续时间比较短，更加集中于培养被指导人的核心胜任力和动态能力。因而正式职业导师关系有清晰的指定目标、可量度的结果，提供正统培训，有固定沟通时间。

企业职业导师制是指企业中富有经验的、有良好管理技能的资深管理者或技术专家，与新员工或经验不足但有发展潜力的员工建立的支持性关系。建立这种制度的初衷是为了充分利用公司内部优秀员工的先进技能和经验，帮助新员工和部分转岗人员尽快提高业务技能，适应岗位工作的要求。这个概念发展到今天，导师的指导范围已经从专业技术扩展到管理技巧甚至一些个人问题，而且并不只是针对新员工，而是针对企业内每个人，认为每个人都要发展，都应该配备导师。

传统的企业"学徒制"仅仅是通过师父带徒弟的方式，对新员工在技术上的传授，并不涉及对职业生涯的指导。而导师制是一种人才开发机制，通过在企业智力层面构建一种良好的工作学习氛围和机制，培养满足企业发展所需人才。

### (一)职业导师制对企业人力资源开发的重要作用

与传统的培训不同，这种导师关系能鼓励被指导者主动与经验丰富的专家沟通和互动，从而获取某项任务或领域的内隐知识并提高其综合素质。综合素质的概念包括与工作的高绩效相关的知识、技能、能力等特征，如解决问题能力、思考分析能力或领导能力等。

#### 1. 职业导师制有利于培养员工的综合素质

哈佛大学McClelland教授把在某一个职业中绩效非常突出的人员的特征统称为综合素质。这些特征包括：某个职业的基础或者专门的知识要求；能力，包括体力要求与脑力要求；品质，如精力的充沛程度与某种个性类型；影响个体采取某种行为方式的动机或者需要；对自己的工作角色的成功程度的印象与信心。他认为，这些特征对于出色地完成工作是必要的，对绩效具有相当高的预测力。

职业导师制的方式适合综合素质的培养以及隐性知识的传递，具体表现在以下方面：

(1) 鼓励用情境式多方面的指标进行预测与引导。导师本身是具备某种职业综合素质的专家，所给予被指导者的指导与工作情境密切相关。在正式的导师制计划中，指导的内容与考核往往是围绕企业的生产、攻关、产品开发等具体内容展开，与企业实践密切相关。尤其是在管理工作中，通常涉及对模糊情境的不断定义、分解、目标设定的过程，导师管理综合素质会在这个过程中得以表现。

(2) 认为员工各个方面的特征，如个性、兴趣、自信、人际交往等都可以成为影响职业成功的重要因素。

(3) 内隐知识是难以传播和稳固的知识，员工只有在解决问题的过程中才能够体会并积累这些知识。被指导者在导师的帮助下，可以获得一些有挑战性工作的机会，在不断尝试与探究的过程中获取并稳固隐性知识。

2. 职业导师制对员工的职业生涯规划至关重要

导师既具有职业生涯功能，又具有心理功能。导师提供的职业生涯功能包括支持、提高可见度、指导和保护。支持是指积极帮助个人获得工作经验和提升。提高可见度是指为被指导者提供与组织内关键人物发展关系的机会，从而获得职业生涯的进步。指导是对职业和工作绩效两方面提供建议。保护是指使被指导者幸免于潜在的危害性经历。研究表明，被指导者受到的职业生涯指导直接关系到4年后的更多晋升和更高工资。导师的心理功能则包括充当一个朋友的角色，为被指导者提供积极的关心与认可，并创造一种能让被指导者说出自己心中的焦虑与担心的渠道。这种指导关系的获益往往是双方的，导师的忠告可以帮助被指导者探索新的需要帮助的个人问题，导师则从下属的关心和感激中获得心理上的满足感。

### (二) 导师制推行的三步骤

第一步：确定导师和被培养对象的资格。这项工作可由人力资源部先根据个人的综合素质、管理能力、业务能力、个人专长等情况，分别确定不同级别的导师，然后由不同级别的导师带不同层次的学员，每名导师最多带3~4名学员，形成梯状的人力结构。

第二步：确定培养方向、方法、内容和课题。培养方法可以是灵活多样的，如工作上随时指导、定期指定研究课题、有针对性的技能专题培训、谈话式的互动交流等。对于培训内容，主要由导师根据学员个人实际情况与公司发展需要进行对应选择，可以是专业技能上的，也可以是个人修养上的；对于培训时间，导师可与学员商定；确定培养方法和内容后，导师要给学员指定相关研究课题，并把培训计划和培训内容报给人力资源部备案，接受人力资源部的定期检查和监督，确保培训的质量和效率。

第三步：考核和优化。根据导师制订的培养计划，公司人力资源部定期进行考核；对于学习的实际效果、工作中表现出的成绩，人力资源部给予备案。对于优秀学员，人力资源部可以为其引荐更高一级的导师，并把学员的进步作为导师晋升、晋级的依据之一。对于完不成培训任务、达不到培训目标的，人力部可以对导师进行降级处理，并作为日后考核的依据。

**(三) 导师制建立过程中应注意的问题**

凯西·克拉姆则认为成功的正式导师计划必须具备4个关键条件：自愿匹配、培训导师、高层主管的支持、允许重新匹配。

正式的导师制关系的建立虽然应当有正式的指定关系与指定目标，但是参与必须出于自愿而非强迫。一般对导师的要求较高，不仅要富有经验，而且要具有情绪稳定、调整能力强、对权力与成就有较高的需求等。而被指导者也需要通过一定的素质测评，确认其是否具有发展的潜力。

在建立指导关系之前，指导双方必须对各自的角色有明确认识，因而企业需事先对双方进行必要的培训。通过培训使被指导者明确：指导关系的性质和特点，介入指导关系的原因，对指导关系有哪些心理预期，为建立良好的指导关系必须做哪些准备等。对于导师，培训的内容通常包括：导师的角色和功能，被指导者可能的预期，如何与被指导者进行有效沟通，如何保持指导关系顺利进行、消除指导障碍，以及常用的指导技巧等。

成功的指导关系基于双方对彼此的深入了解和互相信任，并适合在自然、和谐的氛围中发展。如果企业高层对指导关系的进展漠不关心，导师作用通常得不到有效发挥。尤其在导师对被指导者职业发展的指导过程中，需要高层主管的支持。

当发现错误的匹配或者导师关系完成任务后，应该允许全身而退。

另外，企业对导师指导工作的肯定与认可必不可少。导师通过与他人分享自己丰富的知识和经验来作出贡献，所以，当正式建立导师制时，公司要正确、合理评价导师在指导方案中的投入和绩效表现，并给予相应的补偿和奖励。

## 三、招聘管理体系设计流程

招聘管理体系设计(见图9-2)主要分为招聘计划制订、招聘渠道管理、人员测评体系设计、入职辅导机制、招聘后评估和撰写招聘制度6个步骤，虽然每一步的工作重点不同，但目的都是为企业选拔优秀适合的人才，从而支撑企业战略的实施。

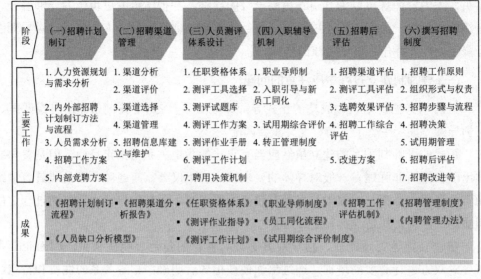

| 阶段 | (一)招聘计划制订 | (二)招聘渠道管理 | (三)人员测评体系设计 | (四)入职辅导机制 | (五)招聘后评估 | (六)撰写招聘制度 |
|---|---|---|---|---|---|---|
| 主要工作 | 1. 人力资源规划与需求分析<br>2. 内外部招聘计划制订方法与流程<br>3. 人员需求分析<br>4. 招聘工作方案<br>5. 内部竞聘方案 | 1. 渠道分析<br>2. 渠道评价<br>3. 渠道选择<br>4. 渠道管理<br>5. 招聘信息库建立与维护 | 1. 任职资格体系<br>2. 测评工具选择<br>3. 测评试题库<br>4. 测评工作方案<br>5. 测评作业手册<br>6. 测评工作计划<br>7. 聘用决策机制 | 1. 职业导师制<br>2. 入职引导与新员工同化<br>3. 试用期综合评价<br>4. 转正管理制度 | 1. 招聘渠道评估<br>2. 测评工具评估<br>3. 选聘效果评估<br>4. 招聘工作综合评估<br>5. 改进方案 | 1. 招聘工作原则<br>2. 组织形式与权责<br>3. 招聘步骤与流程<br>4. 招聘决策<br>5. 试用期管理<br>6. 招聘后评估<br>7. 招聘改进等 |
| 成果 | ▪《招聘计划制订流程》<br>▪《人员缺口分析模型》 | ▪《招聘渠道分析报告》 | ▪《任职资格体系》<br>▪《测评作业指导》<br>▪《测评工作计划》 | ▪《职业导师制度》<br>▪《员工同化流程》<br>▪《试用期综合评价制度》 | ▪《招聘工作评估机制》 | ▪《招聘管理制度》<br>▪《内聘管理办法》 |

图 9-2　招聘管理设计流程

# 第十章｜培训体系

**本章导读：**

企业战略就是去获得一种不易被模仿的、特殊的资源以获得竞争优势，其中最重要的就是人力资源。人力资源和对人力资源的管理，正是这种特殊竞争的优势来源。那么，如何才能让人力资本升值，这就需要企业加强战略导向的员工培训，以提高员工的素质，提升企业内部的组织优势，帮助企业实现其战略目标。

人力资源是企业核心竞争力的基础。从战略的角度来进行企业人力资源培训体系的建设，竞争对手是很难进行模仿的。通过具有企业特点的战略性员工培训过程，能够使员工不断摆脱原有经验与局部观念的束缚，不断转化自己的技能与思想，在学习的过程中融入企业，成为具有企业特点的人力资本，从而形成企业核心竞争力的源泉。通过培训体系的建设，企业可以解决以下问题：

(1) 培训工作如何规划与安排？整个体系如何搭建？

(2) 培训什么？课程体系如何设计？课程如何开发、应用、完善？

(3) 谁来培训？培训师队伍如何建立与管理？如何建立内生的、可持续推进的内训支持体系？

(4) 谁来组织培训？相关机构设置、权责如何划分？

(5) 如何开展培训？如何建立培训工作机制，包括组织机制、奖罚机制、运作流程等？

(6) 如何建立并完善培训管理制度体系？如何通过制度来保障培训工作的规范性、有序性？

(7) 如何评估效果？从哪些方面、在哪些环节开展什么样的评估？如何持续改进？

## ⁞⁞⁞ 第一节　构建有效的企业培训体系

企业培训体系是指在企业内部建立一个系统的、与企业的发展以及人力资源管理相配套的培训管理体系、培训课程体系以及培训实施体系。培训管理体系包括培训制度、培训政策、管理人员培训职责管理、培训信息搜集反馈与管理、培训评估体系、培训预算及费用管理、培训与绩效考核管理等一系列与培训相关的制度。

## 一、建立企业培训体系的意义

人力资本理论创始人、1979年诺贝尔经济学奖获得者西奥多·舒尔茨(T.W.Schultz)在20世纪60年代依据大量的实证分析得出一个突破性结论：在现代社会，人的素质(知识、才能和健康等)的提高，对社会经济增长所起的作用，比(物质)资本和劳动(指非技术性劳动)的增加所起的作用要大得多，而人的知识才能基本上是投资(特别是教育投资)的产物。依据该理论，企业不应当把人力资本的再生产仅仅视为一种消费，而应视为一种投资，其经济效益远大于物质投资的经济效益。而且人力资本投资不再符合边际收益递减规律，而是边际收益递增规律。

知识经济时代，企业竞争的焦点不仅是资金、技术等传统资源，还包括建立在人力资本基础上的创新能力。同时经济的全球化发展使得企业间的竞争范围更加广阔，市场变化速度日益加快。面对这种严峻的挑战，企业必须保持持续学习的能力，不断追踪日新月异的先进技术和管理思想，才能在广阔的市场中拥有一席之地。于是，增加对人力资源不断的投资，加强对员工的教育培训，提升员工素质，使人力资本持续增值，从而持续提升企业业绩和实现战略规划，已成为企业界的共识。此外，将员工个人的发展目标与企业的战略发展目标统一起来，满足了员工自我发展的需要，调动了员工工作的积极性和热情，增强了企业凝聚力。

## 二、有效培训体系的特点

培训体系是否有效的判断标准是该培训体系是否能够增加企业的竞争力，实现企业的战略目标；培训不足使得企业不能整体提升员工知识与技能，无法起到增强企业竞争力及凝聚力的作用，如图10-1所示。有效的培训体系应当具备以下特征。

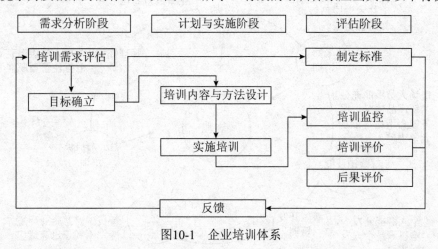

图10-1 企业培训体系

**1. 以企业战略为导向**

企业培训体系，只有根据企业战略规划，结合人力资源发展战略，才能量身定做出符合自己持续发展的高效培训体系。

**2. 着眼于企业核心需求**

有效的培训体系不是头疼医头、脚疼医脚的"救火工程",而是深入发掘企业的核心需求,根据企业的战略发展目标预测对于人力资本的需求,提前为企业需求做好人才的培养和储备。

**3. 是多层次全方位的**

员工培训说到底是一种成人教育,有效的培训体系应考虑员工教育的特殊性,针对不同的课程采用不同的训练技法,针对具体的条件采用多种培训方式,针对具体个人能力和发展计划制订不同的训练计划。在效益最大化的前提下,多渠道、多层次地构建培训体系,达到全员参与、共同分享培训成果的效果。

**4. 充分考虑了员工的自我发展需要**

按照马斯洛的需求层次理论,人的需求是多方面的,而最高需求是自我发展和自我实现。按照自身的需求接受教育培训,是对自我发展需求的肯定和满足。培训工作的最终目的是为企业的发展战略服务,同时也要与员工个人职业生涯发展相结合,实现员工素质与企业经营战略的匹配。这个体系将员工个人发展纳入企业发展的轨道,让员工在服务企业推动企业战略目标实现的同时,也能按照明确的职业发展目标,通过参加相应层次的培训,实现个人发展,获取个人成就。另外,激烈的人才市场竞争也使员工认识到,不断提高自己的技能才是其在社会中立足的根本。有效的培训体系应当肯定这一需要的正当性,并给予合理引导,不同层级、不同履历的职员培训的需求也会有很大的差别,如图10-2所示。

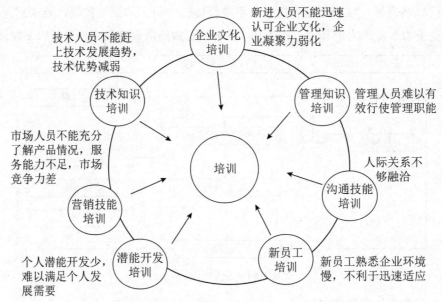

图10-2　培训的种类和培训缺失所带来的问题

## 三、人力资源培训方法

建立和完善有效的企业培训体系，是培训管理工作的核心任务。培训体系是否有效的判断标准是，该培训体系是否为提升企业竞争力、实现企业战略目标提供了最优秀的人力资源。

### (一) 培训需求分析与评估

拟订培训计划，首先应当确定培训需求。从自然减员因素、现有岗位的需求量、企业规模扩大的需求量和技术发展的需求量等多个方面对培训需求进行预测，如图10-3所示。

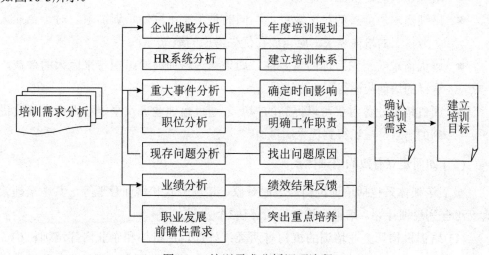

图10-3　培训需求分析调研流程

对于一般性的培训活动，需求可以通过以下几种方法来决定。

(1) 业务分析(business analysis)。通过探讨公司未来几年的业务发展方向及变革计划，确定业务重点，并配合公司整体发展策略，运用前瞻性的观点，将新开发的业务，事先纳入培训范畴。

(2) 组织分析(organization analysis)。培训的必要性和适当性，与组织文化的配合是极其重要的前提。其次，对于组织结构、组织目标及组织优劣等也应该加以分析，以确定培训的范围与重点。

(3) 工作分析(job analysis)。培训的目的之一在于提高工作质量，以工作说明书和工作规范表为依据，确定职位的工作条件、职责及负责人员素质，并界定培训的内涵。

(4) 调查分析(opinion survey)。对各级主管和承办人员进行面谈或者问卷调查，询问其工作需求，并据实说明培训的主题或应强化的能力是什么。

(5) 绩效考评(performance appraisal)。合理而公平的绩效考核可以显示员工的能力缺陷，反映员工需要改善的方面，激发其潜能。

(6) 评价中心(assessment center)。在员工提升过程中,为了确保人选的适当性,利用评价中心测定候选人的能力是一种有效的方法,且可以兼而测知员工培训需求的重点。

对于特殊性的培训,可以利用自我申请的方式,以符合工作专业的需要和时效。

培训需求反映了员工和企业对培训的期望,但要将这些需求转化为计划,还需要对需求进行评估:

- 培训需求是否和企业的战略目标一致。
- 培训需求是否和企业文化一致。
- 培训需求所涉及的员工数目。不同的员工有不同的培训需求,对于企业大多数员工的培训需求,应当放在优先考虑的地位。
- 培训需求对组织目标的重要性。如果通过培训能给组织带来巨大的效益,这样的培训应该得到优先满足。
- 通过培训业务水平可以提高的程度。通过培训业务水平能够得到大幅度提高的需求,应当得到优先满足。

### (二) 如何建立有效的培训体系

员工培训体系包括培训机构、培训对象、培训方式和培训管理等,其中培训管理又可分为培训计划、培训实施和培训评估3个方面。

(1) 培训机构。企业培训的机构有两类:外部培训机构和企业内部培训机构。外部机构包括专业培训公司,大学以及跨公司间的合作(即派本公司的员工到其他企业挂职锻炼等)。企业内部培训机构则包括专门的培训实体,或由人力资源部履行其职责。企业可结合自身资金、人员及培训内容等因素,来选择相应培训机构。

(2) 培训对象。根据参加培训的人员不同,可分为:高层管理人员培训、中层管理人员培训、普通职员培训和工人培训。应根据不同的受训对象,设计相应的培训方式和内容。一般而言,对于高层管理人员应以灌输理念能力为主,参训人数不宜太多,采用短期而密集的方式,运用讨论学习方法;对于中层人员,注重人际交往能力的训练和引导,参训规模可以适当扩大,延长培训时间,采用演讲、讨论及报告等交错的方式,利用互动机会提高学习效果;对于普通的职员和工人培训,需要加强其专业技能的培养,可以大班制的方式执行,长期性的延伸教育,充实员工的基本理念和加强实务操作。

(3) 培训方式。从培训的方式来看,有职内培训(on-the-job training)和职外培训(off-the-job training)。职内培训指工作教导、工作轮调、工作见习和工作指派等培训方式,在提升员工理念、人际交往和专业技术能力方面具有良好的效果。职外培训指专门的培训现场接受履行职务所必要的知识、技能和态度的培训。非在职培训的方法很多，如传授知识、发展技能训练以及改变工作态度的培训等。应职内培训和职外培训相结合，对不同的培训内容采用不同的方式，灵活进行。

(4) 培训计划。员工培训的管理非常重要，有效的培训体系需要良好的管理作为保障。培训计划涵盖培训依据、培训目的、培训对象、培训时间、课程内容、师资来源、实施进度和培训经费等项目。

有效的培训体系要求在制订培训计划时应当因循拟定的管理程序，先由人力资源管理部门(或者培训主管单位)分发培训需求调查表，各级单位人员讨论填写完毕经直属主管核定后，人力资源管理部门汇总，拟定培训草案，提请上一级主管审定，在年度计划会议上讨论通过。在培训方法方面，应当考虑采用多种方式，对演讲、座谈、讨论、模拟等方法善加运用，以增强培训效果。同时在培训内容上，最好能够采用自主管理的方式，由员工与主管或讲师共同制定培训目标、主题，场地开放自由化，以增加员工学习意愿，提升学习效果。

(5) 培训实施。培训计划制订后，就要有组织有计划地实施。从实际操作面上讲，应该注意几个问题：

① 执行培训时最好与考核相结合，重视过程控制，观察培训过程中参训者的反应及意见。培训是持续性的心智改造过程，所以，员工在培训过程中的社会化改变比训练结果更值得关注。

② 培训计划执行时应当注重弹性原则和例外管理。对于一般性的训练，可以统筹办理，由人力资源管理部门主要负责。对于特定性的培训，应采用例外管理，由各个单位根据具体情况弹性处理。

③ 培训活动应注意事前沟通，塑造学习气氛，从而加强学习互动，营造良好的学习氛围，逐步建立学习型组织。

(6) 培训评估。培训的成效评估和反馈是不容忽视的。培训的成效评估一方面是对学习效果的检验，另一方面是对培训工作的总结。成效评估的方法分为过程评估和事后评估。前者重视培训活动的改善，从而达到提升实质培训成效的作用；后者则供人力资源管理部门决策参考。从合理化的观点来看，最好是将两者结合起来。成效评估的方法有实验设计法、准实验设计法和非实验设计法。根据Kirkpatrick的培训目标层次，成效评估方法采用以下方法：

① 如果培训的目的在于了解参训者的反应，可以利用观察法、面谈或意见调查等方式，了解参训者对培训内容、主题、教材、环境等的满意程度。

② 如为了解参训者的学习效果，可以利用笔试或者心得体会，了解其知识增加程度。

③ 如为了解参训者行为的改变，可以观察其行为，及访谈其主管或同事。

④ 对工作实绩的测定，这种方法较为困难，它可能受到外来因素的影响。

## 四、培训体系的基本原则

培训体系是企业对员工系统持续培训的重要保障，是企业内部培训资源的有机组合，是企业对员工实施有效培训的平台。一个有效的培训体系必须运用各种培训方式和人力资源开发技术与工具，把零散的培训资源系统地整合在一起，使培训有计划地持续地开展下去。

由于不同的企业在文化、战略、规模、行业领域等许多方面有着较大的差异，因此，培训体系的建设也必须从企业自身的特点和实际出发，在搞清楚培训体系所包含的内容和本企业培训现状外，还要遵循以下原则。

1. 基于战略原则

培训的目的是通过提升员工的素质和能力来提高其工作效率，让员工更好地完成本职工作，实现企业经营目标。因此，培训体系的建设必须根据企业的现状和发展战略的要求，培训符合企业发展战略的人才。

2. 动态开放原则

企业要生存必须适应不断变化的外部环境，这就要求企业的培训体系必须是一个动态、开放的系统，而不是固定不变的。培训体系必须根据企业的发展战略和目标进行及时调整，否则就失去了实际的意义，就不可能真正发挥推进绩效改善和提升企业竞争力的作用。

3. 保持均衡原则

一个有效的培训体系必须保证员工在不同的岗位都能接受到相应的训练，这就要求培训体系的建设必须保持纵横两个方向的均衡：纵向要考虑新员工、一般员工、初级管理者、中级管理者、高级管理者之间的不同级别，针对每个级别不同能力的要求，设置相应的培训课程；横向要考虑各个不同职能部门要完成工作需要哪些专业技能，以此来寻找培训需求和设计相应课程。

4. 满足需求原则

培训体系的建设必须在满足工作需求的同时，满足组织需求和员工需求。满足组织需求，才能保证培训的人才是组织所需要的，而不仅仅是岗位所需要的；满足员工需求，才能从根本上调动员工培训的主动性和积极性，从而保证培训的效果。

5. 全员参与原则

培训体系的建设，不能只靠培训部门孤军奋战，必须上下达成共识，全员参与，必须得到领导的大力支持，必须得到业务部门的积极配合。

6. 员工发展原则

如果培训体系和培训课程的开发能够与员工自我发展的需要相结合，就可以达到企业和员工双赢，在员工得到发展的同时，也能为企业的发展作出相应贡献。

## ::: 第二节 培训体系的设计

企业培训体系的设计是基于企业发展战略而进行战略支撑的重要组成部分，主要由培训规划、培训执行和培训评估3部分组成，如图10-4所示。

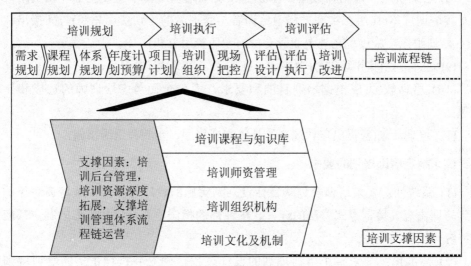

图10-4 培训体系设计

## 一、培训规划

培训规划是指对特定时期内将要进行的培训工作预先拟订的规划。培训规划是组织实施培训的依据，完整的培训规划还应包括培训资源规划以及培训评估规划。由于组织资源有限，培训规划应该使资源得到最有效的利用，而且对培训工作本身，也应该设立标准来考核其绩效。

企业培训规划是指对企业组织内培训的战略规划。企业培训规划必须密切结合企业战略，从企业的人力资源规划和开发战略出发，满足组织及员工两方面的要求，考虑企业资源条件与员工素质基础，考虑人才培养的超前性及培训效果的不确定性，确定职工培训的目标，选择培训内容及培训方式。

### (一) 培训规划的主要内容

(1) 培训目的：说明员工为什么要进行培训。

(2) 培训目标：解决员工培训应达到什么样的标准(根据培训目的，结合培训资源配置的情况，将培训目的具体化、数量化、指标化和标准化)。

(3) 培训对象和内容：明确培训谁、培训什么、什么类型。

(4) 培训范围：包括4个培训层次(个人、基层、部门、企业)。

(5) 培训规模(受人数、场地、培训性质、工具以及费用等的影响)。

(6) 培训时间(受培训范围、对象、内容、方式、费用以及其他与培训有关的因素影响)。

(7) 培训地点：学员接受培训的所在地区和培训场所。

(8) 培训费用：即培训成本，指企业在员工培训过程中所发生的一切费用，包括直接培训成本(在组织实施过程中培训者与受训者的一切费用总和)与间接培训成本(在培训组织实施过程之外企业所支付的一切费用总和)。

(9) 培训方法(集中培训/分散培训、在职学习/离职培训)。

(10) 培训教师(应根据培训目的和要求，充分全面考虑培训师的选拔和任用问题)。

(11) 培训计划(应提出培训规划的具体实施程序、步骤和组织措施)。

**(二) 制定培训规划的要求**

(1) 系统性：要求培训规划从目标设立到实施的程序和步骤，从培训对象的确定到培训内容、培训方式方法的选择、培训师的指派，乃至评估标准的制定都应当保持统一性和一致性。

(2) 标准化：要求整个培训规划的设计过程，确立并执行正式的培训规则和规范。

(3) 有效性：要求员工培训规划的制定必须体现出可靠性、针对性(培训规划的设计必须从工作岗位应具备的知识、技能和心理素质出发)、相关性和高效性(以较少的投入获取最大限度的工作成果)等基本特点。

(4) 普遍性：要求培训规划的制定必须适应不同的工作任务、培训对象和培训要求。

**(三) 制定培训规划的流程**

1. 制定培训目标

培训目标有时会与培训需求相同，有时又不相同，当一次培训就可满足培训需求时，这次培训目标就与培训需求相同。培训目标还是考核培训效果的标准。

(1) 制定培训目标的步骤

● 提出目标。

● 分清主次。

● 检查可行性。

● 设计目标层次。

(2) 制定培训目标的注意事项

设定了学习目标，但是如果不设定具体合理的期限，这些目标还是不会达到的。一个没有期限的目标，效果是非常有限的。在确立目标之后，要考虑时间是不是允许。如果有好几个目标，最好将它们分在不同的培训之中；如果目标很大，可以将其分为几个小目标，然后在不同的培训课程中实现。

2. 评价培训需求

对于调查所得的资料可从组织、人员、任务3层次进行分析，即明确组织能力、员工素质技能与业务目标之间的差距；明确差距的根源以及解决的方法；明确通过培训可以缩小的差距以及培训解决问题的能力。在进行了以上分析之后，最终要明确有哪些培训项目以及各培训项目的信息：

- 培训时间。
- 培训形式和方式。
- 培训名称。
- 培训对象。
- 培训内容。
- 培训地点。
- 培训费用。

3. 拟定培训规划

- 明确规划所涉及的培训项目。
- 明确现有的培训资源。
- 确定培训工作的重点。
- 确定课程开发、师资培养、建设系统。
- 确定培训预算。

4. 沟通与确认培训规划

首先要求做好培训报告。

第一步，明确报告的目的。目的就是要获得与培训相关的部门、管理者和员工的支持，以便顺利落实培训规划。

第二步，说明报告的内容。诸如：培训的出发点、培训要解决的问题、培训的方案和行动规划、希望得到的支持等。

第三步，注意报告的方法。报告的方法是否得当，关系到培训规划能否在培训部门内部获得统一认识，也关系到主管部门和组织的领导层对培训经理、培训时间、培训效果追踪的承诺。

最终确定培训方案的常用方式有3种：培养规划会议、部门经理沟通、领导直接决策。

5. 执行培训规划

在实施过程中，可根据受训者的要求和其他突发事件，适当进行调整，以保证培训效果。有些关键步骤是不可忽视的，否则将影响培训的效果。同时在实施计划的过程中，需要考虑以下因素：

- 充分准备。
- 授课效率。
- 受训者参与。
- 考核。

6. 修正培训规划

每阶段结束后应进行总结，根据目标和本阶段培训效果，提出新的培训要求，并修正培训规划。一项培训计划制订和实施后，是否可以重复使用，需要视其实施的效果而作相应调整。

## 二、培训执行

在培训结束后，企业会面临一个棘手的问题：培训的效果不错，但是如何执行呢？培训的目的不是仅仅为了改变学员的意识层，更重要的是为了把培训的知识落实到行动中，并进而促进其工作绩效提升。只有落实的培训才是有效的，而落实就需要可执行、可具体化。企业培训的执行需要依靠3个关键流程：人员流程、策略流程、营运流程。

### (一) 人员流程

(1) 明确培训目的，了解设计本门课程是为了解决哪些问题。某些老师的课程只是沉浸在自己的理论和架构下，满足于自己课程的逻辑和想法，但是没有意识到客户的问题不在于老师的想法，而在于其中某一板块，甚至是老师架构之外、含义之内的事。

(2) 了解培训对象，有针对性地进行课程设计。在上课前了解学员的层次、学历、工作经验、是否具有相关工作经历等。只有深入地站在了解员工的角度去设计课程才是有效的、有内容的、可以执行力的。

(3) 课程的设计不是简单地讲述目前员工的现状，而是为了提高员工的能力，所以要先期收集人员的信息及疑惑。很多老师到上课时才第一次见到所有的学员，想要去讲执行力，实在是一件很难解释的事。

### (二) 策略流程

策略流程是在告诉企业，这次培训的目标是否是问题症结所在，本来是绩效问题，却认为是态度问题。固然态度课程能短期地起到一定的作用，但是长期来看，是否有效，有待商榷。

公司要了解本企业的现状和培训目标的距离有多大，不是所有的企业都适合世界500强的营运模式，也不是所有的企业都适合扁平式管理，这需要依靠老师的智慧和公司自身的情况。

培训提出了行动方案，企业和老师还需要思考：是否有替代的行动方案，行动方案的有效性，是否符合本公司的环境，由谁来跟进，谁主导，谁监督等。

### (三) 营运流程

营运流程，是指落实到实处时，人员、计划、路径等应如何安排及切割。借鉴"执行力"中的几个好方法：

(1) 多运用备忘录：每一个参与者都要有一份备忘录，将敲定事项的细节摘要列明。

(2) 事先规划：执行力强的公司可以立即将应变计划付诸实施，之所以能具备这样的能力，是因为事前即已思考过相关问题，而且多年来一直反复练习这一流程。

(3) 每季、每月进行检讨：可以协助维持计划不致脱节，同时强化各单位间的同步性，也让领导人清楚了解哪些人对业务掌控得宜，哪些人出了问题，还需要什么协助。

培训是可以被执行、被无限放大的，力量可能比得上一次价值百万的咨询。

## 三、培训评估

培训评估是培训工作的最后阶段，是指收集培训成果以衡量培训是否有效的过程，是衡量企业培训效果的重要途径和手段。

### (一) 培训评估的作用

*1. 培训前评估的作用*

培训前评估能保证培训需求确认的科学性；确保培训计划与实际需求的合理衔接；帮助实现培训资源的合理配置；保证培训效果测定的科学性。

*2. 培训中评估的作用*

培训中评估能保证培训活动按照计划进行；利于培训执行情况的反馈和培训计划的调整；过程检测和评估有助于科学解释培训的实际效果。

*3. 培训效果评估的作用*

培训效果评估有助于树立结果为本的意识；有助于扭转目标错位的现象，是提高培训质量的有效途径。

### (二) 培训评估的主要内容

*1. 反应评估*

反应评估是第一级评估，即在课程刚结束的时候，了解学员对培训项目的主观感觉和满意程度。

2. 学习评估

学习评估主要是评价参加者通过培训对所学知识深度与广度的掌握程度，有书面测评、口头测试及实际操作测试等方式。

3. 行为评估

行为评估是评估学员在工作中的行为方式有多大程度的改变，有观察、主管的评价、客户的评价、同事的评价等方式。

4. 结果评估

结果评估是第四级评估，其目标着眼于由培训项目引起的业务结果的变化情况。最为重要的评估内容是对投资净收益的确定。

### (三) 培训评估的设计

- 对比小组培训前和培训后的状况。
- 培训前测试。
- 培训后测试。
- 时间序列分析。

### (四) 培训评估的一般流程

根据培训目标，确定预期的培训结果，然后采用适当的培训有效性评估、设计、收集信息和数据，并进行分析，最后实施评估并给予反馈，一般包括以下6个步骤。

1. 分析培训需求

进行培训需求分析是培训项目设计的第一步，也是培训评估的第一步。不管一个培训项目是由什么原因引起的，人力资源开发人员都应该通过培训需求分析来发现具体知识、技能、态度的缺陷。培训需求分析中所使用的最典型的方法有访谈法、调研法和问卷调查法。调查的对象主要集中在未来的受训人员和他们的上司，同时，还要对工作效率低的管理机构及员工所在的环境实施调查，从而确定环境是否也对工作效率有所影响。

2. 确定评估目的

在培训项目实施之前，人力资源开发人员必须把培训评估的目的明确下来。多数情况下，培训评估的实施有助于对培训项目的前景作出决定，对培训系统的某些部分进行修订，或是对培训项目进行整体修改，以使其更加符合企业的需要。例如，培训材料是否体现公司的价值观念，培训师能否完整地将知识和信息传递给受训人员等。重要的是，培训评估的目的将影响数据收集的方法和所要收集的数据类型。

3. 建立培训评估数据库

进行培训评估之前，企业必须将培训前后发生的数据收集齐备，因为培训数据是培训评估的对象。培训数据按照能否用数字衡量的标准可以分为两类：硬数据和软数据。硬数据是改进情况的主要衡量标准，以比例的形式出现，是一些易于收集的无可争辩的事实。这是最需要收集的理想数据，可以分为4类：产出、质量、成本和时间。几乎在所有组织机构中这4类都是具有代表性的业绩衡量标准。有时候很难找到硬数据，这时，软数据在评估人力资源开发培训项目时就很有意义。常用的软数据类型可以归纳为6个部分：工作习惯、氛围、新技能、发展、满意度和主动性。

培训数据收集的关键是人力资源开发人员与直线部门人员良好的配合。例如，培训需求来自直线部门，他们知道员工技能的差距，能够指出员工技能改善的方向和预期改善目标。人力资源开发人员只有与直线部门人员配合，才能更好地把握培训方向。收集的数据最好是在一个时段内的，以便进行实际分析比较。例如，前6个月的不满意数量，去年处理的失误次数，上一个季度事故发生的次数，或过去年份平均每月的销售成本等。

4. 确定培训评估层次

有关培训评估的最著名的模型是由柯克帕特里克提出的。从评估的深度和难度看，柯克帕特里克的模型包括反应层、学习层、行为层和结果层4个层次。人力资源开发人员要确定最终的培训评估层次(详见第九章第三节)。

5. 调整培训项目

基于对收集到的信息进行认真分析，人力资源开发部门就可以有针对性地调整培训项目。如果培训项目没有什么效果或是存在问题，就要对该项目进行调整或考虑取消。如果评估结果表明培训项目的某些部分不够有效，例如，内容不适当、授课方式不适当、对工作没有足够的影响或受训人员本身缺乏积极性等，人力资源开发人员就可以有针对性地考虑对这些部分进行重新设计或调整。

6. 沟通培训项目结果

在培训评估过程中，往往忽视对培训评估结果的沟通。虽然经过分析和解释后的评估数据将转给某个人，但是，当应该得到这些信息的人没有得到时，就会出现问题。在沟通有关培训评估信息时，培训部门一定要做到不存偏见和有效率。

一般来说，企业中有4种人是必须得到培训评估结果的。最重要的是人力资源开发人员，他们需要这些信息来改进培训项目。只有在得到反馈意见的基础上精益求精，培训项目才能得到提高。管理层是另一个重要的人群，因为他们当中有一些是决策人物，决定着培训项目的未来。评估的基本目的之一就是为决策提供基础。第三个群体是受训人员，他们应该知道自己的培训效果怎么样，并且将自己的业绩表现与其他人的业绩表现进行比较。这种意见反馈有助于他们继续努力，也有助于将来参加该培训项目学习的人员不断努力。第四个群体是受训人员的直接领导，这便于他们了解培训效果。

# ⠿ 第三节  培训课程开发

培训课程开发就是培训开发师依据培训计划书的培训目标、课程大纲以及学员的状况分析,选择和组织课程的内容。课程开发的成果主要包括:培训师手册、学员手册、练习及案例手册、测试题库、演示稿等。培训课程开发是培训师的核心能力。能否开发出满足培训对象需求、具有一定理论深度、课堂教学效果良好的培训课程是衡量一个培训师水平的重要标志。而拥有一批具备培训课程开发能力的优秀培训师,又是企业培训机构核心竞争力的集中体现。

课程开发时,要充分考虑培训需求,受训者兴趣、动机、学习风格等方面的因素,应对参训者的学习方式进行开发,这就等于把握住了培训最本质最有决定性的一个方面,也恰恰是培训课程开发的精髓所在。

## 一、培训课程开发模型

培训课程开发模型有ISD模型、CBET模型、ADDIE模型、HPT模型和DACUM模型,下面简要介绍一下前3种。

### (一) ISD模型

ISD(instructional system design)即教学系统设计,是以传播理论、学习理论、教学理论为基础,运用系统理论的观点和知识,分析教学中的问题和需求并从中找出最佳答案的一种理论和方法。

1. ISD模型的操作步骤及内容(如图10-5所示)

分析:对教学内容、学习内容、学习者特征进行分析。

设计:对学习资源、学习情境、认知工具、自主学习策略、管理与服务进行设计。

开发:根据设计内容进行课程开发。

实施:根据课程开发的成果实施培训。

评估:对开发的课程进行评估,并形成评估报告。

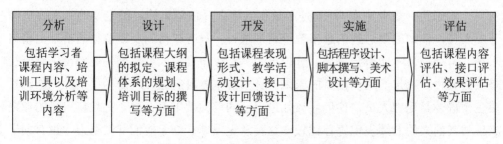

图10-5  ISD模型的操作步骤及内容

2. ISD模型运行的产品

● 培训需求的分析结果；

● 教学设计及开发方案；

● 学习实施体系；

● 学习测量系统；

● 对承办者的评价体系。

3. ISD模型应用

在企业培训课程开发中运用ISD模型需要有企业高层管理者、课程设计人员、培训师以及目标培训员工的参与。

通常由企业高层管理者确定本企业目前所面临的问题，由课程设计者利用ISD模型设计培训课程，然后由培训师将培训课程内容传授给目标培训员工，并通过对目标培训员工的测试，评估培训效果，不断修正和改进培训课程。

ISD模型从理论上讲，简洁、有序而科学，能有效地指导企业培训课程开发工作。然而，在实践中，企业还要根据不同的条件、需求，灵活地运用ISD模型，才能设计出最佳的培训课程。ISD模型如图10-6所示。

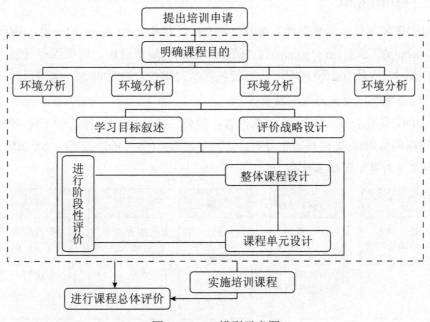

图10-6 ISD模型示意图

## (二) CBET模型

CBET模型即能力本位教育培训模式。能力可以是动机、特性、技能、人的自我形象、社会角色的一个方面或所使用的知识整体。能力是履行职务所需的素质准备，通过培训可以使人的潜能转化为能力。

能力本位指的是从事某项工作所必须具备的各种能力系统，一般由1～12项综合能力构成，而每一项综合能力由若干专项能力构成，各专项能力又由知识、态度、经验和反馈构成。

CBET以某一工作岗位所需的能力作为开发课程的标准，并将学习者获得的相关能力作为培训的宗旨。CBET模型的操作步骤如图10-7所示。

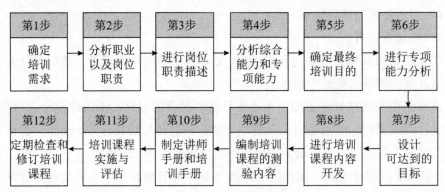

图10-7　CBET模型的操作步骤

### (三) ADDIE模型

ADDIE模型是一套系统地发展教学的方法，是从分析(analysis)、设计(design)、发展(develop)、执行(implement)到评估(evaluate)的整个过程。培训课程开发人员利用此模型需掌握的知识领域很广，一般包括学习理论、传播理论、接口设计、应用软件、信息系统以及人力资源发展等。

ADDIE模型主要包含3个方面的内容，即要学什么(学习目标的制定)、如何去学(学习策略的应用)、如何判断学习者已达到学习效果(学习考评实施)。ADDIE模型的操作步骤及内容如图10-8所示。

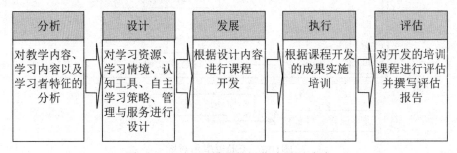

图10-8　ADDIE模型的操作步骤及内容

分析：内容包括学习者分析、课程内容分析、培训工具分析、培训环境分析等。

设计：内容包括课程大纲拟定、课程体系规划、培训目标撰写等。

发展：内容包括课程表现形式、教学活动设计、接口设计、回馈设计等。

执行：内容包括程序设计、脚本撰写、美术设计等。

评估：内容包括课程内容评估、接口评估、效果评估等。

## 二、培训课程开发原则

### (一) 获得知识技能的方法

培训课程开发所遵循的原则通常为布鲁纳教学原则，即布鲁纳四原则，对学员获得知识与技能有重大帮助。它为评价教学方法和学习方法提供了一个标准，如图10-9所示。

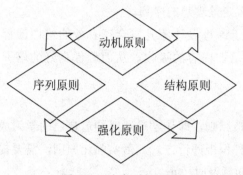

图10-9　布鲁纳四原则

1. 动机原则

人的学习是主动学习，具体表现在以下两个方面。

(1) 重视已有经验在学习中的作用，学员总是在已有经验的基础上，对输入的新信息进行组织和重新组织。

(2) 重视学习的内在动机与发展学员的思维。学习的最好动机是对所学知识本身的兴趣，激发学员的内在动机，唤起其积极性，使理性和非理性、智力因素和非智力因素相结合，促成学员整体协调发展。

受训学员的内部动机包括激发、维持和指向3个层面，具体内容如图10-10所示。

图10-10　内部动机三层面

297

### 2. 结构原则

结构原则是指要选择适当的、适合学员认知结构的方式。任何学科知识都是具有结构的,这种结构反映了事物之间的联系或规律。

### 3. 序列原则

序列原则是指要按最佳程序呈现课程内容。培训教材的序列直接影响学员掌握知识的成熟程度。

在任何特定条件下,最佳的序列都是根据多种因素而定的。这些因素包括学员的学习能力、学员处理信息的能力和学员探索活动的特点。因此,在设计教材和进行授课时,课程设计者或讲师要根据学员过去的学习水平、发展阶段、材料的性质和学员的个人差异来确定最理想的序列。

遵循序列原则对于课程设计者开发合理有效的培训课程、合理安排培训内容的次序、保证学员对培训内容的吸收,从而确保良好的培训效果具有重要的指导意义。

### 4. 强化原则

强化原则又称反馈原则,即让学员适时知道自己的学习成果。强化原则是课程设计中不可或缺的一种积极评价方式。落实强化原则,需要提供有关的授课信息,了解授课效果,发现问题及时矫正。

在授课过程中实施强化原则涉及以下3个方面的内容,如图10-11所示。

| 强化时机 | · 即在什么时候学员能够接受矫正性信息。如:只有学员将其发现的结果同所要求的结果进行比较的时候,培训师才可以告知结果是什么,否则就难以对学习产生促进作用 |
|---|---|
| 强化条件 | · 即在什么条件下学员可以利用这种矫正性信息。学员使用矫正性信息的能力是随着其内部机能的变化的。在学员处于强烈的内驱力和过度焦虑条件下,讲师的反馈就没有多大作用了 |
| 强化方式 | · 即以什么方式使学员接受矫正性信息。如:有关研究表明,"消极信息",即有关某种事情不是这样或那样的信息,对初次接触概念的学员来说,根本没有意义 |

图10-11 强化原则的内容

## (二) 获取学习经验的方法

人类主要通过自身的直接经验和间接经验两个途径来获得知识。戴尔的"经验之塔"理论把人类学习的经验依据抽象程度的不同分成3类10个层次,如图10-12所示。

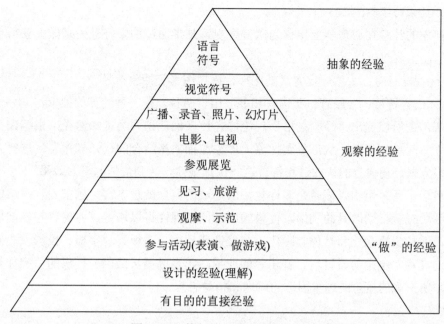

图10-12 戴尔的"经验之塔"理论

1. "做"的经验(塔的底部)

"做"的经验指的是自己亲自做的活动。它位于"经验之塔"的塔底,主要包括以下3方面。

(1) 有目的的直接经验。"经验之塔"的底层是直接经验,是直接与真实事物本身接触的经验,是最丰富的具体经验。

(2) 设计的经验。即真实的改编、设计有助于人们更容易理解真实情况。如制作模型,可以产生比用实物教学更好的效果。

(3) 参与活动(表演、做游戏)。通过表演、做游戏感受那些在正常情形下无法获得的感情上和观念上的体验。

2. 观察的经验(塔的中部)

观察的经验在心理学上也称为摸象直观,是通过观察事物和载有事物信息的媒体间接获得事物的信息,主要包括表10-1所示的5个方面的信息。

表10-1 观察经验信息构成表

| 信息说明 |
| --- |
| 通过看别人怎么做,使学员知道自己该如何做,以后可以模仿去做 |
| 可以看到真实事物和各种景象 |
| 通过观察了解进行学习 |
| 屏幕上的事物是实际事物的代表,而不是事物本身。通过看电视,得到的是替代的经验 |
| 广播、录音、照片和幻灯片介于"做"的经验和抽象的经验之间,既能为学员提供必要的感性材料,容易理解、记忆,又便于解说或进行培训的提示和总结,从而加强学员的认知 |

### 3. 抽象的经验(塔尖)

抽象的经验在心理学上也称为语言直观,是指通过抽象符号的媒体去获得事物的信息,主要包括以下两个方面。

(1) 视觉符号:表达一定含义的图形、模拟图形等抽象符号。

(2) 语言符号:一般有口头语言和书面语言两种,是一种纯粹的抽象。

戴尔之所以提出"经验之塔"理论,是让人们认识人类认知途径,根据人类的这种"从简单到复杂,从形象到抽象,形象和抽象相结合的认知规律",选择合理的学习方式,使自身的认知过程符合这一认知规律,达到最佳的学习效果。

教学中所采用的媒体越是多样化,所形成的概念就越丰富、越牢固。网络的出现、各种视听辅助教具的利用,使塔的中部的主观性得以增强,并更容易转向塔的两端,即抽象概念化和具体实际化。在培训活动中,白板、写字板、投影仪、录音带、幻灯片、电影剪辑材料、音乐等的使用,正是遵循了戴尔所提出的"媒体越多元化,所形成的概念就越牢固"的原理和指导思想。

## 三、培训课程开发风格把握

学习风格是课程培训中需要考虑的一个重要因素。如果对学员在什么样的情况下能够达到最好的效果分析不正确,而使用了不恰当的教学方法,有可能导致学员对知识和技能掌握不好。因此,在设计课程时,一定要考虑学员的学习风格。

在培训课程的开发中,科尔伯的学习风格理论备受推崇。科尔伯学习风格理论主要是将人的认知过程的两个维度划分成4种学习风格。

### (一) 两个维度

两个维度指的是学员如何感知信息和学员是怎么学习的,具体内容如图10-13所示。

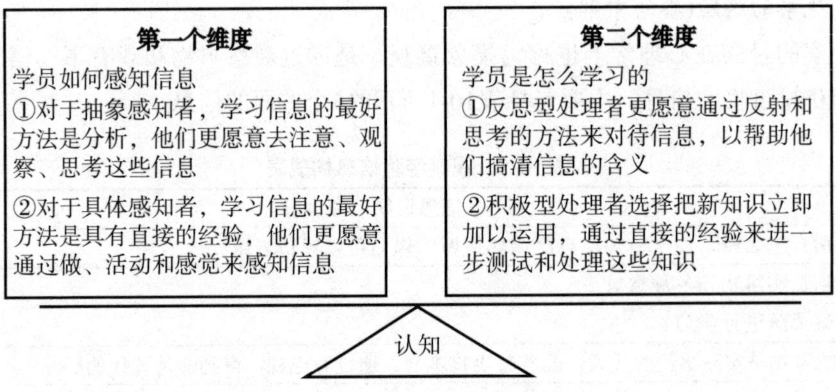

| 第一个维度 | 第二个维度 |
| --- | --- |
| 学员如何感知信息<br>①对于抽象感知者,学习信息的最好方法是分析,他们更愿意去注意、观察、思考这些信息<br><br>②对于具体感知者,学习信息的最好方法是具有直接的经验,他们更愿意通过做、活动和感觉来感知信息 | 学员是怎么学习的<br>①反思型处理者更愿意通过反射和思考的方法来对待信息,以帮助他们搞清信息的含义<br><br>②积极型处理者选择把新知识立即加以运用,通过直接的经验来进一步测试和处理这些知识 |

认知

图10-13　人类认知过程的两个维度

### (二) 4种学习风格

任何一种感知方式和处理方式相组合，可以组成4种类型：抽象的感知者/反思型的处理者；抽象的感知者/积极型的处理者；具体的感知者/积极型的处理者；具体的感知者/反思型的处理者。这4种类型构成了科尔伯的学习风格理论，如图10-14所示。

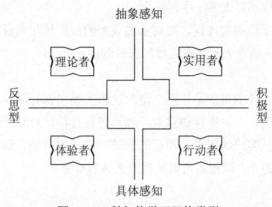

图10-14　科尔伯学习风格类型

实用者：善于作决定、解决问题；弱于集中精力、体验与评估思想。适合的培训方式为同伴之间的互动与反馈，提供技能、技巧活动等。

行动者：善于完成计划、领导和冒险；弱于不现实，只重目的。适合的培训方式包括技巧技能的训练、亲自解决问题、小组讨论、同伴的互动与反馈等。

体验者：学习态度好，长于想象及解决脑筋急转弯问题；弱于发现机会、提出行动方案。适合的培训方式包含大量反馈时间的课程讲授、引导、提供专业指导、用外部的客观标准来判断学员自身的绩效等。

理论者：长于制订计划、创建模型和理论；弱于从经验中学习，不能看到更广阔的前景。适合的培训方式包括案例分析、理论研讨、独自思考等。

## 四、培训课程开发的步骤

培训课程开发需要把握如下几个步骤。

1. 需求分析

进行培训课程开发之初，必须对受培对象进行有针对性的需求调研：了解企业、了解项目、了解学员、了解资源。

2. 课程目标

培训课程必须有明确清晰的课程目标，这是培训师制定翔实的课程开发与讲授计划的依据。它可以帮助学员确认培训效果，也可以帮助讲师和学员对培训过程作出客观评价。

建立培训目标的要点是：

紧贴需求：目标要紧紧围绕培训目的而设。

目标适度：目标是学员学习后要达到的标准，因此，要根据实际情况客观描述，不要过高。

表达准确：课程目标的语言叙述要专业、准确、到位，避免产生歧义。

简化目标：目标不要太多，尽量简化。

目标定量：对于技能类课程，要将希望获得的技能转化为目标，并尽量用定量的语言叙述，以便评估个人和企业应做到何种程度。

### 3. 内容设计

培训课程内容设计的目的是按照一定的逻辑关系将课程内容进行组织与合理安排，形成独立的课程，并对课程的重点、难点进行分析，对时间进行合理的分配。课程设计时应重点从客户的需求、项目的安排、形式的需要、资源的情况几个方面考虑，特别要注意的是，课程为培训项目的总体目标服务。

### 4. 方法设计

培训课程采用何种教学手段与方法，课程的时间规划，以及课前课后的准备、练习与考核等，都是在做课程设计时必须考虑的内容。

选取培训方法时要特别关注传授知识的效率、知识和技能的巩固度、学员的参与程度、学员解决现场实际问题能力的提高程度；关注提高学员各方面的能力，包括操作能力、动手能力、解决实际问题的能力等；选教法要重实效。

### 5. 课程设计要点

课程开发与设计要以有组织的学科内容作为课程设计的资源依据；以学习者作为课程设计的资源依据；以社会为课程设计的资源依据。课程设计要丰富、生动、具体，使学员愿意接受。

总之，开发一门培训课程是一项系统工程，必须牢牢掌握以下几个要点：观点与原理的确定——精炼、准确；关键与重点的把握——突出、得当；框架与结构的搭建——简洁、逻辑性强；素材的搜集与运用——丰富、新颖；时间的分配与安排——合理、松紧有度；课件的设计与制作——专业、精良；教具的准备与演练——细致、周到。

## 第四节　培训体系设计工具与流程

企业的培训注重行为导向，也就是说，看培训的质量高不高、效果好不好，主要看培训的内容在员工的日常工作行为中落实得多不多，即通常所说的：培训中要有"触动"，培训后要有"行动"。所以，在培训体系的运作中，培训考评和训后质量跟踪很重要。要先制定考核标准，并严格按照标准进行培训，训后进行各种形式的考试或考核。成绩全部填入专门的人事管理档案，作为量才录用、晋级提拔的重要依据和参考资料。

培训后，还要进行质量跟踪。在受训者返岗工作后定期跟踪反馈，以确认受训者在各方面是否有进步和改善，也可进一步发现工作中仍然存在的问题，为制订下一步的培训计划提供依据。质量跟踪除包括培训的内容外，还应包括公司对员工基本的仪态仪表、语言表达、知识技能和敬业精神的要求。质量跟踪调查的方法包括员工自查、互查、听取部门主管的意见等，也可由培训部门随机从员工中抽取人员按照一定的标准进行问卷调查。如果员工的岗位性质是面向顾客的，也可使用客户反馈调查法：设计用户反馈调查表，随服务项目送达用户手中。使用这种方式，要注意采取适当的激励形式，确保调查表的回收率。

# 一、柯氏评估模型

柯克帕特里克培训效果评估模型是由唐·柯克帕特里克(Donald L. Kirkpatrick)于1976年提出的，故称为柯氏评估模型，也叫四层次评估模型，如图10-15所示。目前，柯氏评估模型是最为人们所熟知、应用最为广泛的培训评估模型之一。

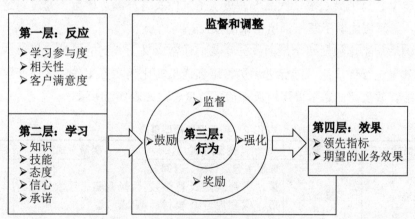

图10-15　柯氏评估模型(四层次评估模型)

## (一) 柯氏评估模型的主要内容

柯克帕特里克将培训效果分为4个递进的层次：反应层、学习层、行为层、效果层，并且提出在这4个层次上对培训效果进行评估。

### 1. 反应层评估

反应层(reaction)评估是指受训人员对培训项目的印象如何，包括对讲师和培训科目、设施、方法、内容、自己收获的大小等方面的看法。它主要是在培训项目结束时，通过问卷调查来收集受训人员对于培训项目的效果和有用性的反应。这个层次的评估可以作为改进培训内容、培训方式、教学进度等方面的建议或综合评估的参考，但不能作为评估的结果。

**2. 学习层评估**

学习层(learning)评估是目前最常见，也是最常用到的一种评价方式。它是测量受训人员对原理、技能、态度等培训内容的理解和掌握程度，可以采用笔试、实地操作和工作模拟等方法来考查。

**3. 行为层评估**

行为层(behavior)评估指在培训结束后的一段时间里，由受训人员的上级、同事、下属或者客户观察他们的行为在培训前后是否发生变化，是否在工作中运用了培训中学到的知识。这个层次的评估可以包括受训人员的主观感觉、下属和同事对其培训前后行为变化的对比，以及受训人员本人的自评。这通常需要借助于一系列的评估表来考察受训人员培训后在实际工作中行为的变化，以判断所学知识、技能对实际工作的影响。行为层是考查培训效果的最重要的指标。

**4. 效果层评估**

效果层(result)评估即判断培训是否能给企业的经营成果带来具体而直接的贡献，这一层次的评估上升到了组织的高度。它可以通过一系列指标来衡量，如事故率、生产率、员工离职率、次品率、员工士气以及客户满意度等。通过对这些指标的分析，管理层能够了解培训所带来的收益。

培训后的工作包括两个层面：一是我们通常意义上谈到的培训效果评估，即对培训的效果进行评价；二是促进学员将培训成果转化为实际工作绩效而开展的一些措施。培训效果评估通常采用柯氏评估模型量表，如表10-2所示。

表10-2　柯氏评估模型量表

| | 评估层 | | 评估重点 | 衡量对象 | 衡量方式 | 评估时间 |
|---|---|---|---|---|---|---|
| 1 | 反应层 | | 学员满意度 | 课程主题及目标、时间安排、讲师表达及教学技巧、课程内容及教材品质、场地品质及服务品质 | 现场观察、课堂日志、调查问卷 | 培训中或培训结束时 |
| 2 | 学习层 | | 学到的知识、态度、技能、行为 | 与课程相关的知识、技能和态度 | 测试考卷、实地操作、观察评分、小组研讨 | 培训结束时 |
| 3 | 行为层 | | 工作行为的改进 | 学习新的行为是否在工作中出现 | 现场评价、focus group(焦点小组)、行动计划、IDP(个人发展计划)、360度反馈 | 培训后3～6个月 |
| 4 | 效果层 | | 工作中导致的结果 | 数量(生产力)、质量、安全和成本 | 趋势线分析、培训前后比较法、专家评估、当事人评估、主管评估 | 6个月以上 |

其中，反应层和学习层的评估可以在培训结束后马上进行评估，而行为层和效果层是不能马上得到评估的，需要在一定期限后进行，它是建立在培训成果已转化的基础上。或者说，第三层和第四层评估实际上就是在检验培训成果转化的程度如何。学员培训所得转化为实际工作绩效的程度直接影响了培训效果的好坏，而在现实中，这个工作是较容易被忽视的，大多注重对培训效果的评估，评估行为是否转化，而缺乏将成果转化为绩效的过程控制措施。

### (二) 使用柯氏评估模型的三大误区

随着企业对培训效果评估的日益重视，柯氏评估模型已成为企业培训效果评估的主要标准。但是正如唐·柯克帕特里克的儿子吉姆·柯克帕特里克所说，企业在使用该模型时存在很多误区，其中表现最为鲜明的有以下3种。

误区之一：柯氏评估模型的作用只能有限地发挥在前两个层次，即评估反应层和学习层。

由于存在执行难度，大多数企业对柯氏评估模型的使用，都只是进行到了反应层和学习层，很少能够推进到行为层和效果层。也就是说，对于培训后续效果的评估比较有限。吉姆·柯克帕特里克认为，虽然柯氏评估模型还不是一种尽善尽美的评估方法，但目前包括财富500强在内的企业都没有将隐藏在这一模型背后的真正功能发挥出来，即没有对培训的效果层评估进行有益的尝试。

误区之二：柯氏评估模型仅对一般的培训课程和项目的评估有效。

事实上，柯克帕特里克在其原著里指出，设计这个四层次评估模型是为了更好地评估针对管理人员的培训项目。今天的培训更多的是基于战略开展的，是为满足企业发展战略服务的，因此对企业培训效果的评估也需要与企业的发展战略紧密连在一起，而柯氏四层次评估模型正是以此为出发点。

误区之三：柯氏评估模型和培训教学设计、胜任特征以及绩效管理毫无关联。

吉姆·柯克帕特里克指出，他通过把四层次评估模型和教学设计、胜任特征、绩效管理结合起来进行的一系列研究发现，把它们联系在一起可以增加四层次评估模型的运用深度，并且可以在此基础上形成战略协同性，这就从真正意义上使人力资源管理中的培训活动成为企业发展战略的"业务伙伴"。

柯氏评估模型在提高培训的效果和论证培训活动的有效性方面具有十分重要的作用，但正是上述3个误区以及其他一些误解限制了这些作用的发挥，使这些作用被隐藏起来了。

### (三) 为什么需要对这4个层次进行评估

#### 1. 决定某些培训课程是否需要持续下去

通常，人们认为一项培训中所包含的课程越多越好，培训的时间越长越好，因而，培训课程也多是按照人们的这种预期来设计的。事实上，有些课程达到了它的预期效果之后就应该结束了，但是在实践中却没有退出机制。这就导致了培训资源的浪费，使受训人员接受培训的意愿和兴趣减少。因此，在开展培训的时候可以根据柯氏评估模型来解决这个问题。具体做法是：构建一个矩阵，在这4个层次检验培训课程的内容和培训的目标是否相符合匹配，已经达到培训目标的课程和那些与培训目标不符的课程需要终止，而符合培训目标并且目标尚未达成的课程就需要持续下去。

### 2. 改进和完善培训项目

柯氏评估模型被企业运用最广的，就是对已经实施的培训项目进行改进和完善。这是因为企业可以通过培训中和培训结束后收集到的信息与资料来对其进行评估，看这项培训的内容和培训目标是否相匹配，这一过程的实施也是比较容易的。

当企业实施的课程没有实现预期目标，且不能终止时，可以通过问卷调查来收集反应层的信息；通过笔试、实际操作或情境模拟的方式来收集学习层的信息；通过上、下级以及同事等对受训人员行为的观察来收集行为层的信息，根据这些信息对该培训项目进行评估，找出出现的问题及原因，然后有针对性地采取措施。

### 3. 使培训和战略协调一致

培训的实施必须和企业的发展战略紧密结合起来，因此，对培训效果的评估也必须和战略的实施结合起来，使两者保持协调一致。而做到这一点的基本前提是，培训的实施必须满足对特定项目和课程内容的要求。这是因为，"变革"是今天世界的主题，不断加快的变革节奏带来不断变化的商业期望和要求。

只有当培训结果的利益相关者明确了各自的特定需求，并且通过学习和行为的改变满足了他们的这些期望时，培训才真正和战略实现协调一致。由于在行为层和效果层评估过程中收集的资料和信息来自于行为目标和期望的结果判断，借助这些资料和信息可以判断培训是否和战略存在一致性，并采取相关措施来确保这种一致性。

### 4. 确保对合规的学习

强制或合规培训(mandatory/compliance training)是近年来在企业中开始实施并流行的一项十分重要的培训项目，如入职培训、报关培训、质量标准培训等，主要或完全通过在线培训(E-learning)的方式进行，只需要以单一的语言方式传递各类"明文规定"。

尽管有人认为合规培训是强制实施的，并且在很大程度上侵犯了受训人员在个人学习意愿和主动性方面的自主权，但是对于企业尤其是金融和制造行业的企业来说，在充满风险的市场竞争中，通过合规培训可以降低风险。因为合规培训主要强调的是对"明文规定"的学习，所以通过柯氏评估模型可以很容易地对培训效果进行评估，而这只需要评估学习层即可。因此，借助柯氏评估模型可以帮助企业实施合规培训，确保受训人员对合规的学习。

5. 论证培训的价值并使其最大化

企业对员工实施培训是为了提高员工能力，从而促进整个企业绩效的提升，给企业带来价值。这既是企业实施培训的初衷和最终目的，也是高层管理者最希望看到的结果。但是高管层常常对培训怎样带来这些结果并不太清楚，只关心培训的最终效果，除非培训者能说明培训活动能够为企业带来价值，否则就不能很好地说服管理层来实施这些培训。

在说明论证某项培训活动的价值之前，培训必须真正地给企业创造价值。这时，就可以借助柯氏评估模型来做到这一点，并且使培训的价值最大化。在论证培训价值的过程中，行为层和效果层就变得格外重要。可以通过调查、行为观察、工作访谈/焦点访谈、行动方案等方式来考察受训人员在培训结束回到日常工作后的行为改变、技能提高情况。通过对行为层的评估，可以说明培训是怎样引起这些行为改变和能力提升的，而将行为层上的改变与企业绩效的变化结合起来分析就可以说明培训活动是怎样为企业的发展创造价值，并使价值最大化的。

### (四) 借助柯氏评估模型开发评估技术和工具

培训效果的评估活动是一种有目的、有意识的行为，因此在开展培训评估活动时，首先需要做的就是决定采用什么样的技术和工具。只要确定了评估的技术和工具，就可以配置资源来开发评估工具、分析信息并对培训效果作出评价。

借助柯氏评估模型，可以确定有效的评估技术和工具。吉姆·柯克帕特里克经过一系列的研究之后强烈建议要有针对性地对培训活动的效果进行评估。很明显，构建胜任特征模型，并将它与特定的培训项目或课程以及绩效管理体系结合起来，可以保证培训评估活动的效率和效果。

综上所述，尽管柯克帕特里克的四层次评估模型在目前的企业培训效果评估活动中得到了广泛的应用，但是由于一些认识上的误区及该模型自身的某些缺陷，其强大的作用被隐藏起来了。因此，在开展培训效果评估时，需要挖掘柯氏四层次模型背后隐藏的力量，真正发挥其作用。

## 二、CIRO培训评估模型

CIRO培训效果评估模型的设计者是奥尔(Warr.P)、伯德(Bird.M)和莱克哈姆(Rackham)，即：背景评估(context evaluation)、输入评估(input evaluation)、反应评估(reaction evaluation)、输出评估(output evaluation)。

### (一) CIRO培训评估模型的内容

1. 背景评估

背景评估主旨在确认培训的必要性，主要任务是：第一，收集和分析有关人力资源开发的信息;第二,分析和确定培训需求与培训目标。

### 2. 输入评估

输入评估主要是确定培训的可能性,主要任务是:第一,收集和汇总可利用的培训资源信息;第二,评估和选择培训资源——对可利用的培训资源进行利弊分析,同时,确定人力资源培训的实施战略与方法。因此,输入评估实际上是收集、佐证并利用这些佐证来确定人力资源开发的实施方法。

### 3. 反应评估

反应评估主旨在提高培训的有效性,关键任务是:第一,收集和分析学员的反馈信息;第二,改进人力资源培训的运作程序。Warr、Bird和Rackham指出,如果用客观、系统的方法对上述信息进行收集和利用,那么所提出的意见或观点将会对人力资源培训运作程序的改进产生非常大的作用。

### 4. 输出评估

输出评估主旨在检验培训的结果:第一,收集和分析同培训结果相关的信息;第二,评价与确定培训的结果。培训结果的评价与确认可以按照层次来进行,也就是说,可以对应前述培训目标来检验、评定培训结果是否真正有效或有益。对此,Warr等人特别说明,一个成功的人力资源培训项目总会使学员在知识、技能和态度方面有变化,而这些变化又将通过他们的行为反映出来,并作用于他们的工作业绩,进而,由于学员行为及其工作业绩的变化促使组织消除缺陷,提高绩效。这些变化及其结果特别是属于最终目标范畴的变化及其结果,其评估难度往往非常大,但终究都可以在培训之中或培训之后进行衡量。

奥尔、伯德和莱克哈姆还指出,要想使输出评估获得成功,还需要在培训项目开始之前对培训的预期目标作出尽可能确切的定义和说明,并针对这些目标,选择或构建好评估的标准。目标的结果分析与评价,将有利于改进以后的培训项目。

## (二) 评估模型的优缺点

CIRO评估模型除了对其每一组成部分的任务、要求作出较详尽的说明外,最重要的是可以向比较先进的系统型培训模式所倡导的评估理念靠拢。相比柯氏四层次培训评估模式,CIRO模型不再把评估活动看成是整个培训过程的最后一环,而是具有相对独立、终结特点的一个专门步骤,并将其介入培训过程的其他相关环节。由此,评估的内涵和外延扩大了,其作用不仅体现在培训活动之后,还体现在整个培训活动过程的其他相关步骤之中。

其一,CIRO模型中的背景评估,同较先进的系统培训模式中的确定培训需求和确定培训目标步骤相对应,即评估工作随整个培训活动过程的启动而启动,甚至超前于培训活动。而分析、确定培训需求又必将使培训活动充分体现它的必要性和重要性;分析、确定培训目标又必定使培训活动愈加具有指向性和针对性,并将为输出评估提供必要的依据，奠定良好的基础。

其二，CIRO模型中的输入评估也同样先于培训活动，即与该培训模式中的决定培训战略和设计与计划培训步骤相对应。毫无疑问，分析、评估、选择乃至开发必要的培训资源，对培训战略的确定以及对培训方式、方法、手段、途径、渠道、媒体等的选用与配置都会产生巨大的意义和作用。

CIRO评估模型最大的缺憾就是，未能将评估与培训执行这一重要环节专门结合起来，也未能对反应评估和输出评估可作用于后续培训项目设计、可有助于本次培训项目改进作出明确的认定和必要的说明。

## 三、CSS培训需求规划模型

CSS培训需求规划模型基于3个方面展开，分别是：基于岗位胜任力(based on competency)、基于战略发展(based on strategy)、基于临时需求(based on stochastic requirement)，全方位规划企业的培训需求，如图10-16所示。

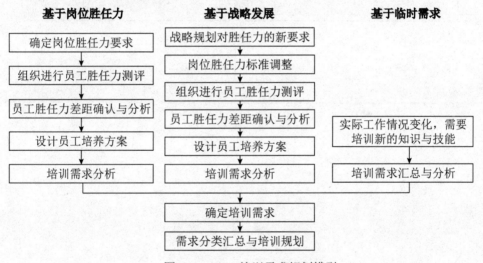

图10-16　CSS培训需求规划模型

## 四、培训体系设计流程

培训体系设计流程(见图10-17)通常分为调研、诊断；组织流程设计；培训规划与课程开发；培训师队伍建设与培训实施；培训评估以及培训制度汇编6个步骤。在实际操作过程中，有一部分可以借助社会上专业的培训机构完成，但是框架性和原则性的东西一定是企业的培训负责部门在公司战略的指导下完成的，否则，可能造成培训与公司发展战略的不匹配。

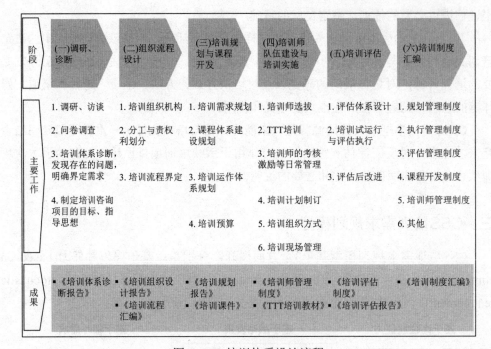

图10-17　培训体系设计流程

# 第十一章 | 职业生涯发展规划

**本章导读:**

企业战略管理、绩效管理和职业生涯管理是现代企业发展最基本的3个方面,三者之间相互依存、相互支撑,缺一不可。在企业发展中,三者整合得越好,企业的生命力就越强。企业战略管理是对企业方向性、长期性、全局性的管理,这些事项决定着企业的生死存亡和发展。

绩效管理的目的是让战略发展规划落到实处,如果不和企业战略管理相结合,就失去了服务对象。战略管理的重点在于正确决策,绩效管理的重点在于高效执行。

组织成员职业化素质的提升,是制定和实施企业战略规划的保证。职业生涯开发与管理的目的是通过人力资源动态配置,实现企业资本增值,其长远作用在于提升企业成员职业化素质,促进人的全面发展。

员工职业生涯规划是对职业生命的精细化管理,需将个人发展与组织发展相结合,对决定员工职业生涯的主、客观因素进行分析、总结,确定事业奋斗目标,并选择实现这一事业目标的职业,编制相应的工作、教育和培训的行动计划,对每一步骤的时间、顺序和方向作出合理的安排。

开展职业生涯规划管理,是企业管理走向成熟的标志,是实现可持续的人力资源开发的保障:

(1) 将组织的发展愿景和员工的职业目标统一起来,建立新型劳资关系。

(2) 建立清晰、明确、公平的员工发展通道,加快人才梯队的形成与良性循环。

(3) 使员工看到发展的希望,明确发展的方向,清晰发展的标准。

(4) 降低员工流失率,提高员工归属感,保障企业可持续的、内生的人才供给。

(5) 完善培训、培养体系,加快员工的成长,促进企业人力资源的增值。

# ⠿ 第一节　职业生涯管理理论

职业生涯管理(career management)是近十几年来从人力资源管理理论与实践中发展起来的新学科。主要思想流派有:心理分析理论(Roe)、人境匹配理论(Holland)、职业发展理论(Ginzberg、Super)、行为理论(Krumboltz)、认知理论(CDT)、人本理论(PCT)和整体理论(ILP)。

## 一、施恩的职业锚理论

职业锚(career anchor)是指当一个人不得不作出选择时，无论如何都不会放弃的职业中的至关重要的东西。正如"锚"的含义一样，职业锚实际上就是选择职业时所围绕的中心，是企业和个人进行职业决策时的核心因素。一个人有自己的天资和能力、动机和职业锚，这是由美国著名职业指导专家埃德加·H.施恩(Edgar H.Schein)教授提出的。他认为，职业生涯发展实际上是一个持续不断的探索过程，在这一过程中，每个人都在根据自己的天资、能力、动机、需要、态度和价值观等，慢慢形成较为明晰的与职业有关的自我概念。

(1) 对需要、态度和价值观有了清楚的了解之后，就会意识到自己的职业锚到底是什么。

(2) 一个人过去的所有工作经历、兴趣、资质、性向等会集合成一个富有意义的职业锚，告诉自己到底什么东西是最重要的。

(3) 职业锚是"自省的才干、动机和价值观的模式"，是自我意向的一个习得部分。

职业锚是个人和工作情境之间早期相互作用的产物，只有经过若干年的实际工作后才能被发现。职业锚核心内容的职业自我观由3部分内容组成：自省的才干和能力，以各种作业环境中的实际成功为基础；自省的动机和需要，以实际情境中的自我测试和自我诊断的机会以及他人的反馈为基础；自省的态度和价值观，以自我与雇佣组织和工作环境的准则和价值观之间的实际遭遇为基础。职业锚不是固定不变的，它实际上是一个不断探索过程所产生的动态结果。

1. 适用对象

职业锚适用于社会上的一般人员，但要求具有一定的工作经验。

职业锚是在已有的工作经验之中习得的，通过工作经验的积累产生并形成，因此不适合在校的学生。

2. 职业锚对个人的帮助

职业锚作为一个人的自省的才干、动机与价值观的模式，在个人的职业生涯与工作生命周期中，在个人与组织的事业发展过程中，都发挥着重要的功能与作用。

(1) 选择自己的职业发展道路

职业锚能够清楚反映个人的价值观和才干，也能反映个人的潜在需求和动机。通过职业锚，可以找到自己长期稳定的职业贡献区，从而决定自己将来的主要生活与职业选择。

(2) 确定职业目标，发展职业角色形象

职业锚清楚地反映出个人的职业追求与抱负。例如，技术/职能型职业锚的人，其志向和抱负在于专业技术方面的事业有成、有所贡献。同时，根据职业锚可以判断个人达到职业成功的标准，例如职业锚对于管理型的人来说，其职业成功在于升迁到更高的职位，获得更大的管理机会。因此，明确自己的职业锚，有助于确定自己职业成功的标准、成功所要求的环境，从而确定职业目标及职业角色。

(3) 有助于提高个人的工作技能、职业竞争力

职业锚是一个人经过长期寻找所形成的职业工作的定位，是个人的长期贡献区。职业锚形成后，个人便会相应稳定地从事某种职业，逐渐积累工作经验、知识与技能，不断增强职业竞争力。

3. 职业锚在职业发展中的应用

经过近30年的发展，职业锚理论已经成为职业发展、职业生涯规划的必选工具。国外许多大公司均将职业锚作为员工职业发展、职业生涯规划的主要参考点。自1992年以来，麻省理工学院将职业锚拓展为8种锚位，如表11-1所示。

表11-1　职业锚类型解析

| 1 | TF型 | **技术/职能型职业锚**(technical/functional competence) |
| | | 如果你的职业锚是技术/职能型，你始终不肯放弃的是在专业领域中展示自己的技能，并不断把自己的技术发展到更高层次的机会。你希望通过施展自己的技能以获取别人的认可，并乐于接受来自专业领域的挑战，你可能愿意成为技术/职能领域的管理者，但管理本身不能给你带来乐趣，你极力避免全面管理的职位，因为这意味着你可能会脱离自己擅长的专业领域 |
| 2 | GM型 | **管理型职业锚**(general/managerial competence) |
| | | 如果你的职业锚是管理型，你始终不肯放弃的是升迁到组织中更高的管理职位，这样你能够整合其他人的工作，并对组织中某项工作的绩效承担责任。你希望为最终的结果承担责任，并把组织的成功看作自己的工作。如果你目前在技术/职能部门工作，你会将此看成积累经验的必需过程，你的目标是尽快得到一个全面管理的职位，因为你对技术/职能部门的管理不感兴趣 |
| 3 | AU型 | **自主/独立型职业锚**(autonomy/independence) |
| | | 如果你的职业锚是自主/独立型，你始终不肯放弃的是按照自己的方式工作和生活，你希望留存于能够提供足够的灵活性，并由自己来决定何时及如何工作的组织中。如果你无法忍受任何程度上的公司的约束，就会去寻找一些有足够自由的职业，如教育、咨询等。你宁可放弃升职加薪的机会，也不愿意丧失自己的独立自主性。为了能有最大程度的自主和独立，你可能创立自己的公司，但你的创业动机与后面叙述的创业家的动机是不同的 |
| 4 | SE型 | **安全/稳定型**(security/stability) |
| | | 如果你的职业锚是安全/稳定型，你始终不肯放弃的是稳定的或终身雇佣的职位。你希望有成功的感觉，这样你才可以放松下来。你关注财务安全(如养老金和退休金方案)和就业安全。你对组织忠诚，对雇主言听计从，希望以此换取终身雇佣的承诺。虽然你可以到达更高的职位，但你对工作的内容和在组织内的等级地位并不关心。任何人(包括自主/独立型)都有安全和稳定的需要，在财务负担加重或面临退休时，这种需要会更加明显。安全/稳定型职业锚的人总是关注安全和稳定问题，并把自我认知建立在如何管理安全与稳定上 |

| 5 | EC型 | **创造/创业职业锚(entrepreneurial/creativity)** |
| | | 如果你的职业锚是创造/创业型的，你始终不肯放弃的是凭借自己的能力和冒险愿望，扫除障碍，创立属于自己的公司或组织。你希望向世界证明你有能力创建一家企业，现在你可能在某一组织中为别人工作，但同时你会学习并评估未来的机会，一旦时机成熟，就会尽快开始自己的创业历程。你希望自己的企业有非常高的现金收入，以证明你的能力 |
| 6 | SV型 | **服务型职业锚(sense of service，dedication to a cause)** |
| | | 如果你的职业锚是服务型的，你始终不肯放弃的是做一些有价值的事情，如让世界更适合人类居住、解决环境问题、增进人与人之间的和谐、帮助他人、增强人们的安全感、用新产品治疗疾病等。你宁愿离开原来的组织，也不会放弃对这些工作机会的追求。同样，你也会拒绝任何使你离开这些工作的调动和升迁 |
| 7 | CH型 | **挑战型职业锚(challenge)** |
| | | 如果你的职业锚是挑战型的，你始终不肯放弃的是去解决看上去无法解决的问题、战胜强硬的对手或克服面临的困难。对你而言，职业的意义在于允许你战胜不可能的事情。有的人在需要高智商的职业中发现这种纯粹的挑战，例如仅仅对高难度、不可能实现的设计感兴趣的工程师。有些人发现处理多层次的、复杂的情况是一种挑战，如战略咨询师仅对面临破产、资源消耗尽的客户感兴趣。还有一些人将人际竞争看成是挑战，如职业运动员，或将销售定义为非赢即输的销售人员。新奇、多变和困难是挑战的决定因素，如果一件事情非常容易，那它一会就变得令人厌倦 |
| 8 | LS型 | **生活型职业锚(lifestyle)** |
| | | 如果你的职业锚是生活型的，你始终不肯放弃的是平衡并整合个人的、家庭的和职业的需要。你希望生活中的各个部分能够协调统一向前发展，因此你希望职业有足够的弹性允许你来实现这种整合。你可能不得不放弃职业中的某些方面(如晋升带来的跨地区调动，因为这可能会打乱你的生活)。你与众不同的地方在于过自己的生活，包括居住在什么地方、如何处理家庭事务以及在某一组织内如何发挥自己 |

## 二、霍兰德的职业兴趣理论

目前世界上职业兴趣研究中影响较大的是美国心理学家、职业指导专家霍兰德的职业兴趣理论。1959年，他在长期职业指导和咨询实践的基础上，首次提出了自己的理论观点，认为"职业兴趣就是人格的体现"，即所谓职业兴趣理论。该理论认为：从事同一职业工作的人存在着共同的人格，并能划分为不同的类型。

霍兰德的职业兴趣理论(Holland vocational interest theory)，其核心假设是人可以分为6类，即现实型、探索型、艺术型、社会型、事业型、传统型。职业环境也可以分成相应的同样名称的6类，人格与职业环境的匹配是形成职业满意度、成就感的基础。霍兰德认为，环境的性质是其所属成员典型特征的反映，它给相应人格类型的人提供了发挥其兴趣与才能的机会，并能强化相应的人格特征。

基于其职业兴趣理论的特点，霍兰德先后编制了职业偏好量表(vocational preference inventory，VPI)和自我导向搜寻表(self-directed search，SDS)两种职业兴趣量表作为职业兴趣的测查工具，如表11-2所示。该理论被认为是最有影响的职业发展理论和职业分类体系之一。

表11-2　职业兴趣测查工具表

| | |
|---|---|
| **R现实型** | 此类型的人通常身体强健、动作敏捷，具有较好的身体技能 |
| | 1. 在自我表达和向他人表达情感方面感到困难 |
| | 2. 喜欢户外活动，喜欢用工具，尤其是操作大型机械 |
| | 3. 宁愿与机械和工具打交道，也不愿意与人打交道 |
| | 4. 较保守的政治经济观点，对激进的新观点兴趣不大 |
| | 5. 热衷于通过自己的手来创造出新鲜事物 |
| **I探索型** | 此类型的人对科学研究和科学探索有热情，对工作有极大热情，对周围的人却并不感兴趣 |
| | 1. 习惯于通过思考解决所面临的难题，而并不一定通过行动实现具体的操作 |
| | 2. 喜欢面对有疑问的挑战，喜欢从事需要创造力的工作，不喜欢必须遵循许多固定程式的任务 |
| | 3. 在科学领域中常常有反传统的观念，倾向于创新和怀疑 |
| **A艺术型** | 此类型的人兴趣在于艺术性工作，喜欢具有许多自我表现机会的艺术环境 |
| | 1. 不喜欢从事粗重的体力活动，对高度规范化和程式化的任务不感兴趣 |
| | 2. 与探索型的人类似，喜欢一个人单独活动，不同之处在于有强烈的自我表现欲望，往往对自己过于自信 |
| | 3. 情绪常常变化，敏感，其独立性、自主性、自发性、非传统性都较强 |
| **S社会型** | 此类型的人关心社会的公平和正义，责任感强，具有较强的人道主义倾向，社会适应能力强 |
| | 1. 善于表达，善于与周围的人相处，喜欢处于集体的中心地位，喜欢通过与他人讨论来解决存在的问题 |
| | 2. 善于通过调整与他人的关系来解决面临的难题 |
| | 3. 不喜欢需要剧烈身体运动的工作，不喜欢与机器打交道 |
| **E事业型** | 此类型的人通常善于辞令，尤其适于做推销工作和领导工作 |
| | 1. 通常精力充沛、热情洋溢、富于冒险精神、自信、支配欲强 |
| | 2. 喜欢担任负有领导责任的社会工作 |
| | 3. 喜欢与人争辩，总是力求使别人接受自己的观点 |
| | 4. 通常追求权力、财富、地位 |
| **C传统型** | 此类型的人喜欢从事高度有序性的工作，包括言语方面和数量方面规范性较强的工作 |
| | 1. 喜欢办公室工作，并不寻求担任领导职务 |
| | 2. 习惯于服从命令，愿意执行上级命令，而不习惯自己对事情作出判断和决策 |
| | 3. 不喜欢那些模棱两可的指示，愿意接受清晰的指令 |
| | 4. 通常保守、忠诚、可靠，自我控制能力强 |
| | 5. 既不喜欢从事笨重的体力劳动，也不喜欢在工作中与别人形成过于紧密的联系 |
| | 6. 对于明确规定的任务可以很好地完成 |
| | 7. 与事业型的人相似，比较看重物质财富和地位 |

6种职业倾向之间的关系(六边形模型)，如图11-1所示。

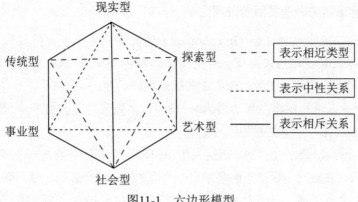

图11-1　六边形模型

# 三、职业生涯发展阶段理论

职业生涯又称事业生涯，即个体职业发展的历程，一般是指一个人终生经历的所有职业发展的整个历程。职业生涯是一个人一生中所有与职业相联系的行为与活动，以及相关的态度、价值观、愿望等的连续性经历的过程，也是一个人一生中职业、职位的变迁及工作理想的实现过程。

## (一) 金斯伯格的职业发展阶段理论

美国著名职业指导专家金斯伯格，对职业生涯的发展进行过长期研究，对实践产生过广泛影响。金斯伯格的职业发展理论分为幻想期、尝试期和现实期。

(1) 幻想期：处于11岁之前的儿童时期。儿童们对大千世界，特别是对于他们所看到或接触到的各类职业工作者，充满了新奇、好玩的感觉。此时期职业需求的特点是：单纯凭自己的兴趣爱好，不考虑自身的条件、能力水平和社会需要与机遇，完全处于幻想之中。

(2) 尝试期：11～17岁，这是由儿童向青年过渡的时期。此时起，人的心理和生理在迅速成长发育和变化，有独立的意识，价值观开始形成，知识和能力显著增长和增强，初步懂得社会生产和生活的经验。在职业需求上呈现出的特点是：有职业兴趣，但不限于此，更多会客观审视自身各方面的条件和能力；开始注意职业角色的社会地位、社会意义，以及社会对该职业的需要。

(3) 现实期：17岁以后的青年年龄段。即将步入社会劳动，能够客观地把自己的职业愿望或要求，同自己的主观条件、能力，以及社会现实的职业需要紧密联系和协调起来，寻找适合自己的职业角色。此期所希求的职业不再模糊不清，已有具体的、现实的职业目标，表现出的最大特点是客观性、现实性、讲求实际。

金斯伯格的职业发展论，事实上是前期职业生涯发展的不同阶段，也就是说，是就业前人们职业意识或职业追求的变化发展过程。

### (二) 格林豪斯的职业发展阶段理论

美国心理学博士格林豪斯(Greenhouse)的研究侧重于不同年龄段职业生涯所面临的主要任务，并以此为依据将职业生涯划分为5个阶段：职业准备阶段、进入组织阶段、职业生涯初期、职业生涯中期和职业生涯后期。

(1) 职业准备阶段：典型年龄段为0～18岁。主要任务是发展职业想象力，对职业进行评估和选择，接受必需的职业教育。

(2) 进入组织阶段：18～25岁为进入组织阶段。主要任务是在一个理想的组织中获得一份工作，在获取足量信息的基础上，尽量选择一种合适的、较为满意的职业。

(3) 职业生涯初期：处于此期的典型年龄段为25～40岁。学习职业技术，提高工作能力；了解和学习组织纪律和规范，逐步适应职业工作，适应和融入组织；为未来的职业成功做好准备，是该期的主要任务。

(4) 职业生涯中期：40～55岁是职业生涯中期阶段。主要任务是需要对早期的职业生涯重新评估，强化或改变自己的职业理想；选定职业，努力工作，有所成就。

(5) 职业生涯后期：从55岁直至退休为职业生涯的后期。继续保持已有职业成就，维护尊严，准备引退，是这一阶段的主要任务。

### (三) 施恩的职业发展阶段理论

美国的施恩教授立足于人生不同年龄段面临的问题和职业工作的主要任务，将职业生涯分为9个阶段。

1. 成长、幻想、探索阶段

一般0～21岁处于这一职业发展阶段。主要任务是发展和发现自己的需要和兴趣，以及自己的能力和才干，为进行实际的职业选择打好基础；学习职业方面的知识，寻找现实的角色模式，获取丰富信息，确立自己的价值观、动机和抱负，作出合理的受教育决策，将幼年的职业幻想变为可操作的现实；接受教育和培训，开发工作世界中所需的基本习惯和技能。在这一阶段所充当的角色是学生、职业工作的候选人、申请者。

2. 进入工作世界

16～25岁的人步入该阶段。首先，进入劳动力市场，谋取可能成为一种职业基础的第一项工作；其次，个人和雇主之间达成正式可行的契约，个人成为一个组织或一种职业的成员，充当的角色是：应聘者、新学员。

3. 基础培训

处于该阶段的年龄段为16～25岁。与上一个正在进入职业工作或组织阶段不同，要担当实习生、新手的角色。也就是说，已经迈进职业或组织的大门。此时的主要任务是了解、熟悉组织，接受组织文化，融入工作群体，尽快取得组织成员资格，成为一名有效的成员；也会适应日常的操作程序，应付工作。

**4. 早期职业的正式成员资格**

此阶段的年龄为17～30岁，取得组织新的正式成员资格。面临的主要任务：承担责任，成功地履行与第一次工作分配有关的任务；发展和展示自己的技能和专长，为提升或进入其他领域的横向职业成长打基础；根据自身才干和价值观、组织中的机会和约束，重估当初追求的职业，决定是否留在这个组织或职业中，或者在自己的需要、组织约束和机会之间寻找一种更好的配合。

**5. 职业中期**

处于职业中期的正式成员，年龄一般在25岁以上。主要任务：选定一项专业或进入管理部门；保持技术竞争力，在自己选择的专业或管理领域内继续学习，力争成为一名专家或职业能手；承担较大责任，确立自己的地位；开发个人的长期职业计划。

**6. 职业中期危险阶段**

处于这一阶段的是35～45岁者。主要任务：现实地估计自己的进步、职业抱负及个人前途；就接受现状或者争取看得见的前途作出具体选择；建立与他人的良师关系。

**7. 职业后期**

从40岁以后直到退休，可说是处于职业后期阶段，此时的职业状况或任务：成为一名良师，学会发挥影响，指导、指挥别人，对他人承担责任；扩大、发展、深化技能，或者提高才干，以担负更广范围、更重大的责任；如果求安稳，就此停滞，则要接受和正视自己影响力和挑战能力的下降。

**8. 衰退和离职阶段**

一般也多处于40岁之后到退休期间。此间主要的职业任务：一是学会接受权力、责任、地位的下降；二是基于竞争力和进取心下降，学会接受和发展新的角色；三是评估自己的职业生涯，着手退休。

**9. 离开组织或职业——退休**

在失去工作或组织角色之后，面临两大问题或任务：保持一种认同感，适应角色、生活方式和生活标准的急剧变化；保持一种自我价值观，运用自己积累的经验和智慧，以各种资源角色，对他人进行传帮带。

需要指出的是，施恩虽然基本依照年龄增大顺序划分职业发展阶段，但并未囿于此，其阶段划分更多的是根据职业状态、任务、职业行为的重要性。

**(四) 帕森斯的职业—人匹配论**

**1. 明确阐明职业选择的三大要素和条件**

(1) 应清楚地了解自己的态度、能力、兴趣、智谋、局限和其他特征。

(2) 应清楚地了解职业选择成功的条件、所需知识，在不同职业工作岗位上所占有的优势、不利和补偿、机会与前途。

(3) 上述两个条件的平衡。帕森斯的理论内涵即是在清楚认识、了解个人的主观条件和社会职业岗位需求条件的基础上。

2. 职业—人匹配，分为两种类型

(1) 条件匹配。即所需专门技术和专业知识的职业与掌握该种特殊技能和专业知识的择业者相匹配，如脏、累、劳动条件很差的职业，需要吃苦耐劳、体格健壮的劳动者与之相匹配。

(2) 特长匹配。即某些职业需要具有一定的特长，如具有敏感、易动感情、不守常规、有独创性、个性强、理想主义等人格特性的人，宜从事审美性、自我情感表达的艺术创作类型的职业。

## 四、卡特尔16PF性格测验

卡特尔16PF又称卡特尔16PF测验，是世界上最完善的心理测量工具之一。16种个性因素在一个人身上的不同组合，构成了一个人独特的人格，完整地反映了一个人的个性全貌。它用以测量人们16种基本的性格特质，这16种特质是影响人们学习生活的基本因素。

卡氏采用系统观察法、科学实验法以及因素分析统计法，经过二三十年的研究确定了16种人格特质，并据此编制了测验量表。卡特尔认为，"根源特质"是人类潜在、稳定的人格特征，是人格测验应把握的实质。

### (一) 16PF介绍

卡特尔16种个性因素测验或16种个性因素问卷(Cattell the sixteen personality pactor text or questionnaire，16PF)是美国伊利诺伊州立大学人格及能力测验研究所教授卡特尔(R.B.Cattell)编制的。

16PF于1947年发表，但在这之前卡特尔教授已做了近10年的实验研究。卡特尔的重要贡献之一是将因素分析的数理统计学方法应用于人格测验。他从词典、心理学文献和精神病学文献，以及日常用语中收集了描述人类个性特点的词汇4500多个，透过同义词的分析，整理出171个表示人格的最基本用语，然后根据这些词的相互关系，分成42组，称为人格的表面特质。表面特质直接与环境相联系，在外部行为中表现。卡特尔及其同事在几十年时间里对不同年龄、职业、文化背景的人进行了大量的测量，发现了20种基本的特质，最先用A、B、C、D、E等命名，后来又收集到更多的证据。他对表现特质进行因素分析，得出十几个隐蔽在表现特质后面的根源特质。卡特尔认为，只要测量出16个根源特性在人身上的表现程度，就能知道他的人格。

与其他类似的测验相比较，16PF能以同等的时间(40分钟到1小时)测量更多的人格特性。一般人格测验，仅测量少数几种人格特性，而且多偏重于病态的心理问题。少数自称为多元性的人格测验，常是编制者凭主观见解构造的，缺乏客观事实的根据。16PF的独特性及其意义，是经过因素分析统计法、系统观察法及科学实验法而慎重确定的。采用此测验者都一致同意16PF测验，是具有效度及信度的测量工具。

**(二) 16PF的测验功能**

1. 用于教育及教育辅导

16PF可以在较短时期内对学生的个性有较全面和客观的了解，从而使教育"因材施教"；家长客观地了解自己的孩子，可以减少主观想象，恰如其分地"帮子成龙"；学生本人也只有全面认识自己，才能有效地塑造自己；特别是在对健康状况正常，但有学习障碍的学生进行心理学辅导(咨询)时，更离不开对来询者的了解，才能对其有治疗功能的同感，进行尊重、真诚和简洁具体的有效辅导。

2. 用于心理障碍、心身疾病的预防、诊断、治疗

心理障碍的预防有赖于对病因的了解，对心理障碍及心身疾病的治疗，必须以正确的诊断为前提。正确的病因了解和诊断，又都必须以可靠的资料为依据。16PF是了解心理障碍的个性原因，掌握心理疾病诊断资料的重要方法之一。16PF对以下两点都能提供很好的帮助：一是在良好的医患关系前提下才能使治疗取得满意的效果；二是要根据"患者"的个性特点选择适合的方法。

3. 用于个人职业生涯规划

性格和职业之间的相符性或适合性愈高，则事业的成功希望就愈大。不同的职业需要不同个性特点的人去做，个性特点适应其工作需要时，才能充分发挥其作用，才能做到因材施教、相得益彰。特别是一些特殊职业者，往往需要较长期的、系统的、科学的培训，如不及早发现具有相应因素的人才，一则培训难以收到预期效果，二则他们的淘汰将会造成经济上的损失，甚至会带来政治工作和善后工作的许多麻烦。16PF可以为此提供具有一定参考价值的依据，为职业生涯规划提供参考。

16PF及其量表的两端价值尽量求其相等，如好强与谦虚、保守与激进等。被选用的测题中有许多表面似与某人格因素有关，而实际上却与另外一人格因素密切相关者，这样，受测者不易猜测每一测题的用意，而影响其答案的真实、确切性。检查者亦有责任尽量减少曲解和伪造的倾向发生，努力与受测者建立良好关系，使受测者认识到，只有坦率、真诚地回答，检查者才能得到较准确的结论。

## ⠿ 第二节 职业生涯管理系统

职业生涯管理系统是指在全面考虑企业内外部环境要素的基础上,分析和评价员工的能力、兴趣、价值观等个体特征,确定企业和员工双方都能够接受的职业生涯目标,并采取措施实现该目标,以保障组织目标实现的一种管理机制。

从20世纪50年代末60年代初正式出现"职业生涯"(career)概念开始,西方学者从各个角度对职业生涯理论进行了探讨。

职业生涯管理系统是一个全方位、闭环的系统,如图11-2所示。

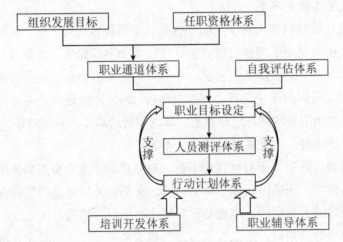

图11-2 职业生涯管理系统

## 一、职业生涯管理系统的功能

企业实施职业生涯管理的目的,在于调动员工积极性、帮助员工成长、挖掘员工潜力并最终促进企业发展。企业发展和个人职业能力提高又会极大地促进社会的繁荣和进步,因而,职业生涯管理系统具有以下功能。

(1) 提升员工职业能力,促进员工成长。组织在设计和实施职业生涯管理系统的过程中,需要依据员工的个体特点、成长需求以及组织的发展需要,有针对性地制定员工的职业生涯规划,并据此设计出适合的职业发展路径,提供有针对性的培训和学习机会,促使员工的职业能力不断提高。

(2) 调动员工积极性,促进组织发展。根据马斯洛需求层次理论,人们寻求职业的最初目的可能仅仅是寻找一份养家的工作,进而可能追求财富、地位和别人的尊重。职业生涯管理可以使员工超越财富和地位,追求更高层次的自我价值实现。同单纯的奖惩措施相比,职业生涯管理具有更强的独特性和排他性,组织不仅根据员工的个体特征为其制定职业发展规划,还为其指明职业发展方向,并提供必要的指导，因而能起到更好的激励作用。在提高员工积极性的同时，提升组织效率，促进组织发展。

(3) 为社会培养人才，促进社会进步。员工职业能力的提升，是国民素质提高的表现。员工在组织之间的流动，也是社会资源实现优化配置的一个过程，它使个人有机会寻找更合适于自己的岗位，为社会财富的增长作出更多的贡献。因而，组织在实施职业生涯管理、提高员工职业能力、提升组织效率的同时，也在为社会培养人才。事实上，企业发展和个人发展是社会进步的前提，社会进步又为企业和个人提供了更好的发展平台。职业生涯管理系统的整体功能，就是促进组织、员工和社会的共同发展。

## 二、影响职业生涯管理系统功能实现的因素

在职业生涯管理系统中，需要根据组织发展要求，综合考虑内外部环境的影响和员工的成长需要，确定组织与员工双方都能接受的职业规划，并采取措施实现该规划，以保证组织目标的实现。因而，系统功能实现的影响因素来自外部宏观环境、企业自身状况和员工个体特征3个方面。

(1) 外部宏观环境。系统外部环境包括政治法律、经济、社会文化、技术等宏观环境和行业环境两类：①宏观环境。宏观环境对职业生涯管理活动的影响主要通过影响组织的活动来实现，如经济发展状况决定市场规模和投资领域，社会文化影响员工价值观、信仰、成功的判断标准以及对组织的心理契约等。②行业环境。波特的五力模型认为，行业环境包括供应商、顾客、潜在进入者、竞争者、替代品，它们决定行业的竞争激烈程度和最终获利能力，对员工的成长机会、成长空间和发展方向产生影响。

(2) 企业自身状况。组织的所有活动都与员工相关，因而所有的组织内部因素都对系统功能的实现产生影响：①战略。不同的战略使员工获得的职业能力提升机会和发展空间不一样，如在选择产品开发战略的组织中，R&D(research and development，研究与试验发展)人员能力提高较快；而在选择市场开发的组织中，营销人员成长的机会更大一些。②组织结构。在扁平式结构中，员工职业能力提高较快，但晋升空间不大；瘦长型结构中，员工职业能力提高相对较慢，却有较大的晋升空间。③组织规模。规模大小与结构复杂性正相关，规模越大，结构越复杂，员工晋升空间就越大；反之，规模越小，结构越简单，晋升空间也越少。④组织文化。组织文化是组织成员的共同价值观体系，对员工的价值观、职业目标、职业道路选择以及心理契约产生影响。⑤组织资源。资源差异指组织在人、财、物、技术等的拥有数量、质量及利用能力方面的差异，资源的数量决定组织的规模，而资源质量、稀缺性、可复制性和对资源的利用整合能力决定组织的竞争能力。

(3) 员工个体特征。职业生涯管理系统调整的对象是员工的职业规划,这需要员工参与并形成互动才能保证其有效性。员工个体特征包括:①心理过程特征。表现为能力、兴趣、气质、性格、需要、动机等,每种心理过程特征都有其相应的作用,使不同心理特征的员工对成功的时间、范围、方式以及被承认的社会地位等有不同的理解。②职业生涯发展阶段。每个人的职业生命周期都要经历许多阶段,不同发展阶段员工的特征、知识水平不同,对组织的期望和心理契约也不一样,表现出了不同的职业发展需求。

## 三、职业生涯管理系统的子系统

组织的职业生涯管理活动不仅与政治经济、社会文化等外部因素相关,也与组织战略、规模、文化等内部因素相关,是由若干子系统构成的复杂系统。

### 1. 职位系统

(1) 职位体系。在工作分析的基础上,按任职条件及职责大小分层归并,形成职位体系。

(2) 职业发展通道。根据职业锚理论,员工有技术型、管理型、创造型、独立型、安全型5种类型,企业应设置多重职业发展路径,满足不同类型员工的发展要求。

(3) 岗位信息系统。包括岗位基本信息查询系统、公告系统和反馈系统3部分。

### 2. 招聘与测评系统

(1) 员工需求量的确定。根据企业战略、规模、员工流动率等确定员工需求数量。

(2) 信息发布途径的比较与选择。选择何种途径将员工的需求信息有效传递给目标群体。

(3) 面试与测评。建立面试流程和测评试题库。

(4) 录用和上岗培训。建立完善的上岗教育培训方案。

### 3. 培训与能力开发系统

(1) 内部培训系统。建立专门的培训机构,并培养内部兼职培训师,满足不同层次员工的培训需求。

(2) 培训计划与制度。根据组织目标和员工职业发展需要,确定员工培训的优先级、培训内容等。

(3) 培训考核系统。对培训效果进行评价。

### 4. 绩效考评系统

(1) 绩效计划。设定绩效目标和达到目标时的激励。

(2) 绩效计划执行。跟踪员工绩效周期内的表现,清除组织内影响绩效的障碍。

(3) 员工绩效考核。与员工沟通,并根据考核结果制订培训发展计划。

5. 薪酬系统

根据需求层次理论，员工的最高需求是自我实现。但在实践中，人们却往往以岗位和收入评价员工能力及对组织的贡献。如果在安排挑战性任务时没有和薪酬挂钩，则可能伤害员工积极性。薪酬系统包括：

(1) 内部报酬(intrinsic rewards)，这是员工从自身得到的报酬，如个人价值感的增强。

(2) 外部报酬(extrinsic rewards)，包括直接报酬、间接报酬和非金钱报酬3类。

6. 保障系统

(1) 职业生涯管理机构，负责帮助各级管理人员做好职业生涯开发与管理工作。

(2) 制度保障系统，由一系列有利于实施职业生涯管理的制度组成，如职业生涯开发的会计制度、绩效考核制度、培训与能力开发制度、薪酬制度等。

(3) 有利于实施职业生涯管理的企业文化。

## 四、职业生涯管理系统功能的实现

职业生涯管理系统涉及从员工进入组织到因离职或退休而离开组织的整个时间段，其设计与实施过程既与组织特点相关，也与员工个体特征相关；既与企业内部要素相关，也与外部宏观环境相关，是一个庞大的复杂系统，其系统功能的实现也需妥善管理这些因素。

1. 准确分析影响系统功能实现的因素

影响职业生涯管理系统功能实现的因素来自系统外部环境、组织内部因素和员工个体特征3个方面，因而需要：

(1) 分析系统环境，实现组织与外部环境的协调。了解政府法律、政策等对行业的规定和行业竞争状况，保证组织存在的合法性和盈利能力，预测未来环境的变化，确定组织未来的发展方向和业务领域，以及员工职业发展的方向和路径。

(2) 设计职业生涯管理系统，实现系统与组织内部因素的协调。根据组织战略需要设计职业生涯管理系统，包括职位系统、招聘测评系统、培训与能力开发系统、绩效考评系统、薪酬系统和保障系统等子系统。整合职业生涯管理系统内部各子系统之间的关系，使其与其他环境因素相协调。

(3) 准确分析员工心理过程特征。引导员工确立自己的发展目标，认识自己的能力以及环境所提供的发展机会等，减少员工可能产生的挫折感，避免职业生涯危机的出现。

2. 帮助员工制定并调适职业生涯规划，使之与组织目标一致

在分析系统环境和员工个体心理特征之后，需要为员工设计职业生涯规划，并

在实施过程中根据系统环境、组织状况、员工心理特征等因素的变化进行调适，保证系统的有效性。

(1) 制定职业生涯规划。组织根据对内外部环境和员工个体心理特征的分析，为员工确立职业生涯发展目标，制定相应的制度和教育培训计划，以保证员工职业生涯目标的实现。

(2) 监督、评估和修正。在职业生涯管理规划的实施过程中，追踪职业生涯开发的效果，重视员工的反馈和参与，对职业生涯规划的实施情况进行监督和评估，并作出相应修正，以保证职业规划的科学性、合理性和可操作性。

(3) 加强组织文化建设，共建心理契约，实现组织发展目标与员工职业生涯规划的协调。

**3. 建立职业生涯管理系统功能实现的保障系统**

在职业生涯管理系统的设计与运行过程中，涉及的因素多、结构复杂，因此，要确保其系统功能的实现，还需要具备相应的保障措施：

(1) 获得高层领导的支持，成立职业生涯管理机构。职业生涯管理机构一般由企业最高领导者、人力资源管理部门的负责人、职业指导顾问、部分高级管理人员以及组织外部专家组成。其主要职责是收集和整理个人、组织和社会发展的信息，对有潜力的员工进行定位，为员工的职业生涯发展提供咨询，帮助各级管理人员做好职业生涯开发与管理工作。

(2) 完善与职业生涯管理相关的制度，包括对人力资源的投资、成本、价值、收益作定量分析的职业生涯开发会计制度，对职业能力和工作表现作客观评价的绩效考核制度，对培训工作的计划、审核、实施、评估制度，对与企业贡献挂钩的收入分配制度，对人才进行科学选拔、跟踪、培养及优化配置的人才档案制度，以及领导、人力资源开发部门、员工三者之间的对话制度等。

# 第三节　职业生涯规划设计的意义与原则

个人职业生涯规划是对自己职业生命的精细化管理，是指个人发展与组织发展相结合，对决定一个人职业生涯的主客观因素进行分析、总结和测定，确定其的事业奋斗目标，并选择实现这一事业目标的职业，编制相应的工作、教育和培训的行动计划，对每一个步骤的时间、顺序和方向作出合理的安排。

组织职业生涯规划管理是企业为其员工实现职业目标所进行的一系列计划、组织、领导、控制、培训与开发等管理活动。

个人发展是企业发展的基础。只有充分发挥人的主观能动性，在公司建立以人为本的职业生涯开发与管理的目标体系，帮助每个职员实现自我价值，把企业的人力资源最大限度地变成人力资本，企业才能最终实现其愿景。在职业生涯规划中，企业目标的实现是所有员工部分个人目标(与企业目标一致的部分)实现之和。

## 一、内职业生涯与外职业生涯

内职业生涯是指在职业生涯发展中透过提升自身素质与职业技能而获取的个人综合能力、社会地位及荣誉的总和，是别人无法替代和窃取的人生财富。

外职业生涯是指在职业生涯过程中所经历的职业角色(职位)及获取的物质财富的总和，依赖于内职业生涯的发展而增长。每个人都需要选择职业，都渴望成功，然而许多人并不知道什么职业最适合自己，怎样设计才容易事业有成。

## 二、职业生涯规划的意义

做好职业生涯规划，具有以下意义：

(1) 可以分析自我，以既有的成就为基础，确立人生的方向，提供奋斗的策略，以准确定位职业方向。

(2) 可以重新安排自己的职业生涯，突破生活的格线，塑造清新充实的自我。

(3) 可以准确评价自身特点和强项，在职业竞争中发挥个人优势；可以评估个人目标和现状的差距，提供前进的动力；可以重新认识自身的价值，并使其增值。

(4) 全面了解自己，增强职业竞争力，发现新的职业机遇。

(5) 将个人生活、事业与家庭联系起来，让生活充实而有条理。

## 三、职业生涯规划的基本原则

一般认为，职业生涯开始于任职前的职业学习和培训，终止于退休。选择什么职业作为我们的工作，这对于每个人的重要性不言而喻。

### (一) 利益整合原则

利益整合是指员工利益与组织利益的整合。这种整合不是牺牲员工的利益，而是处理好员工个人发展和组织发展的关系，寻找个人发展与组织发展的结合点。每个个体都是在一定的组织环境与社会环境中学习发展的，因此，个体必须认可组织的目的和价值观，并把个人的价值观、知识和努力集中于组织的需要和机会上。

### (二) 公平、公开原则

在职业生涯规划方面，企业在提供有关职业发展的各种信息、教育培训机会、任职机会时，应当公开其条件标准，保持高度的透明度。这是组织成员的人格受到尊重的体现，是维护管理人员整体积极性的保证。

### (三) 协作进行原则

协作进行原则，即职业生涯规划的各项活动都要由组织与员工双方共同制定、实施、参与完成。职业生涯规划，应当有利于组织与员工双方。但如果缺乏沟通，就可能造成双方的不理解、不配合以致造成风险，因此必须在职业生涯开发管理战略开始前和进行中，建立相互信任的上下级关系。

### (四) 动态目标原则

一般来说，组织是变动的，组织的职位是动态的，因此组织对于员工的职业生涯规划也应当是动态的。在"未来职位"的供给方面，组织除了要用自身的良好成长加以保证外，还要注重员工在成长中所能开拓和创造的岗位。

### (五) 时间梯度原则

由于人生具有发展阶段和职业生涯发展周期，因此，职业生涯规划与管理的内容也必须分解为若干阶段，并划分到不同的时间段内完成。每一时间阶段又有"起点"和"终点"，即"开始执行"和"实现目标"两个时间坐标。如果没有明确的时间规定，会使职业生涯规划陷于空谈和失败。

### (六) 发展创新原则

发挥员工的创造性，在确定职业生涯目标时就应得到体现。职业生涯规划和管理工作，并不是指制定一套规章程序，让员工循规蹈矩、按部就班地完成，而是要让员工发挥自己的能力和潜能，达到自我实现，创造组织效益的目的。还应当看到，一个人职业生涯的成功，不仅仅是职务上的提升，还包括工作内容的转换或增加、责任范围的扩大、创造性的增强等内在质量的变化。

### (七) 全程推动原则

在实施职业生涯规划的各个环节上，对员工进行全过程的观察、设计、实施和调整，以保证职业生涯规划与管理活动的持续性，使其效果得到保证。

### (八) 全面评价原则

为了对员工的职业生涯发展状况和组织的职业生涯规划与管理工作状况有正确的了解，要由组织、员工个人、上级管理者、家庭成员以及社会有关方面对职业生涯进行全面的评价。在评价中，要特别注意下级对上级的评价。

## 四、职业生涯规划的分类

按照时间的长短来分类，可将职业生涯规划分为以下4种类型。

(1) 人生规划：整个职业生涯的规划，时间长至40年左右，设定整个人生的发展目标。如规划成为一个有数亿资产的公司董事。

(2) 长期规划：5～10年的规划，主要设定较长远的目标。如规划30岁时成为一家中型公司的部门经理，40岁时成为一家大型公司的副总经理等。

(3) 中期规划：一般为2～5年内的目标与任务。如规划到不同业务部门做经理，或从大型公司部门经理到小公司做总经理等。

(4) 短期规划：2年以内的规划，主要是确定近期目标，规划近期完成的任务。如对专业知识的学习，2年内要掌握哪些业务知识等。

## 五、职业生涯规划成功的标准

德尔(C.Brooklyn Derr)总结出公司雇员5种不同的职业生涯成功方向：

- 进取型——使其达到集团和系统的最高地位。
- 安全型——追求认可、工作安全、尊敬和成为"圈内人"。
- 自由型——在工作过程中得到最大的控制而不是被控制。
- 攀登型——得到刺激、挑战、冒险和"擦边"的机会。
- 平衡型——在工作、家庭关系和自我发展之间取得有意义的平衡，以使工作不至于变得太耗精力或太乏味。

还相应系统地阐述了4种职业生涯成功的标准：

- 攀登型——一些人将成功定义为一种螺旋型的东西，不断上升和自我完善。
- 安全型——一些扎实的人需要长期的稳定和相应不变的工作认可。
- 自由型——还有一些是暂时的，他们视成功为经历的多样性。
- 进取型——直线型的人视成功为升入组织或职业较高阶层。

职业生涯成功与家庭生活成功之间也有着非常密切的关系。个人与家庭发展遵循着并行发展的逻辑关系，职业生涯的每一阶段都与家庭因素息息相关，或协调，或冲突。

要对职业生涯的成功进行全面评价，必须综合考虑个人、家庭、企业、社会等各方面因素。有观点认为，职业生涯成功意味着个人才能的发挥以及为人类社会作出贡献，其标准可分为自我认为、社会承认和历史判定。

# ▓ 第四节 职业生涯规划设计

## 一、正确的心理认知

### 1. 认清人生的价值

社会的价值并不被所有人等同接受，"人云亦云"并不等于自我的人生价值。人生价值包括：经济价值、权力价值、回馈价值、审美价值、理论价值等。

2. 超越既有的得失

每个人都很努力，但成就并不等同。后悔与抱怨对未来无济于事，自我陶醉则像"龟兔赛跑"中的兔子。人生如运动场上的竞技，当下难以断输赢。

3. 以万变应万变

任何执着都是一种"阻滞"前途的行为，想想"流水"的启示，"学非所用"是真理。

## 二、剖析自我的现状

1. 个人部分

(1) 健康情形：身体是否有病痛？是否有不良生活习惯？是否有影响健康的活动？生活是否正常？有没有养生之道？

(2) 自我充实：是否有专长？经常阅读和收集资料吗？是否正在培养其他技能？

(3) 休闲管理：是否有固定的休闲活动？有助于身心和工作吗？是否有休闲计划？

2. 事业部分

(1) 财富所得：薪资多少？有储蓄吗？有动产、有价证券吗？有不动产吗？价值多少？有外快吗？

(2) 社会阶层：现在的职位是什么？还有升迁的机会吗？是否有升迁的准备？内外在的人际关系如何？

(3) 自我实现：喜欢现在的工作吗？理由是什么？有完成人生理想的准备吗？

3. 家庭部分

(1) 生活品质：居家环境如何？有没有计划换房子？家庭的布置和设备如何？有心灵或精神文化的生活吗？小孩、夫妻、父母有学习计划吗？

(2) 家庭关系：夫妻关系和谐吗？是否拥有共同的发展目标？是否有共同或个别的创业计划？与父母、公婆、姑叔、岳父母家的关系如何？是否常与家人相处、沟通、活动、旅游？

(3) 家人健康：家里有小孩吗？小孩多大？健康吗？需要托人照顾吗？配偶的健康如何？家里有老人吗？有需要你照顾的家人吗？

## 三、人生发展的环境条件

(1) 友伴条件：朋友要多量化、多样化，且有能力。

(2) 生存条件：要有储蓄、发展基金、不动产。

(3) 配偶条件：个性要相投、社会态度要相同、要有共同的家庭目标。

(4) 行业条件：注意社会当前及未来需要的行业，注意市场占有率。

(5) 企业条件：要稳定，则在大中型企业；要创业，则在小企业。公司有改革计划吗？公司需要什么人才？

(6) 地区条件：视行业和企业而定。

(7) 国家(社会)条件：注意政治、法律、经济(资源、品质)、社会与文化、教育等条件，该社会的特性及潜在的市场条件。

(8) 世界条件：注意全球正在发展的行业，用"世界观"发展事业。

## 四、人生成就的三大资源

(1) 人脉：家族关系、姻亲关系、同事(同学)关系、社会关系。

解决方案：沟通与自我推销。

(2) 金脉：薪资所得、有价证券、基金、外币、定期存款、财产(动产、不动产)、信用(与为人和职位有关)。

解决方案：储蓄、理财有方、夫妻合作、努力工作提高自己的能力条件及职位。

(3) 知脉：知识力、技术力、资讯力、企划力、预测(洞察)力、敏锐力。

解决方案：管理好时间、安排学习计划、上课、听讲座、进修、组织内轮调、多做事、反复练习、经常做笔记、做模拟计划。

## 五、组织内部发展生涯的途径

### (一) 生涯甜筒取向(见图11-3)

- 向内的。
- 垂直的。
- 水平的。

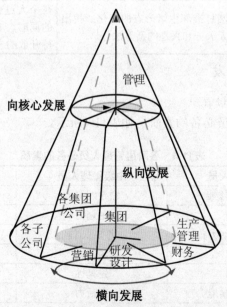

图11-3　生涯甜筒取向

## (二) 生涯角色取向(见表11-3)

● 个人生涯可能承担的专业角色。

● 生涯发展的7个阶段。

表11-3　生涯角色

| 阶段 | 角色 | 主要任务 | 重大心理议题 |
|------|------|----------|--------------|
| 阶段一 | 学生 | 发现及发展个人的价值、兴趣和能力，拟定明智的教育策略；经由讨论、观察及工作经验，找出可能的职业选择 | 接受个人抉择的责任 |
| 阶段二 | 应征者 | 学习如何找工作，如何磋商一场就业面谈；学习如何评估关于一个工作和一个组织的资讯 | 果断地将自己呈现给别人；忍受不确定性 |
| 阶段三 | 储备人员 | 学习组织的诀窍；协助别人；遵循命令；获得认可 | 依赖他人；面对现实及组织真相所带来的震撼；克服不安全感 |
| 阶段四 | 同事 | 成为一个独立的贡献者；在组织找到一个担任专家的适当位置 | 根据新的自我知识和组织内的发展潜能重新评估原始的生涯目标；独立；接受个人成败的责任；建立平衡的生活形态 |
| 阶段五 | 指导者 | 训练/指导其他人；介入组织的其他单位；管理小组专案计划 | 为别人承担责任；从别人的成就中获得满足；如果不是位居管理的角色，则接受现有的专业角色，并从横向发展中发现机会 |
| 阶段六 | 资助者 | 分析复杂的问题、影响组织的方向；处理组织的机密；发展新的想法；支持他人具有创意的计划；管理权力和责任 | 接触对自我或所有权的主要关切，变得比较关切组织的利益；管理面对高压力水准的个人情绪反应；平衡工作和家庭；对退休生活的规划 |
| 阶段七 | 退休者 | 适应生活标准和生活形态的变化；找出表达个人天分和兴趣的新方法 | 在个人过去的生涯成就中找到满足的同时，也对个人发展的新途径保持开放的态度 |

## (三) 主要职能的开发

● 管理人员能力的培养。

● 各阶层管理人员必备的素质，如表11-4所示。

表11-4　各阶层管理人员必备的素质

| 顺位 | 初级管理人员 | 中级管理人员 | 高级管理人员 |
|------|--------------|--------------|--------------|
| 1 | 业务知识/技能 | 领导统御力 | 领导统御力 |
| 2 | 统御力 | 企划力 | 先见性 |
| 3 | 积极性(行动力) | 业务知识/技能 | 谈判力 |
| 4 | 谈判力 | 谈判力 | 领导魅力 |
| 5 | 企划力 | 先见性 | 企划力 |
| 6 | 指导培养部属能力 | 判断力 | 判断力 |

| 顺位 | 初级管理人员 | 中级管理人员 | 高级管理人员 |
|------|------------|------------|------------|
| 7 | 创造力 | 创造力 | 创造力 |
| 8 | 理解、判断力 | 积极性 | 管理知识、能力 |
| 9 | 管理实践能力 | 对外协调力 | 组织革新力 |
| 10 | 发掘、解决问题能力 | 领导魅力 | 判断力 |

管理能力的结构，如表11-5所示。

表11-5　管理能力的结构(模型)

| 第一级 | 在执行管理工作时，直接需要的能力 | 目标设定<br>计划力/组织力<br>统制力 | 经由实践过程可以学习到的领域 |
|--------|--------------------------------|----------------------------------|------------------------------|
| 第二级 | 支持第一级的能力 | 战略的思考力<br>创造力/洞察力<br>协调力<br>解决问题能力等 | |
| 第三级 | 要培养第一、二级能力所必需的知识、技能 | 与管理有关的知识和方法，与本公司、本部门有关的知识等 | OFFJT所需要的领域 |
| 第四级 | 管理人员必备的人格特性 | 积极性、感情的安定性<br>自发性、责任感等 | 经由OJT-OFFJT可能改变的领域 |
| | | 行动性、持续性等 | 很难改变的领域 |

- 专门(技术专才)职能的开发。
- 专门知识与广博知识。

研究技术人员的知识结构，如图11-4所示。

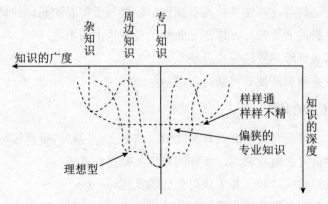

图11-4　研究技术人员的知识结构

- 有效的专门能力开发方法，如表11-6所示。

表11-6　有效的专门能力开发方法

| 序号 | 开发方法 |
|------|----------|
| 1 | 自我启发 |
| 2 | 企业内教育 |
| 3 | 企业外教育 |
| 4 | 同一部门内工作论调 |
| 5 | 不同部门内工作论调 |
| 6 | 派训关系企业 |
| 7 | 多种研究开发专题的经验 |
| 8 | 高度研究开发专题的经验 |
| 9 | 参与某个专案小组 |
| 10 | 参与公司外的专家交流 |
| 11 | 参与公司外的专家共同研究 |
| 12 | 其他 |

### (四) 如何晋升高阶

- 始终追随胜利者工作。
- 对公司要忠诚，但如果过度忠诚会危害你的前途，也不妨考虑"骑驴找马"，另找明主。
- 能够知道如何调和公司整体的利益与员工个人的需求；懂得毅然去作可能不受同事欢迎的决策。
- 如果上述这种决策使某些人受到伤害，要与受害者沟通你的理由。
- 延揽优秀的人才来弥补你在专业知识及技术上的不足。
- 了解其他高级主管的优点及缺点。
- 力求发挥所长，使公司获益。

### (五) 更换工作的时机

- 当你在一家公司太早就晋升至高阶，欲更上一层楼，则需等待很久时……
- 由于你最近的成功表现，使你的身价大幅提高时……
- 当你觉得你在现职上并未获得充分的重视时……
- 当你的公司在竞争中落后，而你又无力促使公司迎头赶上时……
- 当公司的改组或变动使你的前程计划受到阻碍时……
- 当你有更高的眼界与新的理想时……

### (六) 如何管理职位与前程

- 对自己的雄心、长处及短处有实际的了解。
- 不要好高骛远。
- 尽早规划自己的前程发展计划。
- 谨言慎行，不要随便对别人推心置腹。
- 小心维护自己的名誉。
- 多了解组织的运作情形。
- 建立个人的情报网，消息要灵通。
- 与现在担任你想要争取的职位的人士保持良好的关系。
- 参加相关专业社团或联谊组织。
- 建立适当的形象。

## 六、设定执行方案

- 设定目标的原则：先有大目标，再补充小目标；亦可先有小目标，再定大目标。
- 执行计划：人生计划—5年计划—年度计划—月计划—周计划—日计划。
- 注意"轻重缓急"的原则。
- 实施"时间管理"，不断奋斗。
- 每年配合环境变化及既有成就，随时修改。

## 七、描绘生涯

1. 自我评价
- 我的人生价值是什么？
- 我的人格特质是什么？
- 我这生最感兴趣的事情是什么？
- 我现有的技能和条件有哪些？

2. 自我探索
- 让自己从上述自我评价中找出自己可行的生涯方向，不要受人影响。

3. 锁定特定目标
- 自己设定一个值得而且愿意花最多时间去进行的目标。

4. 生涯策略性计划(可行性)
- 为什么这个目标对我而言是最可能的目标？
- 我将如何达成这一特定目标？

- 我将分别在何时进行上述每一行动计划?
- 有哪些人将会/应当加入这一行动计划?
- 对我而言还有哪些不能解决的问题?

## 八、生涯定位

- 给自己一个定位。
- 拟定生涯发展策略。
- 规划短程可行方案。
- 检讨与修改。

# 第五节　职业生涯发展规划的工具

## 一、多元职业通道设计

职业通道(career path)是企业以其战略目标为指引、以其组织资源为基础,结合员工个人职业发展的需要,为员工所设定的多个发展方向及其实现路径。现代职业通道设计理念体现出多元化、网络化、开放化的特点,为员工提供多种发展路径,扩展员工的路径选择权,从而形成"多重选择、四通八达、透明开放"的职业通道体系。

职业通道不仅包括外在的通道(职位晋升、薪资待遇等外显性的发展),还包括内在的通道(能力的提升、知识的积累、工作范围与价值的拓展等内在本质的提升),这两个层面相互交错、相互影响。

例如,北大纵横员工的发展是"咨询师→项目经理→合伙人"这样的组织路径,同时,还有一个更为本质的发展路径,即从学习咨询技能,到知识经验的不断积累、综合素质的不断提升、社会资源的不断积累,最后成为咨询领域内有影响力的专家。一个典型的纵横的员工发展,往往是这两个通道并行的过程。

系统化的职业通道设计旨在减小组织的刚性对人力资源的制约,释放员工的潜在能量,将员工的个人发展和企业的发展愿景相统一:一方面延长员工在组织内的职业生命,促进员工个人职业成功;另一方面,从职业引导的角度确保员工为企业战略的实现而共同努力。有传统职业通道(traditional career path)、双重职业通道(dual career path)、多重职业通道(multi career path)、网状职业通道(network career path)等多种选择。

职系和序列的应用主要体现在职业生涯管理的职业通道方面。员工在企业内部有4个发展方向。

(1) 纵向发展：员工职务等级由低级到高级的提升。

(2) 横向发展：指在不同序列或职系间同一层次不同职务之间的调动，如由一个部门的部门经理调任另一部门任部门经理。此种横向发展可以发现员工的最佳发挥点，同时可以使员工积累各个方面的经验，为以后的发展创造更加有利的条件。

(3) 向核心方向发展：指在职系或序列内由子公司向集团公司，继而向集团的同等或类似职位调动。虽然职务没有晋升，但是却担负了更多的责任，有了更多的机会参加各种决策活动。

(4) 向产业方向发展：指在职系或序列内由集团向集团公司，继而向子公司的同等或类似职位调动。虽然职位没有晋升，但更多接触了具体业务。

## 二、员工自我评估工具箱

(1) 当前职业适应度的评估，常用的评估工具为职业满意度测验。

(2) 职业价值观评估，常用的评估工具为职业锚测验。

(3) 职业选择倾向评估，常用的评估工具为霍兰德职业倾向测验。

## 三、自我战略分析引领练习

为使员工有科学的、规范的职业分析，应设计"自我战略分析"模板，引导员工学习、演练。内容包括：自我履历回顾与分析、自我评估训练、社会环境与职业机会分析、职业目标选择分析等。

## 四、员工素质测评工具箱

在确定了职业目标之后，需要通过测评使员工认识到自身存在的差距。常用的测评工具包括：直接评价法、深度BEI面谈、纸笔测试、结构化面试、无领导小组讨论、情境模拟、文件筐等。

## 五、职业规划研讨小组

设立研讨小组，突破员工个体思维的局限，打开心智、共享经验、拓展视野，从而提升职业规划工作的效能。研讨小组的主要工作内容有：集体学习相关知识与工具、分享职业经验与教训等。

## ▦ 第六节　职业生涯发展规划设计的流程

### 一、职业生涯规划流程

(1) 个人因素分析——对自身的认识过程。了解、掌握自己的兴趣、特长、性格、学识、技能、智商、情商、体质、年龄、学历等，以确定个人职业锚。

(2) 组织因素分析——个人职业生涯是在一系列特定组织中度过的，组织带给个人的感受以及对职业具体内容的认识，往往影响着个人的职业行为和未来的职业发展道路，包括发展空间、工作的硬环境和软环境等。

(3) 社会因素分析——包括社会的职业需求、职业声望、社会人际环境、社会制度和社会经济发展状况等。

(4) 员工生涯定位——对个人、组织、社会等因素进行综合考虑，使人与职相匹配，进而确定员工的职业通道。

(5) 制订职业发展计划——确定职业发展(远、中、近)目标，选择职业发展的拓展工具(岗位交换和多工种训练、兼职培养、现场指导、离职学习、晋升等)，制订实施计划与措施。

(6) 职业辅导——实际上是职业生涯规划整个过程的支持与服务。它贯穿于整个职业生涯规划活动，包括规划前的宣传与推广、规划过程的分析与指导、实施过程的在职教练等。有效的辅导可以采用每日辅导、定期辅导、业绩改进辅导、行为与能力提升辅导等多种形式。

(7) 评估与反馈——由于影响职业生涯规划的因素较多，因而职业生涯规划的实施周期相对较长。各种影响因素又大多是处于动态变化中的，要使职业生涯规划行之有效，就必须对职业生涯规划进行分析、评估，以根据最新情况进行调整，采取与之相适应的对策。

### 二、职业生涯发展规划设计流程

职业生涯发展规划设计流程(见图11-5)主要包含职业通道体系设计；自我评估体系；编制《职业生涯规划设计书》，确定职业目标；开展员工评估；明确与职业目标的差距等主要步骤。在战略性人力资源体系中，职业生涯发展规划是很独到的一个组成部分，它使个人与企业的发展战略有机地融合为一体。

| 阶段 | (一)职业通道体系设计 | (二)自我评估体系 | (三)编制《职业生涯规划设计书》,确定职业目标 | (四)开展员工评估,明确与职业目标的差距 | (五)依据自我差距,制订行动计划 | (六)构建匹配的职业发展支持体系 |
|---|---|---|---|---|---|---|
| 主要工作 | 1. 组织目标梳理<br>2. 岗位体系梳理<br>3. 职业发展通道设计:各岗位未来的多种发展路径,明确各路径的实现条件与步骤,为每个岗位设计出多元化的发展通道 | 1. 选择评估工具:职业锚测验、霍兰德职业倾向测验、卡特尔16PF性格测验等<br>2. 培训、示范<br>3. 组织评估活动开展,指导、答疑、纠偏<br>4. 统计结果 | 1. 编制《设计书》模板与案例示范,并培训讲解<br>2. 组织员工完成《设计书》,确定职业目标<br>3. 开展自我战略分析练习、职业规划研讨小组等活动 | 1. 确定职业目标岗位的胜任要求<br>2. 选择适当的评估工具和方法<br>3. 对员工进行胜任度评估,找到与职业目标的差距和短板结构 | 1. 组织员工制定《职业发展行动计划表》,制订针对性的行动计划,并明确行动的内容、时间要求、检视方法等<br>2. 对计划的实施进行辅导、跟进、反馈、检视 | 1. 制定员工职业生涯管理制度<br>2. 制定一系列职业开发支撑制度,如培训、导师制等<br>3. 总结项目成果,对员工职业规划报告进行研读、分析、总结 |
| 成果 | ▪《职业发展通道设计报告》 | ▪《员工自我测评工具操作手册》 | ▪《职业生涯规划设计书》<br>▪相关活动方案 | ▪《各目标岗位胜任力模型及测评方法》<br>▪《目标岗位胜任度测评报告》 | ▪《职业发展行动计划表》 | ▪《职业生涯管理制度》<br>▪《职业生涯支撑制度》<br>▪《员工职业生涯规划统计分析报告》 |

图11-5 职业生涯发展规划设计流程

# 第十二章｜能力素质模型设计

**本章导读:**

在发展能力素质体系时,首先要了解整个企业的中长期经营目标和战略。从战略及其关键成功要素中,可以分析整个企业在此战略下所要寻求的关键竞争优势。在企业经营发展目标指导下的对人员的整体要求是建立人员能力素质模型的基础。将这些基础能力扩展成为以行为方式来描述的能力素质模型就形成了对人员要求的能力体系。根据这些能力素质模型的具体内容对人员的能力进行评估,找出人员现有能力与所要求能力之间的差距,进行有针对性的规划、发展、招聘和激励留用,形成具有企业阶段性特色的人员发展方案。

正确的能力素质模型有着极其重要的战略性意义:推进企业核心能力的构建和进行组织变革、建立企业文化的有效推进器;建立一套标杆参照体系,以帮助企业选拔、培养、激励那些能为企业核心竞争优势构建作出贡献的员工;使员工明白其做事方法与做事内容同样重要;鼓励针对个人的技能增长进行激励,而非单对岗位;在企业中推广共同语言,以运用在讨论绩效、提供反馈意见和指导;进行人力盘点,明晰目前能力储备与未来要求之间的差距;建立能力发展阶梯;集中优势资源用于企业最急需或对经营影响重大的能力培训和发展。

能力素质模型是影响岗位绩效优劣的关键胜任要素的组合,是建立以能力为导向的人力资源管理体系的有力工具(见图12-1),同时又是全新的HR管理理念:

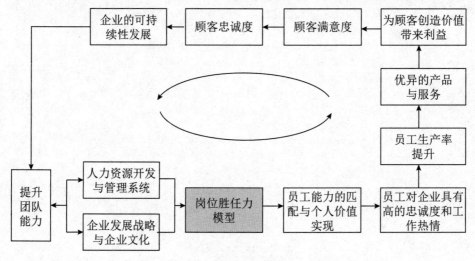

图12-1　能力素质模型对企业的作用

(1) 实现了企业能力、部门能力、岗位能力的逐级分解，从而建立企业战略的能力支撑体系。

(2) 建立起各个岗位的能力体系和能力标准，使得对人员的能力评价有章可循。

(3) 对人力资源管理的各个模块产生质的变革，如招聘、培训、考核、职业规划等，促进企业建立起以能力为导向、以人才开发为核心的新型HR管理。

(4) 为员工能力评价提供明确标准，从而为人才选拔、培训和职业生涯规划等活动提供依据。

# 第一节　能力素质模型的内涵

能力素质是一个组织为了实现其战略目标，获得成功，而对组织内个体所需具备的职业素养、能力和知识的综合要求。能力素质模型是企业核心竞争力的具体表现。推行能力素质模型可以规范员工在职业素养、能力和知识等方面的行为表现，实现企业对员工的职责要求，确保员工的职业生涯和个人发展计划与企业的整体发展目标、客户需求保持高度的一致性，推动战略目标的实现，从而赢得竞争优势。

## 一、能力素质模型的含义

能力素质模型(competency method)又称胜任力模型，是从组织战略发展的需要出发，以强化竞争力，提高实际业绩为目标的一种独特的人力资源管理的思维方式、工作方法、操作流程。著名心理学家、哈佛大学教授麦克里兰(McClelland)博士是国际上公认的能力素质模型方法的创始人。

能力素质模型的应用起源于20世纪50年代初。当时，美国国务院感到以智力因素为基础选拔外交官的效果不理想，许多表面上很优秀的人才，在实际工作中的表现却令人非常失望。在这种情况下，麦克里兰博士应邀帮助美国国务院设计一种能够有效地预测实际工作业绩的人员选拔方法。在项目过程中，麦克里兰博士应用了奠定能力素质模型方法基础的一些关键性的理论和技术，例如：抛弃对人才条件的预设前提，从第一手材料出发，通过对工作表现优秀与一般的外交官的具体行为特征的比较分析，识别能够真正区分工作业绩的个人条件。

1973年，麦克里兰博士在《美国心理学家》杂志上发表一篇文章*Testing for Competency Rather Than Intelligence*。在文章中，他引用大量的研究发现，说明滥用智力测验来判断个人能力的不合理性。并进一步说明人们主观上认为能够决定工作成绩的一些人格、智力、价值观等方面因素，在现实中并没有表现出预期的效果。因此，他强调离开被实践证明无法成立的理论假设和主观判断，回归现实，从第一手材料入手,直接发掘那些能真正影响工作业绩的个人条件和行为特征,为提高组织效率和促进个人事业成功作出实质性的贡献。他把这样发现的,直接影响工作业绩的个人条件和行为特征称为competency(能力素质模型)。这篇文章的发表,标志着能力素质模型运动的开端。

能力素质模型方法的应用是一项系统性的工作,它涉及人力资源管理的各个方面。许多著名企业的使用结果表明,这种方法可以显著提高人力资源的质量,强化组织的竞争力,促进企业发展目标的实现。

岗位胜任特征是指根据岗位的工作要求,确保该岗位的人员能够顺利完成该岗位工作的个人特征结构,它可以是动机、特质、自我形象、态度或价值观、某领域的知识、认知或行为技能,且能显著区分优秀与一般绩效的个体特征的综合表现。

## 二、能力素质模型的基本内容

员工个体所具有的胜任特征很多,但企业所需要的不一定是员工所有的胜任特征。企业会根据岗位的要求以及组织的环境,明确能够保证员工胜任该岗位工作、确保其发挥最大潜能的胜任特征,并以此为标准来对员工进行挑选。这就要运用岗位胜任特征模型分析法(见图12-2)提炼出能够对员工的工作有较强预测性的胜任特征,即员工最佳胜任特征能力。

● 个人的胜任力:指个人能做什么和为什么这么做。
● 岗位工作要求:指个人在工作中被期望做什么。
● 组织环境:指个人在组织管理中可以做什么。

交集部分是员工最有效的工作行为或潜能发挥的最佳领域,即员工的胜任能力,如图12-3所示。

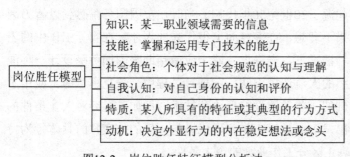

图12-2　岗位胜任特征模型分析法

图12-3　个人能力素质模型

当员工的胜任能力大于或等于这3个圆的交集时,才有可能胜任该岗位的工作。企业人力资源管理所要发掘的能力素质模型就是个人胜任能力与另外两个圆的交集部分,即能够保证员工有效完成工作的胜任特征模型。

胜任特征模型构建的基本原理是辨别优秀员工与一般员工在知识、技能、社会角色、自我认知、特质、动机等方面的差异,通过收集和分析数据,对数据进行科学的整合，从而建立某岗位工作胜任特征模型构架，并产生相应可操作性的人力资源管理体系。

能力素质模型是指为了达成组织整体绩效目标并针对特定的工作岗位所要求的与高绩效相关的一系列不同胜任能力要素，及其可测量的等级差异的组合。它是对员工核心能力进行不同层次的定义以及相应层次的行为描述，确定关键能力和完成特定工作所需要的熟练程度，如图12-4所示。

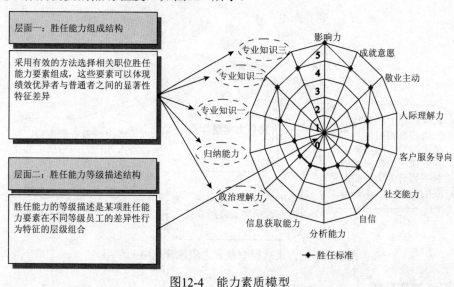

图12-4 能力素质模型

## 第二节　能力素质模型设计与应用

在设计组织的能力素质模型之前应该首先审视组织的使命、愿景以及战略目标，确认其整体需求，进而以企业战略导出的人力资源战略和组织架构与职责为基础，设计能力素质模型。这样才能确保员工具备的能力素质是与组织的核心竞争力相一致，能为企业的战略目标服务，确保所培养的员工是满足真正长期需要的，而不只是为了填补某个岗位的空缺。

### 一、能力素质模型的作用

能力素质模型在人力资源管理活动中起着基础性、决定性的作用，如图12-5所示。它分别为企业的工作分析、人员招聘、人员考核、人员培训以及人员激励提供了强有力的依据，是现代人力资源管理的新基点。

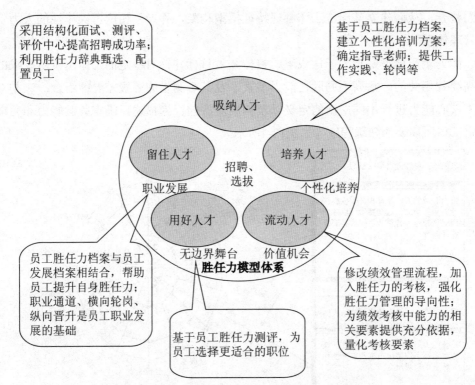

采用结构化面试、测评、评价中心提高招聘成功率；利用胜任力辞典甄选、配置员工

基于员工胜任力档案，建立个性化培训方案，确定指导老师；提供工作实践、轮岗等

吸纳人才

留住人才

培养人才

招聘、选拔

职业发展

个性化培养

用好人才

流动人才

无边界舞台

价值机会

**胜任力模型体系**

员工胜任力档案与员工发展档案相结合，帮助员工提升自身胜任力；职业通道、横向轮岗、纵向晋升是员工职业发展的基础

基于员工胜任力测评，为员工选择更适合的职位

修改绩效管理流程，加入胜任力的考核，强化胜任力管理的导向性；为绩效考核中能力的相关要素提供充分依据，量化考核要素

图12-5　能力素质模型在人力资源管理中的作用

## (一) 工作分析

传统的工作岗位分析较为注重工作的组成要素，而基于胜任特征的分析，则研究工作绩效优异的员工，突出与优异表现相关联的特征及行为，结合这些人的特征和行为，定义这一工作岗位的职责内容。它具有更强的工作绩效预测性，能够更有效地选拔、培训员工以及为员工的职业生涯规划、奖励、薪酬设计提供参考标准。

## (二) 人员选拔

基于胜任特征的选拔有助于企业找到具有核心动机和特质的员工(见图12-6)，既避免了由于人员挑选失误所带来的不良影响，也减少了企业的培训支出。尤其是为工作要求较为复杂的岗位挑选候选人，如挑选高层技术人员或高层管理人员，在应聘者基本条件相似的情况下，能力素质模型在预测优秀绩效方面的重要性远比与任务相关的技能、智力或学业等级分数等更为重要。

## (三) 绩效考核

能力素质模型的前提就是找到区分优秀与普通的指标。以此为基础而确立的绩效考核指标，是经过科学论证并且系统化的考核体系，体现了绩效考核的精髓，真实地反映了员工的综合工作表现。让工作表现好的员工及时得到回报，提高员工的工作积极性。对于工作绩效不够理想的员工，根据考核标准以及能力素质模型，可通过培训或其他方式帮助员工改善工作绩效，达到企业对员工的期望，如图12-7所示。

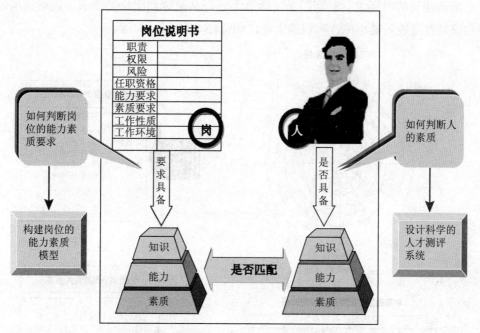

图12-6 能力素质模型在人员选拔上的用途

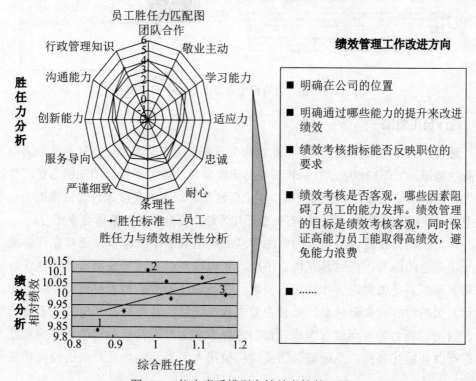

图12-7 能力素质模型在绩效考核的运用

### (四) 员工培训

培训的目的与要求就是帮助员工弥补不足，从而达到岗位的要求。而培训所遵循的原则就是投入最小化、收益最大化，如图12-8所示。

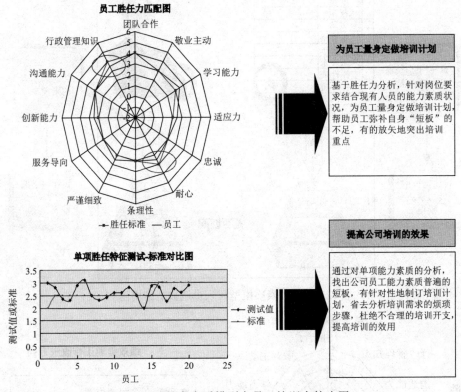

图12-8　能力素质模型在员工培训中的应用

### (五) 员工激励

通过建立能力素质模型能够帮助企业全面掌握员工的需求，有针对性地采取员工激励措施，如图12-9所示。从管理者的角度来说，能力素质模型能够为管理者提供管理并激励员工努力工作的依据；从企业激励管理者的角度来说，依据能力素质模型可以找到激励管理层员工的有效途径与方法，提升企业的整体竞争实力。

同时，能力素质模型在人力资源管理的应用只是刚刚起步，还存在许多需要进一步完善的地方，特别是在构建出能力素质模型以后，开发测量各项胜任特征的量表和工具是值得进一步探讨的问题，量表设计的准确与否将直接影响企业在进行人员招聘时的参照标准。而且企业选择胜任特征分析时，一定要从自身的需求、财力、物力等方面综合考虑。最好选择企业生产经营活动价值链中的重要岗位进行胜任特征分析，从而降低因关键岗位用人不当而给企业带来的巨大损失和危险。

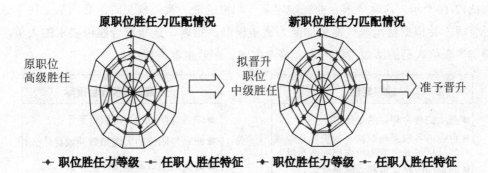

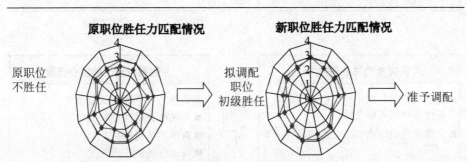

图12-9　能力素质模型在员工激励方面的应用

## 二、能力素质模型的运用条件

企业的战略是什么？制定并且实施战略计划的关键环节有哪些？因为企业试图建立的素质模型必定源于企业的战略，并且是能够支撑战略有效实施的那些核心素质，因此这一步骤在建立员工素质之前非常重要。

例如，在某公司的战略实施计划之中，A部门是关键部门，因此可以断定的是，一方面公司发展依靠的是它能够为A部门吸引、培养以及维持具有管理者素质的经理人员的能力；另一方面，挖掘A部门具备的素质特征，并在企业范围内全面有效推广与复制这些素质特征才是素质模型建立的真正意义所在，因此在选定目标职位方面也就有了判断与决策的依据。

与实施战略计划的关键环节相关的核心职位有哪些？通常这些核心职位指的是那些由对公司业务的成败具有核心作用的人掌握的，承担实施战略的主要责任，控制关键资源(人、资金、技术、市场、客户等)，可以产生价值增值的职位。对于企业而言，对这些关键价值的增值的职位集中进行素质模型研究，开展人力资源管理活动都是非常有意义的。

### (一) 组织战略的指导

能力素质模型是在组织使命、目标明确的条件下，进行探索、设计和运用的，如图12-10所示。这就要求企业在确定某一职位的能力素质模型时，必须从上往下进行分解，并根据特定职位需要的能力素质模型，招聘、选拔符合职位要求的人员，确定该职位人员的绩效考核内容、培训主题、职业生涯发展等。

| 战略定位 | 关键职责和评价指标 |
|---|---|
| ■ 企业的使命和目的是什么？<br>■ 企业内各职系与职位，为实现企业战略目标和竞争能力应作出哪些贡献？<br>■ 职系的战略定位和贡献是什么？ | ■ 职系与职位的关键职责是什么？<br>■ 职系与职位的关键绩效领域是什么？<br>■ 其关键绩效衡量指标是什么？ |
| 关键角色与胜任能力 | 职系与职位的核心流程 |
| ■ 为实现职系与职位的关键职责，需要什么样的关键角色？<br>■ 关键角色的职责和胜任能力是什么？ | 保证执行该职系的关键职责：<br>■ 有哪些关键活动？<br>■ 有哪些关键关系？<br>■ 有哪些关键产出？ |

图12-10　战略定位与胜任能力之间的匹配

### (二) 组织文化的包容性

市场经济环境快速变化，同一岗位对人的能力素质模型要求也随之变化，即一方面构成职位能力素质模型的要素变化了，另一方面构成能力素质模型的内涵也将变化。在企业实践中，很多能力素质模型特征往往都具有一定的矛盾，每个人也往往都是一种矛盾的结合体。心理学研究表明，很多心理特征因素之间存在负向联系，如协调说服能力素质模型与诚实踏实、坚持能力素质模型和工作效率、敢于迎接挑战和组织忠诚度之间等，如何取舍取决于公司的文化导向。如果组织文化没有适度的包容性，能力素质模型就难以真正实施。

### (三) 组织结构与管理方式的转变

在人才主权时代，尊重知识型员工的个性、对员工进行适当授权、采取自我管理式团队的组织结构、使组织成为学习型组织、形成创新授权机制是能力素质模型充分发挥作用的前提。高绩效的团队发展强调使群体目标与成员责任匹配，强化团队目标导向行为，增强群体的凝聚力，提高工作绩效。因此，要求组织结构由金字塔的命令传递模式转变为团队的自主管理模式。

### (四) 组织高层领导的支持

从理想的角度来说，高层领导的支持应该能让大家有目共睹。比如，把能力素质模型管理的反馈工具用在自己和直接下属身上，在管理风格上采用新的、核心的行为，拥护推广能力素质模型管理计划的活动等。如果没有高层领导的参与支持，能力素质模型推广将会遇到极大的阻力，也很难取得良好的效果。

### (五) 高素质人力资源管理人员的实施

能力素质模型的开发应用需要人力资源管理者对企业管理基础理论与方法，尤其是战略管理与实施、人力资源管理等基础理论和方法有较为深入的掌握和了解，还需要对企业业务与技术特征具有深入的了解，并对心理学尤其是心理测量等学科能有效掌握。能力素质模型所用到的行为事件访谈(BEI)、信息编码、建模等方法，其使用成效在很大程度上依赖于操作者本身的能力素质模型与经验，技术门槛较高。

### (六) 组织薪酬体系的重新设计

在能力素质模型导向的人力资源管理体系下，团队成员之间没有很清晰的职责划分，大家共同协作，共同对团队绩效负责。"无边界工作""无边界组织"成为组织追求的目标，工作说明书由原来细致地规范岗位任务和职责，转变为只规定岗位的工作性质、任务以及任职者的能力素质模型和技术。相应的，要求薪酬体系也转变为以能力素质模型为基础的"宽带薪酬"，具有不同能力素质模型的公司员工应设计不同的薪酬结构。例如，对于从事结构化工作，能力素质模型结构较为稳定的员工，应以固定报酬为主；对于从事非结构化工作，能力素质模型结构不稳定，潜在能力素质模型较大的员工，则应以非固定报酬为主，将其报酬与其能力素质模型发挥情况联系起来。

### (七) 组织培训和职业指导的配合

在人员培训与发展方面，根据各岗位的能力素质模型特征要求建立不同层次和不同部门的培训大纲，并依此细化为具体岗位的培训专题和内容，提高培训的针对性。同时，要建立岗位发展路线和人员职业发展计划。所谓岗位发展路线，是指预先为员工发展铺设通道；而人员发展路线，是基于岗位发展通道和个人兴趣，考察从当前岗位到目标岗位的能力素质模型特征要求的差异，根据能力素质模型要求的差异设置相应的培训课程、配备绩效指标。

### (八) 时间和资源要求

能力素质模型的建立是企业的一项基础工程，其建设往往需要付出较大的代价。因此，建立组织能力素质模型要花费大量的时间和不菲的资源，对此组织高层必须有充分的心理准备。为保证能力素质模型建设工作按科学的方法操作，要对访谈人员、编码人员和数据分析人员进行专业训练；为保证形成可靠的、有效的评估，必须进行大量的评估资料搜集；为保证模型和评估紧跟形势需要，要经常性地对能力素质模型进行检查、修正；为保证能力素质模型深入人心，需要对组织人员进行思想观念与技能培训。

### (九) 适当样本量的要求

适当样本量是建立能力素质模型的必需条件。中小企业不适合建立这样的模型，因为样本量太小，所以中小企业建立能力素质模型在方法技术上可以借鉴咨询公司的数据库，或向外围专家请教。而大企业比较有条件，但也要根据企业发展的需要建立核心部门的能力素质模型。

### (十) 参照效标的选择

参照效标也是影响能力素质模型建立的重要因素。对于有些岗位，优秀员工、一般员工和较差员工很容易区分出来，参照效标容易获取，准确性也较高。而对另一些岗位，优秀员工、一般员工和较差员工很难准确地区分和衡量。参照效标获取困难，选择出来的标杆岗位的"标杆"不能有效地"测量"企业战略目标的实现能力程度，达不到理想效果。

## 三、能力素质模型的运用障碍

任何管理工具的成熟，除了具备理论与研究基础之外，还需要有广泛的实践基础与操作经验的积累，这一点能力素质模型方法还比较欠缺，有待于理论体系的进一步完善和实践的检验，如图12-11所示。

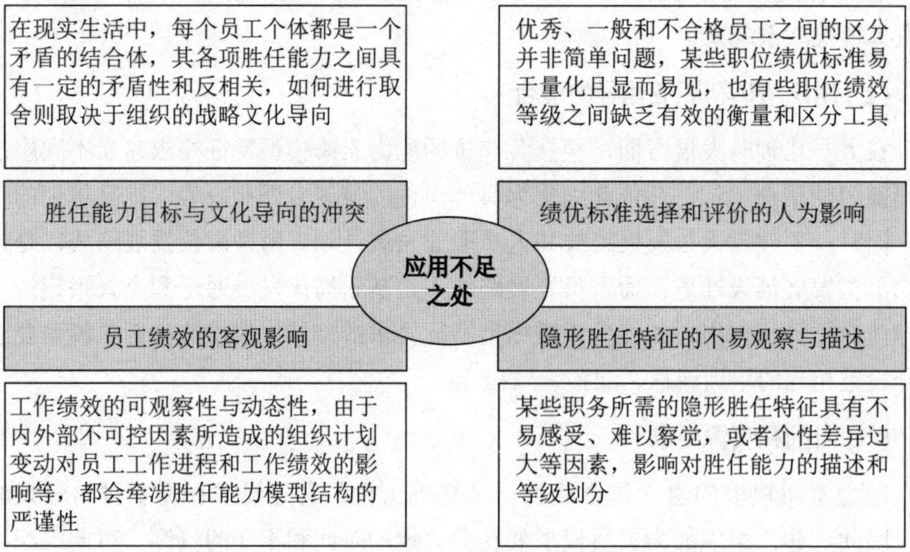

| 在现实生活中，每个员工个体都是一个矛盾的结合体，其各项胜任能力之间具有一定的矛盾性和反相关，如何进行取舍则取决于组织的战略文化导向 | 优秀、一般和不合格员工之间的区分并非简单问题，某些职位绩优标准易于量化且显而易见，也有些职位绩效等级之间缺乏有效的衡量和区分工具 |
|---|---|
| 胜任能力目标与文化导向的冲突 | 绩优标准选择和评价的人为影响 |
| | **应用不足之处** |
| 员工绩效的客观影响 | 隐形胜任特征的不易观察与描述 |
| 工作绩效的可观察性与动态性，由于内外部不可控因素所造成的组织计划变动对员工工作进程和工作绩效的影响等，都会牵涉胜任能力模型结构的严谨性 | 某些职务所需的隐形胜任特征具有不易感受、难以察觉，或者个性差异过大等因素，影响对胜任能力的描述和等级划分 |

图12-11  能力素质模型应用的不足

当能力素质模型所要求的宽带薪酬与追求稳定、讲究人和、避免保守的职业价值观冲突时，其实施成本和效果就会大打折扣。另外，组织文化的高权利距离特征将妨碍授权赋能的团队建立和能力素质模型的评估，使得员工的胜任能力在岗位工作中得不到发挥和提高。

能力素质模型要取得良好效果，必须与诸多条件协同配合，因此组织在建立能力素质模型前，必须综合考虑实施成本和因此带来的效益。目前，大多数人力资源管理从业人员和管理者还没能掌握能力素质模型运用所要求的知识和技能，短时间的培训也难以达到要求。这便成了能力素质模型在我国企业无法普遍建立的直接原因。

能力素质模型在理论上具有相当的优越性，在西方国家企业的实践中也取得了良好的效果，但由于文化适应性、人员素质以及基础管理的限制，现阶段还无法在我国大多数企业真正运行，而只能作为一种观念的引入，影响传统人力资源管理体系。

# 第三节 能力素质模型设计方法与工具

由于能力素质模型产生于组织的整体战略和人力资源战略，体现了组织在战略层面上对个体的能力需求。同时，能力素质模型又贯穿于整个人力资源管理日常业务。因此，运用能力素质模型能确保组织的人力资源战略与组织的整体战略紧紧相扣，使人力资源战略为组织的整体发展和战略目标的实现提供更好的服务。

能力素质模型可以应用在人力资源管理的几乎所有的工作中，可以实现人力资源的集成化管理。在员工招聘时，可以根据待聘岗位的能力素质要求来选择合适的候选人，通过适当的手段，如面谈、试题考核、案例分析等，来确定候选人是否具备企业期望的职业素养、能力和知识；在培训和发展方面，可以按照能力素质模型中涉及的能力素质要求设置各种培训课程，同时，通过能力素质模型可以为员工指明发展的道路，从而促进员工对自己的职业生涯和组织的业务发展负责；在员工考核方面更可以根据员工在各方面的行为表现是否达到预定的目标，对员工作出较客观的评估，并以此为基础，决定其岗位的晋升、薪酬调整的幅度或其他激励措施的实施。

## 一、能力素质模型

无论职业素养、能力还是知识，都是通过一定的行为表现来显现的，但是它们与行为表现的关系又不同。职业素养是一种较为深层的能力素质要求，它渗透在个体的日常行为中，影响着个体对事物饭的判断和行动的方式，而知识则较直接地在日常行为中被表露出来，能力则介乎其中。

## (一) 胜任力之"冰山模型"

美国著名心理学家麦克利兰于1973年提出了著名的素质冰山模型(如图12-12所示),就是将人员个体素质的不同表现形式划分为表面的"冰山以上部分"和深藏的"冰山以下部分"。

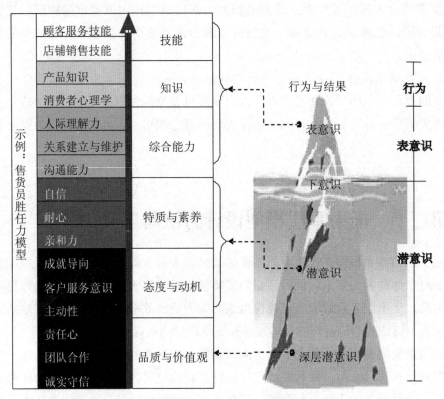

图12-12 素质冰山模型

其中,"冰山以上部分"包括基本知识、基本技能,是外在表现,是容易了解与测量的部分,相对而言也比较容易通过培训来改变和发展。

而"冰山以下部分"包括社会角色、自我形象、特质和动机,是人内在的、难以测量的部分。它们不太容易通过外界的影响而得到改变,但却对人员的行为与表现起着关键性的作用。

1. 人的素质的6个层面

(1) 技能(skill):指结构化地运用知识完成某项具体工作的能力。

(2) 知识(knowledge):指个人在某一特定领域拥有的事实型与经验型信息,以及所需技术与知识的掌握情况。

(3) 社会角色(social roles):指个人基于态度和价值观的行为方式与风格。

(4) 自我概念(self-concept):指个人的态度、价值观和自我印象。

(5) 特质(traits):指个性、身体特征对环境和各种信息所表现出来的持续反应。

品质与动机可以预测个人在长期无人监督下的工作状态。

(6) 动机(motives)：指在一个特定领域的自然而持续的想法和偏好(如成就、亲和、影响力)，将驱动、引导和决定一个人的外在行动。

其中，前两项大部分与工作所要求的直接资质相关，能够在比较短的时间内使用一定的手段进行测量。可以通过考察资质证书、考试、面谈、简历等具体形式来测量，也可以通过培训、锻炼等办法来提高这些素质。

后4项往往很难度量和准确表述，又少与工作内容直接关联。只有其主观能动性变化影响到工作时，其对工作的影响才会体现出来。考察这些方面的东西，每个管理者有自己独特的思维方式和理念，但往往因其偏好而有所局限。管理学界及心理学界有着一些测量手段，但往往复杂不易采用或效果不够准确。

2. 冰山模型的素质层级

招聘人才时，不能仅局限于对技能和知识的考察，而应从应聘者的求职动机、个人品质、价值观、自我认知和角色定位等方面进行综合考虑。如果没有良好的求职动机、品质、价值观等相关素质的支撑，能力越强、知识越全面，对企业的负面影响将越大。根据冰山模型，素质可以概括为以下6个层级，如表12-1所示。

表12-1 冰山模型素质层级

| 素质层级 | 定义 | 内容 |
| --- | --- | --- |
| 技能 | 指一个人能完成某项工作或任务所具备的能力 | 如表达能力、决策能力、组织能力、学习能力等 |
| 知识 | 指一个人对某特定领域的了解 | 如管理知识、财务知识等 |
| 角色定位 | 指一个人对职业的预期，即想要做什么事情 | 如管理者、专家、教师等 |
| 自我概念 | 指一个人对自己的认识和看法 | 如自信心、乐观精神等 |
| 品质 | 指一个人持续而稳定的行为特性 | 如正直、诚实、责任心等 |
| 动机 | 指一个人内在的自然而持续的想法和偏好，驱动、引导和决定个人行动 | 如成就需要、人际交往需求 |

3. 冰山模型的遵循步骤

冰山模型的有效运用，需要遵循一定的步骤。

首先，不同类型的工作，素质要求是不一样的，需要确定哪些素质是该类工作岗位所需要的能力素质模型。主要有两条基本原则：①有效性。判断一项能力素质模型的唯一标准是能否显著区分出工作业绩，这就意味着，所确认的能力素质模型必须在优秀员工和一般员工之间有明显的、可以衡量的差别。②客观性。判断一项能力素质模型能否区分工作业绩，必须以客观数据为依据。

其次，在确定能力素质模型后，组织要建立能衡量个人能力素质模型水平的测评系统。这个测评系统也要经过客观数据的检验，并且要能区分工作业绩。

最后，在准确测量的基础上，设计能力素质模型测评结果在各种人力资源管理工作中的具体应用办法。

冰山模型为人力资源管理的实践提供了一个全新的视角和一种更为有利的工具，不仅能够满足现代人力资源管理的要求，构建了某种岗位的能力素质模型，对于担任某项工作所应具备的胜任特征进行了明确的说明，而且成为进行人员素质测评的重要依据，为人力资源管理的发展提供了科学的前提。

### (二) 素质洋葱模型

美国学者R.博亚特兹(Richard Boyatzis)对麦克利兰的素质理论进行了深入而广泛的研究，提出了"素质洋葱模型"，如图12-13所示，展示了素质构成的核心要素，并说明了各构成要素可被观察和衡量的特点。

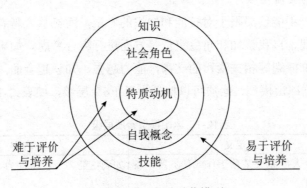

图12-13　素质洋葱模型

素质洋葱模型中的各核心要素由内至外分别是特质动机、自我概念、社会角色、知识、技能等。

● 特质动机是推动个体为达到目标而采取行动的内驱力。
● 个性是个体对外部环境及各种信息等的反应方式、倾向与特性。
● 自我形象是个体对其自身的看法与评价。
● 社会角色是个体对其所属社会群体或组织接受并认为是恰当的一套行为准则的认识。
● 态度是个体的自我形象、价值观以及社会角色综合作用外化的结果。
● 知识是个体在某一特定领域所拥有的事实型与经验型信息。
● 技能是个体结构化地运用知识完成某项具体工作的能力。

洋葱模型的本质内容与冰山模型是一样的，但是它对胜任力的表述更突出其层次性。在这个模型中，最表层的是知识和技巧，由表层到里层，越来越深入，最里层、最核心的是动机和特质，是个体最深层次的胜任特征，最不容易改变和发展。

无论是在企业还是在现代公共部门的人力资源管理中，素质模型已日益成为整个人力资源的基础。在任用人才的时候，一定要分析，这个职位需要什么素质，然后在选拔人的时候具体考察。可以通过笔试、面试，甚至心理测试的手段，也可以通过调查研究，还可以访问一下和他接触认识的人。

### (三) IPMA人力资源素质模型

IPMA人力资源素质模型是美国国际人力资源管理协会(IPMA)综合国际上近10年关于人力资源管理人员素质(或称为核心胜任能力)的研究成果，并参考吸收美国AT&T公司和全美公共管理协会关于人力资源管理素质的模式，于1999年推出的。

优秀的人力资源管理者必须扮演4种角色：人力资源管理专家、战略伙伴、领导者和变革推动者，同时要具备22种素质。在4种角色中，有的角色只在一种素质中体现，有的则体现在多种素质中。有的素质同时反映在两种或3种角色中。

1. 优秀人力资源管理者的4种主要角色

IPMA素质模型(见图12-14)特别地将关注焦点放在另3种正在发展成长的角色：战略伙伴、变革推动者、领导者。正是这3种角色构成了IPMA人力资源素质模型培训项目的重点。

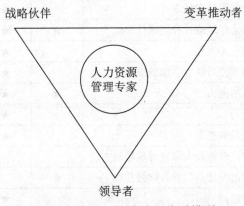

图12-14　IPMA人力资源素质模型

● 人力资源管理专家(HR expert)熟悉组织或企业人力资源管理的流程与方法，了解政府有关人事的法规政策。该角色具备1种素质。

● 战略伙伴(business partner)熟悉业务，参与制订业务计划，并参与处理问题，保证业务计划得到有效的执行。该角色具备12种素质。

● 领导者(leader)发挥影响力，协调平衡组织或企业对员工职责和贡献的要求与员工对于工薪福利需求的关系。该角色须具备8种素质。

● 变革推动者(change agent)协助组织或企业管理层有效地计划和应对变革，并在人员集训和专业配备上为变革提供有力协助。该角色须具备15种素质。

2. 22种能力素质模型

要成为一个"四合一"的人力资源管理者，应该具备22种素质，如表12-2所示。

表12-2　IPMA人力资源管理者能力素质模型与角色关系

| 能力 | | 角色 | | | |
|---|---|---|---|---|---|
| 编号 | 能力素质模型 | 业务伙伴 | 变革推动者 | 领导者 | 人力资源管理专家 |
| 1 | 了解所在组织的使命和战略目标 | ★ | | | |
| 2 | 了解业务程序，能实施变革以提高效率和效果 | ★ | ★ | | |
| 3 | 了解客户和企业(组织)文化 | ★ | ★ | | |
| 4 | 了解公立组织的运作环境 | ★ | ★ | | |
| 5 | 了解团队行为 | ★ | ★ | ★ | |
| 6 | 具有良好的沟通能力 | ★ | ★ | ★ | |
| 7 | 具有创新能力，创造可冒险的内部环境 | ★ | | | |
| 8 | 平衡相互竞争的价值 | | ★ | ★ | |
| 9 | 具有运用组织建设原理的能力 | ★ | | | |
| 10 | 理解整体性业务系统思想 | ★ | ★ | | |
| 11 | 在人力资源管理中运用信息技术 | | ★ | | |
| 12 | 具有分析能力，可进行战略性和创造性思维 | ★ | ★ | ★ | |
| 13 | 有能力设计并贯彻变革进程 | | ★ | | |
| 14 | 具备运用咨询和谈判技巧解决争端的能力 | | ★ | ★ | |
| 15 | 具有建立信任关系的能力 | ★ | ★ | | |
| 16 | 具有营销及代表能力 | | ★ | | |
| 17 | 具有营造共识和同盟的能力 | | ★ | ★ | |
| 18 | 熟悉人力资源法规、政策及人事管理流程与方法 | | | | ★ |
| 19 | 将人力资源管理与组织使命和业务绩效挂钩 | ★ | | | |
| 20 | 展示为客户服务的趋向 | | ★ | | |
| 21 | 理解、重视并促进员工的多元化 | | | ★ | |
| 22 | 提倡正直品质、遵守符合职业道德的行为 | | | ★ | |
| | 能力素质模型的角色分配 | 12种 | 15种 | 8种 | 1种 |

**3. IPMA素质模型的理论意义**

人力资源素质模型对改进人力资源管理、提高管理质量，有着重要的意义。该模型有助于招募和甄选人力资源专业人员，设计和实施绩效考核体系，培养优秀人力资源管理通才和高级人力资源管理人员。

## 二、能力素质模型工具

胜任特征模型构建的基本原理是辨别优秀员工与一般员工在知识、技能、社会角色、自我认知、特质、动机等方面的差异，通过收集和分析数据，并对数据进行科学的整合，从而建立某岗位工作胜任特征模型构架，并产生相应可操作性的人力资源管理体系。

### (一) 行为事件访谈法(BEI)

BEI(behavioral event interview)是建立能力素质模型的核心技术，是关键事件法和主题统觉测验相结合的产物。它采用开放式的行为回顾式探察技术，通过被访谈者描述工作中最成功和最不成功的3件事，发现其背后的关键胜任特征。访谈注重真实的行为与结果，而非假设性、抽象性的观点，其中包括：

(1) 情境的描述。

(2) 有哪些人参与。

(3) 实际采取了哪些行为。

(4) 个人有何感觉。

(5) 结果如何，亦即受试者必须回忆并陈述一个完整的故事。

在具体访谈过程中，需要被访谈者列出他们在管理工作中遇到的关键情境，包括正面结果和负面结果各3项。访谈约需3个小时，需收集3~6个行为事件的完整、详细的信息。因此，访谈者必须经过严格的培训，一般不少于10个工作日。

这种方法是目前在构建素质模型过程中使用得最为普遍的一种。它主要以目标岗位的任职者为访谈对象，通过对访谈对象的深入访谈，收集访谈对象在任职期间所做的成功和不成功的事件描述，挖掘出影响目标岗位绩效的非常细节的行为。之后对收集到的具体事件和行为进行汇总、分析、编码，然后在不同的被访谈群体(绩效优秀群体和绩效普通群体)之间进行对比，找出目标岗位的核心素质。

行为事件访谈法对访谈者的要求非常高，只有经过专业培训的访谈者才能在访谈过程中通过不断地有效追问，获得与目标岗位相关的具体事件。在国内一般的企业当中，目前尚不具备独立使用这种方法来构建素质模型的条件，主要有以下原因：一是过去的考核体系不是很完善，很难区分出绩效优秀群体和绩效普通群体。这在选取正确的访谈对象以及在不同群体间进行比较等方面难以保证客观性、准确性。二是需要大量的被访谈者，牵涉面比较广。中小型企业无法取得足够的访谈样本，即使部分企业有足够的访谈样本，也需要大量的人力、财力和物力去支持，这从企业投入与回报的评估角度来说可能不令人满意。在实际应用当中，行为事件访谈法更多地使用其简化模式，并与其他方法相结合。简化模式主要保留行为事件访谈的信息收集方法，用于确定素质模型的操作定义和行为描述。

不论是复杂的行为事件访谈还是简化的行为事件访谈，对其结果的要求都是必须能够直接应用于人才选拔、考核或培训，所以，在成果上要有能够直接观察的行为指标作为依据。这样在实施关键行为事件访谈(focus behavioral event interview，FBEI)来考察任职者时，就可以直接看他是否表现出素质模型所描述的行为和事件，并以此来判断他是否与目标岗位的素质模型相符合。

### (二) 建模研发中心

作为能力素质模型建模的重要工作形式，研发中心是按照岗位类别而划分的多个专业工作组，由企业内部人员、外部专家、咨询师等组成。研发中心的主要工作有：研讨序列综合胜任要素，进行修订；研发岗位专业知识和技能，完成要素选取和定义；进行胜任要素的最终优选，评议各要素的等级要求和权重；完成建模并进行校验与优化，如图12-15所示。

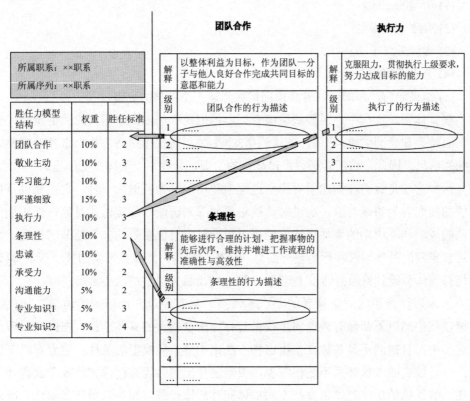

图12-15　能力素质模型建模范例

## 第四节　能力素质模型设计的流程

在企业战略和目标职位都明确之后，员工素质模型即可按以下3个步骤进行开发。素质模型的建立通常有不同的方式，第一种是成立专家组，依据问卷调查、访谈、头脑风暴等多种手段集中开发、评审与确认素质模型。该种方式花费的时间不长，适合面向较少职位的素质模型的开发。第二种是面向未来尚不存在的职位或者没有太多的任职者可以提供优秀以及一般工作绩效的样本的职位，主要采取专家组论证、分析目前类似工作状况的方式进行素质模型的开发。

员工素质模型建立的一般流程，主要分为两个阶段。第一阶段主要从事素质的研究与开发工作。这是一项基础性的、花费时间较长、对于素质模型建立非常核心与重要的工作，其中涉及的技术与方法也较多。由于素质的开发本身就是一个不断证伪、不断完善的过程，作为企业通用素质尚且如此，更何况个性化的专业素质，它们都体现着企业为实现战略目标对各专业系统能力的关注。因此，在第一阶段完成之后，通常要有一个对素质模型的评估与确认过程。这个过程不仅要从各个专业系统的角度，把握系统内部不同级别人员之间在素质要求上的差异性，解决系统内部素质结构的合理性问题，还要从企业的角度，统筹平衡各个专业系统之间的素质层次与结构的匹配性，从而从整体上兼顾员工素质的要求。

另外，评估的对象不仅要扩展到企业内部更多的职位与更多的人员，还要考虑将企业的其他管理措施与手段嫁接进来，从而为素质模型的应用营造良好的氛围与条件。对于那些比较成熟的行业，企业还可以采取所在行业的标杆企业的某些职位，在信息完备的前提下对素质模型进行标杆检验，使其对企业构建核心竞争优势更具现实指导意义。

# 一、建立能力素质模型步骤

能力素质模型的构建对一个企业来讲具有非常重要的意义，人力资源部门在操作时应严格按照能力素质模型的操作步骤进行，这样才能更为有效、系统地进行能力素质测评、胜任，如图12-16所示。

## (一) 定义绩效标准(销售量、利润、管理风格、客户满意度)

绩效标准一般采用工作分析和专家小组讨论的办法来确定，即采用工作分析的各种工具与方法明确工作的具体要求，提炼出鉴别工作优秀的员工与工作一般的员工的标准。专家小组讨论则是由优秀的领导者、人力资源管理层和研究人员组成的专家小组，就此岗位的任务、责任和绩效标准以及期望优秀领导表现的胜任特征行为和特点进行讨论，得出最终的结论。如果客观绩效指标不容易获得或经费不允许，一个简单的方法就是采用"上级提名"。这种由上级领导直接给出的工作绩效标准的方法虽然较为主观，但对于优秀的领导层也是一种简便可行的方法。企业应根据自身的规模、目标、资源等条件选择合适的绩效标准定义方法。

## (二) 选取分析效标样本

根据岗位要求，在从事该岗位工作的员工中，分别从绩效优秀和绩效普通的员工中随机抽取一定数量的员工进行调查。

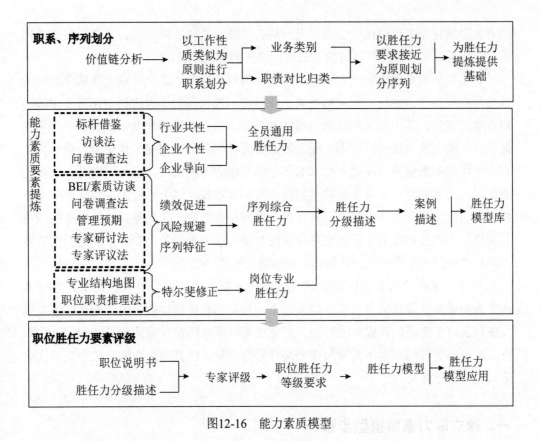

图12-16　能力素质模型

### (三) 获取效标样本有关胜任特征的数据资料(BEI、问卷调查、评价中心、专家评议组)

可以采用行为事件访谈法、专家小组法、问卷调查法、全方位评价法、专家系统数据库和观察法等获取效标样本有关胜任特征的数据，但一般以行为事件访谈法为主。

行为事件访谈一般采用问卷和面谈相结合的方式。访谈者会有一个提问的提纲，以此把握面谈的方向与节奏，并且访谈者事先不知道访谈对象属于优秀组还是一般组，避免造成先入为主的误差。在访谈时，访谈者应尽量让访谈对象用自己的话详尽描述其成功或失败的工作经历，以及如何做、有何感想等。由于访谈的时间较长，一般需要1~3小时，因此访谈者在征得被访者同意后应采用录音设备把内容记录下来，以便整理出详尽的有统一格式的访谈报告。

### (四) 建立能力素质模型(确定competency项目、确定等级、描述等级)

在分析数据信息(访谈结果编码、调查问卷分析)的基础上建立胜任特征模型。通过行为访谈报告提炼胜任特征，对行为事件访谈报告进行内容分析，记录各种胜任特征在报告中出现的频次。然后，对优秀组和普通组的要素指标发生频次和相关的程度统计指标进行比较，找出两组的共性与差异特征。根据不同的主题进行特征归类，并根据频次的集中程度，估计各类特征组的大致权重。

### (五) 验证能力素质模型(BEI、问卷调查、评价中心、专家评议组)

验证能力素质模型可以采用回归法或其他相关的验证方法，采用已有的优秀与一般的有关标准或数据进行检验，关键在于企业选取什么样的绩效标准来做验证。

## 二、能力素质模型设计流程

能力素质模型设计流程(见图12-17)，主要包含BEI访谈与岗位序列划分、全员通用胜任力模型设计、序列综合胜任力设计等几个主要步骤。在实际操作过程中会有大量的表单与调查问卷，在进行相关设计时需要注意各表单之间的相关性与逻辑关系。

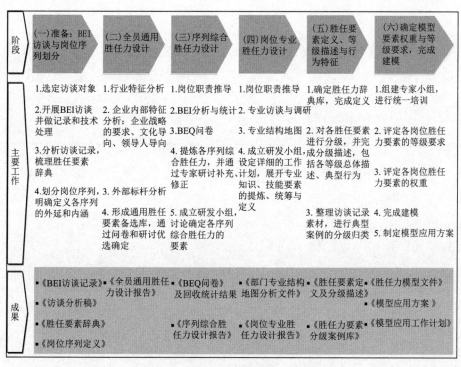

图12-17　能力素质模型设计流程

# 参考文献

[1] [美]M. 波特. 竞争优势[M]. 北京：华夏出版社，2005.

[2] [美]乔治·T. 米尔科维奇，等. 薪酬管理[M]. 6版. 北京：中国人民大学出版社，2002.

[3] [美]雷蒙德·A. 诺伊，等. 人力资源管理获得竞争优势[M]. 3版. 北京：中国人民大学出版社，2005.

[4] [美]迈克尔·比尔，等. 管理人力资本[M]. 北京：华夏出版社，2001.

[5] [美]劳伦斯·S. 克雷曼. 人力资源管理：获取竞争优势的工具[M]. 北京：机械工业出版社，1999.

[6] [美]爱德华·拉齐尔. 人事管理经济学[M]. 北京：三联书店，2000.

[7] [美]约瑟夫等. 战略薪酬——人力资源管理方法[M]. 2版. 北京：社会科学出版社，2002.

[8] [美]詹姆斯·W. 沃克. 人力资源管理译丛——人力资源战略[M]. 北京：中国人民大学出版社，2001.

[9] [美]加里·德斯勒. 人力资源管理[M]. 6版. 北京：中国人民大学出版社，1999.

[10] [美]彼得·圣吉. 第五项修炼——学习型组织的艺术与实务[M]. 上海：上海三联书店，1994.

[11] [美]托马斯·卡明斯，克里斯托弗·沃里. 组织发展与变革[M]. 北京：清华大学出版社，2003.

[12] 方五一，舒晓兵. 战略性人力资源管理的基本思想[J]. 湖北社会科学，2008(6).

[13] 张正堂，刘宁. 战略性人力资源管理及其理论基础[J]. 财经问题研究，2005(1).

[14] 魏立群，刘忠明. 中国企业发展战略性人力资源管理的实证研究[J]. 科学学研究，2005(6).

[15] 蒋容. 发展战略性人力资源管理[J]. 云南大学学报，2005(4).

[16] 孟晓，刘洪. 学习型组织的人力资源开发与管理[J]. 科学管理研究，2001(4).

[17] 祁光华. 新经济条件下的中国公共人力资源管理[J]. 中国行政管理，2000(6).

[18] 王世雄. 新世纪的人力资源管理——挑战与发展[J]. 天津行政学院学报，2001(4).

[19] 赵曙明. 人力资源管理研究[M]. 北京：中国人民大学出版社，2001.

[20] 王璞. 人力资源管理咨询实务[M]. 北京：机械工业出版社，2004.

[21] 张德. 人力资源开发与管理[M]. 北京：清华大学出版社，1998.

[22] 张一弛. 人力资源管理教程[M]. 北京：北京大学出版社，2003.

[23] 余凯成. 人力资源开发与管理[M]. 北京：企业管理出版社，1997.

[24] 曾建权. 我国传统人事管理与现代人力资源管理的比较研究[J]. 华侨大学学报，2000(3).

[25] 张弘，赵曙明. 人力资源管理理论辨析[J]. 中国人力资源开发，2003(1).

[26] 谈镇，黄瑞玲. 激发活力——现代企业制度构建[M]. 南京：南京大学出版社，1999.

[27] 孙连才. 企业集团管控[M]. 北京：经济科学出版社，2009.

[28] 方建中，耿弘. 新经济与管理创新[M]. 哈尔滨：黑龙江人民出版社，2002.

[29] 芮明杰，吴光飚. 新经济 新企业 新管理[M]. 上海：上海人民出版社，2002.

[30] 宋伟. 新技术革命与企业组织结构创新[M]. 成都：四川人民出版社，2002.

[31] 李雪，陈茂芬. 人力资源管理审计基本问题初探[J]. 西北工业大学学报(社会科学版)，2004-03，24(l).

[32] 吴隆平，曹界国. 人力资源审计初探[J]. 审计理论与实践，2003(2).

[33] 易仁萍，王会金. 知识经济与现代审计研究[M]. 北京：中国时代经济出版社，2003.

[34] 刘芳. 人力资本审计初探[J]. 中国内部审计，2003(3).

[35] 孙连才. 战略实践——企业战略系统制定[M]. 大连：东北财经大学出版社，2012.

[36] 王光远. 管理审计理论[M]. 北京：中国人民大学出版社，1999.

[37] 李琳，黄思良. 人力资源审计初探[J]. 审计理论与实践，2003(12).

[38] 杨伟国. 战略性人力资源审计[M]. 上海：复旦大学出版社，2004.

[39] 余凯成，等. 人力资源管理[M]. 大连：大连理工大学出版社，2001.

[40] 张德. 人力资源管理[M]. 北京：企业管理出版社，2002.

[41] 彭剑锋，饶征. 基于能力的人力资源系统开发与管理[M]. 北京：中国人民

大学出版社，2003.

[42] 孙连才. 全能管理词典——6060个全新经典管理工具和模型[M]. 北京：中国经济出版社，2012.

[43] 张再生. 职业生涯管理[M]. 北京：经济管理出版社，2002.

[44] 辛向阳. 薪资革命[M]. 北京：企业管理出版社，2001.

[45] 马士斌. 职业涯管理[M]. 北京：人民日报出版社，2001.

[46] 王一江，孔繁敏. 现代企业中的人力资源管理[M]. 上海：上海人民出版社，1998.

[47] 梁钧平. 人力资源管理[M]. 北京：经济日报出版社，1997.

[48] 张德. 人力资源开发与管理[M]. 北京：清华大学出版社，2003.

[49] 谢安山. 人力资源审计初探[J]. 财会月刊，2001(6).

[50] 郑晓明. 人力资源管理导论[M]. 北京：机械工业出版社，2003.

[51] 孙连才. 管理咨询经典工具与模型精选[M]. 北京：清华大学出版社，2018.

[52] 马海刚，彭剑锋. HR+三支柱：人力资源管理转型升级与实践创新[M]. 北京：中国人民大学出版社，2019.